ALERTA VERMELHO

BILL BROWDER

ALERTA VERMELHO

COMO ME TORNEI O INIMIGO NÚMERO UM DE PUTIN

TRADUÇÃO DE MARCELO LEVY

intrínseca

Copyright © 2015 by Hermitage Media Limited

TÍTULO ORIGINAL
Red Notice: How I Became Putin's Nº 1 Enemy

REVISÃO
Eduardo Carneiro

DIAGRAMAÇÃO
Ô de Casa

DESIGN DE CAPA
Flamur Tonuzi

ADAPTAÇÃO DE CAPA
Julio Moreira

FOTO DE CAPA
© Will & Deni McIntyre/Getty Images

CIP-BRASIL. CATALOGAÇÃO NA PUBLICAÇÃO
SINDICATO NACIONAL DOS EDITORES DE LIVROS, RJ

B896a

Browder, Bill, 1964-
    Alerta vermelho : como me tornei o inimigo número um de Putin / Bill Browder ; tradução Marcelo Levy. - 1. ed. - Rio de Janeiro : Intrínseca, 2016.

    400 p. ; 23 cm.
    Tradução de: Red notice: how i became Putin's no. 1 enemy
    Inclui índice
    ISBN 978-85-510-0000-7

    1. Profissionais de negócios - Biografia. 2. Administração. 3. Negócios. I. Levy, Marcelo. II. Título.

16-32492   CDD: 923.3
                          CDU: 929:330

[2016]
Todos os direitos desta edição reservados à
Editora Intrínseca Ltda.
Av. das Américas, 500, bloco 12, sala 303
22640-904 – Barra da Tijuca
Rio de Janeiro – RJ
Tel./Fax: (21) 3206-7400
www.intrinseca.com.br

Para Sergei Magnitsky, o homem mais corajoso que já conheci.

Apesar de a história deste livro ser real, com certeza ofenderá algumas pessoas muito poderosas e perigosas. Para proteger os inocentes, alguns nomes e locais foram alterados.

Alerta vermelho s.m. Aviso emitido pela Interpol requisitando a prisão de pessoas procuradas com o objetivo de extraditá-las. Um alerta vermelho da Interpol é atualmente o instrumento mais próximo de um mandado de prisão internacional.

Sumário

1	*Persona non grata*	11
2	Como ser rebelde em uma família de comunistas?	22
3	Chip e Winthrop	28
4	"Podemos arranjar uma mulher para mantê-lo quente à noite"	36
5	O tcheco sem fundos	50
6	A Frota de Barcos Pesqueiros de Murmansk	63
7	Villa Leopolda	75
8	Greenacres	88
9	Dormindo no chão em Davos	98
10	Ações preferenciais	105
11	Sidanco	115
12	O peixe mágico	125
13	Advogados, armas e dinheiro	134
14	Adeus, Villa d'Este	143
15	E caímos todos	150
16	*A última grande lição*	156
17	Análise do roubo	167
18	Cinquenta por cento	176

19	Ameaça à segurança nacional	183
20	Vogue Café	187
21	O G8	197
22	As batidas	204
23	Departamento K	215
24	"Mas as histórias russas nunca têm final feliz"	220
25	Embaralhando sons	230
26	A charada	242
27	DHL	250
28	Khabarovsk	260
29	O nono mandamento	268
30	16 de novembro de 2009	283
31	O método Katyn	292
32	A guerra de Kyle Parker	302
33	Russell 241	311
34	Os Intocáveis da Rússia	323
35	Contas na Suíça	329
36	A Princesa dos Impostos	336
37	Sobre salsichas e leis	339
38	A delegação Malkin	352
39	Justiça para Sergei	361
40	De humilhador a humilhado	368
41	Alerta vermelho	374
42	Sentimentos	382
	Agradecimentos	391
	Índice remissivo	393

1
PERSONA NON GRATA

13 de novembro de 2005

Sou um homem de números, por isso começarei com alguns importantes: 260, 1 e 4.500.000.000.

Eis o que significam: a cada dois fins de semana, eu viajava de Moscou, cidade onde morava, rumo a Londres, cidade que eu considerava meu lar. Tinha feito o percurso 260 vezes nos últimos dez anos. O objetivo número "1" dessas viagens era visitar meu filho, David, então com oito anos, que morava com minha ex-mulher em Hampstead. Quando nos divorciamos, assumi o compromisso de visitá-lo a cada dois fins de semana, não importava o que acontecesse. Nunca havia quebrado a promessa.

Havia 4.500.000.000 motivos para voltar a Moscou com tanta regularidade: esse era o valor total em dólares dos ativos sob gestão da Hermitage Capital, empresa da qual eu era fundador e CEO. Ao longo da década eu fizera muita gente ganhar muito dinheiro. Em 2000, o Fundo Hermitage fora classificado como o de melhor desempenho em mercados emergentes do mundo. Tínhamos gerado rentabilidade de 1.500% para os investidores que estavam conosco desde que lançamos o fundo, em 1996. O sucesso do meu negócio superou, e muito, minhas expectativas mais otimistas. A Rússia pós-União Soviética havia experimentado algumas das oportunidades de investimento mais espetaculares da história dos mercados financeiros; trabalhar lá tinha sido tão ousado — e às vezes perigoso — quanto lucrativo. Nunca entediante.

Eu já havia feito a viagem de Londres para Moscou tantas vezes que sabia de cor seus detalhes: quanto tempo levava para passar pela segurança no aeroporto de Heathrow, para embarcar no avião da Aeroflot, para o avião decolar e voar rumo a leste, em direção ao país já coberto pela noite e sobre o qual, naquela altura do ano, meados de novembro, avançava rapidamente para mais um frio inverno. Eram 270 minutos de voo, tempo suficiente para folhear o *Financial Times*, o *The Sunday Telegraph*, a *Forbes* e o *The Wall Street Journal*, assim como outros documentos e e-mails importantes que porventura houvesse.

Enquanto o avião ganhava altitude, abri minha maleta para pegar as leituras do dia. Junto com os documentos, jornais e revistas, havia uma pequena pasta de couro que continha 7.500 dólares em notas de 100. Com elas, eu teria maiores chances de conseguir embarcar naquele mítico último voo saindo de Moscou — como fizeram os poucos que, por um triz, conseguiram fugir de Phnom Penh ou Saigon antes que seus países cedessem ao caos e à ruína.

Mas eu não estava fugindo de Moscou. Estava voltando para lá, voltando para o trabalho. E, por isso, precisava me inteirar das notícias do fim de semana.

Um artigo da *Forbes* que li no fim do voo chamou minha atenção. Era sobre um sino-americano chamado Jude Shao que, como eu, tinha feito MBA em Stanford. Ele estudara na escola de administração poucos anos depois de mim. Eu não o conhecia, mas, também como eu, ele era um homem de negócios bem-sucedido em terras estrangeiras. No caso dele, a China.

Shao entrou em rota de colisão com algumas autoridades corruptas da China e, em abril de 1998, foi preso ao se negar a pagar 60 mil dólares de propina a um fiscal de impostos de Xangai. Shao acabou condenado com base em provas falsas forjadas para incriminá-lo e sentenciado a dezesseis anos de prisão. Alguns ex--alunos de Stanford chegaram a organizar uma campanha para fazer lobby por sua libertação, mas não tiveram êxito. Enquanto eu lia o artigo, Shao apodrecia em alguma nojenta prisão chinesa.

O artigo me causou arrepios. A China era dez vezes mais segura que a Rússia para se fazer negócios. Por alguns minutos, à medida que o avião descia dez mil pés rumo ao aeroporto Sheremetyevo, em Moscou, fiquei me perguntando se eu não estava sendo burro. Por muitos anos, minha principal abordagem como investidor tinha sido a da compra agressiva de ações. Na Rússia, isso significava desafiar a corrupção dos oligarcas, mais ou menos vinte homens que, de acordo com o que era noticiado, teriam roubado 39% do país após a queda do comunismo, tornando-se bilionários praticamente da noite para o dia. Os oligarcas eram donos da maior parte das empresas com ações negociadas na bolsa de valores de Moscou e frequentemente as roubavam na caradura. Eu tinha vencido a maioria das batalhas contra eles, mas, embora tenha trazido sucesso para o meu fundo, minha estratégia também trouxe muitos inimigos.

Ao terminar de ler o artigo sobre Shao, pensei: *Talvez eu devesse sossegar um pouco. Tenho muitas coisas para cuidar nesta vida.* Além de David, eu também tinha Elena, minha nova esposa, que morava em Londres. Ela era russa, linda, incrivelmente inteligente e estava nos últimos meses de gravidez do nosso primeiro filho. *Talvez eu devesse mesmo dar um tempo.*

Mas então o trem de pouso tocou o chão e eu guardei as revistas, liguei o BlackBerry e fechei a maleta. Comecei a ler meus e-mails. Meu foco foi de Jude Shao e dos oligarcas ao que eu tinha perdido enquanto estava no ar. Precisava passar pela alfândega, entrar no carro e voltar para o meu apartamento.

O aeroporto Sheremetyevo é um lugar estranho. O terminal 2, ao qual eu estava mais habituado, tinha sido construído para as Olimpíadas de 1980. Na época deve ter impressionado, mas em 2005 estava bastante deteriorado. Fedia a suor e a cigarro de má qualidade. O teto era decorado com inúmeros cilindros metálicos perfilados que mais pareciam latinhas de alumínio enferrujadas. Como não havia filas organizadas para passar pelo controle de passaportes, era preciso pegar um lugar no meio da multidão e ficar atento para que ninguém entrasse na sua frente. E coitado de quem tivesse despachado bagagem. Mesmo com o passaporte carimbado, era preciso esperar mais uma hora para retirar as malas. Depois de um voo de mais de quatro horas, não é uma forma divertida de entrar na Rússia, especialmente para quem fazia isso a cada duas semanas, como eu.

Eu vinha procedendo dessa maneira desde 1996, até um amigo me falar, em 2000, do assim chamado "serviço VIP". Por uma pequena quantia, era possível ganhar cerca de uma hora, às vezes duas. Não tinha nada de luxuoso, mas valia cada centavo gasto.

Saí diretamente do avião para o saguão VIP. As paredes e o teto eram pintados num tom de verde que lembrava sopa de ervilha. O piso era de linóleo amarronzado. As cadeiras, revestidas de couro marrom-avermelhado, eram razoavelmente confortáveis. Enquanto se esperava, os atendentes serviam café fraco ou chá fervido demais. Optei pelo chá com uma rodela de limão e entreguei meu passaporte ao oficial da imigração. Segundos depois, estava mergulhado na caixa de entrada de e-mail do meu BlackBerry.

Mal percebi quando meu motorista, Alexei, foi autorizado a entrar na sala e começou a conversar com o oficial da imigração. Assim como eu, Alexei tinha 41 anos, mas, diferente de mim, tinha mais de 1,90 metro de altura, pesava quase 110 quilos, era loiro e tinha feições duras. Ex-coronel da Polícia Rodoviária de Moscou, não falava uma palavra de inglês. Era sempre pontual e, conversando com guardas de trânsito, sempre conseguia se safar de pequenas confusões.

Sem prestar atenção à conversa dele com o agente da imigração, respondi aos e-mails e segui bebendo meu chá morno. Depois de um tempo, foi anunciado pelo sistema de alto-falantes do aeroporto que as bagagens do meu voo já estavam disponíveis para retirada. Foi quando me dei conta: *Já estou aqui há uma hora?*

Olhei meu relógio: *Sim*, eu já estava lá havia uma hora. Meu avião tinha aterrissado às 19h30, e eram 20h32. Os dois outros passageiros do meu voo que estavam no saguão VIP tinham saído muito tempo antes. Disparei um olhar para Alexei. Ele respondeu com outro olhar, que dizia: *Vou ver o que está acontecendo.*

Enquanto ele falava com o agente, liguei para Elena. Em Londres eram apenas 17h32, e eu sabia que ela estaria em casa. Enquanto conversávamos, eu seguia prestando atenção em Alexei e no agente. A conversa deles rapidamente se transformou em discussão. Alexei batia na mesa e o agente apenas olhava para ele.

— Tem alguma coisa errada — disse para Elena.

Levantei-me e me aproximei deles, mais irritado que preocupado, e perguntei o que estava acontecendo.

Quando cheguei mais perto, percebi que havia algo muito errado. Coloquei Elena no viva-voz e ela traduziu para mim. Aprender línguas não é o meu forte — mesmo depois de dez anos, eu mal conseguia dizer bom-dia em russo.

A conversa ia e voltava interminavelmente. Como se eu estivesse vendo uma partida de tênis, minha cabeça ia de um lado para outro.

— Acho que é um problema com o visto, mas o agente não está dizendo — disse Elena, a certa altura.

Logo depois, dois guardas uniformizados da imigração entraram na sala. Um apontou para o meu celular e o outro para a minha bagagem.

— Tem dois guardas aqui me mandando desligar o telefone e ir com eles. Ligo de novo assim que puder — disse para Elena.

Desliguei. Um dos guardas tomou minhas malas e o outro pegou meus documentos de imigração. Antes de sair com eles, olhei para Alexei. Ele estava meio boquiaberto, e seus ombros e olhos murcharam. Alexei parecia sem rumo. Ele sabia que, quando as coisas vão mal na Rússia, elas vão mal de verdade.

Serpenteei com os agentes pelos corredores nos fundos do terminal 2 do aeroporto, seguindo em direção ao saguão, bem maior, onde funcionava o serviço regular da imigração. Com meu russo medíocre, fiz perguntas aos funcionários, mas eles não diziam nada enquanto me conduziam para um salão geral de detenção. A iluminação ali era forte. Ordenadas em fileiras, as cadeiras de plástico eram soldadas no piso. A tinta bege das paredes estava descascada em diversos pontos. Alguns poucos detidos, aparentemente irritados, estavam refestelados nos assentos. Nenhum falava. Todos fumavam.

Os agentes saíram do salão. Na outra extremidade, isolados atrás de uma divisória — um balcão com vidro na parte de cima —, havia um grupo de agentes uniformizados. Escolhi uma cadeira perto deles e tentei entender o que estava acontecendo.

Por alguma razão, deixaram-me ficar com minhas coisas, inclusive o celular, que tinha um sinal aceitável. Considerei isso um presságio positivo. Tentei me organizar, mas a história de Jude Shao voltou a tomar minha mente.

Olhei para o meu relógio: 20h45.

Tornei a ligar para Elena. Ela não parecia preocupada. Disse que estava preparando um fax para funcionários da embaixada inglesa em Londres e o mandaria assim que ficasse pronto.

Liguei para Ariel, um israelense ex-integrante do Mossad que trabalhava como consultor de segurança da minha empresa em Moscou. Era considerado por muitos um dos melhores consultores de segurança do país; eu tinha certeza de que ele conseguiria resolver o problema.

Surpreso com o que estava acontecendo, ele disse que faria algumas ligações e entraria em contato comigo.

Por volta das 22h30, liguei para a embaixada britânica e falei com um homem chamado Chris Bowers, da seção consular. Ele já tinha recebido o fax de Elena e estava a par da minha situação, ou pelo menos sabia tanto quanto eu. Bowers conferiu minuciosamente todos os meus dados: data de nascimento, número de passaporte, data de emissão do meu visto, tudo, e disse que, por ser domingo à noite, ele provavelmente não conseguiria fazer muita coisa, mas mesmo assim tentaria. Antes de desligar, perguntou:

— Sr. Browder, eles lhe deram algo para comer ou beber?

— Não — respondi.

Ele emitiu um som qualquer e eu agradeci antes de desligar.

Tentei achar uma posição confortável na cadeira de plástico, mas não consegui. O tempo se arrastava. Levantei-me, caminhei de um lado para outro imerso em uma nuvem de fumaça de cigarro. Tentei não encarar o olhar vazio dos outros homens detidos ali. Chequei meus e-mails. Liguei para Ariel, mas ele não atendeu. Caminhei até a divisória de vidro e usei meu russo precário para falar com os guardas, mas fui ignorado. Eu não era nada para eles. Pior, eu já era um prisioneiro.

Vale lembrar que na Rússia não há respeito pelo indivíduo nem por seus direitos. Pessoas podem ser sacrificadas em nome do Estado, usadas como escudo, moeda de troca ou até simplesmente como ração. Se for necessário, qualquer um pode ser eliminado. Uma famosa expressão de Stálin resume bem a questão: "Sem homem, sem problema."

Foi nesse instante que Jude Shao, do artigo da *Forbes*, voltou a atormentar minha consciência. Será que eu deveria ter sido mais cuidadoso no passado? Eu estava tão habituado a enfrentar autoridades e oligarcas russos corruptos que me acostumara com a possibilidade de que, caso realmente interessasse a alguém, eu também poderia desaparecer.

Balancei a cabeça tentando expulsar Shao dos meus pensamentos. Voltei aos guardas para tentar tirar deles alguma coisa — qualquer coisa —, mas foi inútil. Retornei à minha cadeira e liguei de novo para Ariel. Dessa vez, ele atendeu.

— O que está acontecendo, Ariel?

— Conversei com várias pessoas e ninguém está dizendo nada.

— O que significa "ninguém está dizendo nada"?

— Significa que ninguém está dizendo nada. Me desculpe, Bill, preciso de mais tempo. É domingo à noite. Ninguém está disponível.

— Tudo bem. Me avise assim que souber de alguma coisa.

— Aviso, sim.

Desligamos. Tornei a ligar para a embaixada. Tampouco eles haviam feito qualquer progresso. Estavam sendo enrolados ou eu ainda não estava no sistema, ou ambos. Antes de desligar, o cônsul perguntou de novo:

— Eles lhe deram alguma coisa para comer ou beber?

— Não — repeti.

Eu tinha a impressão de que se tratava de uma pergunta totalmente sem importância, mas certamente não era o que Chris Bowers pensava. Ele deve ter vivido esse tipo de situação antes e ocorreu-me que não oferecer comida nem água parecia uma típica estratégia russa.

O salão se encheu com mais detidos quando passou da meia-noite. Eram todos homens, e todos pareciam vir de repúblicas da antiga União Soviética. Georgianos, azerbaijanos, cazaques, armênios. Sua bagagem, quando tinham alguma, eram simples bolsas de lona ou estranhas sacolas de náilon gigantes remendadas com fita adesiva. Todos fumavam sem parar. Alguns falavam sussurrando. Nenhum demonstrava qualquer tipo de emoção ou preocupação. Eles faziam tanto esforço para me notar quanto os guardas, embora eu ali fosse claramente um peixe fora d'água: nervoso, de blazer azul, com BlackBerry e mala preta com rodinhas.

Liguei de novo para Elena:

— Conseguiu alguma coisa?

Ela suspirou do outro lado da linha.

— Não, e você?

— Nada.

Ela deve ter percebido a preocupação na minha voz.

— Vai dar tudo certo, Bill. Se for apenas um problema com o visto, amanhã você estará aqui de volta para resolver tudo. Tenho certeza — disse ela.

A tranquilidade dela me ajudou.

— Eu sei. — Olhei meu relógio: eram 22h30 na Inglaterra. — Vai dormir, meu bem. Você e o bebê precisam descansar.

— Ok. Te ligo assim que tiver alguma informação.

— Eu também.

— Boa noite.

— Boa noite. Amo você — acrescentei. Mas ela já havia desligado.

Uma faísca de dúvida me passou pela cabeça: *E se não fosse apenas um problema com o visto? Será que eu veria Elena de novo? Será que eu um dia conheceria nosso filho que ainda nem tinha nascido? Será que eu voltaria a ver meu filho David?*

Enquanto tentava espantar esses pensamentos tão sombrios, tentei me acomodar, deitando-me no assento rígido de várias cadeiras e usando meu paletó como travesseiro, mas as cadeiras eram projetadas para impedir que as pessoas dormissem nelas. Além disso, eu estava cercado por um monte de sujeitos mal-encarados. Como é que eu conseguiria cochilar rodeado por figuras assim?

Não conseguiria.

Sentei-me e comecei a digitar no BlackBerry, fazendo listas de pessoas que conhecera ao longo dos anos na Rússia, na Grã-Bretanha e nos Estados Unidos que poderiam me ajudar: políticos, homens de negócios, repórteres.

Chris Bowers me ligou uma última vez antes do fim do seu turno na embaixada e me garantiu que a pessoa que ficaria no seu lugar seria informada em detalhes sobre a situação. Voltou a perguntar se me haviam oferecido comida ou bebida. Respondi que não. Ele pediu desculpas, embora não houvesse nada que pudesse fazer. Ele claramente estava mantendo um registro de possíveis maus-tratos caso viesse a precisar. Depois que desligamos, pensei: *Merda.*

Àquela altura já eram duas ou três da manhã. Desliguei meu BlackBerry para economizar bateria e novamente tentei dormir. Tirei uma camisa da mala, joguei sobre os olhos e engoli a seco dois comprimidos porque tinha começado a sentir dor de cabeça. Tentei me esquecer de tudo e me convencer de que no dia seguinte eu iria embora. Era só um problema com meu visto. De qualquer jeito, eu iria embora da Rússia. Depois de um tempo, adormeci.

Acordei por volta das 6h30, quando chegou uma nova leva de detidos. Mais do mesmo. Ninguém como eu. Mais cigarros, mais cochichos. O nível do fedor de suor aumentara drasticamente. Sentia um gosto horrível na boca e pela primeira vez percebi que estava com muita sede. Chris Bowers tinha razão de me perguntar se tinham me oferecido algo para comer ou beber. Estávamos autorizados a usar um banheiro malcheiroso, mas aqueles desgraçados deveriam nos ter dado comida e água.

Apesar disso, eu tinha acordado me sentindo confiante de que tudo não passava de um mal-entendido burocrático. Liguei para Ariel. Ele ainda não tinha compreendido o que estava acontecendo, mas disse que o próximo voo para Londres partiria às 11h15. Havia apenas as seguintes alternativas para mim: eu seria preso ou seria deportado. Então procurei me convencer de que estaria naquele voo.

Fiz de tudo para me manter ocupado e respondi a alguns e-mails como se fosse um dia normal de trabalho. Falei com a embaixada, e o cônsul de plantão me garantiu que, assim que começasse o expediente nos diferentes órgãos, ele cuidaria do meu caso. Juntei minhas coisas e tentei falar com os guardas mais uma vez. Pedi a eles meu passaporte, mas eles continuaram me ignorando. Era como se aquela fosse a única função deles: permanecer sentados atrás do vidro e ignorar todos os detidos.

Fiquei andando de um lado para outro: 9h, 9h15, 9h24, 9h37. Meu nervosismo aumentava cada vez mais. Queria ligar para Elena, mas ainda era muito cedo em Londres. Telefonei para Ariel, mas ele ainda não tinha nada a dizer. Parei de fazer ligações.

Às 10h30, eu estava esmurrando o vidro e os guardas ainda me ignoravam com o mais impecável profissionalismo.

Elena ligou. Dessa vez ela não conseguiu me acalmar. Prometeu que daríamos um jeito naquilo, mas eu estava começando a acreditar que já não importava mais. Agora a imagem de Jude Shao era uma ameaça iminente na minha cabeça.

10h45: Comecei a realmente entrar em pânico.

10h51: *Como posso ter sido tão burro? O que leva um sujeito comum do sul de Chicago a acreditar que pode enfrentar e derrotar uma série de oligarcas russos?*

10h58: *Burro, burro, burro!* BILL, SEU BURRO PRETENSIOSO! SEU BURRO PRETENSIOSO DE UMA FIGA!

11h02: *Vou ficar preso numa penitenciária russa. Vou ficar preso numa penitenciária russa. Vou ficar preso numa penitenciária russa.*

11h05: Dois guardas de coturno irromperam salão adentro e caminharam resolutos em minha direção. Eles me seguraram pelos braços, reuniram minha bagagem e me tiraram do salão de detidos. Então me levaram pelos corredores e depois para um andar acima. Pronto. Eu seria jogado em um camburão e levado embora.

Mas, de repente, eles abriram uma porta e entramos no terminal de desembarque, caminhando bem rápido. Meu coração batia disparado à medida que passávamos pelos portões e pelos olhares abobalhados dos passageiros. Por fim, chegamos ao portão de embarque do voo das 11h15 para Londres; dali fui escoltado até chegar ao avião e, depois de atravessar a classe executiva, colocado num assento do meio na classe econômica. Os guardas não disseram uma única palavra. Colocaram minha bagagem no compartimento superior e foram embora sem me devolver meu passaporte.

As pessoas a bordo se esforçavam para não ficar olhando, mas como evitar? Era impossível. Ignorei. Eu *não* estava preso numa penitenciária russa.

Mandei uma mensagem de texto para Elena, avisando que estava a caminho de casa e que nos veríamos. Disse também que a amava.

Decolamos. Quando ouvi o trem de pouso sendo recolhido para a fuselagem do avião, tive a maior sensação de alívio que já experimentara na vida. Ganhar e perder centenas de milhões de dólares não se comparava nem de longe com aquilo.

Atingimos a altitude de cruzeiro e começaram a servir o almoço. Eu estava sem comer havia mais de 24 horas. O prato servido naquele voo era uma espécie de estrogonofe terrível, mas foi a refeição mais saborosa que comi na vida. Repeti duas vezes, bebi quatro garrafas de água e logo depois apaguei.

Só acordei quando o avião tocou a pista do aeroporto em Londres. Enquanto taxiávamos até o terminal, fiz mentalmente uma lista de todas as coisas que teria de resolver. A primeira e mais importante seria passar pelo controle de imigração e alfândega sem passaporte. Mas isso seria fácil. A Inglaterra era o meu lar e, desde que ganhara cidadania britânica, no fim dos anos 1990, passara a ser o meu país adotivo. O problema maior era a Rússia. Como eu ia sair daquela encrenca? Quem era o responsável por tudo aquilo? A quem eu poderia recorrer na Rússia? E no Ocidente?

O avião parou, o aviso soou pelo sistema de alto-falantes e todos os cintos de segurança foram desafivelados. Quando chegou a minha vez, caminhei pelo corredor em direção à saída. Eu estava desesperado de preocupação, a ponto de, ao me aproximar da porta, não notar o piloto acompanhando o desembarque dos passageiros. Quando estava diante dele, meus pensamentos foram interrompidos por sua mão estendida para mim. Nela estava o meu passaporte britânico. Peguei o documento sem dizer nada.

Passei pela alfândega em cinco minutos, peguei um táxi e fui para casa. Ao chegar, dei um longo abraço em Elena. Nunca me senti tão agradecido pelo abraço de outra pessoa.

Disse a Elena que a amava demais, e ela me lançou um sorriso meigo. De mãos dadas, conversamos sobre os apuros por que passei, fomos para o escritório que compartilhávamos em casa e nos sentamos às nossas mesas. Ligamos os computadores e começamos a trabalhar.

Eu tinha que descobrir um jeito de voltar para a Rússia.

2

Como ser rebelde em uma família de comunistas?

Se você me ouvisse falando agora, provavelmente perguntaria: "Como esse sujeito com sotaque americano e passaporte britânico se tornou o maior investidor estrangeiro da Rússia e acabou enxotado do país?"

É uma longa história, que obviamente começou nos Estados Unidos, em uma família americana fora dos padrões. Meu avô, Earl Browder, era um organizador de sindicatos nascido em Wichita, Kansas. Era tão bom no que fazia que os comunistas descobriram seus talentos e o convidaram para ir para a União Soviética, em 1926. Pouco depois de chegar lá, ele fez o que a maioria dos homens americanos ativos e cheios de autoconfiança fazem em Moscou: conheceu uma russa muito bonita. Seu nome era Raisa Berkman, uma das primeiras mulheres a exercer a advocacia no país. Os dois se apaixonaram e se casaram. Acabariam tendo três filhos homens, o primeiro dos quais foi meu pai, Felix, que nasceu na capital russa em julho de 1927.

Em 1932, Earl voltou para os Estados Unidos, instalou-se com a família em Yonkers, no estado de Nova York, e se tornou o dirigente máximo do Partido Comunista Americano. Pela chapa comunista, ele concorreu duas vezes, em 1936 e 1940, à presidência do país. Apesar de só ter recebido aproximadamente oitenta mil votos em cada eleição, sua candidatura se concentrou na era da Grande Depressão, nas insuficiências e fraquezas do capitalismo, forçando todos os atores políticos a redirecionar seus programas políticos para a esquerda. Ele era tão eficaz que foi capa da revista *Time* em 1938, com a legenda "Camarada Earl Browder".

Essa mesma eficácia provocou a ira do presidente Roosevelt. Em 1941, depois de ser preso e condenado por "fraude de passaporte", meu avô começou a cumprir pena de quatro anos na Penitenciária Federal de Atlanta, no estado da Georgia. Felizmente, graças à aliança entre os Estados Unidos e a União Soviética na Segunda Guerra Mundial, ele foi indultado um ano depois.

Earl passou os anos do pós-guerra no ostracismo... Até o senador Joseph McCarthy dar início à sua infame caça às bruxas, com a qual pretendia limpar o país de todos os comunistas, sem exceção. Os anos 1950 foram uma época de paranoia nos Estados Unidos, e não fazia diferença se o indivíduo era um bom comunista ou um mau comunista, ele continuava sendo um comunista. Earl foi intimado e interrogado por meses pelo Comitê de Atividades Antiamericanas.

A perseguição ao meu avô e as suas convicções políticas pesaram bastante no resto da família. Minha avó era uma intelectual judia russa e não tinha nenhuma vontade de ver seus filhos enveredarem pelos caminhos sujos da política. Para ela, as vocações mais nobres estavam na academia, especificamente na ciência ou na matemática. Felix, meu pai, correspondeu às expectativas. Na verdade, superou-as com folga e foi aceito no MIT aos dezesseis anos. Numa trajetória extraordinária, ele se formou na graduação em apenas dois anos, matriculou-se na pós-graduação em matemática de Princeton e aos vinte já era ph.D.

No entanto, embora fosse um dos jovens matemáticos mais brilhantes dos Estados Unidos, ele ainda era filho de Earl Browder. Quando o presidente Truman instituiu a obrigatoriedade do serviço militar depois da Segunda Guerra Mundial, Felix solicitou o adiamento de sua convocação, mas seu empregador à época, o Instituto de Estudos Avançados de Princeton, se recusou a escrever uma carta em seu favor. Nenhum dos superiores queria assinar um documento defendendo o filho de um comunista conhecido. Sem conseguir a carta justificativa do adiamento, Felix foi imediatamente convocado e começou a servir no Exército em 1953.

Depois do treinamento básico, foi designado para uma unidade de inteligência do Exército em Fort Monmouth, Nova Jersey, onde trabalhou por várias semanas, até o comandante se dar conta do seu sobrenome. A partir daquele momento, fizeram as engrenagens girar bem rápido. Uma noite, já tarde, meu pai foi arrancado do seu beliche, jogado em um veículo militar e levado para Fort Bragg, na Carolina do Norte, onde foi escalado para operar as bombas de gasolina de um posto na periferia da base militar, função que desempenhou por dois anos.

Depois de ser dispensado do Exército, em 1955, candidatou-se ao primeiro emprego acadêmico que encontrou: professor júnior na Universidade Brandeis. O corpo docente da instituição mal podia acreditar na sorte de ter um matemático de primeira linha de Princeton se candidatando à vaga. No entanto, quando sua recomendação foi apresentada, o conselho diretor rejeitou a ideia de apoiar a contratação do filho de um ex-líder do Partido Comunista Americano.

À época, a presidente do conselho era Eleanor Roosevelt; embora tenha sido seu marido o responsável pela prisão do meu avô, ela disse que "não poderia haver gesto mais antiamericano do que negar a um grande cientista a possibilidade de exercer sua profissão simplesmente porque era filho de determinada pessoa". No fim, Felix conseguiu a vaga, o que acabou sendo um trampolim para postos em Yale, Princeton e na Universidade de Chicago, onde seria promovido à posição de diretor-geral do departamento de matemática. Sua carreira foi longa e exitosa; em 1999, o presidente Clinton lhe concedeu a Medalha Nacional de Ciências, a maior honraria do país no campo da matemática.

A história da minha mãe não é menos marcante. Eva, nascida em Viena, em 1929, era filha de uma mãe solteira judia. Em 1938, já era óbvio que os judeus eram alvo dos nazistas, motivo pelo qual qualquer judeu que tivesse a oportunidade fugiria para o mais longe possível da Europa. Como havia muita gente tentando escapar, obter um visto para os Estados Unidos era quase impossível, o que levou minha avó a tomar a dolorosa decisão de entregar minha mãe para adoção. Assim, minha mãe poderia ter a chance de uma vida melhor nos Estados Unidos.

Os Applebaum, uma boa família judia de Belmont, Massachusetts, concordaram em receber Eva. Com apenas nove anos, ela cruzou a Europa de trem, embarcou em um vapor e cruzou o Atlântico para encontrar sua nova família nos Estados Unidos. Ao chegar, impressionou-se com o refúgio onde foi acolhida. Nos anos seguintes, minha mãe viveu em uma casa confortável, com um quarto só para ela, um cocker spaniel e um gramado bem aparado, sem guerras genocidas por perto.

Enquanto Eva se ajustava à nova vida, minha avó Erna conseguiu escapar da Áustria e chegar ao Reino Unido. Em vista da dor insuportável de estar longe da filha, não houve um dia que ela não passasse tentando obter um visto para os Estados Unidos a fim de poder se encontrar com ela. Depois de três anos, o visto finalmente saiu. Ela então viajou da Inglaterra para Boston e apareceu na porta dos Applebaum, em Belmont, na expectativa de um reencontro muito feliz. No entanto, minha avó foi recebida por uma menina americana que mal conhecia e que se sentia tão confortável com os Applebaum que não tinha vontade de ir embora. Ao fim de uma disputa traumática, minha avó venceu e as duas se mudaram para um apartamento de um quarto em um pequeno prédio popular em Brookline, Massachusetts. Minha avó trabalhava oitenta horas por semana como costureira, mas elas eram tão pobres que sua principal extravagância era dividir uma bandeja de rosbife com purê de batata uma vez por semana em uma lanchonete local. Sair da pobreza para uma situação confortável e depois voltar para a pobreza foi tão traumático que, até hoje, minha mãe pega sachês de açúcar e pãezinhos servidos como couvert em restaurantes e os guarda na bolsa. Apesar das dificuldades por que passou, minha mãe teve um excelente desempenho escolar, o que lhe valeu uma bolsa integral no MIT. Foi lá que ela conheceu Felix, em 1948. Casaram-se poucos meses depois.

Nasci em 1964, no seio dessa família estranha, acadêmica e de esquerda. Os principais assuntos na hora do jantar eram teoremas matemáticos e como empresários sem escrúpulos estavam levando o mundo para o abismo. Meu irmão mais velho, Thomas, seguiu os passos do meu pai e entrou na Universidade de Chicago, com *apenas quinze anos*. Graduou-se em física — formado com louvor, claro — e foi direto em busca do ph.D., aos dezenove anos. Ele é hoje um dos mais importantes físicos especializados em partículas do mundo.

Eu, por outro lado, enveredei para a extremidade oposta do espectro acadêmico. Quando eu tinha doze anos, meus pais anunciaram que iriam tirar um ano sabático e me deram as seguintes alternativas: ir com eles ou estudar num colégio interno. Escolhi a segunda opção.

Sentindo-se culpada, minha mãe permitiu que eu escolhesse a escola. Como eu estava mais interessado esquiar do que em estudar, procurei escolas próximas a estações de esqui. Encontrei uma bem pequena, chamada Whiteman School, localizada em Steamboat Springs, Colorado.

Meus pais estavam tão envolvidos no seu mundo acadêmico que nem se deram o trabalho de levantar mais informações sobre a escola. Se tivessem feito isso, teriam descoberto que, naquela época, a Whiteman não era nada cuidadosa no seu processo seletivo e atraía um grande número de alunos-problema: jovens que tinham sido expulsos de outras escolas ou que tinham problemas com a justiça.

Para poder me matricular nesse colégio interno, tive que pular o nono ano. Então cheguei à Whiteman aos treze anos de idade, o menor e mais jovem aluno da instituição. Quando viram aquele magricela vestido num blazer azul, os outros garotos imediatamente descobriram uma vítima. Na minha primeira noite, um bando deles foi até o meu quarto e começou a revirar minhas gavetas e pegar o que queriam. Protestei, mas eles me cercaram, me seguraram, me jogaram no chão e cantaram até não poder mais: "Hora de apertar as tetinhas, Billy Browder! Hora de apertar as tetinhas!"

Essa mesma cena se repetiu noite após noite nas primeiras semanas. Fui machucado e humilhado e todas as noites, quando as luzes eram apagadas, eu entrava em pânico só de imaginar os horrores que aqueles garotos praticariam contra mim.

Minha mãe foi me visitar no começo de outubro. Por orgulho, não contei a ela nada do que estava acontecendo. Eu detestava tudo aquilo, mas achava que era capaz de aguentar.

No entanto, assim que entrei no carro da minha mãe para irmos jantar, eu desmoronei.

Assustada, ela perguntou o que estava acontecendo.

— Eu odeio esse lugar! — gritei em meio ao choro. — É horrível!

Não contei que apanhava todas as noites nem sobre os beliscões nos mamilos e não sabia se ela suspeitava de alguma coisa. Ela simplesmente disse:

— Billy, se não quer ficar aqui, basta dizer e eu levo você para a Europa comigo.

Pensei no assunto e não respondi de imediato. Quando chegamos ao restaurante, decidi que, embora não houvesse naquele momento nada mais tentador que voltar ao colo aconchegante da minha mãe, eu não queria sair da Whiteman me sentindo um derrotado.

Sentamos a uma mesa no restaurante e fizemos nossos pedidos. Fui me acalmando enquanto comia e, no meio da refeição, olhei para ela e disse:

— Olha, acho que vou ficar. Vou fazer tudo dar certo.

Passamos o fim de semana juntos fora da escola e no domingo à noite ela me deixou lá. Depois de nos despedirmos, eu estava caminhando para o meu quarto e, ao passar pelos dormitórios dos alunos do segundo ano, ouvi dois garotos sussurrando: "Apertar as tetinhas do BB, apertar as tetinhas do BB."

Acelerei o passo, mas os dois garotos se levantaram e começaram a me seguir. Eu estava tão humilhado e enraivecido que, pouco antes de entrar no meu quarto, me virei e dei um soco no garoto menor. Acertei em cheio seu nariz. Ele caiu e eu rapidamente montei nele e continuei a socá-lo sem parar. O sangue já encharcava seu rosto quando seu colega me segurou pelos ombros e me jogou para o lado. Em seguida, dois alunos do grupo deles me deram uma bela surra antes de o chefe dos inspetores aparecer para apartar a briga.

Depois disso ninguém mais mexeu comigo na Whiteman.

Passei o ano inteiro lá e aprendi um monte de coisas de que nunca tinha ouvido falar. Comecei a fumar cigarro, escapar à noite e levar bebidas alcoólicas bem fortes para os dormitórios. Entrei em tanta confusão que acabei sendo expulso no fim do ano. Voltei para minha família em Chicago, mas já não era o mesmo Billy Browder.

Na minha família, não havia lugar para quem não fosse um prodígio. Eu estava tão fora da linha que meus pais não sabiam mais o que fazer comigo. Eles me mandaram para uma série de psiquiatras, orientadores e médicos para tentar descobrir como eu poderia ser "consertado". Quanto mais tentavam, mais explosiva era a minha rebeldia. Rejeitar a escola foi um bom começo, mas, se eu realmente quisesse tirar meus pais do sério, teria que inventar alguma coisa diferente.

Foi então que, perto do fim do ensino médio, tive uma ideia. Eu vestiria terno e gravata e me tornaria um capitalista. Nada deixaria minha família mais indignada do que isso.

3
Chip e Winthrop

O único problema era que, por eu ser péssimo aluno, fui rejeitado por todas as universidades para as quais me candidatei. Só consegui uma vaga na Universidade do Colorado, em Boulder, depois que o meu orientador vocacional interveio a meu favor. Embora tenha sido humilhante enfrentar tanta dificuldade para entrar nessa universidade, me recuperei rapidamente quando descobri que a instituição havia sido classificada pela revista *Playboy* como a melhor do país em festas.

Baseado nas inúmeras vezes que assisti ao filme *Clube dos Cafajestes*, decidi que, já que ia estudar em uma universidade cheia de festas, deveria aproveitar de verdade e entrar para uma fraternidade. Inscrevi-me na Delta Upsilon e, depois dos ritos de iniciação obrigatórios, fui aceito como membro. Todo mundo lá tinha um apelido — Faísca, Baforada, Capacho, Magrelo. O meu, devido ao meu cabelo preto encaracolado, era Brillo, uma marca de esponja de aço.

Ser o Brillo *era* divertido, mas depois de alguns poucos meses de cerveja demais, de correr atrás das garotas, de pegadinhas ridículas e de assistir a programas esportivos na TV por horas e horas, comecei a me dar conta de que, se continuasse daquele jeito, minha maior conquista como capitalista seriam as gorjetas que receberia como manobrista de estacionamento ou algo parecido. Minha conduta mudou radicalmente quando um dos caras da minha fraternidade, alguém que eu idolatrava, foi preso roubando o United Bank of Boulder para financiar seu vício em cocaína, sobre o qual já não tinha nenhum controle. Vê-lo condenado a uma longa pena em uma penitenciária federal foi um choque e abriu meus olhos. Percebi que, se seguisse naquela toada, a única pessoa que sofreria com aquele tipo de rebeldia seria eu mesmo.

A partir de então, deixei de lado as festas, passei a frequentar a biblioteca todas as noites e a tirar dez em tudo. Ao fim do meu segundo ano, me inscrevi nas melhores universidades do país e fui aceito pela Universidade de Chicago.

Em Chicago, estudei e me esforcei ainda mais. Minha ambição cresceu. Mas, conforme a formatura se aproximava, eu sentia uma necessidade opressiva de decidir o que eu iria fazer da vida. Como é que me tornaria um capitalista? Vinha ruminando essas questões quando me deparei com um anúncio de uma palestra do reitor da pós-graduação em negócios da universidade. Como meu plano era mesmo entrar de alguma forma no mundo dos negócios, resolvi assistir. A palestra era sobre as carreiras de pessoas que concluíram aquele curso, todas as quais pareciam estar fazendo coisas importantes e ganhando bem. Pós-graduação em negócios era, aparentemente, um passo natural para mim.

De acordo com o reitor, a melhor maneira de ser aceito por uma das melhores pós-graduações em negócios do país era ter passado dois anos em empresas como a McKinsey, a Goldman Sachs ou uma das outras 25 com perfil semelhante. Bombardeei todas elas com cartas e telefonemas pedindo emprego. Mas é óbvio que não foi tão simples assim, já que todos os demais alunos com objetivo semelhante estavam fazendo exatamente a mesma coisa. No fim, recebi 24 negativas e uma única oferta de trabalho, da Bain & Company, de Boston, uma das empresas de consultoria de gestão mais importantes do país. Não sei bem como eu conseguira passar pela triagem deles, mas, de alguma forma, eu tinha conseguido e agarrei a chance com unhas e dentes.

A Bain costumava escolher alunos com ótimas notas de boas universidades e que estivessem dispostos a trabalhar dezesseis horas por dia, sete dias por semana. Em troca, prometia uma vaga em uma das melhores escolas de negócios do país. Mas naquele ano houve um senão. Os negócios da Bain estavam crescendo tão rápido que precisaram contratar 120 "alunos escravos" em vez de apenas vinte, como faziam todas as outras firmas que tinham programas de dois anos preparatórios para o MBA. Infelizmente esse detalhe arruinou o acordo implícito que a Bain tinha com as faculdades. De fato, essas escolas gostavam de admitir jovens consultores saídos da Bain, mas também da McKinsey, do Boston Consulting

Group, da Morgan Stanley, da Goldman Sachs e de dezenas de outras empresas que escravizavam jovens capitalistas ambiciosos. O resultado é que, na melhor das hipóteses, elas só poderiam acolher vinte pessoas da Bain, e não todas as 120. Em resumo, a Bain estava me oferecendo a oportunidade de trabalhar como um condenado por 28 mil dólares por ano e em recompensa eu teria uma chance de 16%, na melhor das hipóteses, de entrar em Harvard ou Stanford.

Como consequência, o processo de inscrição para os cursos de pós-graduação gerou uma crise para todos nós que trabalhávamos na Bain. Durante semanas, nós nos víamos com desconfiança, tentando descobrir um jeito de nos diferenciarmos uns dos outros. Com certeza eu não era melhor que meus colegas. Muitos tinham estudado em Harvard, Princeton ou Yale e muitos tinham avaliações de desempenho melhores que as minhas na Bain.

No entanto, um dia uma ideia ganhou força dentro de mim. Meus colegas podiam ter currículos melhores que o meu, mas qual deles era neto do líder do Partido Comunista dos Estados Unidos? Nenhum. Só eu.

Eu me candidatei a duas universidades — Harvard e Stanford — e fiz questão de contar a ambas a história do meu avô. Harvard me rejeitou de cara, mas, inacreditavelmente, Stanford disse sim. Fui um de apenas três funcionários da Bain aceitos em Stanford naquele ano.

No fim de agosto de 1987, equipei meu Toyota Tercel e atravessei o país rumo à Califórnia. Quando cheguei a Palo Alto, saí da Camino Real à direita e peguei a Palm Drive, que levava ao campus principal de Stanford. A estrada era margeada por duas fileiras de palmeiras e terminava em prédios em estilo espanhol com telhados de terracota. O sol brilhava e o céu estava azul. Aquilo era a Califórnia, e eu me sentia como se estivesse chegando ao paraíso.

Logo descobri que era *mesmo* o paraíso. O ar era limpo, o céu era azul e todos os dias eram como se eu estivesse num sonho. Todo mundo em Stanford tinha se matado para chegar lá, trabalhando oitenta horas por semana em empresas escravizantes como a Bain, decorando tabelas, adormecendo sobre a mesa de trabalho, sacrificando lazer e diversão no altar do sucesso. Éramos todos batalhadores que tinham competido uns contra os outros para serem admitidos, mas, agora que estávamos lá, o paradigma mudava completamente. Stanford nos proibia de mostrar nossas notas para potenciais empregadores. Todas as decisões de seleção e contratação precisariam ser baseadas em entrevistas e na experiência anterior. A consequência disso era que a competição acadêmica normal, tradicional, cedia lugar a algo que nenhum de nós esperava: um clima de cooperação, camaradagem e amizade. Logo percebi que, em Stanford, o sucesso não residia em ter bom desempenho, mas em simplesmente fazer parte daquilo. O que viesse a mais era lucro. Para mim, e para todos os meus colegas, foram os melhores dois anos da nossa vida.

À parte a experiência em si, o outro objetivo de Stanford era descobrir o que fazer depois do MBA. Desde nossa chegada, eu e meus colegas íamos quase todos os dias a palestras sobre corporações, papos informais na hora do almoço, recepções à noite, jantares e entrevistas, tentando escolher qual emprego, entre os milhares disponíveis, era o certo.

Fui a um encontro da Procter & Gamble, lotado, e assisti a três executivas de marketing júnior vestidas com saia de prega, camisa branca e gravatinha esvoaçante falarem em animado jargão corporativo sobre formas fantásticas de vender sabão.

Fui também a um coquetel da Trammell Crow. Eu me senti totalmente deslocado ao ver texanos boa-pinta de fala mansa se dando tapas nas costas e jogando conversa fora sobre beisebol, grandes negócios e empreendimentos imobiliários (o ramo de negócios da Trammell Crow).

Houve também a recepção na sede de Beverly Hills da Drexel Burnham, em que tive que lutar para não dormir enquanto uma equipe de vendedores de calvície incipiente, vestindo ternos finos, sonolentamente discorria sobre o emocionante mundo das operações com títulos de alta rentabilidade.

Não, não e não. Obrigado, eu pensava.

Quanto mais eu ia a esses eventos, mais deslocado me sentia. Uma entrevista em especial revelou tudo para mim. Era para um estágio de verão na JP Morgan. Eu não estava necessariamente interessado em trabalhar lá, mas só um louco não iria a uma entrevista de emprego na JP Morgan, uma das principais empresas de Wall Street.

Entrei numa salinha no centro de recursos humanos e fui recebido por dois homens altos de pouco mais de trinta anos, com queixo quadrado e ombros largos. Um era loiro, o outro tinha cabelos castanhos; ambos vestiam camisas sociais com monograma bordado, ternos escuros da Brooks Brothers e suspensórios vermelhos. Quando o loiro estendeu o braço para me cumprimentar, notei um Rolex aparentemente caro em seu pulso. Cada um pinçou seu cartão de visita de uma pequena pilha em cima da mesa e me entregou. Os nomes eram algo parecido com Jake Chip Brant III e Winthrop Higgins IV.

A entrevista começou com a pergunta mais previsível de todas:

— Por que você quer trabalhar na JP Morgan?

Pensei em responder *Porque vocês me convidaram e eu preciso de um emprego de verão*, mas sabia que não era isso que eu deveria dizer. O que eu realmente disse foi:

— Porque a JP Morgan reúne as melhores qualidades de um banco de investimentos e de banco comercial e acredito que essa combinação é a fórmula mais eficaz para se ter sucesso em Wall Street.

Imediatamente pensei: *Eu realmente disse isso? Nem sei o que isso significa!*

Chip e Winthrop também não gostaram da minha resposta. Eles prosseguiram com mais algumas perguntas-padrão e eu lhes devolvi respostas igualmente insípidas. Winthrop concluiu com uma pergunta inócua, como que me oferecendo uma forma de encontrar algum ponto em comum entre nós.

— Bill, fale um pouco sobre os esportes que praticava na faculdade.

Essa foi fácil: eu não tinha praticado esporte nenhum na faculdade. Eu era tão nerd que mal tinha tempo para comer e ir ao banheiro, quanto mais praticar algum esporte. Respondi de maneira enfadonha:

— Bem, na realidade nenhum esporte... mas gosto de esquiar e escalar.

Esperava que as duas modalidades fossem legais o suficiente para aqueles caras.

Não eram. Nem Chip nem Winthrop disseram mais nada e tampouco se deram o trabalho de tirar os olhos da pilha de currículos. Fim da entrevista.

Caminhando para sair do prédio, percebi que, para aqueles dois sujeitos, não importava o que eu tinha dito. Só estavam preocupados em averiguar se eu me encaixava ou não na cultura JP Morgan. E eu claramente não me encaixava.

Cheguei à lanchonete da faculdade me sentindo inadequado e rejeitado. Entrei na fila, peguei algo para comer, fui até uma mesa e comi meio distraído. Estava terminando meu sanduíche quando entrou Ken Hersh,[1] meu melhor

---

[1] Ken Hersh viria a dirigir a Natural Gas Partners, uma das empresas de *private equity* na área de energia mais bem-sucedidas do mundo.

amigo, vestindo terno, sinal de que ele também tinha acabado de voltar de uma entrevista de emprego.

— E aí, Ken, por onde tem andado? — perguntei.

Ele puxou uma cadeira.

— Fui a uma entrevista na JP Morgan.

— Sério? Você também conheceu o Chip e o Winthrop? Como foi?

Ken riu dos apelidos que eu tinha inventado para os caras e deu de ombros.

— Não sei. Não estava indo bem, até que eu disse para o "Chip" que nesse verão, se quisesse, ele poderia usar meus cavalos de polo no clube, lá nos Hamptons. A partir desse momento, a conversa começou a fluir — disse Ken, sorrindo.

Ele era um judeu baixinho de classe média nascido em Dallas, no Texas. O mais perto que já estivera de um cavalo de polo foi quando viu a logo da Ralph Lauren em uma camisa no shopping.

— E você? Como foi? — perguntou Ken.

— Então vamos trabalhar juntos! Tenho certeza de que vão me contratar porque disse para o Winthrop que o levaria para velejar no meu esquife no iate clube de Kennebunkport.

Nem Ken nem eu fomos selecionados, mas daquele dia em diante ele passou a me chamar de Chip e eu a chamá-lo de Winthrop.

Depois da experiência na JP Morgan, não conseguia deixar de me perguntar por que eu me sujeitava a ser rejeitado pelos Chips e Winthrops do mundo. Eu não era como eles e não queria trabalhar para eles. Havia escolhido aquele rumo para minha vida para me contrapor aos meus pais e à criação que tive, mas não conseguiria jamais fugir do fato de que ainda era um Browder.

Comecei então a procurar empregos com algum tipo de significado pessoal. Assisti a uma palestra do líder do Sindicato dos Trabalhadores da Indústria Siderúrgica e adorei. Enquanto o ouvia falar, eu escutava também a voz do meu avô, um homem de cabelos brancos e bigode de quem carinhosamente me lembrava sentado em seu escritório, rodeado de livros, o aroma doce do tabaco do seu cachimbo se espalhando para todos os lados. Fiquei tão inspirado que, ao final da palestra, eu me aproximei do homem e perguntei se ele não queria me contratar para ajudar o sindicato a negociar com as empresas exploradoras dos trabalhadores. Ele me agradeceu pelo interesse e explicou que no sindicato só contratavam trabalhadores da indústria siderúrgica.

Não me abati. Examinei outros aspectos da vida do meu avô que eu poderia emular e me veio a ideia do Leste Europeu. Ele havia passado parte importante da vida no bloco soviético e sua experiência por lá o havia transformado em figura de relevância global. Se foi lá que meu avô conquistou seu espaço, talvez eu pudesse fazer o mesmo.

Em meio a essa busca por autoconhecimento, eu também tinha começado a considerar ofertas reais de emprego para o caso de minha utopia não se materializar. Uma delas era do Boston Consulting Group (BCG), em sua sede do Centro-Oeste, em Chicago. Eu era de Chicago e tinha trabalhado na Bain, o que se encaixava perfeitamente na política de contratações da empresa.

O problema era que eu não queria voltar para Chicago. Queria ir embora e ver o mundo — mais do que isso, queria trabalhar no mundo (minha vontade verdadeira era ser o Mel Gibson no meu filme preferido, *O Ano em que Vivemos em Perigo*). Como parte do esforço para que eu aceitasse o emprego, o BCG me pagou uma passagem de avião para Chicago a fim de participar de um "dia de convencimento", em que me juntei a outros candidatos já selecionados. Fomos submetidos a uma longa série de reuniões com consultores que estavam lá havia um ou dois anos e que, com olhos brilhando de entusiasmo, banquetearam-nos com histórias sobre como era animada a vida no BCG. Foi legal, mas não me convenceu.

Minha última reunião foi com o chefe do escritório, Carl Stern. Em teoria, deveria ser o fim do processo, o momento em que eu apertaria a mão do chefão, agradeceria empolgado e diria "sim".

Quando entrei em sua sala, ele disse, caloroso:

— E então, Bill, o que achou? Vai se juntar a nós? Todo mundo aqui gostou muito de você.

Fiquei lisonjeado, mas não havia chance de eu aceitar.

— Lamento muito. Eu me senti bastante acolhido pelo seu pessoal, mas a verdade é que não consigo me imaginar vivendo e trabalhando em Chicago.

Ele pareceu um pouco confuso, já que eu não havia manifestado qualquer objeção a Chicago durante o processo de entrevistas.

— Bem, então o problema não é o BCG?

— Não, não exatamente.

Ele então se inclinou para a frente.

— Neste caso, por favor, me diga: onde você gostaria de trabalhar?

Pronto. Chegara a hora. Se realmente quisesse avançar e chegar a algum lugar, eu deveria lhe dizer a verdade.

— No Leste Europeu.

— Ah! — disse ele, claramente surpreso.

Ninguém jamais lhe dissera isso antes. Ele se reclinou na cadeira e olhou para o teto.

— Deixe-me pensar... Sim... Como você com certeza sabe, não temos escritórios no Leste Europeu, mas há uma pessoa no escritório de Londres especializada naquela região. Ele se chama John Lindquist. Podemos tentar marcar uma reunião para você conhecê-lo, se você achar que isso pode levá-lo a mudar de ideia.

— Pode, sim.

— Ótimo. Vou descobrir quando ele estará disponível e vamos agendar.

Duas semanas mais tarde eu estava a caminho de Londres.

4

"Podemos arranjar uma mulher para mantê-lo quente à noite"

A sede londrina do BCG fica bem em cima da estação Green Park, da linha Piccadilly do metrô, no coração de Mayfair. Eu me apresentei na recepção e fui conduzido até a sala de John Lindquist, que mais parecia com a sala de um professor amalucado, lotada de livros e papéis empilhados em toda parte.

Só de olhar, percebi logo que John era uma espécie de anomalia. Americano, vestindo terno Savile Row, gravata Hermès e óculos com armação de chifre, ele parecia ser uma versão mais refinada de Chip ou Winthrop. Mas ele tinha também uma atitude meio desajeitada e deslocada. Ao contrário de seus correspondentes mais jovens e com sangue azul da JP Morgan, a voz de John era suave, quase um sussurro, e ele nunca olhava diretamente nos olhos.

Depois de me acomodar em sua sala, ele falou:

— O pessoal de Chicago me disse que você quer trabalhar no Leste Europeu, certo? Você é a primeira pessoa do BCG que eu conheço que quer trabalhar lá.

— Sim. Acredite, é isso mesmo que desejo fazer.

— Por quê?

Contei-lhe a história do meu avô, de como ele viveu em Moscou e depois voltou para os Estados Unidos, concorreu à presidência e se tornou o rosto do comunismo americano.

— Desejo fazer algo interessante como ele. Alguma coisa que seja relevante para mim e para o que sou.

— Bem, nunca tivemos um *comunista* trabalhando aqui no BCG — disse ele, dando uma piscadela, antes de voltar a se endireitar na cadeira. — No momento, não temos nada acontecendo no Leste Europeu, mas vou lhe propor uma coisa: se você vier trabalhar conosco, prometo que o primeiro negócio que tivermos por lá será direcionado para você, certo?

Não demorei a perceber que ele dizia "certo?" ao final de cada sentença, como se fosse um tique nervoso.

Não sei exatamente por quê, mas gostei do John. Aceitei a proposta no ato e me tornei o primeiro funcionário do BCG no grupo de trabalho para o Leste Europeu.

Eu me mudei para Londres em agosto de 1989 e aluguei uma casinha em Chelsea com dois colegas de Stanford que também estavam começando em novos empregos na cidade. Na primeira segunda-feira de setembro, peguei o metrô da linha Piccadilly, com um baita frio na barriga, pronto para conquistar o Leste Europeu no BCG.

O problema é que não havia negócios no Leste Europeu. Não naquele momento, pelo menos.

No entanto, no dia 10 de novembro daquele ano, eu estava sentado na minúscula sala do meu apartamento, vendo TV com meus colegas de Stanford, quando o mundo começou a se mexer sob meus pés. O Muro de Berlim acabara de ser derrubado; portando marretas e talhadeiras, alemães-orientais e alemães-ocidentais o demoliram pedacinho por pedacinho. A história estava sendo feita ao vivo diante dos nossos olhos. Em poucas semanas, a Revolução de Veludo tomou conta da então Tchecoslováquia, onde o governo comunista também ruiu.

As peças de dominó estavam caindo uma a uma; em pouco tempo, a Europa inteira estaria livre. Meu avô tinha sido o maior comunista dos Estados Unidos; naquele momento, vendo tais acontecimentos, decidi que queria ser o maior capitalista do Leste Europeu.

Minha primeira chance surgiu em junho de 1990; John apareceu à porta da minha sala e disse:

— Oi, Bill. É você que queria ir para o Leste Europeu, certo?

Aquiesci.

— Excelente. O Banco Mundial está precisando de consultores especializados em reestruturação para ir à Polônia. Preciso que você monte uma proposta de consultoria para recuperar uma empresa de ônibus, certo?

— Ok. Só tem um problema. Eu nunca elaborei uma proposta dessas antes. O que devo fazer?

— Fale com o Wolfgang. Ele vai lhe dizer o que fazer.

Wolfgang Wolfgang Schmidt. Só de ouvir o nome dele eu já ficava arrepiado. Era um dos gerentes que comandavam algumas das equipes de projetos no dia a dia. Era considerado por muitos um dos gerentes de trato mais difícil do escritório de Londres. Austríaco, com pouco mais de trinta anos, tinha prazer em berrar, forçar as pessoas a trabalhar a noite inteira, maltratar e depois dispensar jovens consultores. Ninguém gostava de trabalhar para ele.

Mas, se eu realmente tinha planos de ir à Polônia, *teria* que trabalhar para ele. Eu nunca havia estado em sua sala antes, mas sabia onde ficava. Todo mundo precisava saber, nem que fosse só para ficar bem longe.

Fui até lá e encontrei uma bagunça generalizada: a sala estava cheia de caixas de pizza vazias, papéis amassados e pilhas de relatórios. Wolfgang estava debruçado sobre um grande fichário, deslizando o dedo pela página. Sua testa suada brilhava na luz fluorescente e o cabelo desgrenhado apontava em todas as direções. Sua camisa cara feita sob medida estava para fora da calça e a barriga redonda despontava de um dos lados.

Limpei a garganta. Ele ouviu e inclinou a cabeça em minha direção.

— Quem é você?

— Bill Browder.

— O que você quer? Não vê que estou ocupado?

Achei que ele tinha que estar ocupado limpando o chiqueiro que chamava de sala, mas não disse isso.

— Preciso preparar uma proposta de reestruturação de uma empresa de ônibus polonesa. John Lindquist me mandou falar com você.

— Meu Deus — rosnou ele. — Escute bem, Browner, comece encontrando currículos de consultores do BCG com experiência em caminhões, ônibus, automóveis, qualquer coisa que você ache que tenha alguma relação. Levante o máximo que conseguir.

— Certo. Trago de volta para você depois?

— Apenas faça o que lhe disse para fazer!

Voltou ao seu fichário e retomou a leitura.

Assim que saí de sua sala, fui à biblioteca. Folheando o livro de currículos, percebi por que o BCG tinha uma reputação internacional tão impressionante.

Havia ali gente com experiência em todos os ramos de atividade e em todos os cantos do planeta. No escritório de Cleveland, havia um grupo especializado em indústria automobilística; um grupo de Tóquio havia trabalhado na implantação do sistema *just-in-time* de gerenciamento de estoque para fabricantes de automóveis japoneses; em Los Angeles, havia especialistas em pesquisas de operações. Fiz cópias do material sobre esses grupos e voltei à sala de Wolfgang.

— Já de volta, Brower?

— Browder. O nome é...

— Ok, ok. Olha, estão surgindo alguns outros projetos na Polônia e os caras que estão preparando as propostas para eles vão lhe dizer o que fazer a partir de agora. Não tenho tempo para cuidar disso. Por favor, se você não se importa...

Wolfgang então apontou a mão aberta para a porta da sala, indicando que eu deveria sair.

Achei os outros consultores e felizmente eles estavam mais que dispostos a me dar uma mãozinha. Ao longo das semanas seguintes, fizemos cronogramas, planos de trabalho e reunimos informações adicionais que atestavam as extraordinárias qualidades do BCG. Quando terminamos, as apresentações ficaram tão elegantes e engenhosas que tive certeza de que venceríamos. Nós as entregamos a John Lindquist, que as submeteu ao Banco Mundial, e ficamos todos aguardando a resposta.

Dois meses depois, Wolfgang entrou na minha sala. Parecia estar anormalmente animado.

— Bill, arrume as malas. Você está indo para a Polônia.

— Nós vencemos?

— Sim, vencemos. E agora começa o trabalho de verdade.

Fiquei exultante.

— Devo começar a ligar para os especialistas que listamos na proposta para me certificar de que eles também podem ir para a Polônia?

Wolfgang franziu o cenho.

— Do que você está falando? É claro que não. Só você vai trabalhar nesse projeto.

Com a palma da mão, ele deu uma batidinha no batente da porta, virou-se e foi embora.

Inacreditável. Eu tinha incluído profissionais impressionantes na proposta e tudo o que os poloneses iriam receber era *eu*? Um consultor associado com menos de um ano de casa que não conhecia nada sobre ônibus (nem sobre qualquer outro negócio)? Fiquei chocado, mas guardei meu receio para mim mesmo. Era a missão com que eu sempre sonhara. Simplesmente teria de ficar quieto e fazer dar certo.

No fim de outubro de 1990, quase um ano após a queda do Muro de Berlim, John, Wolfgang, dois outros consultores associados também com um ano de casa e eu embarcamos num voo da LOT, a companhia aérea polonesa, com destino a Varsóvia. Lá fomos recebidos por quatro representantes do Banco Mundial e dois funcionários da Autosan, a fabricante de ônibus em apuros que deveríamos ajudar a escapar da falência. Pegamos nossa bagagem e embarcamos no ônibus da própria Autosan, que nos levaria à sede da empresa, em Sanok.

Foi uma longa viagem. Varsóvia rapidamente ficou para trás e logo seguimos pelo interior da Polônia. O outono estava chegando ao fim e a paisagem era pitoresca, mas também um pouco deprimente. O regime comunista polonês tinha acabado de cair e as condições do terreno eram mais duras do que eu esperava. Era como entrar numa máquina do tempo programada para voltar a 1958: carros antigos, cavalos puxando carroças pelo acostamento, fazendas abandonadas, moradias — os famosos e onipresentes prédios de concreto soviéticos — desmoronando. Os poloneses sofriam com a falta de alimentos, a hiperinflação, os blecautes e vários outros problemas.

Apesar disso tudo, sentado no ruidoso ônibus com a testa encostada no vidro, pensei: *Este é exatamente o lugar onde quero estar.* O caminho estava aberto e cheio de possibilidades.

Seis horas depois, chegamos a Sanok, cidade com menos de cinquenta mil habitantes localizada na extremidade sudeste da Polônia, uma região montanhosa e coberta de florestas, a dezesseis quilômetros da fronteira com a Ucrânia. Chegamos ao restaurante da empresa para um banquete do qual participaram os diretores da Autosan e executivos do Banco Mundial. Nenhum dos convidados quis tocar na comida — costela de porco gordurosa, batatas excessivamente cozidas e uma espécie de gelatina condimentada contendo pedaços de carne de porco. À parte o cardápio pouco apetitoso, pairava no ar um odor insidioso de solvente industrial exalado pela fábrica que ficava ali perto. Tive a impressão de que todo mundo que não era de Sanok queria sair daquele lugar o mais rápido possível, mas os diretores da empresa não permitiriam isso, de modo que os brindes e discursos continuaram noite adentro. Finalmente, às 23h15, quando o café estava sendo servido, o grupo do Banco Mundial levantou-se, ainda que meio envergonhado, pediu desculpas e subiu no ônibus rumo a Rzeszow, a cidade mais próxima com um hotel decente.

Meus colegas do BCG esperaram até que o pessoal do Banco Mundial já estivesse suficientemente longe para também se levantar e pedir licença para sair. Já na rua, Wolfgang negociou com dois taxistas a volta para Varsóvia ainda naquela noite, mesmo sabendo que enfrentariam de novo seis horas de estrada.

Fui o único que sobrou: o consultor de 26 anos com um diploma de MBA e apenas um ano de experiência a quem caberia salvar aquela empresa da ruína.

Depois do café, despedi-me dos diretores, que pareciam não entender que eu não era nada comparado às pessoas que tinham acabado de ir embora. Então fui levado para o hotel Turysta, que seria o meu lar por alguns meses.

O Turysta ficava em um prédio bolorento de concreto de quatro andares a duas quadras do rio San. Como não tinha elevador, eu precisava subir pela escada. O corredor era estreito e mal iluminado, e meu quarto era minúsculo. Mais parecido com um vestíbulo, tinha duas camas de solteiro encostadas em paredes opostas e o único espaço vazio no chão era justamente o vão entre as camas. Presa à parede acima de uma das camas, havia uma TV em preto e branco de treze polegadas. Espremido entre as duas cabeceiras, um criado-mudo simples e cafona. Sobre ele, um solitário abajur e, logo acima, uma janelinha que dava para um terreno baldio.

Não era nada luxuoso, mas eu estava tão animado por estar na Polônia que não me importei.

Tentei usar o telefone, um aparelho de plástico com disco em vez de teclado, mas a única conexão possível era com a senhora da recepção, que não falava nenhuma palavra em inglês. Desfiz a mala e enfiei as roupas no armário. O quarto era frio e o aquecedor não estava funcionando, então tive que vestir o casaco de pele que levara para o inverno que despontava. Liguei a TV; só havia três canais, todos em polonês. Um passava notícias, outro era de futebol e o outro transmitia um programa sobre ovelhas. Desliguei a TV e fiquei mexendo no rádio de ondas curtas que havia levado. Não consegui sintonizar nada e acabei desistindo.

Fui para a cama e tentei dormir, mas fazia muito frio. Mexi no aquecedor, girei a válvula perto do chão, mas nenhum calor saía. Normalmente eu teria ligado para a recepção, mas, devido à barreira da língua, isso não ajudaria em nada. Peguei algumas roupas no armário, transferi o cobertor da outra cama para a minha e me enterrei sob aquele monte de tecidos. Embora eu estivesse usando meu casaco de pele, também não foi suficiente. Eu me virei e revirei a noite inteira e mal consegui dormir. Quando o sol começou a subir, fui para o chuveiro na esperança de que pelo menos a água me aquecesse. Abri a torneira e esperei pelo jato quente, mas o melhor que consegui foi água morna.

Pulei o banho, vesti minhas roupas e desci até o pequeno restaurante do Turysta para conhecer meu intérprete. Um homem esguio vestindo um terno cinza de poliéster que lhe caía mal levantou-se num salto assim que apareci. Ele colocou um jornal enrolado debaixo de um dos braços e estendeu a mão.

— Sr. William?

Apertei sua mão.

— Sim, sou eu mesmo.

— Olá, meu nome é Leschek Sikorski! — disse, animado.

Leschek era um pouco mais velho e mais alto que eu. Tinha cabelos castanho-claros, brilhantes olhos verdes e uma barba cuidadosamente aparada. Em diferentes circunstâncias, ele até seria boa-pinta, mas o terno mal-ajambrado e os dentes estragados anulavam essa hipótese.

— Sente-se, por favor — disse ele, apontando para uma cadeira. — Dormiu bem? — perguntou, praticamente gritando ao final da frase.

— Na realidade, passei frio. Não havia aquecimento no quarto.

— É verdade. Eles só vão ligar o aquecimento depois do início oficial do inverno.

Ele mais uma vez gritou a última palavra. Falava inglês de maneira tão pouco natural que concluí que aprendera o idioma usando fitas cassete de algum curso de idiomas.

A garçonete apareceu e me serviu chá enquanto Leschek lhe dizia algo em polonês. Depois que ela se afastou, perguntei o que ele tinha dito.

— Disse para trazer seu café da manhã.
— Tem um cardápio?
— Não, não. Só um café da manhã!

Alguns minutos depois chegou o café da manhã: salsichas cozidas demais e um tipo estranho de queijo polonês processado. Eu estava com tanta fome que mandei tudo para dentro.

Leschek comeu com diligência, sem demonstrar desgosto nem qualquer ânimo. No meio da refeição, com a boca cheia de comida, ele perguntou:

— Você é de Londres, não é?
— Sou, sim.

Um grande sorriso se abriu em seu rosto.

— Então peço um favor.

Ele abaixou a voz e sussurrou:

— Você pode me apresentar a Samantha Fox?

Samantha Fox era uma cantora pop inglesa de seios grandes que começara a carreira fazendo topless na página 3 do tabloide *The Sun*.

Olhei para Leschek, confuso, e respondi:

— Lamento, mas acho que não será possível. Eu não a conheço.

Ele se reclinou na cadeira com uma expressão de desconfiança e insistiu:

— Mas você precisa me ajudar. Você é de Londres.

— Leschek, eu gostaria muito, mas Londres tem sete milhões de habitantes.

Eu não queria ser rude com ele, mas aquilo era ridículo. Como eu conseguiria salvar da falência aquele fabricante de ônibus se meu principal contato com o mundo exterior era um sujeito estranho obcecado por uma modelo da Inglaterra que fazia topless?

Depois do café da manhã, Leschek e eu saímos do hotel e nos apertamos dentro de um minúsculo Fiat Polski vermelho que a empresa havia providenciado para mim. Depois de várias tentativas, consegui ligar o motor. Leschek sorria enquanto me indicava o caminho para a sede da Autosan, um prédio de concreto branco de sete andares perto do rio. Estacionamos, e, ao passar pelo saguão de entrada, detectei o mesmo odor desagradável de solvente industrial que sentira no jantar na véspera. Pegamos o elevador até o último andar e fomos para a sala do diretor-geral. Ele estava à porta, como se fosse um leão de chácara — seus ombros largos ocupavam praticamente todo o vão —, exibindo um largo sorriso sob um espesso bigode. Ele parecia ter o dobro da minha idade e tinha trabalhado na Autosan a vida inteira. Quando me aproximei, estendeu sua mão de dedos grossos de operário e, ao me cumprimentar, apertou a minha com tanta força que parecia que eu tinha prendido a mão em um espremedor.

Conduziu-nos para sua sala e começou a falar rápido em polonês.

— Bem-vindo a Sanok — traduziu Leschek, falando depois dele. — Ele está perguntando se você gostaria de um conhaque para celebrar sua chegada.

— Não, obrigado — respondi, meio sem jeito, imaginando se não estaria cometendo uma gafe cultural por rejeitar sua oferta de tomar bebida alcoólica pesada antes das dez da manhã.

Em seguida, o diretor-geral desfiou um discurso em que novamente expressou seu contentamento por eu estar lá. Explicou que a Autosan era o principal empregador de Sanok e que, se a empresa quebrasse, a cidade inteira quebraria junto. Ele e todo mundo na Autosan acreditavam que o BCG — e, por tabela, eu — salvaria o negócio da debacle financeira. Tentei exibir um semblante de seriedade e anuía com a cabeça ao que ele me dizia, mas no meu íntimo estava totalmente atormentado pela dimensão da minha responsabilidade.

No fim do seu breve discurso, ele disse:

— Sr. Browder, antes de você começar a trabalhar, não posso deixar de lhe perguntar: há alguma coisa que possamos fazer para tornar sua estada em Sanok mais agradável?

Assim que entrara na sua sala, eu tinha percebido como era quentinha, especialmente depois da atribulada noite anterior em meu quarto gelado. Notei num canto um pequeno aquecedor que emitia um leve zumbido e um reconfortante brilho cor de brasa. Olhando para o aparelho, perguntei, vacilante:

— Você consegue arranjar um aquecedor como esse para o meu quarto?

Houve uma pausa enquanto Leschek traduzia. Em seguida, o rosto do diretor-geral se iluminou. Com suas bochechas rosa se avolumando, ele piscou e disse:

— Sr. Browder, podemos fazer algo muito melhor que isso. Podemos arranjar uma mulher para mantê-lo quente à noite.

Olhei meio encabulado para o chão e gaguejei:

— N-não, obrigado. Um aquecedor basta.

Imediatamente me pus a trabalhar e minha primeira semana na Polônia foi o maior choque cultural que experimentara em toda a minha vida até então. Tudo em Sanok — os cheiros, a língua, os costumes — era diferente. Mas o mais difícil para mim era a comida. A única carne disponível era de porco, presente em todos os lugares e situações. Salsicha no café da manhã, sanduíche de presunto no almoço, costela de porco no jantar — todos os dias. Não havia frutas nem legumes. Frango era quase uma iguaria. O pior de tudo, no entanto, era que todas as refeições eram totalmente embebidas em gordura, como se fosse algum tipo de condimento mágico que tornava tudo mais palatável, o que não era verdade.

No quinto dia, eu estava morrendo de fome e precisava fazer alguma coisa a respeito. Decidi viajar para Varsóvia, me hospedar no Marriott e me alimentar de maneira decente. Assim que cheguei, larguei a mala no quarto e corri para o restaurante. Nunca na vida o bufê de um hotel me deixou tão feliz. Eu me servi de porções mais que generosas de salada, frango frito, rosbife, queijo e pão. Comi como um animal e ainda repeti duas vezes. Eu estava pronto para atacar a sobremesa quando meu estômago começou a rosnar; se eu não chegasse rápido a um banheiro, as coisas poderiam ficar feias.

Estava cruzando o saguão o mais rápido possível rumo ao banheiro quando me deparei, bem à minha frente, com Wolfgang Schmidt.

— Browner! Que diabo você está fazendo em Varsóvia? — inquiriu.

Fiquei tão surpreso ao vê-lo que não sabia o que dizer.

— Como... como era sexta-feira à noite, decidi que seria...

— Sexta-feira à noite? — latiu Wolfgang. — Você está brincando comigo. Você precisa voltar imediatamente para Sanuk.

— É Sanok — corrigi, mudando meu peso de um pé para o outro.

— Não importa que merda seja. Você precisa voltar lá e socializar com o cliente no fim de semana. É assim que funciona esse negócio.

Os gases no meu estômago eram tão intensos que eu mal podia ouvir Wolfgang.

— Certo. Vou voltar. Desculpe. Eu realmente...

O banheiro estava *bem ali* e o tempo passava.

— Tudo bem, Browner.

Quando ele finalmente saiu da minha frente, corri para o banheiro em velocidade máxima.

Depois do inesperado encontro com Wolfgang, fiquei tão intimidado que não ousei mais colocar os pés em Varsóvia. Em vez disso, nos fins de semana, pegava meu Fiat Polski e saía rodando pela zona rural em busca de comida. Parava em pequenos restaurantes e, como não falava uma palavra de polonês, apontava para três ou quatro entradas no cardápio na esperança de que ao menos uma fosse palatável. Rezava para que viesse frango, e às vezes vinha mesmo. Eu podia me dar a esse luxo porque a moeda polonesa, o zloty, estava tão depreciada que cada prato custava o equivalente a 45 centavos de dólar. Era legal sair de Sanok, mas, por mais longe que eu fosse, a comida continuava horrível. Nas oito semanas desde que chegara lá para o início do projeto, eu tinha perdido mais de seis quilos.

A dificuldade com alimentos era apenas um dos sinais de quão dramática era a situação do país como um todo. A Autosan era uma bagunça total à beira do desastre. Após a "terapia de choque" econômica implementada com a queda do comunismo, o governo polonês cancelara todos os seus pedidos de ônibus da Autosan. Por causa disso, a empresa perdera 90% de suas vendas e precisaria encontrar uma nova rede de clientes ou cortar custos de forma radical.

Os ônibus produzidos pela Autosan estavam entre os piores do mundo, o que tornava quase impossível encontrar novos clientes. A única saída plausível para a empresa evitar a falência era demitir muita gente. Como toda a cidade dependia da companhia para sobreviver, essa era a última notícia que eles queriam receber — e também a última que eu gostaria de lhes dar. Tudo isso me incomodava demais, fazendo com que minhas ideias românticas sobre fazer negócios no Leste Europeu começassem a se dissipar rapidamente. Eu não queria prejudicar aquelas pessoas.

Três semanas antes das festas de fim de ano, com minha apreensão e aflição aumentando cada vez mais, encontrei-me com Leschek para nosso ritual de café da manhã. Eu havia aprendido a evitar assuntos ridículos como Samantha Fox; simplesmente me mantinha calado, e ele respeitava. Apesar do nosso início desajeitado, percebi que Leschek era um sujeito sincero e prestativo e, depois de passarmos quase dois meses juntos diariamente, comecei a ir com a cara dele. Lamentei que fosse ele quem tivesse que traduzir minhas recomendações para a diretoria da Autosan e, mais que isso, sabia que, quando finalmente partisse de Sanok, sentiria saudade dele.

Naquela manhã, estava comendo fatias de salsicha quando algo no jornal de Leschek que estava na mesa chamou minha atenção. Ele parecia estar olhando os classificados de anúncios pessoais e eu tratei de ver mais de perto. Em pequenos blocos, havia números — dados financeiros — rodeados por palavras que eu não sabia ler.

Inclinei-me e perguntei:

— Leschek, o que é isso?

— São as primeiras privatizações na Polônia! — respondeu ele, com orgulho.

Eu já tinha ouvido falar que a Polônia estava privatizando suas antigas empresas estatais, mas, totalmente absorvido pelo trabalho na Sanok, não estava acompanhando nada daquilo.

— Interessante... Que número é este aqui? — perguntei, apontando para o alto da página.

— Este é o preço da ação.

— E este aqui?

— O lucro no ano passado.

— E este aqui?

— O número de ações que serão postas à venda.

Fiz alguns cálculos rápidos. Pelo preço de cada ação, a empresa valia 80 milhões de dólares, enquanto o lucro no ano anterior tinha sido de 160 milhões, o que significava que o governo polonês estava vendendo a empresa por metade do lucro do ano anterior! Fiquei chocado. Traduzindo em termos bem simples: quem investisse seu dinheiro nessa empresa recuperaria o investimento em seis meses se a companhia continuasse em atividade.

Perguntei tudo de novo, só para ter certeza de que não estava deixando passar nada. Não estava. Aquilo era *extremamente* interessante. Fizemos o mesmo exercício com algumas outras empresas mencionadas no jornal e os resultados eram mais ou menos os mesmos.

Eu nunca havia comprado uma ação na minha vida, mas naquela noite, deitado na cama, não conseguia parar de pensar nas privatizações polonesas. Eu pensava: *Preciso fazer isso. Afinal, não é exatamente para isso que estudei administração?*

Meu patrimônio naquele momento totalizava 2 mil dólares. Depois de confirmar com Lindquist que não havia nenhuma regra contra eu comprar as ações, decidi investir todo o meu dinheiro nas privatizações e perguntei a Leschek se poderia me ajudar. Durante nosso horário de almoço, fomos até o banco local e esperamos na fila para converter meu dinheiro em zlotys; em seguida, caminhamos até a agência do correio a fim de preencher os formulários para a compra de ações. Era um processo complicado e minucioso, e Leschek teve que ir ao guichê quatro vezes para esclarecer dúvidas sobre como preencher os formulários. Mas no fim deu tudo certo e eu consegui participar das primeiras privatizações do Leste Europeu.

Em meados de dezembro, regressei a Londres com o propósito de preparar a apresentação final do BCG para a Autosan e o Banco Mundial, que realizaríamos depois dos feriados de fim de ano. Eu estava totalmente dividido. Minha análise mostrava que a empresa precisava demitir boa parte do quadro de funcionários para sobreviver. Contudo, depois de passar tanto tempo com aquelas pessoas, eu sabia que demissões em massa simplesmente as destruiriam. Eu não sabia como alguns dos funcionários sobreviveriam. Pensei em Leschek e sua família e nas privações que já eram obrigados a enfrentar. Eu tinha que recomendar demissões, mas queria também amenizar o golpe. Decidi então apresentar a alternativa das demissões em nosso relatório apenas com uma das possíveis "opções estratégicas", na esperança de que, em última instância, o governo considerasse a outra opção: continuar subsidiando a Autosan.

Mas quando fiz essa apresentação mais "amena" para Wolfgang, em Londres, ele ficou furioso.

— Que merda é essa?

— São as opções que eles têm.

— Você é burro ou o quê? Eles não têm merda de opção nenhuma. Eles precisam dispensar todo mundo, Browder.

Ele estava sendo um bom de um filho da puta, mas pelo menos acertou meu nome.

Wolfgang me forçou a tirar todas as outras opções estratégicas e me obrigou a passar a apresentação para outro consultor a fim de retificar a análise. O BCG recomendou que a Autosan demitisse a maioria dos seus empregados.

Voltamos para Sanok e Wolfgang insistiu que eu comandasse a apresentação das nossas conclusões. Equipes do BCG, do Banco Mundial e a alta diretoria da Autosan se reuniram na maior sala de reuniões da empresa. A luz foi apagada, liguei o projetor e preparei as transparências. Para começar, mostrei um slide que resumia o total das demissões. Deu para ouvir os suspiros das pessoas. Em seguida, descrevi as recomendações de demissões por departamento. Leschek traduzia tudo, nervoso. A cada novo slide, a reação de choque diminuía e dava lugar à raiva, com as pessoas começando a me questionar. Os representantes do Banco Mundial olhavam para John e Wolfgang na esperança de que eles interviessem, mas ambos simplesmente evitavam os olhares dos nossos clientes e permaneciam calados. Quando terminei, todo mundo na sala estava me encarando. O diretor-geral permaneceu particularmente calado, me olhando com ar de profunda decepção.

Eu deveria ter sido o cavaleiro em uma armadura brilhante que salvaria a Autosan, mas, em vez disso, era um traidor. Fui tomado por sentimentos de raiva, insegurança e humilhação. Pensando bem, no fim das contas, talvez o Leste Europeu não fosse o meu lugar.

Contudo, fui embora da Polônia com pelo menos uma certeza: eu detestava dar consultoria.

Durante os meses seguintes, pensei muito sobre a Autosan, sobre o que tinha acontecido e se eu poderia ter feito alguma coisa diferente. A comunicação com eles era quase impossível, mas soube tempos depois que o governo polonês tinha ignorado completamente as recomendações do BCG e continuado a subsidiar a empresa. Em geral, consultores esperam que suas recomendações sejam seguidas, mas, neste caso, eu estava muito feliz por isso não ter acontecido.

A única ligação que restava com a Polônia era minha pequena carteira de ações, que eu checava regularmente. Depois que fui embora de Sanok, as ações tiveram uma alta consistente. A cada ponto percentual de valorização, eu me convencia ainda mais de que enfim tinha encontrado meu caminho.

O que eu realmente queria na vida era ser investidor nas privatizações no Leste Europeu.

O tempo provou que eu não poderia estar mais certo. Ao longo do ano seguinte, o valor do meu investimento dobrou, e tornou a dobrar um ano depois. Chegou a valer dez vezes a minha aplicação inicial. Para quem não sabe, a sensação de descobrir um investimento que decuplica deve ser o equivalente financeiro de fumar crack. Depois que experimenta pela primeira vez, você quer repetir e depois repetir de novo, e de novo e de novo, quantas vezes puder.

5

O TCHECO SEM FUNDOS

Eu já sabia exatamente o que queria fazer da minha vida. O problema é que era em um campo que nem existia direito. Embora a Cortina de Ferro fosse coisa do passado, ninguém estava investindo no Leste Europeu. Eu sabia que cedo ou tarde aquilo mudaria, mas até lá minha melhor opção era simplesmente continuar no BCG — se eles também quisessem, claro.

Depois de voltar do fiasco de Sanok, procurei ficar quieto no meu canto, rezando para que Wolfgang não tivesse recomendado minha demissão. Para meu grande alívio, ele estava distraído demais ou tinha esquecido, porque não apareceu ninguém na minha sala com um bilhete azul. Só tive certeza de que estava a salvo quando, no fim de janeiro de 1991, John Lindquist sugeriu que escrevêssemos um artigo em parceria. Se estivessem pensando em me dispensar, por que um dos principais sócios da empresa me convidaria para escrever um artigo?

Ele estava pensando em um texto sobre investimentos no Leste Europeu, que ofereceríamos a uma revista especializada chamada *Mergers & Acquisitions Europe*. Pesquisei sobre a revista e descobri que sua circulação era praticamente inexistente, mas não me importei. Eu estava pronto para seguir qualquer trilha que me ajudasse a me firmar como um expert em investimentos naquela região.

Para escrever o artigo, estudei tudo que achei sobre o tema. Li um total de mais de duzentas matérias publicadas na imprensa e concluí que, na década anterior, menos de vinte negócios haviam sido fechados no bloco soviético. O investidor mais ativo era Robert Maxwell, o bizarro bilionário britânico de mais de 150 quilos nascido na antiga Tchecoslováquia, que havia feito três daqueles quase vinte negócios.

Imaginei que causaria boa impressão em John se conseguisse entrevistar alguém da organização de Maxwell, então liguei para sua assessoria de imprensa mencionando o artigo. Acho que eles provavelmente não procuraram saber direito quem era a *Mergers & Acquisitions Europe*, porque surpreendentemente me ofereceram uma reunião com o vice-presidente do conselho da Maxwell Communications Corporation (MCC), Jean-Pierre Anselmini.

Na semana seguinte, lá estava eu na Maxwell House, um moderno edifício na New Fetter Lane, entre a Fleet Street e a Holborn Circus. Fui recebido pelo amável Anselmini, um francês de quase sessenta anos que falava inglês, em sua sala luxuosa.

Enquanto falávamos amenidades, organizei minhas anotações na mesa entre nós. Quando eu estava iniciando minha primeira pergunta, Anselmini apontou para uma das minhas planilhas e perguntou:

— O que é isso?

— Esta é a minha lista de transações realizadas no Leste Europeu — respondi, contente por ter me preparado tão bem.

— Posso dar uma olhada?

— Claro.

Deslizei a planilha sobre a mesa na direção dele.

Ele a examinou e empertigou-se.

— Sr. Browder, que tipo de jornalista prepara uma lista de fusões e aquisições negociadas?

Não me ocorrera que talvez eu estivesse bem preparado *demais* para a reunião.

— Você poderia me falar um pouco mais sobre essa revista para a qual trabalha?

— Bem, eu... eu não trabalho exatamente para uma revista. Na verdade, trabalho no Boston Consulting Group. Estou escrevendo esse artigo como freelancer porque sou fascinado por investimentos no Leste Europeu.

Ele se reclinou e me lançou um olhar inquiridor.

— E por que você tem tanto interesse no Leste Europeu?

Então lhe contei como estava animado por ter feito um investimento em uma das primeiríssimas privatizações da Polônia, falei a respeito da Autosan e sobre ter a ambição de fazer carreira como investidor no Leste Europeu.

Quando ficou claro para ele que eu não estava lá para espionar Maxwell ou sua empresa, Anselmini começou a relaxar.

— Vou lhe dizer uma coisa: você ter vindo aqui hoje pode ser algo muito oportuno. — Ele alisou o queixo. — Estamos no processo de montar um fundo de investimentos chamado Maxwell Central and East European Partnership. Você me dá a impressão de ser exatamente o tipo de pessoa que estamos procurando. Você teria interesse?

Óbvio que sim. Tentei disfarçar meu entusiasmo, mas não consegui; saí de lá com uma entrevista de emprego agendada.

Para me preparar melhor, passei as duas semanas seguintes tentando achar alguém que soubesse como era trabalhar para Robert Maxwell. Dono do *Daily News*, ele era considerado não apenas excêntrico, mas também mandão, irritadiço e intratável, e isso me deixava preocupado.

Localizei uma ex-consultora do BCG que já tinha trabalhado para ele. Liguei e pedi sua opinião.

Depois de longo silêncio, ela disse:

— Bill, desculpe-me se estou sendo direta demais, mas acho que seria uma insanidade você ir trabalhar para Maxwell.

— Por quê?

— Robert Maxwell é um monstro. Ele demite todo mundo o tempo inteiro — explicou Silvia em um tom tão emocionado que cheguei a me perguntar se ela havia sido uma das pessoas dispensadas por ele.

— Isso não é muito reconfortante.

Após nova pausa, ela prosseguiu:

— Não, não é. Eu poderia lhe contar muitas histórias, mas há uma que está circulando com maior frequência: mais ou menos seis meses atrás, Maxwell estava em seu jato particular em Tampa, na Flórida. O avião estava taxiando em direção à pista de decolagem quando ele pediu à assistente uma caneta para assinar alguns documentos. Ela lhe entregou uma esferográfica Biro em vez da sua costumeira Montblanc, e ele ficou furioso, exigindo que ela explicasse como podia ser idiota a ponto de não lhe dar a caneta certa. Ela não deu uma resposta satisfatória e ele a demitiu no ato. Ela foi literalmente largada no pátio do aeroporto. A pobre secretária de 26 anos, de Essex, teve que se arranjar para voltar para Londres por conta própria.

Achei outros três antigos funcionários de Maxwell e ouvi três casos igualmente ultrajantes e pitorescos, todos com um denominador comum: todo mundo acabava demitido. Um amigo que trabalhava na Goldman Sachs me disse:

— Bill, a probabilidade de você durar mais de um ano lá é zero.

Refleti profundamente sobre essas histórias conforme o dia da entrevista se aproximava, mas não conseguiram me intimidar. E daí se eu fosse demitido? Eu tinha um MBA de Stanford e o BCG no currículo. Poderia arranjar outro emprego se precisasse.

Fiz a entrevista e depois mais duas. Poucos dias após a última, me ofereceram um cargo. Contra todos os conselhos, eu aceitei.

Comecei no meu novo emprego em março de 1991. Com um salário mais alto, passei a ter condições de morar sozinho e me mudei para uma casinha simpática em Hampstead. De lá, eu caminhava por uma estrada estreita, pegava a linha Northern e descia na Chancery Lane, de onde seguia até a Maxwell House. Robert Maxwell havia comprado o prédio em parte porque era um dos dois únicos em Londres em cujo teto era autorizado o pouso de helicópteros. Isso permitia que ele fosse diariamente de helicóptero de sua casa, em Headington Hill Hall, em Oxford, para o escritório, fugindo do trânsito.

A imagem do patrão chegando para o trabalho assim, de maneira tão grandiosa, parecia mesmo impressionante, até eu experimentar ao vivo pela primeira vez. Com a janela aberta em um dia quente de primavera, ouvi o ruído característico do helicóptero se aproximando. Quanto mais perto, mais intenso. Quando o helicóptero estava sobre o edifício, papéis começaram a voar por todos os cantos e todas as conversas telefônicas tiveram que ser interrompidas devido ao barulho. As coisas só voltaram ao normal quando a aeronave completou o pouso em segurança e os rotores foram devidamente desligados. A agitação inteira durou quatro minutos.

No meu primeiro dia, fui informado de que poderia pegar uma cópia do meu contrato de trabalho com a secretária de Maxwell. Fui ao décimo andar e esperei na recepção até que ela pudesse me atender. Enquanto eu folheava um relatório anual, o próprio Maxwell saiu repentinamente da sala. Seu rosto estava vermelho e manchas escuras de suor encharcavam a camisa em torno das axilas.

— Por que você ainda não completou a ligação para *Sir* John Morgan? — gritou ele para a assistente, uma loira imperturbável vestindo saia escura, que não pareceu nem surpresa nem ofendida pela explosão do chefe.

— O senhor não me disse que queria falar com ele — respondeu ela calmamente, olhando por cima da armação dos óculos.

— Escute bem, senhorita, eu não tenho tempo para dizer tudo o que você tem que fazer. Se você não aprender a tomar a iniciativa, nós vamos nos desentender — rugiu Maxwell.

Afundei na poltrona para não ser notado e, com a mesma rapidez com que apareceu, Maxwell voltou para sua sala. A assistente terminou o que estava fazendo e me entregou o envelope com um olhar matreiro. Peguei-o e voltei para o oitavo andar.

Mais tarde naquele mesmo dia, mencionei o incidente para uma das secretárias que ficavam perto da minha mesa.

— Isso não é nada — comentou ela, contrariada. — Algumas semanas atrás, ele brigou tão feio com alguém do seu jornal na Hungria que o pobre coitado teve um ataque cardíaco.

Voltei para minha mesa sentindo o contrato em minha mão pesando mais de uma tonelada. Naquela noite, como que para confirmar o que todo mundo realmente pensava sobre Maxwell, assim que o *tá-tá-tá* das hélices do seu helicóptero foi ouvido, indicando que ele estava indo embora, aplausos e urros de satisfação tomaram conta do andar. Não consegui evitar a pergunta: *Será que cometi um grande erro ao vir trabalhar aqui?*

Na segunda-feira da minha segunda semana, quando cheguei para trabalhar, encontrei um novo empregado recém-contratado sentado à mesa vazia da minha sala. Era um inglês de cabelos lisos, um pouco mais velho que eu. Ele se levantou e estendeu a mão.

— Olá, eu sou George. George Ireland. Vou dividir esta sala com você.

Seu sotaque inglês soava tão nobre e pomposo que achei que ele estivesse fingindo. Ele vestia um terno escuro, com colete, e tinha um exemplar do *The Daily Telegraph* na mesa. Havia um guarda-chuva impecavelmente enrolado encostado no armário de arquivos. Ele me parecia uma caricatura do típico gentleman inglês.

Vim a descobrir que George já tinha trabalhado como secretário particular de Maxwell, mas, diferentemente de outros naquele cargo, ele havia pedido as contas antes de ser demitido. Como era amigo de infância e antigo companheiro de quarto em Oxford de Kevin, filho de Maxwell, acharam outra função para ele. Embora fosse conhecido pelas humilhações que impingia a seus funcionários, Maxwell tinha um espírito estranho e profundo de lealdade familiar, estendida também a George.

Entretanto, assim que conheci George, fiquei desconfiado. Será que ele repassaria para o patrão tudo o que eu dissesse?

Alguns minutos depois de nos apresentarmos e nos acomodarmos em nossas cadeiras, George perguntou:

— Bill, você viu Eugene por aí?

Eugene Katz era um dos subordinados de Maxwell que ficava ali perto.

— Não — respondi de imediato. — Ouvi dizer que Maxwell o mandou fazer uma diligência em uma empresa americana.

George zombou, incrédulo

— Fazer diligência em uma empresa! Nunca ouvi nada mais ridículo. Eugene não sabe nada de empresas. Um dono de pub faria melhor essa tal *diligência* — disse ele, enfatizando a última palavra para dar mais peso ao que dizia.

Ao longo do nosso primeiro dia de trabalho juntos, George empenhou-se em destruir qualquer possibilidade de eu me sentir obrigado a tratar com deferência qualquer pessoa da organização. Ele tinha um olhar tão agudo para perceber o absurdo e a hipocrisia das coisas, e um humor tão afiado, que eu me controlava para não rir abertamente toda vez que um assessor graduado de Maxwell era mencionado na conversa.

Foi assim que me convenci de que George não estava ali para me espionar.

Pelos comentários do meu colega, ficava evidente que Maxwell comandava sua empresa mais como uma lojinha de rua do que como uma importante corporação multinacional. Tudo ali fedia a nepotismo, desorganização e péssimas decisões. Ainda assim, eu tinha a sensação de ter conseguido o melhor emprego do mundo; afinal, conseguira atingir meu objetivo de investir no Leste Europeu. Maxwell era a única pessoa fazendo investimentos na região, e qualquer um daquela área que quisesse levantar capital teria que nos procurar. Como eu era responsável por aprovar todos os negócios, na prática era uma espécie de entidade controladora de todas as transações financeiras naquela parte do mundo — tudo isso com apenas 27 anos.

Quando chegou o outono de 1991, eu já tinha analisado mais de trezentos negócios, viajara para quase todos os países do antigo bloco soviético e fora responsável por fazer três grandes investimentos para o nosso fundo. Eu estava exatamente onde queria estar.

Mas então, após voltar do almoço no dia 5 de novembro, liguei meu computador e vi na tela uma manchete urgente da Reuters: "Maxwell desaparecido no mar." Comecei a rir e girei na cadeira:

— George, como é que você conseguiu fazer isso?

George vivia armando pegadinhas, e eu achei que se tratasse de mais uma.

Sem tirar os olhos do que estava fazendo, ele disse:

— Do que você está falando?

— Esse negócio aqui da Reuters. Parece de verdade mesmo.

— Mas o que é?

Ele arrastou sua cadeira até a minha mesa e ficamos olhando juntos para a tela.

— Eu... — disse ele lentamente.

Naquele momento percebi que não era mesmo uma pegadinha.

Como nossa salinha tinha paredes de vidro, pude ver Eugene, branco feito um fantasma, disparando em direção aos elevadores. Depois dele, passaram correndo executivos graduados, todos com o semblante tomado pelo pânico. Robert Maxwell estava de fato desaparecido no mar. Era uma péssima notícia. Maxwell podia ser um grande filho da puta, mas sem dúvida era também o comandante máximo da organização e, para o bem ou para o mal, estava desaparecido.

Ninguém no escritório tinha informações sobre o que havia acontecido, de modo que eu e George permanecemos colados na Reuters (isso foi antes da internet; o serviço da agência Reuters era o único meio que tínhamos para obter notícias em tempo real). Seis horas depois de aparecer a primeira manchete, soubemos que o imenso corpo de Maxwell tinha sido içado do oceano Atlântico nas águas das ilhas Canárias por um helicóptero de busca e salvamento da Marinha espanhola. Ele tinha 68 anos. Até hoje não se sabe se foi acidente, suicídio ou assassinato.

Um dia depois da morte de Maxwell, as ações da MCC despencaram. Era de se esperar, mas a queda foi maior porque Maxwell tinha usado ações de suas empresas como garantia para tomar empréstimos a fim de sustentar o preço das ações da MCC. Os bancos agora queriam que os empréstimos fossem quitados e ninguém sabia quanto poderia ou não ser pago. O efeito mais visível dessa incerteza era a interminável procissão de banqueiros bem-vestidos e nervosos fazendo fila para se reunir com Eugene, desesperados para que os empréstimos fossem quitados.

Embora estivéssemos todos chocados com a morte de Maxwell, era impossível não nos preocuparmos com nosso futuro. Nossos empregos corriam risco? Receberíamos nossos bônus de fim de ano? A empresa ao menos sobreviveria?

Pouco mais de uma semana após a morte de Maxwell, meu chefe me chamou à sua sala e disse:

— Bill, vamos pagar os bônus um pouco mais cedo este ano. Como você fez um belo trabalho, vamos lhe dar 50 mil libras.

Fiquei atônito. Eu nunca tinha visto tanto dinheiro na minha vida; era o dobro do que estava esperando.

— Uau. Obrigado.

Ele então me entregou um cheque — não um cheque preenchido por uma máquina, do departamento responsável pela folha de pagamento, mas um preenchido a mão.

— É muito importante que você vá agora ao banco e peça que o cheque seja compensado o mais rápido possível e o valor transferido diretamente para sua conta. Assim que terminar, quero que você volte aqui e me conte como foi.

Saí do escritório, caminhei rápido até a agência do Barclays na High Holborn e, nervoso, apresentei o cheque no caixa, solicitando que fosse imediatamente compensado e o valor depositado na minha conta.

— Por favor, sente-se, senhor — disse o caixa antes de desaparecer.

Virei e me acomodei em um velho sofá marrom. Eu batia o pé com ansiedade enquanto lia um folheto sobre poupanças. Cinco minutos se passaram e eu peguei outro folheto, sobre fundos mútuos, mas não conseguia me concentrar. Comecei a pensar na viagem para a Tailândia que ia marcar para o feriado de Natal, quando tudo aquilo já estaria resolvido. Trinta minutos se passaram. Havia algo errado. Por que estava demorando tanto? Finalmente, uma hora depois, o caixa voltou com um careca de meia-idade vestindo terno marrom.

— Sr. Browder, sou o gerente.

Ele mexeu um pouco os pés e olhou para o chão antes de me encarar, cauteloso.

— Lamento, mas a conta não tem fundo suficiente para descontar este cheque.

Não acreditei. Como é possível a MCC, uma empresa multibilionária, não ter dinheiro suficiente para cobrir um cheque de 50 mil libras? Peguei o cheque e voltei correndo para o escritório a fim de contar a novidade ao meu chefe. O bônus dele seria algumas ordens de grandeza acima do meu; dizer que ele ficou chateado é uma descrição suave demais.

Naquela noite, voltei para casa arrasado. Apesar dos últimos acontecimentos no trabalho, era minha vez de receber amigos expatriados para nosso pôquer semanal. Eu estava com os nervos em frangalhos a tal ponto que não reclamaria se o jogo fosse adiado para outra ocasião, mas, quando chegou o fim do dia, seis dos meus amigos já estavam a caminho de minha casa. Na era pré-telefone celular, teria sido impossível achar cada um e cancelar.

Fui para casa e os amigos foram chegando, um a um, a maioria executivos de bancos e consultores, além de um cara novo, um repórter do *The Wall Street Journal*. Quando já estavam todos lá, abrimos umas cervejas e começamos a jogar no estilo *dealer's choice*, em que quem dá as cartas escolhe qual será a modalidade de pôquer daquela mão. Após algumas rodadas, meu amigo Dan, um australiano que trabalhava no Merrill Lynch, já estava perdendo 500 libras, um valor alto para nossa mesa. Vários de nós considerávamos que ele deveria desistir e ir para casa, mas ele fez cara de durão e disse de um jeito meio metido:

— Não se preocupem, companheiros. Vou dar a volta por cima. Além disso, está chegando a hora de receber o bônus anual... quinhentas pratas não vão fazer falta.

Algumas cervejas somadas à jactância de Dan e à proximidade do seu bônus me impediram de manter a boca fechada. Olhei em volta e disse:

— Pessoal, vocês não vão acreditar no que aconteceu comigo hoje.

Comecei a contar a história e, antes de continuar, disse:

— Gente, vocês têm que prometer que vão guardar segredo total.

As cabeças em torno da mesa menearam concordando e eu passei a narrar o drama que vivera durante o dia. Meus amigos que trabalhavam em bancos ficaram petrificados. Bônus são a única coisa com que executivos de bancos de investimento se importam; a ideia de receber um cheque e não conseguir descontá-lo é o pior pesadelo para eles.

O jogo terminou pouco depois da meia-noite — Dan não conseguiu recuperar seu dinheiro — e todo mundo foi para casa. Mesmo tendo perdido 250 libras no jogo, fui dormir satisfeito, sabendo que tinha contado a melhor história da noite.

Continuei trabalhando naquela semana como se tudo estivesse normal, mas o desenrolar dos acontecimentos estava tomando um rumo difícil na Maxwell. Dois dias depois do pôquer, eu estava caminhando para a estação de metrô de Hampstead e parei para pegar um exemplar do *The Wall Street Journal*. Logo acima da dobra, no meio da primeira página, li a manchete: "O tcheco sem fundos." O crédito da matéria: Tony Horwitz, o repórter com quem eu tinha jogado pôquer.

Comprei o jornal e o abri. Ali, palavra por palavra, estava exatamente a história que eu havia contado em torno da mesa da minha cozinha.

Aquele filho da puta.

Entrei no metrô e reli a matéria, mortificado pelo que eu havia feito. Achei que o tal repórter iria guardar segredo, mas ele tinha me ferrado. Independentemente da crise que a empresa estava enfrentando, não havia como eu me explicar e sair ileso daquela cagada monumental.

Quando cheguei ao trabalho, caminhei olhando fixamente para a frente a fim de evitar os olhares dos meus colegas. Eu estava desesperado para inventar uma justificativa plausível para o meu ato, mas não conseguia. George chegou alguns minutos depois, sem ter a menor ideia da indiscrição que eu cometera. Antes que tivesse a oportunidade de lhe explicar que eu provavelmente seria despedido naquele dia mesmo, vi pela divisória de vidro um grupo de homens estranhos reunidos na recepção. Eles pareciam tão estranhos àquele ambiente que eu comentei com George. Ele se aproximou da minha mesa em sua cadeira de rodinhas e observamos juntos o grupo — por um instante me esqueci do artigo no *The Wall Street Journal*.

Diferentemente dos executivos de antes, aqueles homens trajavam capas de chuva e blazers que lhes caíam mal e pareciam estar completamente constrangidos. Depois de conversarem por alguns instantes, espalharam-se pelo escritório. Um jovem com não mais de 25 anos entrou na nossa sala.

— Bom dia, senhores — disse ele com um pronunciado sotaque cockney. — Vocês provavelmente não sabem por que estamos aqui. Eu sou o oficial Jones e esta é agora uma cena de crime — disse ele, indicando com um gesto teatral o escritório.

Por um instante, fiquei aliviado por aquela batida não ter nada a ver com a minha estupidez que resultou na matéria do *The Wall Street Journal*. Mas o alívio durou muito pouco, pois logo compreendi a gravidade da situação.

O oficial Jones anotou nossos dados e, diante dos nossos olhos, começou a grudar fitas adesivas em nossas mesas, pastas e telas de computador, indicando que se tratava de provas. Ele então pediu que saíssemos.

— Quando poderemos voltar? — perguntei, nervoso.

— Lamento, mas não sei dizer, senhor. Só sei que vocês precisam sair. Já.

— Posso levar minha pasta?

— Não. Ela é parte da investigação.

George e eu nos entreolhamos, pegamos nossos casacos e rapidamente saímos do edifício. Mal passamos pela porta e fomos rodeados por um enxame de repórteres que aguardavam na entrada.

— Você fazia parte da fraude? — gritou um deles, enfiando o microfone na minha cara.

— Onde está o dinheiro dos pensionistas? — questionou outro, com uma câmera no ombro.

— O que você fazia para Maxwell? — gritou um terceiro.

Eu mal conseguia pensar enquanto avançávamos e tentávamos nos livrar dos repórteres. Vários nos seguiram por meio quarteirão antes de desistir. Como não sabíamos o que fazer, caminhamos apressados em direção à praça Lincoln's Inn Fields e entramos no museu Sir John Soane. Quando estávamos a salvo, George caiu na gargalhada. Achava que aquilo tudo era uma grande piada. Eu, por outro lado, estava em choque. Como pude ser tão idiota de não ouvir os conselhos de todos a respeito de Maxwell?

Quando cheguei em casa naquela tarde, liguei a TV e a principal notícia em todos os canais era o rombo de 460 milhões de libras descoberto no fundo de pensão da MCC. Maxwell havia pilhado o fundo em uma tentativa de fazer subir o preço das ações da empresa, que havia despencado; como resultado, 32 mil pensionistas tinham perdido as economias de uma vida inteira. Na BBC, vi imagens da confusão à porta do nosso prédio e até uma breve tomada de mim mesmo tentando furar a aglomeração. Mais tarde naquela mesma noite, a BBC noticiou que a fraude de Maxwell era a maior da história britânica.

Na manhã seguinte, eu não conseguia decidir: deveria ou não ir para o trabalho? Depois de uma hora de ponderação, resolvi ir. Deixei a paz da minha casinha, peguei o metrô e mais uma vez tive que forçar passagem pela barreira de repórteres à frente da Maxwell House. Ao chegar ao oitavo andar, fui recebido por um novo grupo de estranhos. Dessa vez eram os administradores da falência. Um deles me parou antes de eu chegar à minha sala e disse:

— Vá para o auditório. Um importante anúncio será feito.

Segui a ordem e achei um lugar ao lado de George. Cerca de meia hora depois, apareceu um homem de meia-idade carregando uma prancheta. Sem gravata, as mangas da camisa dobradas, os cabelos desgrenhados, como se ele tivesse passado nervosamente os dedos neles. Ele subiu no palco e começou a ler uma declaração previamente preparada.

— Bom dia a todos. Sou David Solent, da Arthur Andersen. Ontem à noite, a Maxwell Communications Corporation e todas suas subsidiárias foram colocadas sob intervenção judicial. O juiz nomeou a Arthur Andersen para ser a síndica da falência e liquidar a empresa. Seguindo o procedimento-padrão para esse tipo de caso, nossa primeira ação é anunciar demissões.

Ele então começou a ler, em ordem alfabética, o nome de todas as pessoas que estavam sendo demitidas. Aqui e ali, secretárias começaram a chorar. Um homem se levantou e começou a gritar baixarias. Ele tentou se aproximar do palco, mas foi impedido por dois seguranças que depois o conduziram para fora. O nome de George foi então chamado, juntamente com o do filho de Maxwell, Kevin, e o de praticamente todo mundo que eu conhecia na firma.

Inacreditavelmente, meu nome *não* foi chamado. De todas as coisas para as quais eu tinha sido alertado antes de aceitar o emprego, a única que todos tinham certeza de que aconteceria — eu ser demitido — não aconteceu. Não demorei a descobrir que os administradores me seguraram porque não tinham ideia do que fazer com os investimentos no Leste Europeu. Eles precisavam de alguém por perto para ajudá-los a entender aquilo.

Eu me agarrei a essa pequena vitória acreditando que, graças a isso, seria mais fácil arranjar um novo emprego quando tudo terminasse. Infelizmente, eu não poderia estar mais equivocado. Eu não era mais o menino de ouro. Não havia nada pior do que ter a Maxwell no currículo; logo descobri que ninguém em Londres me queria por perto.

6

A Frota de Barcos Pesqueiros de Murmansk

Ninguém exceto uma empresa: a Salomon Brothers.

Em 1991, mais ou menos na mesma época em que Maxwell fora pivô do grande escândalo na Grã-Bretanha, a Salomon Brothers era centro de um episódio semelhante nos Estados Unidos. No outono anterior, a Comissão de Valores Mobiliários (SEC, na sigla em inglês) flagrou alguns operadores graduados da Salomon tentando manipular o mercado de títulos do Tesouro dos Estados Unidos. Não se sabia precisar a gravidade do processo da SEC, nem mesmo se a Salomon sobreviveria. Algo parecido havia ocorrido um ano antes com outra firma, a Drexel Burnham Lambert, que acabou quebrando e deixou muita gente desempregada. Temendo um destino semelhante para a Salomon, muitos de seus bons funcionários abandonaram o barco e foram trabalhar em outros lugares.

Isso deixou lacunas relevantes que precisavam ser preenchidas na Salomon, e eu, por outro lado, precisava desesperadamente de um emprego. Em tempos mais favoráveis, a Salomon poderia ter me rejeitado, mas eles estavam tão desesperados quanto eu e, depois de uma série intensa de entrevistas, me ofereceram um cargo na equipe londrina de assessoria e consultoria para o Leste Europeu. Não era exatamente o que eu queria. Meu sonho era ser um gestor de investimentos — a pessoa que decide quais ações serão compradas —, e não um executivo de consultoria e aconselhamento, que é quem organiza vendas de ações. Além disso, o título não era tão legal quanto o que eu tinha nas organizações Maxwell e o salário, bem menor. Mas, como diz o ditado, "a cavalo dado não se olha os dentes", e eu aceitei de bom grado a proposta de emprego. Estava determinado a entrar de cabeça e fazer o que fosse preciso para recolocar minha carreira nos trilhos.

Para meu azar, a Salomon Brothers era provavelmente o lugar menos adequado para fazer isso. Se você já leu o livro *O jogo da mentira*, certamente sabe que se trata de uma das empresas com a concorrência interna mais violenta de Wall Street. Dizer que eu estava nervoso no meu primeiro dia seria quase um eufemismo.

Eu cheguei à Salomon Brothers, logo acima da estação Victoria do metrô, na Buckingham Palace Road, em junho de 1992. Era um dia anormalmente quente e ensolarado. Passei por uma série de portões de ferro forjado, subi pela longa escada rolante até a recepção e fui recebido por um vice-presidente bem-vestido um pouco mais velho que eu. Ele foi seco e impaciente, parecendo irritado por ter sido escalado para me dar as boas-vindas. Atravessamos o átrio e passamos por algumas portas de vidro até chegar ao banco de investimento. Ele me mostrou minha mesa de trabalho e apontou para uma caixinha que continha cartões de visita.

— Olha, as coisas são bem simples por aqui: se você gerar receitas equivalentes a cinco vezes o seu salário nos próximos doze meses, tudo corre muito bem. Se não, você dança. Está claro?

Concordei com a cabeça e ele foi embora. Pronto. Nenhum programa de treinamento, nenhum mentor, nenhuma orientação. Ou faz ou é demitido.

Tentei me acomodar em minha cadeira no "curral", a área aberta onde ficam todos os empregados júnior, sem saber o que fazer em seguida. Estava folheando o manual do funcionário da Salomon Brothers quando ouvi uma secretária sentada perto de mim falando alto ao telefone sobre voos para a Hungria. Depois de ela desligar, me aproximei.

— Desculpe por ter ouvido sua conversa, mas estou começando hoje como consultor associado e não consegui deixar de ouvir você falando sobre a Hungria. Você sabe o que a firma está fazendo por lá?

— Ah, tudo bem — disse ela, me tranquilizando. — Aqui todo mundo escuta a conversa do outro. Eu estava fazendo reservas para o time de privatização da companhia aérea húngara Malev que vai para Budapeste na semana que vem.

— E quem está trabalhando nesse caso?

— Veja com os próprios olhos — disse ela, apontando para um grupo de homens sentados na sala de reuniões com parede de vidro contígua ao "curral".

Embora estivesse lá havia poucas horas, eu sabia que só teria sucesso se tomasse iniciativa. Agradeci à secretária e caminhei em direção à sala de reuniões. Assim que abri a porta, as seis pessoas da equipe da Malev pararam de falar, se viraram e ficaram me encarando.

— Olá, sou Bill Browder — disse, tentando disfarçar meu constrangimento. — Sou novo na equipe do Leste Europeu e gostaria de saber se precisam de alguma ajuda no negócio que estão preparando.

O silêncio desconfortável foi quebrado pela risadinha contida de dois dos mais jovens do grupo. O líder então interveio e disse, educadamente:

— Obrigado por aparecer aqui, Bill. Lamento, mas nosso time está completo.

O episódio foi um pouco embaraçoso, mas não me deixei afetar por isso. Mantive-me atento, perguntei aqui e ali, e descobri uma nova oportunidade dias depois. O time de privatização de empresas de telecomunicação da Polônia estava reunido para discutir a etapa seguinte do seu projeto. Eu sabia que estavam recebendo honorários bem mais altos que os da Malev e concluí que não seriam tão avessos a ter mais uma pessoa no grupo.

Quando apareci na reunião deles, o homem que estava no comando foi muito menos educado que o líder do time da Malev.

— Quem lhe disse para vir aqui? — perguntou. — Não precisamos de você neste negócio nem em qualquer outro que estamos fazendo na Polônia.

Ninguém queria dividir comigo as receitas geradas porque todos também tinham como meta a mesma fórmula "cinco vezes o salário"; todo mundo só estava interessado em proteger seus territórios no Leste Europeu. Passei várias semanas quebrando a cabeça em busca de um jeito de sobreviver na Salomon. Um dia, notei algo interessante: não havia ninguém fazendo nada na Rússia, o que significava que eu não teria concorrência. Decidi arriscar. Declarei-me o consultor do banco de investimento encarregado da Rússia e esperei para ver se alguém se oporia. Ninguém o fez.

Daquele momento em diante, a Rússia seria o meu território.

Mas havia um bom motivo para ninguém se importar com a Rússia: não havia trabalho remunerado de consultoria e assessoramento a ser realizado no país. Embora a Rússia pudesse ter se libertado politicamente, ainda era soviética em todos os outros aspectos, inclusive no uso de consultoria e assessoria de bancos de investimento. Teimoso, ignorei esse fato e me lancei na missão de encontrar alguma oportunidade de negócio, fosse qual fosse. De maneira incansável, compareci a toda e qualquer conferência, reunião, almoço e evento de *networking* acontecendo em Londres, na esperança de que alguma oportunidade de negócio caísse no meu colo.

Passados três meses, eu ainda não tinha faturado sequer um centavo para a Salomon e os prognósticos para mim não eram muito alentadores. Mas então um advogado que conhecera em um evento de *networking* me falou de um serviço de consultoria para a Frota de Barcos Pesqueiros de Murmansk, uma operação russa de pesca estabelecida trezentos quilômetros acima da linha do Círculo Polar Ártico. Eles tinham lançado uma concorrência com a finalidade de contratar consultores para a privatização. Eu não sabia nada de pesca, mas aprendera no BCG como fazer uma excelente proposta e imediatamente me pus a trabalhar.

Pesquisei no banco de dados da Salomon em busca de qualquer coisa que tivesse a ver com barcos pesqueiros ou pesca em geral. Descobri, impressionado, que, quinze anos antes, o escritório de Tóquio participara de várias transações envolvendo companhias de pesca japonesas. Quinze anos parecia tempo demais e, para piorar, as transações eram relativas a emissões de títulos de dívida, e não privatizações. Mas não importa. Enxertei toda a experiência japonesa na proposta, limpei, deixei tudo perfeito e despachei para Murmansk.

Algumas semanas depois, toca o meu telefone. Era uma mulher chamada Irina, falando em nome do presidente da Frota de Barcos Pesqueiros de Murmansk.

— Sr. Browder — disse ela, com forte sotaque russo —, gostaríamos de informá-lo que aceitamos sua proposta.

Por um instante me perguntei se haviam recebido alguma outra.

— Quando o senhor pode vir a Murmansk para dar início ao trabalho? — perguntou ela meio sem jeito.

Soava como se fosse a primeira vez na vida que falava com alguém de um banco de investimento ocidental.

Fiquei muito feliz — conseguira fazer meu primeiro negócio para a empresa. O problema é que a convocação para a concorrência não informava quanto eles pagariam. Como eu estava distante de gerar receitas equivalentes a cinco vezes o meu salário, tinha esperança de que a remuneração seria significativa. Em um tom bem formal que, imaginei, me faria soar mais velho e com mais credibilidade, eu disse:

— Estou muito honrado por vocês terem escolhido nossa firma. Posso perguntar quanto pretendem pagar por este projeto?

Irina falou em russo com alguém perto dela e depois respondeu:

— Sr. Browder, temos uma verba de 50 mil dólares por dois meses para este projeto. Este valor é aceitável?

Meu coração murchou. É difícil descrever como a cifra de 50 mil dólares é insignificante para um executivo de banco de investimento. Linda Evangelista, uma supermodelo dos anos 1980 e 1990, é autora de uma frase que ficou famosa: "Não saio da cama por menos de 10 mil dólares." Para quem está no segmento de bancos de investimento, esse número está mais perto de 1 milhão de dólares. Agora, ali estava eu: não tinha faturado nada para a Salomon até então e, como 50 mil era muito mais que zero, concordei.

Uma semana depois, estava a caminho de Murmansk. A primeira perna da viagem começou às 9h30, num voo da British Airways para São Petersburgo. Levou quatro horas e meia e, com a diferença de fuso de três horas, cheguei no meio da tarde ao aeroporto Pulkovo. Olhando pela janela do avião enquanto taxiávamos para o terminal, surpreendeu-me a visão da carcaça queimada de um avião de passageiros da Aeroflot abandonada ao lado da pista de pouso. Eu não tinha ideia de como fora parar lá. Pelo visto, removê-la daria trabalho demais para as autoridades aeroportuárias.

Bem-vindo à Rússia.

Devido ao fato de a Aeroflot programar muitos dos seus voos para o meio da madrugada, tive que ficar dez horas esperando no aeroporto a fim de fazer a conexão para Murmansk, às 3h30 da manhã. Esperar tanto tempo assim teria sido penoso em qualquer aeroporto, mas em Pulkovo era pior. Não havia ar-condicionado e, embora estivéssemos numa latitude muito ao norte, o ar estava quente e abafado. Todo mundo estava fumando e suando. Tentei me manter distante dos corpos e da fumaça, mas, mesmo depois de encontrar uma fileira de cadeiras vazias, chegou um sujeito estranho e imenso para se sentar ao meu lado. Sem dizer nada, ele empurrou meu braço para fora do descanso entre as cadeiras, acendeu um cigarro e fazia um esforço específico para soprar a fumaça em minha direção.

Levantei-me e mudei de lugar.

Finalmente, pouco antes das 3h30, embarquei em um velho Tupolev 134 da Aeroflot. Os assentos tinham o forro gasto e o estofado duro; o setor de passageiros fedia a tabaco e a coisa velha. Peguei um assento junto à janela, mas o espaldar não travava, de forma que, toda vez que me reclinava, o encosto caía no colo da pessoa atrás de mim. Com isso, eu simplesmente não me recostei.

A porta de embarque se fechou e o avião começou a se movimentar em direção à pista de decolagem sem o menor sinal de que haveria qualquer demonstração sobre segurança. Decolamos. O voo foi curto, mas absurdamente turbulento. Quando estávamos nos aproximando de Murmansk, o piloto anunciou algo em russo. Um passageiro que também falava inglês explicou que estavam mudando o local de aterrissagem para um aeroporto militar, a uma hora e meia de carro de Murmansk, devido a um problema no aeroporto municipal.

Fiquei aliviado quando o avião finalmente tocou o solo, mas não por muito tempo, porque a pista de pouso era tão esburacada e irregular e a aterrissagem foi tão violenta que temi que as rodas pudessem se desprender da aeronave.

Quando enfim desembarquei, às 5h30, estava completamente exausto. Como estava em uma latitude muito ao norte, o sol do fim do verão estava baixo no céu e mal havia se posto na noite anterior. Não havia nenhum terminal no aeroporto militar, apenas um pequeno espaço que parecia um depósito e um estacionamento, mas fiquei feliz ao ver que o presidente da frota, Yuri Prutkov, tinha viajado até lá para me receber. Irina, uma loira de pernas longas, muita maquiagem e poucos sorrisos, também estava lá. Prutkov era praticamente um clone do diretor-geral da Autosan — quase sessenta anos, corpulento e um aperto de mão que parecia uma prensa. Ele e eu nos sentamos no banco de trás e Irina no do carona, virando-se a todo momento para traduzir. O motorista arrancou e logo estávamos atravessando uma desolada paisagem da tundra, que me fazia pensar na superfície da Lua. Uma hora e meia depois, chegamos a Murmansk.

Deixaram-me no melhor hotel da cidade, o Arctic. Fiz o check-in e fui para o meu quarto; o banheiro cheirava a urina, faltava assento na privada e a pia de porcelana estava com vários buracos. A tela da janela do quarto estava quebrada, deixando o caminho livre para mosquitos do tamanho de uma bola de golfe entrarem e saírem à vontade. Não havia cortinas para bloquear a luz do sol, que quase não se punha, e o colchão tinha um monte de calombos e estava afundado no meio, parecendo que não era trocado havia 25 anos. Eu nem desfiz a mala. Meu único pensamento era: *Quando é que vou conseguir ir embora daqui?*

Algumas horas depois, Prutkov voltou e me levou para conhecer a frota de barcos pesqueiros. Subimos por uma prancha de embarque enferrujada e entramos em uma das embarcações. Era uma gigantesca fábrica oceânica flutuante, com centenas de pés de comprimento, uma tripulação de mais de cem homens e capacidade de armazenar milhares de toneladas de peixe e gelo. Ao descermos para um convés inferior, fui atingido pelo acachapante odor azedo de peixe podre que pairava no ar. Tive ânsia de vômito o tempo todo em que Prutkov ficou falando. Era inacreditável, ele parecia não se incomodar com o fedor. Senti pena dos caras que trabalhavam nesses barcos por seis meses ininterruptos, sem folga.

Andamos pela embarcação por vinte minutos e depois seguimos para o escritório da frota, na rua Tralovaya, 12. Era tão decrépito e caindo aos pedaços quanto os barcos pesqueiros, mas, felizmente, pelo menos não fedia. A iluminação no saguão era fraca e esverdeada, e as paredes na área da recepção pareciam não receber tinta nova havia décadas. Era impossível não pensar que tudo naquela operação era uma agressão a todos os sentidos, mas bastou nos sentarmos para tomar uma xícara de chá morno e começarmos a discutir a situação financeira da companhia para minhas percepções começarem a mudar.

— Por favor, sr. Prutkov, me diga: quanto custa uma embarcação dessas? — perguntei e Irina traduziu.

— Nós os compramos por 20 milhões de dólares cada um de um estaleiro da Alemanha Oriental — respondeu ele.

— E quantos deles vocês têm?

— Cerca de cem.

— E quantos anos eles têm?

— Em média, sete anos.

Fiz as contas. Cem barcos de pesca por 20 milhões de dólares cada um significava que possuíam 2 bilhões de dólares em navios. Ponderei que, com sete anos de uso, a frota estava depreciada em 50%, significando que tinham 1 bilhão de dólares em navios pelo preço corrente de mercado.

Fiquei atônito. Aquelas pessoas haviam me contratado para aconselhá-los se deveriam ou não exercer seu direito, no âmbito do programa de privatizações russo, de comprar 51% da frota por 2,5 milhões de dólares. *Dois milhões e meio de dólares! Por metade de uma frota que valia mais de 1 bilhão de dólares!* É claro que deveriam! Não era preciso nem pensar. Eu não estava conseguindo entender por que precisavam de alguém para lhes dizer isso. Mais do que isso, gostaria de poder eu mesmo me juntar a eles para comprar os 51%.

Enquanto analisava esse quadro com Prutkov, senti a liberação daquele mesmo processo químico no meu estômago que vivera na Polônia ao descobrir aquela barbada das ações. Pensei: *Esse tipo de situação só se aplica à Frota de Barcos Pesqueiros de Murmansk ou a mesma coisa está acontecendo na Rússia inteira? E, se estiver, como posso participar?*

Minha volta estava programada para o dia seguinte, mas fiquei tão entusiasmado e agitado que mudei os planos e comprei uma passagem só de ida para Moscou. Precisava descobrir se as ações de outras companhias russas estavam tão baratas quanto aquelas. Ninguém em Londres sentiria minha falta — eles mal sabiam que eu existia.

Assim que desembarquei em Moscou e recolhi minha bagagem, comprei em um quiosque do aeroporto um pequeno catálogo em inglês de telefones de empresas. Era minha primeira vez em Moscou, eu não conhecia praticamente ninguém e não falava uma palavra de russo. Peguei um táxi do aeroporto e mandei o motorista seguir para o hotel Metropol, na Praça Vermelha (ele deve ter percebido que eu era um otário fácil de enganar, pois, descobri mais tarde, me cobrou quatro vezes o valor da tarifa normal). Devido ao engarrafamento, nos arrastamos pela Lenisgradsky Prospekt, uma avenida mais larga que um campo de futebol, passando lentamente por centenas de conjuntos habitacionais de prédios idênticos da era soviética e outdoors de empresas de nomes estranhos.

Levamos duas horas para chegar ao Metropol, que ficava em frente ao Teatro Bolshoi. Já no quarto, liguei para um amigo de Londres que havia trabalhado em Moscou e ele me deu os números de um motorista e um tradutor, que cobravam 50 dólares por dia cada um. Na manhã seguinte, peguei o catálogo e comecei a ligar, sem qualquer aviso ou apresentação, para qualquer um que parecesse minimamente relevante a fim de ver se tinham algum interesse em discutir comigo o programa de privatizações russo. Acabei me encontrando com funcionários da embaixada americana, algumas pessoas da Ernst & Young, um funcionário júnior do Ministério das Privatizações e um ex-aluno de Stanford que trabalhava na American Express, entre outras pessoas. Durante quatro dias, agendei e participei de um total de trinta reuniões. A partir dessas conversas, pude entender o processo de privatizações que estava em curso na Rússia.

Descobri que, para fazer a transição do comunismo para o capitalismo, o governo russo decidira transferir para o povo a maioria das propriedades do Estado. Isso estava sendo executado de várias maneiras e a mais interessante era um procedimento chamado privatização por certificado. Por esse processo, o governo concedia a cada cidadão — a população do país era de cerca de 150 milhões de habitantes — um certificado de privatização. Somados, esses certificados poderiam ser trocados por 30% das ações de quase todas as companhias russas.

Cento e cinquenta milhões de certificados multiplicados por 20 dólares — era o seu preço de mercado — totalizava 3 bilhões de dólares. Como esses certificados poderiam ser usados para comprar cerca de 30% das ações de todas as companhias russas, pode-se depreender que o valor total da economia russa era de apenas *10 bilhões de dólares*! Isso equivalia a *um sexto* do valor do Wal-Mart!

Para dar uma ideia mais clara: a Rússia tinha 24% do gás natural e 9% do petróleo do planeta, além de produzir 6,6% do aço, entre muitas outras coisas. Mesmo assim, essa inacreditável abundância de recursos estava sendo negociada por míseros 10 bilhões de dólares!

Ainda mais chocante era o fato de que *não havia restrições* quanto a quem podia comprar esses certificados. Eu podia comprá-los, a Salomon podia comprá-los, qualquer um podia comprá-los. Se o que aconteceu na Polônia tinha sido lucrativo, isso superaria qualquer projeção, por mais otimista que fosse.

Quando voltei para Londres, eu estava endiabrado. Queria contar para todo mundo que estavam distribuindo dinheiro na Rússia. A primeira pessoa a quem contei minha descoberta foi um executivo do setor destinado ao Leste Europeu do banco de investimento. Em vez de me cumprimentar, ele perguntou:

— Quais são os honorários de consultoria, assessoria e indicação desse negócio?

Como era possível que ele não entendesse que os valores poderiam se multiplicar por cem? Honorários de assessoria? Ele estava falando sério? Quem se importava com honorários de assessoria?

Fui então falar com alguém da divisão de gestão de investimentos, na expectativa de que o sujeito me daria um abraço por compartilhar com ele a mais extraordinária oportunidade de investimento que ele veria na vida. Em vez disso, o cara olhou para mim como se estivesse lhe sugerindo investir em Marte.

Depois disso, procurei um dos operadores da mesa de mercados emergentes. Meio perplexo, ele olhou para mim e perguntou:

— Quais são as margens e os volumes de negócios desses certificados?

Pensei comigo mesmo: *O quê? Quem vai se preocupar com 1% ou 10%? Estou falando de 10.000%!*

Ninguém na Salomon conseguia enxergar além do horizonte. Se tivesse sido mais sutil e inteligente, talvez eu conseguisse achar um jeito de curá-los de sua miopia. Mas não fui. Eu não tinha nenhuma habilidade política e, durante semanas, segui apresentando minha ideia de novo e de novo, na esperança de que, de tanto repetir, acabaria conseguindo fazer a cabeça de alguém.

No fim, acabei arruinando minha reputação na Salomon. Ninguém queria saber de mim porque eu era "aquele louco varrido que não parava de falar da Rússia". Os outros executivos júnior com quem eu costumava sair deixaram de me chamar para almoços e para beber depois do expediente.

Outubro de 1993. Eu estava na Salomon Brothers havia mais de um ano. Além de ser ridicularizado na empresa, faturara apenas 50 mil dólares, o que significava que eu certamente seria despedido a qualquer momento. Um dia, em meio ao desespero pela dispensa iminente, meu telefone tocou. Sem reconhecer o número de origem da ligação — 2723, o ramal de Nova York —, atendi. O homem do outro lado da linha falava num ritmo arrastado, como um policial da Georgia.

— Alô! É o Bill Browder?

— Sim. Quem é?

— Aqui é o Bobby Ludwig. Ouvi dizer que você tem uns negócios lá para os lados da Rússia.

Nunca tinha ouvido falar desse cara e fiquei me perguntando quem era ele.

— É verdade. Você trabalha para a empresa?

— Sim, em Nova York. Queria lhe pedir um favor. Será que você poderia dar uma chegadinha aqui para explicar o que tem em mente?

— Hummm. Claro. Posso dar uma olhada na minha agenda e te ligar depois?
— Claro.

Desligamos e eu telefonei no ato para um conhecido meu da mesa de mercados emergentes que havia trabalhado em Nova York, e perguntei se conhecia o tal Ludwig.

— *Bobby Ludwig?* — perguntou ele, como se eu fosse um completo idiota por *não* saber quem era o sujeito. — Ele é um dos caras que mais faturam na companhia. Mas é um tipo meio esquisito. Alguns acham que ele é louco, mas, entra ano, sai ano, ele traz muito dinheiro para a firma, então faz qualquer coisa que lhe dá na telha. Por que você quer saber?

— Por nada. Obrigado.

Bobby era a pessoa exata de que eu precisava para sair do atoleiro. Liguei de volta para ele imediatamente.

— Oi, aqui é o Bill. Seria o máximo ir a Nova York e fazer uma apresentação sobre a Rússia para você.

— Sexta-feira é um bom dia?

— Com certeza. Estarei aí. Até mais.

Passei duas noites seguidas montando uma apresentação em PowerPoint sobre investimentos em ações na Rússia. Na quinta-feira, peguei um voo da British Airways para Nova York às seis da tarde. Não assisti a nenhum filme durante o voo; dediquei-me exclusivamente a repassar o que tinha preparado. Eu não podia desperdiçar aquela chance.

Cheguei à sede mundial da Salomon Brothers, no edifício 7 do World Trade Center, na sexta-feira. As Torres Gêmeas brilhavam sob o sol da manhã. Mandaram-me subir ao 36º andar, onde fui recebido pela secretária de Bobby. Ela me cumprimentou, abriu a porta e entramos no salão das mesas de operações. Era gigantesco — havia mesas até onde a vista alcançava — e a energia era palpável. Aquilo era o capitalismo em estado bruto.

Caminhamos pelo canto do salão, passando por mais de dez fileiras de mesas de trabalho e por um pequeno corredor até chegar à sala de Bobby. Sua secretária anunciou minha chegada e foi embora. Ele estava sentado atrás da mesa, olhando pela janela em direção ao porto de Nova York. Tinha mais ou menos cinquenta anos, mas parecia bem mais velho com o cabelo ruivo desgrenhado e um bigode cuja linha descia pelos cantos da boca. Exceto por algumas pilhas bagunçadas de relatórios, sua sala era frugal: além da mesa e da cadeira de trabalho, havia apenas uma mesinha redonda e duas outras cadeiras. Quando me convidou a sentar, notei que Bobby calçava um par de chinelos de couro gastos e que sua gravata vermelha estava manchada. Soube depois que essa era sua gravata da sorte, a mesma que usava quase todos os dias desde que faturara 50 milhões de dólares em uma única transação. Ele acomodou-se atrás da mesa e eu puxei minha apresentação, pus uma cópia em frente a ele e comecei a falar.

Normalmente, durante uma apresentação, a audiência dá sinais de estar interessada, entediada ou curiosa. Bobby não fez nada disso. Ele apenas lançava um olhar inexpressivo às tabelas e aos gráficos à medida que eu os exibia. Não havia nenhum som, movimento ou qualquer outra indicação de que eu estava dando meu recado adequadamente; só um olhar vazio. Era inquietante. De repente, quando já tinha passado pela metade dos slides, Bobby levantou-se bruscamente e, sem dizer nada, saiu da sala.

Eu não sabia o que pensar. Era a última chance de salvar minha carreira na Salomon e eu a estava detonando. *O que fiz de errado? Como eu posso salvar esta reunião? Devo acelerar a apresentação? Ir mais devagar? Que diabo devo fazer?*

Por quase quarenta minutos, achei que ia derreter de tanto pânico e incerteza. Mas Bobby finalmente voltou. Parou para dizer algo à secretária e entrou na sala. Eu me levantei, pronto para implorar se fosse preciso.

Antes de eu abrir a boca, ele disse:

— Browder, essa é a história mais incrível que eu ouvi na vida. Acabei de falar com o comitê de risco e arranjei 25 milhões de dólares para investirmos na Rússia. Não desperdice com mais nada. Volte já para Moscou e vamos pôr essa grana para trabalhar antes que percamos o bonde. Entendido?

— Sim, entendi. Perfeitamente.

7
Villa Leopolda

Aquelas palavras mudaram a minha vida. Fiz o que me mandaram: voltei para Londres e imediatamente comecei o trabalho de investir os 25 milhões de dólares da Salomon Brothers. Infelizmente, como se tratava da Rússia, eu não poderia simplesmente ligar para o meu corretor. Ainda nem havia um mercado de ações no país. Se eu quisesse investir, teria que achar os caminhos à medida que avançasse.

Na segunda-feira após meu retorno de Nova York, sentei à minha mesa no "curral" e comecei a ligar, na caradura mesmo, para possíveis contatos, tentando definir como proceder. Quando estava na quinta ligação, notei um homem de meia-idade, com semblante muito sério, caminhando rapidamente em minha direção acompanhado por dois seguranças armados, um de cada lado. Quando chegou perto, rosnou em tom acusatório:

— Sr. Browder, sou chefe do departamento de *compliance*.* O senhor pode me dizer o que está fazendo?

— Me desculpe. Fiz algo errado?

Ele fez um gesto de confirmação.

— Recebi informações de que o senhor está realizando transações com títulos de dentro da área de consultoria e assessoria. Como você deve saber, isso vai contra o código de conduta dos funcionários.

---

* Atividade cujo objetivo é manter a empresa em conformidade com leis e regulamentos externos e internos, bem como manter o respeito às normas e procedimentos da companhia. (N. do T.)

Para quem não conhece bem, bancos de investimento têm duas partes: a divisão de vendas e operações, que compra e vende ações, e a divisão de consultoria, que aconselha e dá consultoria a empresas em questões como fusões e emissão de novas ações. Essas duas áreas são separadas por aquilo que chamam de muralha da China, de forma que as pessoas da divisão de vendas e operações não possam fazer negócios baseadas em informações confidenciais que os executivos da área de consultoria adquiriram de seus clientes. Eu trabalhava na área de consultoria e assessoria e, portanto, estava proibido de lidar com ações. Em termos práticos, isso significava que, tão logo finalmente descobríssemos como comprar ações russas, eu teria que me mudar para o salão das mesas de operações. Mas isso ainda estava longe de acontecer.

— Eu não estou comprando nenhum título, só estou tentando descobrir como fazer isso — expliquei, acanhado.

— Não me importa o nome que você dá ao que está fazendo, sr. Browder. Mas precisa parar imediatamente — decretou o chefe de *compliance*.

— Mas eu não estou investindo. Eu estou apenas arquitetando um *plano* para investir. Está tudo combinado com a direção, em Nova York. Não estou fazendo nada errado — aleguei, em tom de súplica.

Depois do escândalo com os títulos do Tesouro americano que quase destruiu a empresa, a Salomon não estava disposta a correr nenhum risco.

— Lamento. Pegue as coisas da sua mesa. Você não pode continuar aqui — disse ele, asperamente.

Ele sinalizou para os guardas, que se aproximaram, de braços cruzados, aproveitando uma rara oportunidade de botar medo em alguém, enquanto eu guardava minhas coisas. Eles então me conduziram à porta que separava o banco de investimentos do salão das mesas de operações. No caminho, passamos por um dos jovens do grupo encarregado da Hungria. Ele deu uma piscadela em minha direção antes de dizer "Foda-se" sem emitir som. Não era segredo quem tinha me entregado.

Assim que adentramos o salão de operações, os seguranças me pediram que lhes entregasse meu crachá de funcionário da área de consultoria e assessoramento do banco de investimento e me deixaram lá, com as caixas que continham meus pertences largadas no chão. Operadores passavam por mim e me encaravam. Completamente humilhado, me sentia como no primeiro dia no colégio interno no Colorado. Como não tinha ideia do que fazer, empurrei as caixas para debaixo de uma mesa vazia, achei um telefone e liguei para Bobby.

— Bobby — comecei, meio sem fôlego. — O departamento de *compliance* acabou de me expulsar da área de consultoria do banco de investimento. Estou agora no salão das mesas de operações sem ter onde ficar. O que devo fazer?

Ele não pareceu nem um pouco preocupado com meu problema, demonstrando a mesma falta de empatia que em Nova York, quando lhe apresentei as ideias para a Rússia, uma semana antes.

— Não sei. Arrume outra mesa para você, acho. Vou atender outra ligação.

Desligou e me deixou falando sozinho.

Esquadrinhei o salão de operações. Tinha o tamanho de um campo de futebol. Centenas de pessoas, distribuídas em múltiplas fileiras de mesas, berravam ao telefone, agitavam os braços apontando para telas de computador, todas suando a camisa para detectar mínimas discrepâncias nos preços de todo tipo de instrumento financeiro imaginável. Em meio à agitação frenética dessa colmeia, havia aqui e ali uma mesa vazia, mas não se podia simplesmente escolher uma e se sentar lá. Era preciso ter autorização de alguém.

Tentei disfarçar meu constrangimento e caminhei até a mesa de títulos de mercados emergentes, cujo chefe eu conhecia. Contei-lhe meu problema e ele foi solidário, mas não tinha lugar para me acomodar, indicando que eu falasse com o pessoal da mesa de fundos para a Europa. Deu no mesmo.

Então tentei a mesa de derivativos, onde havia algumas cadeiras desocupadas. Tentando aparentar grande autoconfiança, caminhei até o chefe do grupo, me apresentei e, de passagem, citei Bobby Ludwig. O homem nem se deu o trabalho de se virar enquanto eu falava, de modo que fiquei conversando com a sua careca. Quando terminei, ele girou na cadeira e se reclinou:

— Que porra é essa? Você não pode entrar aqui sem mais nem menos e me pedir uma mesa. Isso é ridículo demais. Se você precisa de um lugar para sentar, vá até a administração e resolva o seu problema.

Ele bufou, tornou a girar na poltrona para ficar de frente para suas telas e atendeu à ligação que piscava em seu telefone.

Saí dali atordoado. Sei que operadores não são conhecidos por suas boas maneiras, mas isso já era demais. Liguei de novo para Bobby:

— Olha, eu tentei, mas ninguém quis me dar uma mesa para trabalhar. Será que você pode fazer alguma coisa?

Dessa vez, Bobby ficou aborrecido.

— Bill, por que você está enchendo o meu saco com isso? Se eles não te dão uma mesa, simplesmente trabalhe em casa. Não estou nem aí para onde você trabalha. Nosso negócio é investir na Rússia e não em mesas.

— Certo, certo — respondi, sem querer estragar as coisas com ele. — Mas como posso ter a viagem autorizada e as despesas reembolsadas e esse tipo de coisa?

— Deixa que eu cuido disso — disse ele, irritado, antes de desligar.

No dia seguinte, chegou uma encomenda expressa em minha casa que continha vinte formulários de autorização de viagem já assinados. Preenchi um deles, passei por fax para o departamento de viagens da Salomon e consegui uma passagem para voar dois dias depois para Moscou.

Uma vez na cidade, improvisei um escritório em um quarto do hotel Baltschug Kempinski, na margem sul do rio Moscou, de frente para a Catedral de São Basílio. O primeiro passo era transferir o dinheiro para a Rússia, o que significava que precisaríamos de alguém que receberia o dinheiro e nos ajudaria a comprar os certificados. Por sorte, descobrimos um banco russo cujo dono era parente de um funcionário da Salomon Brothers. Bobby achou que seria melhor do que transferir o dinheiro para um banco russo desconhecido, de modo que mandou alguém do setor administrativo organizar a papelada e autorizou a transferência de 1 milhão de dólares, para testar o esquema.

Dez dias depois, começamos a comprar certificados de privatização. Para começar, precisávamos retirar dinheiro vivo no banco. Observei os funcionários tirarem do cofre o dinheiro, tijolinhos de notas de 100 dólares novas em folha, e colocá-lo em uma sacola de lona do tamanho daquelas que se usa para carregar artigos esportivos. Era a primeira vez que eu via 1 milhão de dólares em dinheiro vivo, mas, estranhamente, não fiquei impressionado. Dali, uma equipe de seguranças levou a carga para o local onde funcionava o mercado de certificados, em carro blindado.

O mercado de certificados de Moscou ficava em um empoeirado centro de convenções soviético, em frente à loja de departamentos GUM,[2] a várias quadras

---

[2] GUM era uma importante loja de departamentos.

da Praça Vermelha. Funcionava em uma série de anéis concêntricos de mesas de montar sob um painel eletrônico pendurado no teto. Todas as transações eram feitas em espécie e, como era completamente aberto ao público, qualquer um podia entrar com certificados ou dinheiro vivo e fazer negócio. Como não havia aparato de segurança no local, o banco mantinha o tempo todo seus próprios guardas ali.

O caminho dos certificados até Moscou é uma história à parte. Os russos não tinham ideia do que fazer com os certificados quando os recebiam gratuitamente do Estado; na maioria dos casos, ficavam contentes por poder trocá-los por uma garrafa de vodca de 7 dólares ou por alguns quilos de carne de porco. Alguns poucos empreendedores costumavam comprar lotes de certificados em pequenas aldeias e vendê-los por 12 dólares cada papel para consolidadores em cidades maiores. O consolidador viajava para Moscou e vendia um pacote de mil ou dois mil certificados, por 18 dólares cada unidade, em uma das mesas de armar nos anéis externos do salão de transações. Finalmente, um operador ainda maior consolidava os pacotes em lotes ainda maiores, de 25 mil certificados ou mais, e vendia cada certificado por 20 dólares nas mesas centrais. Alguns indivíduos às vezes driblavam todo o processo e ficavam espreitando as mesas periféricas do salão, tentando encontrar preços bons para lotes pequenos. Nessa profusão de dinheiro vivo e papéis, havia estelionatários, homens de negócios, banqueiros, pilantras, seguranças armados, corretores, moscovitas, compradores e vendedores das províncias, todos caubóis em uma nova fronteira.

Nosso primeiro lance de compra foi de 19,85 dólares por certificado por lote de dez mil. Depois de anunciarmos nosso valor, houve uma comoção no salão e um homem exibiu um cartão com o número 12 impresso. Segui os funcionários do banco e os guardas até a mesa de número 12, onde nosso time apresentou o dinheiro e o pessoal da mesa mostrou os certificados. Os vendedores pegaram nossos tijolinhos de 10 mil dólares em notas de 100 e os colocaram um a um na máquina de contar, que girou e girou até parar em 198.500 dólares. Ao mesmo tempo, duas pessoas do nosso grupo inspecionavam os certificados em busca de fraudes. Mais ou menos meia hora depois, a transação estava concluída. Levamos os certificados para nosso carro blindado e o vendedor número 12 levou o dinheiro para o dele.

Esse exercício se repetiu inúmeras vezes por várias semanas, ao fim das quais a Salomon Brothers tinha comprado certificados num total de 25 milhões de dólares. Mas isso era apenas a primeira parte da batalha. Depois disso, precisávamos investir os certificados em ações de companhias russas, o que era realizado nos chamados leilões de certificados. Esses leilões eram diferentes de qualquer outro, porque os compradores só saberiam o preço que estavam pagando depois que o leilão terminava. Se apenas uma pessoa comparecesse com um único certificado, o lote inteiro de ações que estava sendo leiloado poderia ser trocado por aquele único certificado. Por outro lado, se a população inteira de Moscou aparecesse com todos seus certificados, o lote de ações acabaria sendo dividido igualmente entre cada um dos certificados apresentados no leilão.

O roteiro era fértil para abusos, e muitas empresas cujas ações estavam sendo colocadas à venda usavam de estratagemas para impedir que as pessoas participassem dos leilões de certificados visando facilitar que pessoas de dentro da própria empresa comprassem ações por um preço baixo. Há rumores de que a Surgutneftegaz, uma companhia petroleira da Sibéria, estava por trás da interdição do aeroporto da cidade na noite anterior ao seu leilão para portadores de certificados. Boatos davam conta de que outra petroleira teria montado uma barricada de pneus em chamas no dia do seu leilão a fim de impedir que as pessoas participassem.

Como esses leilões eram muito estranhos e difíceis de analisar, poucas pessoas participavam — havia pouca gente sobretudo entre os ocidentais. Isso resultava em uma aguda falta de demanda, o que se traduzia em preços incrivelmente baixos, até mesmo para os padrões russos. Embora a Salomon Brothers estivesse na prática fazendo seus lances no escuro em cada leilão, eu tinha analisado com cuidado todos os leilões mais importantes no passado e verificado que, em todos, os preços das ações se valorizavam muito — em alguns casos, duas ou três vezes. A menos que algo mudasse drasticamente, no fim das contas a firma obteria um polpudo retorno só por participar desses leilões de privatização.

Assim que começamos a acumular certificados, passei a monitorar como uma águia os anúncios de novos leilões feitos pelo governo. No fim, recomendei a Bobby que participássemos de meia dúzia deles, entre os quais o da Lukoil, uma companhia de petróleo russa, da Unified Energy System (UES), a companhia nacional de energia elétrica, e da Rostelecom, a companhia nacional de telefonia.

Ao final do processo, por meio desses leilões, a Salomon Brothers tinha investido 25 milhões de dólares nas ações mais subvalorizadas já oferecidas na história. Bobby e eu estávamos convencidos de que a Salomon faria uma fortuna. Era só esperar e ver.

De fato, não precisamos esperar muito tempo. Em maio de 1994, a revista *The Economist* publicou um artigo com o título "Hora de apostar na Rússia?", em que apresentava em termos bem simples as mesmas contas que eu tinha feito em minha primeira viagem para Moscou. Nos dias seguintes, bilionários, gestores de fundo de *hedge* e outros especuladores começaram a ligar para seus corretores pedindo que dessem uma olhada em ações de companhias russas. Isso levou o nascente mercado russo a começar a se mexer numa velocidade absurda.

Em um curto espaço de tempo, nossa carteira de 25 milhões de dólares passou a valer 125 milhões. Tínhamos lucrado 100 milhões de dólares!

Com esse sucesso, me transformei numa espécie de herói local no salão de operações da Salomon Brothers em Londres, onde finalmente tinham me dado uma mesa para trabalhar. Os mesmos "amigões" que haviam parado de me convidar para almoçar e sair para beber agora faziam fila em frente à minha mesa todas as manhãs antes de eu chegar, na esperança de eu lhes jogar algumas migalhas para ajudá-los a multiplicar por cinco o valor dos seus investimentos no mercado de ações russo.

Nas semanas seguintes, os executivos de vendas institucionais mais importantes da Salomon também começaram a aparecer, perguntando se eu toparia me encontrar com seus principais clientes. "Bill, você me faria um imenso favor se viesse fazer uma apresentação do que está acontecendo para George Soros", ou "Bill, Julian Robertson[3] gostaria muito de ouvir suas considerações sobre o mercado russo", ou, ainda, "Bill, será que você poderia dedicar um tempinho a *Sir* John Templeton?".[4]

Claro que eu poderia! Era ridículo: lá estava eu, um vice-presidente[5] de apenas 29 anos sendo procurado pelos mais importantes investidores do mundo para ouvir o que eu tinha a dizer. Viajei de primeira classe pelo mundo inteiro com

---

[3] Fundador da Tiger Management Corp., um dos mais bem-sucedidos fundos de *hedge* do mercado.
[4] Fundador da Templeton Asset Management, uma das maiores companhias de fundo mútuo do mundo.
[5] Se o título parece imponente, cabe esclarecer que havia mais vice-presidentes do que secretárias na Salomon.

despesas pagas pela Salomon Brothers. Estive em São Francisco, Paris, Los Angeles, Genebra, Chicago, Toronto, Nova York, Bahamas, Zurique, Boston... Depois de quase todas as reuniões, ouvia a pergunta:

— Bill, você poderia administrar alguns investimentos para nós na Rússia?

Eu não tinha uma resposta pronta. Naquele momento, nossa mesa estava montada para administrar somente o dinheiro da própria companhia e não poderia aceitar capital de fora.

— Não sei — respondia. — Deixe-me falar com os chefes para ver se eles nos autorizam.

Esse tipo de decisão não estava nas mãos de Bobby. Ele de fato era o melhor operador da companhia, mas não tinha autoridade para decidir sobre esses assuntos organizacionais. Por isso, assim que voltei para Londres, procurei o chefe do departamento de vendas e mercado em sua sala e tratei de lhe vender a ideia. Diferentemente da minha experiência anterior, quando ninguém queria nem ouvir falar de Rússia, ele me recebeu de maneira muito mais calorosa.

— Grande ideia, Bill. Gostei muito. É o seguinte: vamos montar uma força-tarefa para estudar o assunto.

Força-tarefa?, pensei. *O que significa isso?* Com essas pessoas, nada era simples. Mesmo diante de uma oportunidade de ouro a um palmo dos olhos, eles tinham que trazer para a conversa suas bobagens organizacionais.

Voltei para minha mesa e, dez minutos depois, meu telefone tocou. Era uma ligação de fora, número não identificado. Atendi. Era Beny Steinmetz, um carismático bilionário israelense que eu tinha conhecido em minha turnê mundial pela Salomon. Beny estava com quase quarenta anos, tinha intensos olhos acinzentados e cabelos crespos castanhos cortados bem curto. Ele havia herdado a direção dos negócios de lapidação de diamantes da família e era um dos maiores clientes pessoa física da Salomon Brothers.

— Bill, tenho pensado muito na apresentação que você fez em Nova York algumas semanas atrás. Estou em Londres e gostaria muito que você desse um pulo até aqui, no Four Seasons, para conhecer alguns dos meus colegas.

— Quando?

— Agora.

Beny não fazia perguntas. Apenas exigências.

Eu tinha algumas reuniões marcadas para aquela tarde. Como não eram tão importantes quanto uma com um bilionário querendo investir na Rússia, eu as cancelei e peguei um táxi preto para o Hyde Park Corner. Entrei no saguão e encontrei Beny conversando com um grupo de pessoas que trabalhavam para ele na sua empresa de diamantes. Ele fez as devidas apresentações: estavam lá Nir, da África do Sul, Dave, da Antuérpia, e Moishe, de Tel Aviv.

Mal nos sentamos, sem gastar tempo com conversa fiada, Beny disparou:

— Bill, acho que deveríamos montar um negócio juntos.

Fiquei lisonjeado por uma pessoa tão rica quanto Beny reagir com tanto entusiasmo à minha ideia, mas, depois de olhar para ele e seus colegas que negociavam diamantes, concluí que em hipótese alguma eu poderia ser sócio de uma turma tão heterogênea. Antes de eu dizer qualquer coisa, Beny prosseguiu:

— Eu entro com os primeiros 25 milhões. O que acha?

Isso me fez pensar um pouco.

— Parece interessante. Que tipo de estrutura você imagina para o negócio?

Ele e seu pessoal se lançaram num discurso longo e confuso que mostrou que eles não sabiam quase nada sobre gestão de recursos. Tudo o que sabiam era que tinham dinheiro e queriam mais. Ao fim da conversa, eu estava ao mesmo tempo animado e decepcionado.

Saí do hotel pensando que era exatamente isso que eu gostaria de fazer, mas essas eram exatamente as pessoas menos indicadas para tal. Passei o resto do dia e a noite inteira remoendo esse dilema na cabeça. Se montasse um negócio sozinho, precisaria de capital inicial, por outro lado, não havia a menor possibilidade de uma sociedade com Beny e seus amigos dar certo porque nem eles nem eu tínhamos qualquer experiência no ramo de gestão de recursos. Em última instância, eu teria de recusar a proposta de Beny.

Liguei para ele na manhã seguinte e me preparei para a difícil perspectiva de dizer não ao bilionário.

— Beny, sua oferta é realmente tentadora, mas, infelizmente, não posso aceitá-la. Lamento, mas preciso de um sócio que conheça bem o segmento de gestão de recursos. Apesar de bem-sucedido, esse não é o seu ramo. Nem o meu, claro. Espero que entenda.

Não é comum as pessoas dizerem não a Beny Steinmetz. Sem qualquer traço de decepção, ele disse:

— Claro que entendo, Bill. Se você precisa de alguém com experiência em gestão de recursos, então vou trazer para o negócio alguém com experiência em gestão de recursos.

Fiquei aflito com essa resposta. Imaginei que ele voltaria com um primo de alguma corretora pequena e me deixaria em uma posição ainda mais constrangedora de ter que dizer "não" pela segunda vez.

Mas vinte minutos depois ele ligou de volta:

— Bill, e o que você acha de Edmond Safra entrar no negócio com a gente?

Edmond Safra! Era o dono do Republic National Bank, de Nova York, e seu nome era como ouro no mundo da gestão de ativos. Se Edmond Safra entrasse no negócio, seria como ganhar na loteria.

— Sim, isso resolveria o problema. Estou *muito* interessado, Beny.

— Ótimo. Vou marcar uma reunião.

Na mesma tarde, ele voltou a ligar.

— Está tudo acertado. Voe para Nice e esteja no píer do Carlton, em Cannes, amanhã ao meio-dia.

Mas preciso trabalhar amanhã, pensei.

— Beny, será que podemos fazer isso em algum dia da semana que vem, para que eu possa...

— Safra está pronto para encontrá-lo amanhã, Bill — interrompeu Beny, irritado. — Você acha que é fácil conseguir uma reunião com ele?

— Não, claro que não. Está bem, estarei lá.

Comprei uma passagem e, na manhã seguinte, vesti um terno, segui direto para o aeroporto de Heathrow e fiz o check-in no voo das 7h45 para Nice. Antes de embarcar, liguei para a mesa de operações, simulei uma tosse e disse que precisaria ficar de folga naquele dia.

Cheguei a Nice e, seguindo as instruções de Beny, peguei um táxi para o Carlton Hotel, em Cannes. O carregador achou que eu faria o check-in, mas apenas lhe perguntei como chegar ao píer. Ele apontou para o outro lado do Boulevard de la Croisette, em direção a um longo atracadouro cinza que se estendia para bem além da praia, invadindo o azul do Mediterrâneo. Atravessei a rua, os olhos meio fechados devido à claridade do sol (eu havia esquecido os óculos escuros na nublada Londres), e subi no píer. Caminhei pelas tábuas de madeira, passando por gente bonita, bronzeada, com trajes de banho. Estava completamente deslocado em meu terno escuro de lã e com minha pele branca como neve. Ao chegar à ponta do píer, eu estava suando. Olhei meu relógio: 11h55.

Alguns minutos depois, notei uma lancha reluzente se aproximando, vindo do oeste. Conforme se aproximava, vi que era Beny. Ele diminuiu a velocidade da embarcação — um Sunseeker azul e branco de 45 pés — até parar na ponta do píer, então gritou:

— Suba aqui, Bill!

Vestido como um legítimo playboy da Côte d'Azur, Beny trajava camisa cor de pêssego e calças de linho brancas. O contraste entre nós não poderia ser mais gritante. Tentando me equilibrar, embarquei.

— Tire os sapatos — mandou ele.

Obedeci, revelando minhas meias pretas, que subiam até a canela.

Beny manobrou a lancha, se afastando do píer, e, assim que saímos da faixa de navegação com restrição de velocidade, ele acelerou fundo. Tentei falar sobre a reunião e sobre Safra, mas o barulho do motor e do vento estava tão alto que seria impossível. Navegamos em alta velocidade por meia hora para leste em direção a Nice, contornando a península Antibes e cruzando a Baie des Anges antes de chegar ao porto de Villefranche-sur-Mer.

Beny conduziu o barco até um ancoradouro, amarrou a lancha e teve uma rápida conversa em francês com o oficial-chefe do porto sobre permanecer atracado durante a tarde. Quando terminou, fomos até o estacionamento, onde uma dupla de seguranças armados nos conduziu até um Mercedes preto. O carro foi subindo pelas estradinhas sinuosas até um dos pontos mais altos de Villefranche. No fim, adentramos o vasto terreno de uma residência particular. Eu soube depois que chegou a ser a casa mais cara do mundo: Villa Leopolda. Parecia muito com o Palácio de Versalhes, com a diferença de que dezenas de guarda-costas do Mossad em uniforme preto de ataque patrulhavam a área portando Uzis e pistolas SIG Sauer.

Saímos do carro e, conduzidos pelos seguranças, atravessamos um colorido jardim onde havia uma fonte rodeada por ciprestes-italianos pontiagudos. Chegamos a uma ampla sala ricamente ornamentada com vista para o mar. As paredes eram cobertas de quadros a óleo do século XVIII com molduras douradas de madeira; um imenso lustre pendia do teto. Safra não estava ali, o que não me surpreendeu. Eu havia aprendido que, de acordo com a etiqueta dos bilionários, os convidados chegavam, eram acomodados e deveriam estar prontos para começar a reunião antes de o bilionário chegar, de forma a não desperdiçar seu tempo. Como Beny estava abaixo do nosso anfitrião na hierarquia dos bilionários, ele também foi submetido a esse código.

Quinze minutos depois, Safra entrou e nós nos levantamos para cumprimentá-lo.

Era um homem baixinho, careca, de rosto rechonchudo, bochechas rosadas e um sorriso acolhedor.

— Olá, sr. Browder — disse ele, com acentuado sotaque do Oriente Médio. — Por favor, sente-se.

Eu nunca o tinha visto antes, nem mesmo em fotos, mas ele não se parecia em nada com o arquetípico "Dono do Mundo", de queixo quadrado e cara de mau, que habita a imaginação da maioria das pessoas. À vontade, vestia calças marrom-claras e uma elegante camisa italiana feita a mão. Não estava de gravata.

Se, para se sentirem seguros, os Chips e Winthrops da vida se fantasiavam com ternos bem passados, suspensórios vermelhos e Rolex, um homem como Safra não dava nenhuma importância a essas coisas. Ele era a versão original, genuína.

Beny fez um breve preâmbulo e em seguida iniciei minha apresentação-padrão. A atenção dele era fugidia e a cada cinco minutos mais ou menos ele recebia uma ligação ou fazia uma pergunta que nada tinha a ver com o assunto em pauta. Ao fim da reunião, eu havia sido interrompido tantas vezes que não estava seguro de que ele havia retido alguma informação.

Quando terminei, Safra levantou-se, indicando que a reunião chegara ao fim. Então me agradeceu e desejou boa viagem. Ponto final.

Um dos assistentes de Safra chamou um táxi para me levar para o aeroporto e, enquanto eu esperava na entrada de carros feita de cascalho, Beny disse:

— Achei que correu tudo bem.

— Sério? Eu não achei.

— Eu conheço Edmond. Correu tudo bem, sim — pontuou, tranquilizador. O táxi chegou, eu entrei e fui para o aeroporto.

Na sexta-feira seguinte, aconteceria a reunião da força-tarefa da Salomon. Ao chegar ao trabalho, fui direto para a sala de reuniões do conselho. Fiquei surpreso que tivessem reservado um espaço tão grande. Perto das dez da manhã, começou a encher e, em quinze minutos, 45 pessoas já tinham entrado. A maioria das quais eu nunca tinha visto. Ali estavam diretores-executivos sênior, diretores-executivos, diretores, vice-presidentes sênior... e eu. Quando a conversa engrenou, eclodiu uma grande discussão sobre quem receberia o crédito econômico por essa nova frente de negócios russa. Era como assistir a uma luta de MMA; impressionante como pessoas que não tinham nada a ver com essa oportunidade de negócios na Rússia eram capazes de apresentar argumentos tão persuasivos de que tinham direito a receber uma parcela dos futuros ganhos. Eu não tinha a menor ideia de quem venceria essa briga, mas tinha certeza absoluta de que o grande perdedor seria eu.

A reunião me deixou tão perturbado que passei várias noites sem dormir direito. Eu não tinha trazido lucros de cinco vezes o meu salário para a empresa; eu gerara resultados *quinhentas vezes* maiores que meu salário e não permitiria que alguns funcionários picaretas tirassem esse negócio de mim.

Tomei minha decisão. Na segunda-feira seguinte à da reunião, cheguei ao trabalho, respirei fundo, entrei na sala do chefe de vendas e operações e me demiti. Disse a ele que iria para Moscou montar minha própria empresa de gestão de investimentos.

Seu nome seria Hermitage Capital.

8
Greenacres

Embora estivesse seguro de que sair da Salomon foi a decisão correta, eu não conseguia deixar de pensar que a vida lá fora seria muito mais difícil. Será que as portas se abririam para mim sem meu cartão de visita da Salomon Brothers? As pessoas me levariam a sério? Eu abriria meu próprio negócio com base em quê?

Essas questões borbulhavam na minha mente enquanto eu trabalhava duro em minha casinha em Hampstead, escrevendo um prospecto e uma apresentação do meu novo fundo. Quando o material tomou forma, comprei uma passagem supereconômica para Nova York e comecei a ligar para investidores a fim de agendar reuniões.

A primeira foi com um francês animado chamado Jean Karoubi. Era um financista de cinquenta anos que dirigia uma firma de gestão de recursos especializada em *hedge*. Nós nos conhecêramos em um voo para Moscou na primavera anterior e ele pediu que o procurasse se um dia criasse meu próprio fundo.

Fui até seu escritório no Crown Building, na esquina da 5th Avenue com a 57th Street, na mesma quadra que a Bergdorf Goodman. Quando nos encontramos, ele me cumprimentou como se fôssemos velhos amigos. Tirei minha apresentação e a coloquei na mesa em frente a ele. Ele pôs os óculos de leitura e acompanhou atentamente à medida que eu avançava página a página. Ao final, ele puxou os óculos para a ponta do nariz e me deu um olhar de aprovação.

— Isso é muito impressionante, Bill. Estou interessado. Me conte uma coisa: quanto dinheiro você levantou até agora?

— Bem... Na verdade, nenhum. Esta é a minha primeira reunião.

Ele alisou o queixo, pensativo, e disse:

— Vamos fazer o seguinte: se você conseguir levantar pelo menos 25 milhões, eu entro com três. De acordo?

A oferta dele era inteiramente razoável. Ele não queria investir em um fundo que não decolasse, independentemente de quão promissores fossem os investimentos visualizados. Todas as minhas reuniões em Nova York tiveram quase exatamente o mesmo resultado. A maioria das pessoas gostou da ideia e algumas estavam realmente interessadas, mas ninguém queria se comprometer a menos que eu garantisse que tinha reunido uma grande quantidade de capital.

Em resumo, eu precisava de alguém que me desse um cheque gigante para poder efetivamente colocar o fundo em pé. Em um mundo perfeito, essa pessoa teria sido Edmond Safra, mas ele tinha sumido completamente desde a reunião na Villa Leopolda. Traduzindo: eu precisaria achar outro investidor-âncora. Para tanto, joguei no mar minha rede.

Algumas semanas depois, recebi a primeira indicação concreta, de um banco de investimento britânico chamado Robert Fleming. Tendo atuado com sucesso em mercados emergentes, eles agora consideravam a possibilidade de investir na Rússia e me convidaram para uma reunião em Londres com vários componentes do seu corpo de gestores.

A reunião correu bem e fui convidado a visitá-los novamente para fazer uma apresentação semelhante para um dos diretores. Voltei lá na semana seguinte e fui recebido na entrada por um segurança, que me conduziu até a sala de reuniões do conselho. Seu layout era exatamente o que um designer de interiores projetaria para um banco mercantil britânico de sangue azul de séculos atrás. Tinha carpetes orientais escuros, uma mesa de reunião antiga, feita de mogno, e telas a óleo de diferentes membros da família Fleming adornando as paredes. Um mordomo de paletó branco me ofereceu chá em uma xícara de porcelana chinesa. Não dava para não pensar que toda essa demonstração de inglesismo de classe alta visava fazer pessoas como eu se sentirem forasteiras sem sofisticação.

Um homem com cinquenta e poucos anos apareceu alguns minutos depois e me cumprimentou com um aperto de mão frouxo. Tinha cabelo grisalho e caspas nos ombros de seu terno feito sob medida ligeiramente amarfanhado. Depois que nos sentamos ele tirou um memorando de uma pasta transparente e o colocou, de maneira cuidadosa, na mesa. Mesmo de cabeça para baixo, consegui ler o título: "Proposta de Fundo Browder".

— Sr. Browder, muito obrigado por vir — disse ele, com sotaque idêntico ao do George Ireland, meu companheiro de sala dos tempos da Maxwell. — Meus colegas e eu ficamos muito impressionados com a oportunidade russa apresentada por você na semana passada. Para seguirmos em frente, gostaríamos de discutir com você suas expectativas salariais e de bônus.

Salário e bônus? De onde ele tirou a ideia de que eu estava ali para uma entrevista de emprego? Depois de sofrer no ninho de cobras que era a Salomon Brothers, a última coisa que eu queria era ser empregado de um bando de amadores de alta classe que fingiam ser homens de negócios e eram incapazes de emitir qualquer imprecação mais forte que "poxa vida".

— Acredito que houve um mal-entendido — alertei, mantendo a voz firme. — Não estou aqui para uma entrevista de emprego. Estou aqui para discutir a possibilidade de o Fleming ser um investidor-âncora em meu novo fundo.

Parecendo confuso e atabalhoado, ele mexia no memorando com que se preparara para a reunião. Isso não estava no roteiro.

— Ah, bem, que tipo de negócio você espera fazer conosco?

Olhei direto nos olhos dele.

— Estou buscando um investimento de 25 milhões de dólares e em troca ofereço 50% do negócio.

Ele percorreu a sala com os olhos, evitando minha encarada fixa.

— Hã... Mas se nós ficamos com 50% do negócio, quem fica com os outros 50%?

Eu não sabia se ele estava brincando ou falando sério.

— Eu.

Seu rosto ficou retesado.

— Mas, se o mercado russo subir tanto quanto você afirma, você lucraria milhões.

— Exatamente. E você também.

— Lamento muitíssimo, sr. Browder. Esse tipo de arranjo não daria certo conosco — murmurou ele, sem nenhum sinal de perceber quão ridículo aquilo soava.

Na sua visão, parecia que enriquecer alguém de fora estava tão fora das regras do antiquado sistema de classes inglês que ele preferia deixar passar a oportunidade a faturar uma fortuna para seu banco.

Terminamos a reunião de maneira educada, mas, ao sair, me prometi nunca mais voltar a um desses bancos presunçosos.

Tive alguns outros planos que não deram em nada e largadas em falso durante as semanas seguintes, até finalmente encontrar uma perspectiva promissora: o bilionário americano Ron Burkle. Ken Abdallah, um antigo corretor da Salomon, havia me apresentado a Burkle, na esperança de ficar com uma parte do lucro por fazer a ponte entre nós.

Burkle era um solteirão californiano de 43 anos. Tinha cabelos castanhos bem claros e um belo bronzeado. Era uma das figuras mais proeminentes do segmento de *private equity* da Costa Oeste dos Estados Unidos. Ele havia comprado uma série de empresas supermercadistas, e saiu da condição de empacotador para se transformar num dos americanos mais bem ranqueados na lista da *Forbes*. Além do sucesso nos negócios, aparecia regularmente nas colunas sociais ao lado de celebridades de Hollywood e de pesos pesados da política, como o presidente Bill Clinton.

Cheguei a Los Angeles em uma manhã radiante e ensolarada de setembro de 1995. Depois de alugar um carro e me registrar no hotel, conferi as coordenadas da reunião com Burkle: Green Acre Drive, 1740, Beverly Hills. Voltei para o carro e comecei a rodar pelas colinas da cidade, passando por casas com grandes portões e jardins cobertos de flores. Havia árvores por toda parte: palmeiras, bordos, carvalhos e falsos-plátanos. A Green Acres Drive ficava a pouco mais de um quilômetro e meio do Sunset Boulevard, e o número 1740, no fim de um trecho sem saída. Parei o carro em frente a um grande portão preto, toquei o interfone e fui autorizado a entrar e estacionar.

— Te espero na porta de entrada, Bill — avisou uma voz masculina.

O portão se abriu e eu avancei pelo estreito caminho circular margeado nos dois lados por ciprestes pontudos. Quando cheguei à área principal, me deparei com a mansão mais imponente que tinha visto na vida. Villa Leopolda pode até ter sido a casa mais valiosa do mundo, mas a Greenacres, que havia sido construída no fim dos anos 1920 por Harold Lloyd, um astro do cinema mudo, era uma das maiores. A casa principal era um palácio italiano de 4.200 metros quadrados, com 44 quartos, rodeado de jardins milimetricamente podados, quadra de tênis, piscina, fontes e todo tipo imaginável de símbolos de riqueza. Eu particularmente nunca fui de me impressionar com as posses das pessoas, mas era difícil não ficar de queixo caído com Greenacres. Burkle era um sujeito comum, de Pomona, Califórnia, que saíra do nada para viver como um príncipe saudita.

Toquei a campainha. Burkle atendeu pessoalmente. Em pé, atrás dele, estava Ken Abdallah. Depois de me cumprimentar, Burkle me acompanhou num breve tour pela casa e em seguida fomos para o seu escritório discutir os termos do nosso negócio. Burkle estava surpreendentemente tranquilo e em linhas gerais aceitou minhas condições: um investimento de 25 milhões de dólares por uma participação de 50% no fundo. No que tange a questões menos importantes, como data de início, controle de contratações e capital de giro para o escritório, ele não tinha muito a dizer. Para um cara com fama de ser um dos mais selvagens de Wall Street, ele parecia bem relaxado.

Depois de concluirmos, ele nos levou para jantar e em seguida para a sua casa noturna favorita. Descobrir que Burkle era um sujeito boa-praça me surpreendeu. Ele não correspondia em nada ao tipo metido de Wall Street que eu imaginava encontrar. No fim da noite, quando estava entrando no meu carro, ele prometeu que seus advogados prepurariam a minuta do contrato e mandariam para Londres em alguns dias. No voo de volta para casa no dia seguinte, senti que tinha superado o principal obstáculo no caminho para abrir meu negócio. Bebi uma taça de vinho, brindando em silêncio à minha boa sorte, assisti a parte de um filme e fui apagando até dormir.

Como prometido, quatro dias depois, o fax da minha casa, em Hampstead, cuspiu um longo documento dos advogados de Burkle. Eu o agarrei com nervosismo e comecei a ler para conferir se estava tudo em ordem. A primeira página parecia não ter nenhum problema, assim como a segunda, a terceira, e assim por diante. Até a página 7. Na seção intitulada "Capital do Fundo", em vez de estar escrito "Yucaipa[6] aporta 25 milhões de dólares no fundo", estava escrito "Yucaipa empenhará todos os esforços para levantar 25 milhões de dólares para o fundo". O que significa "todos os esforços"? Não era isso que tínhamos combinado. Reli

---

[6] O nome da companhia de investimentos de Burkle.

a minuta para ter certeza de que eu não estava enganado. Não estava. Burkle não estava entrando com nenhum centavo do seu dinheiro, mas apenas prometendo tentar levantar o dinheiro. Em troca de *empenhar todos os esforços*, ele queria 50% do meu negócio.

Não espanta que estivesse tão relaxado durante a negociação. Ele não estava correndo nenhum risco!

Liguei imediatamente para o escritório dele. Com cortesia, sua secretária me informou que ele não poderia atender. Liguei outras três vezes e ele continuava não podendo atender. Decidi tentar falar com Ken Abdallah.

— Sei que você está tentando falar com Ron — disse Ken, com seu ensolarado sotaque californiano, como se tivesse acabado de voltar da praia. — Posso ajudar de alguma forma?

— Olha, Ken. Acabei de receber o contrato e nele está escrito que Ron não está realmente aportando nenhum dinheiro no fundo, mas apenas ajudando a levantar dinheiro. Não foi isso que acordamos — expliquei, curto e grosso.

— Bill, eu estava lá e foi *exatamente* isso que Ron concordou fazer — disse ele em tom bem mais duro, silenciando a entonação de californiano gente fina.

— Mas e se ele não conseguir levantar o dinheiro?

— Simples: os 50% dele revertem para você.

O que esses caras achavam que estavam armando? Burkle efetivamente teria, grátis, uma opção de ficar com 50% do meu negócio como recompensa por fazer algumas ligações bem-sucedidas para angariar dinheiro. Mas se estivesse ocupado demais para fazer as ligações, ou se seus amigos não quisessem investir, eu acabaria sentado num escritório vazio em Moscou.

Ken sentiu que eu estava chateado, mas não queria que o negócio azedasse, arriscando assim perder sua comissão.

— Escuta, Bill, não se preocupe. Ron é um dos mais bem-sucedidos financistas do país. Se ele diz que vai levantar 25 milhões de dólares, ele vai levantar 25 milhões de dólares. Ele monta transações vinte vezes maiores que essa de olhos fechados. Relaxe. Vai dar tudo certo. Tenho certeza.

Eu não tinha certeza de nada, mas concordei em repensar. Talvez eu estivesse com tanta vontade de ouvir o que queria ouvir que acabei imaginando Burkle dizendo que aportaria os 25 milhões de dólares. Fosse como fosse, a forma como as coisas estavam evoluindo não me agradava. Eu teria rechaçado o negócio de cara, mas não tinha nenhuma outra opção e o tempo estava passando. A oportunidade na Rússia era perecível. Assim que o mercado russo começasse a crescer, eu perderia a chance de fazer fortuna, e chances como essa só aparecem uma vez na vida.

Edmond Safra — e não Burkle — era o cara com quem eu *realmente* queria trabalhar. Então decidi tentar uma última vez. Como não poderia ligar diretamente para o próprio Safra, liguei para Beny, que estava na Antuérpia. Ele atendeu no primeiro toque.

— Oi, Beny, aqui é o Bill. Já faz um tempo que eu não ligo... mas, por cortesia, gostaria de informar que estou planejando fazer um acordo com Ron Burkle com o objetivo de montar o fundo para a Rússia.

Ele ficou calado por um instante. Ambos sabíamos que não era uma ligação de cortesia.

— O que você disse? Quem é Burkle?

— Um bilionário americano do ramo de supermercados.

— Mas eu achei que você queria alguém com experiência em gestão de recursos. O que esse tal de Burkle sabe sobre isso?

— Eu não sei, mas fiquei com a impressão de que você e Safra tinham perdido o interesse.

Depois de nova pausa, Beny disse:

— Espera um pouco, Bill. Não perdemos o interesse. Não faça nada antes de eu falar com você de novo. Vou ligar agora mesmo para Edmond.

Desliguei e fiquei andando de um lado para outro em casa, nervoso e cheio de expectativa.

Uma hora depois, Beny ligou de volta.

— Bill, acabei de falar com Edmond. Ele está pronto para fechar com você.

— Está mesmo? Tem certeza? Assim, sem mais nem menos?

— Sim, Bill. Ele se ofereceu para mandar seu melhor homem, Sandy Koifman, de Genebra para Londres depois de amanhã. Eu também vou pegar um voo e vamos nos sentar e resolver isso tudo aí mesmo, na hora.

Isto era típica psicologia de bilionário. Se eu não tivesse na mão uma oferta concorrente, Safra não teria feito nada. Mas como *havia* uma outra proposta na mesa ele não conseguiu resistir.

Dois dias depois, às onze da manhã, encontrei Beny e Sandy na requintada residência geminada de seis andares de Edmond Safra na Berkeley Square. Sandy tinha cerca de quarenta anos, 1,80 metro e traços típicos do Mediterrâneo. Ex-piloto de caça de Israel, tinha a reputação de fazer apostas ousadas nos mercados financeiros, dirigir Ferraris e zelosamente proteger Safra de encrencas. Enquanto nos acomodávamos na biblioteca, percebi que Sandy me olhava de cima a baixo. Ele gostava de dificultar as coisas antes de fechar qualquer negócio, mas o próprio Safra lhe havia dito para bater o martelo, e foi isso que ele fez.

A proposta era direta e justa: Edmond Safra e Beny Steinmetz colocariam 25 milhões de dólares no fundo e adiantariam algum capital para o dia a dia da companhia. O banco de Safra faria a liquidação das operações, avaliaria o fundo e cuidaria de toda a burocracia. O mais importante de tudo: se eu fizesse um bom trabalho, Safra me apresentaria a todos os seus clientes, entre os quais havia algumas das famílias mais ricas e importantes do mundo. Em troca, ele ficaria com metade do negócio e daria uma parte dele para Beny por ter feito a ponte entre nós. A proposta era boa demais, e eu aceitei no ato.

O acordo teve para mim um sabor especial porque Safra tinha fama de só fazer negócios com pessoas que sua família conhecia havia muitas gerações. Era a primeira vez que ele fechava negócio com um desconhecido como eu. Não estava claro por que exatamente ele tinha aberto essa exceção, mas não seria eu quem iria questionar minha boa sorte. Depois que eu disse sim, Sandy, por sua vez, como se conseguisse ler meus pensamentos, disse:

— Parabéns, Bill. Sei que Edmond está animado com esse acordo, mas vou ficar de olho em você.

Ao contrário do que se passara com Burkle, o contrato que recebi dos advogados de Safra uma semana depois dizia exatamente o que eu pensava que deveria dizer, de modo que assinamos logo em seguida. Quando informei Burkle que decidira não fazer com ele o negócio, ele perdeu a cabeça, me xingou e ameaçou me processar. No fim, não aconteceu nada, mas pelo menos finalmente tive contato com o seu famoso lado truculento.

Eu estava pronto para começar. Passei os últimos meses do ano tentando amarrar pontas ainda soltas enquanto me preparava para me mudar para Moscou.

A novidade é que a mudança não se restringiria apenas a mim: havia agora uma garota em minha vida.

Seu nome era Sabrina e nós tínhamos nos conhecido seis meses antes em uma festa barulhenta em Camden Town. Era uma linda judia de cabelos escuros nascida na região noroeste de Londres, diferente de tudo que eu já tinha visto. Debaixo de sua aparência amável havia uma combinação de poderosa determinação e delicada fragilidade que me arrebatou. Órfã desde o nascimento, foi adotada por uma família pobre da região leste da cidade, mas de alguma forma conseguiu sair do East End, abandonar o sotaque e se tornar atriz de telenovelas britânicas. Na noite em que nos conhecemos, saímos da festa juntos e fomos para a casa dela. Desde aquele momento, nos tornamos inseparáveis. Duas semanas depois, dei-lhe as chaves da minha casa; no dia seguinte, ao voltar de uma corrida leve, encontrei duas enormes malas no vestíbulo. Sem nunca ter falado sobre o assunto, passamos a morar juntos. Em circunstâncias normais eu teria procurado ir mais devagar, porém estava tão enfeitiçado que ela poderia ter feito o que quisesse e eu não teria me importado.

Assim que assinei o acordo com Safra, liguei para ela do escritório de advocacia e pedi que me encontrasse no Ken Lo's, nosso restaurante chinês predileto, perto da estação Victoria do metrô, para comemorarmos. No jantar, ela estava estranhamente triste e eu não sabia o que estava acontecendo. Na hora da sobremesa, contudo, ela se inclinou para perto de mim e disse:

— Bill, estou muito feliz por você, mas não quero perdê-lo.

— Você não vai me perder. Você vai comigo! — respondi, apaixonado.

— Bill, se você está me pedindo para eu largar tudo e me mudar para Moscou com você, então precisa realmente se comprometer e se casar comigo. Estou com 35 anos e quero ter filhos antes que seja tarde demais. Não posso sair pelo mundo à toa com você só por diversão.

Por trás daquela fachada de garota despreocupada, sexy e maluca, havia uma mulher judia convencional que simplesmente queria construir uma família; isso tudo veio à tona com força naquela noite no Ken Lo's. Eu não queria terminar, mas casar com ela menos de um ano depois de a conhecer me pareceu precipitado. Eu não respondi e, quando chegamos em casa, ela começou a fazer as malas.

O táxi chegou. Sem dizer nada, ela abriu a porta e, meio desajeitada, arrastou as malas pelo caminho de cascalho até a rua.

Eu estava tão atordoado com a ideia de ela me deixar que decidi: *Por que não? Quem está na chuva é para se molhar.* Corri até ela e parei à sua frente, impedindo-a de prosseguir.

— Sabrina, eu também não quero te perder. Vamos nos casar, nos mudar para Moscou e começar a vida juntos.

Lágrimas escorriam de seus olhos. Ela largou as malas e caiu nos meus braços e me beijou.

— Sim, Bill, eu quero ir para todos os lugares e fazer tudo com você. Eu te amo. Sim, sim, sim.

9

Dormindo no chão em Davos

Tudo estava se encaixando à perfeição. Eu tinha os 25 milhões de Safra, grandes ideias de investimentos e estava prestes a me lançar numa incrível aventura em Moscou ao lado da mulher que eu amava. Mas havia uma grande nuvem negra no horizonte: as eleições presidenciais russas, marcadas para junho de 1996.

Boris Yeltsin, o primeiro presidente russo eleito democraticamente, era candidato à reeleição, mas o cenário não se afigurava muito promissor para ele. Seu projeto de migrar o país do comunismo para o capitalismo fracassara de maneira retumbante. Em vez de serem divididas entre os 150 milhões de habitantes do país, as ações das empresas estatais privatizadas em massa acabaram nas mãos de 22 oligarcas, que passaram a controlar 39% da economia do país enquanto o restante da população vivia na pobreza. Para pagar as contas, professores se tornavam motoristas de táxi, enfermeiras se prostituíam, museus vendiam telas de seus acervos. A quase totalidade dos russos se sentia apequenada e humilhada, e detestava Yeltsin por isso. Em dezembro de 1995, época em que me preparava para me mudar para Moscou, Yeltsin tinha apenas 5,6% das intenções de voto. Enquanto isso, Gennady Zyuganov, seu adversário comunista, vinha crescendo nas pesquisas e tinha o maior índice de popularidade entre todos os candidatos.

Muita gente temia que, se vencesse as eleições, Zyuganov expropriaria tudo que havia sido privatizado. Eu podia engolir um monte de coisas ruins na Rússia — hiperinflação, greves, falta de alimentos e até violência e criminalidade —, mas seria totalmente diferente se o governo confiscasse tudo e declarasse que o capitalismo tinha acabado no país.

O que eu deveria fazer? Como ainda havia alguma chance de Yeltsin vencer, não recuei do negócio com Safra. Por outro lado, eu tampouco poderia colocar seu dinheiro em um país capaz de, literalmente, tomá-lo do dia para a noite. Concluí que o melhor caminho seria manter a mudança para Moscou e esperar. O fundo poderia segurar o dinheiro até que se definisse quem ganharia a eleição. No pior cenário, eu suspenderia tudo, o fundo devolveria o dinheiro para Safra e eu voltaria a Londres para recomeçar do zero.

Independentemente dos meus planos, Sandy Koifman tinha suas próprias ideias sobre a melhor forma de proteger os interesses de Safra. Em janeiro de 1996, ele me ligou para avisar que, antes de liberarem algum dinheiro, eu precisaria preparar um manual de procedimentos operacionais. *Que diabo seria um manual de procedimentos operacionais?*, pensei. Isso não estava no contrato; Safra obviamente estava com medo, e tal exigência parecia ser um jeito elegante de ganhar tempo enquanto decidia se seguiria adiante ou recuaria sem realizar o aporte prometido no fundo.

Eu poderia peitar Sandy, mas não queria forçar a barra. Comecei a trabalhar no projeto pedido e continuei de olho na evolução das pesquisas eleitorais na Rússia, na torcida de a maré mudar a meu favor.

Já com uma semana de trabalho no tal manual, recebi uma ligação do meu amigo Marc Holtzman. Nós tínhamos nos conhecido em Budapeste cinco anos antes, quando eu trabalhava para a Maxwell. Ele geria um banco de investimento de luxo especializado no Leste Europeu e na Rússia e tinha a melhor rede de contatos que eu já vi. Era capaz de cair de paraquedas em um país em desenvolvimento e, em 24 horas, conseguir reuniões com o presidente, o ministro das Relações Exteriores e o chefe do Banco Central. Embora tivesse mais ou menos a minha idade, eu me sentia um amador ao seu lado quando ele exibia suas habilidades políticas.

— Oi, Bill — disse ele, assim que atendi. — Estou indo para Davos. Quer ir comigo?

Marc se referia ao Fórum Econômico Mundial de Davos, na Suíça, evento que anualmente reúne presidentes de grandes corporações, bilionários e chefes de Estado. Era o acontecimento mais importante da nata da nata do mundo dos negócios em nível global; os requisitos mínimos para participar do fórum — ser dirigente de um país ou de corporação de alcance global, junto com uma taxa de inscrição de 50 mil dólares — foram pensados justamente para que gentalha como eu e Marc não pudesse simplesmente "dar uma passada em Davos".

— Eu adoraria ir, Marc, mas não fui convidado — respondi, como se não fosse óbvio.

— E daí? Qual é o problema? Eu também não fui.

Balancei a cabeça diante da singular combinação de audácia, esquecimento e espírito de aventura de Marc.

— Certo, mas onde vamos ficar?

Isso era um obstáculo adicional, já que era sabido que todos os hotéis da região já estavam com lotação esgotada havia mais de um ano, devido a reservas antecipadas.

— Isso não vai ser problema. Consegui reservar um quarto no Beau Séjour, um hotel bem no centro. É modesto, mas será divertido. Vamos lá!

Eu tinha muito trabalho a fazer e estava em dúvida, até Marc dizer, empolgado:

— Bill, você precisa vir. Organizei um grande jantar para Gennady Zyuganov.

Gennady Zyuganov? Como será que Marc conseguiu armar isso?

Pelo visto ele teve a clarividência de começar a cultivar uma relação com Zyuganov antes de ele aparecer no radar político de qualquer outra pessoa. Quando foi anunciado que ele participaria do Fórum Econômico Mundial de Davos, Marc o procurou e disse:

— Vários bilionários e presidentes de enormes empresas que eu conheço estarão lá e gostariam muito de conhecê-lo. O senhor aceitaria participar de um pequeno jantar privado conosco em Davos?

É claro que Zyuganov aceitaria. Marc imediatamente se pôs a escrever cartas para todos os bilionários e presidentes de corporação que estariam em Davos, dizendo: "Gennady Zyuganov, possivelmente o futuro presidente da Rússia, gostaria de encontrá-lo pessoalmente. Você está disponível para participar de um jantar no dia 26 de janeiro?" É claro que estavam. Esse era o jeito de Marc conseguir as coisas. A estratégia era meio tosca, mas absurdamente eficaz.

Assim que Zyuganov entrou na história, tratei de agarrar a oportunidade. Na terça-feira seguinte, voamos para Zurique e tomamos o trem para Davos. Apesar de sua reputação de resort exclusivo, surpreendi-me ao descobrir uma cidade nem um pouco refinada. Na verdade, tem uma atmosfera quase industrial, pragmática. Uma das cidades mais populosas dos Alpes suíços, está repleta de complexos de apartamentos funcionais que se parecem mais com conjuntos de habitação popular do que com um pitoresco resort de esqui nos Alpes.

Marc e eu chegamos ao Beau Séjour. A recepcionista nos deu um olhar maroto quando fizemos o check-in — éramos dois homens dividindo um quarto com uma cama de solteiro —, mas não ficamos incomodados com isso. Subimos e desfizemos as malas. Ele ficou com a cama e eu fiquei no chão.

Era ridículo. Éramos dois penetras naquele lugar. Não tínhamos sido convidados, não tínhamos pagado a taxa de inscrição e não dispúnhamos de nenhuma credencial para entrar no centro de conferências onde as coisas realmente aconteciam. Mas nada disso importava, porque o local que realmente nos interessava era o Sunstar Parkhotel, em cujo saguão todos os russos se juntavam para reuniões.

Assim que arrumamos as coisas no quarto, fomos para o Sunstar e demos um giro pelo saguão. Havia russos de todas as formas e tamanhos. Logo avistei um conhecido: um empresário chamado Boris Fyodorov, presidente de uma pequena corretora de Moscou que havia sido ministro das Finanças da Rússia de 1993 a 1994. Era gordinho, tinha cabelo castanho e curto, bochechas roliças e olhinhos pequenos emoldurados por óculos de armação quadrada. Fyodorov exalava um ar de arrogância absurda para um homem de menos de quarenta anos. Quando Marc e eu nos aproximamos da mesa onde ele estava tomando um café, ele nos dirigiu um olhar condescendente e perguntou, em inglês:

— O que *você* está fazendo aqui?

A situação me lembrou os tempos de escola. Fyodorov pode até ter sido ministro das Finanças da Rússia, mas agora não passava de um dono de uma irrelevante corretora de Moscou.

— Tenho 25 milhões de dólares para investir na Rússia — disse eu, como quem não quer nada. — Mas, antes disso, preciso descobrir como vai ser o desfecho da eleição para Yeltsin. É *isso* que estou fazendo aqui.

No instante em que eu disse "25 milhões de dólares", a atitude de Fyodorov mudou radicalmente.

— Poxa, Bill, sente-se aqui comigo. Qual é o nome do seu amigo?

Apresentei-lhe Marc e nos sentamos. Quase imediatamente, Fyodorov disse:

— Não se preocupe com a eleição, Bill. Yeltsin vai ganhar, com certeza.

— Como você pode estar tão certo disso? — perguntou Marc. — Ele mal tem 6% das intenções de voto.

Fyodorov abriu o braço e apontou para o saguão.

— Esses caras vão consertar isso.

Segui com os olhos o movimento de sua mão e reconheci três homens: Boris Berezovsky, Vladimir Gusinsky e Anatoly Chubais. O trio estava mergulhado numa acalorada conversa em um canto. Berezovsky e Gusinsky eram dois dos mais famosos oligarcas russos. Ambos tinham saído do nada e, atropelando quem estivesse no caminho, se tornaram donos bilionários de bancos, emissoras de TV e outros importantes ativos industriais. Chubais era um dos mais astuciosos operadores políticos da Rússia. Foi ele o arquiteto das reformas econômicas de Yeltsin, inclusive o desastroso programa de privatizações em massa. Em janeiro de 1996, ele havia saído do governo para se concentrar em tempo integral à tarefa de dar uma reviravolta na precária campanha de Yeltsin.

Eu não sabia na época, mas aquela cena no saguão do Sunset Parkhotel constituiu o infame "pacto com o diabo", em que os oligarcas decidiram apostar todos os seus recursos financeiros e midiáticos na reeleição de Yeltsin. Em troca receberiam, quase de graça, o que ainda não tinha sido privatizado das companhias russas.

Em nosso giro pelo saguão, ouvimos de vários outros oligarcas e "minigarcas" o mesmo sentimento revelado por Fyodorov, de que Yeltsin seria reeleito. Talvez estivessem certos, mas talvez estivessem apenas predizendo o que gostariam que acontecesse. Oligarcas russos estão muito longe de serem as pessoas mais confiáveis do mundo e Yeltsin estava também longe dos 51% necessários para se manter na presidência.

Concluí que seria muito mais prudente calcular e entender as intenções do candidato favorito do que ouvir os devaneios de pessoas na iminência de perderem tudo o que tinham se Yeltsin fosse derrotado. Aquela viagem tinha um importante objetivo, conhecer melhor o pensamento de Zyuganov, e isso eu faria no jantar de Marc.

O Flüela Hotel era um dos dois únicos cinco estrelas de Davos. Foi ali, num salão lotado, que o jantar aconteceu. Marc fez um golaço ao receber lá seus convidados. Naquela noite, foi o evento mais concorrido da cidade.

A mesa estava montada no formato de um grande quadrado, com as cadeiras do lado de fora. Fiquei observando o rosto dos convidados à medida que chegavam e tomavam seus lugares. Nunca antes tinha visto um grupo de pessoas tão impressionante: estavam lá, entre outros, George Soros, Heinrich von Pierer, CEO da Siemens, Jack Welch, CEO da GE, e Percy Barnevik, CEO da Asea Brown Boveri. Ao todo, havia uns vinte bilionários e CEOs de grandes corporações — além de mim e de Marc. Vesti meu melhor terno para não destoar, mas sabia que seria o único a dormir no chão naquela noite.

Alguns minutos depois de todos se acomodarem, Zyuganov fez uma entrada triunfal, junto com um intérprete e dois guarda-costas, e então se sentou. Marc bateu levemente no copo com um talher e se levantou.

— Muito obrigado a todos por estarem aqui conosco esta noite. Estou muito honrado por ser o anfitrião neste jantar para Gennady Zyuganov, líder do Partido Comunista e candidato à presidência da Rússia.

Seguindo a deixa, Zyuganov já ia se levantar quando Marc, de improviso, acrescentou:

— Gostaria também de agradecer a meu coanfitrião, Bill Browder, que me ajudou a tornar possível esta iniciativa. — Marc ergueu o braço com a mão espalmada para cima em minha direção. — Bill, por favor.

Levantei-me apenas levemente da cadeira, fiz um aceno quase imperceptível e voltei a sentar. Fiquei totalmente envergonhado. O gesto de Marc tinha sido gentil, mas, naquele momento, tudo o que eu queria era ficar invisível.

Ao término do prato principal, Zyuganov levantou-se e fez seu discurso com a ajuda de um intérprete. Depois de falar sobre todo e qualquer tipo de assunto, ele sinalizou:

— Aqueles de vocês que temem que eu vá reestatizar ativos não precisam se preocupar.

Comecei a me animar.

Ele continuou.

— Nos dias atuais, *comunismo* é apenas um rótulo. A propriedade privada é hoje um processo que não pode ser revertido. Se começássemos a reestatizar empresas, teríamos turbulência social no país inteiro, do Kaliningrado a Khabarovsk.

Ele então meneou a cabeça sutilmente e concluiu:

— Espero encontrá-los novamente já como presidente da Rússia.

Em meio ao silêncio dos atônitos comensais, Zyuganov sentou-se, pegou seus talheres e atacou a sobremesa.

Ele realmente tinha descartado a possibilidade da reestatização? Era o que parecia.

O jantar terminou logo depois, e Marc e eu enfim voltamos para o nosso quarto. Deitado no chão, minha cabeça voava a mil por hora. Se Zyuganov estava dizendo a verdade, meu negócio continuava de pé independentemente de quem vencesse a eleição. Eu precisava dar a notícia ao Sandy o mais rápido possível.

Liguei para ele em Genebra na manhã seguinte, mas não o senti nem um pouco impressionado:

— Você não acredita nele de verdade, não é, Bill? Esses caras dizem qualquer coisa.

— Sandy, Zyuganov estava cara a cara com os mais importantes homens de negócios do mundo! Isso deve contar para alguma coisa.

— Não significa nada. As pessoas mentem, políticos mentem, todo mundo mente. Meu Deus, você falando de um *político russo*. Se eu acreditasse em tudo que os políticos dizem, Safra estaria falido hoje em dia.

Eu não sabia o que pensar, mas tudo que eu tinha ouvido em Davos me fez sentir que havia uma chance, mesmo que pequena, de as coisas darem certo, e eu faria de tudo para que realmente dessem.

10
Ações preferenciais

Seis semanas depois de Davos, finalmente terminei de escrever o manual de procedimentos operacionais pedido por Sandy. Agora ele teria que mandar para o fundo o valor combinado ou descumprir o acordo.

Se Yeltsin tivesse permanecido com 5,6% das intenções de voto, Sandy certamente teria desistido do negócio. Mas, aparentemente, o plano dos oligarcas estava dando certo. No início de março, Yeltsin alcançou 14% nas pesquisas, plantando um grande dilema na mente de Sandy. Havia uma cláusula no contrato estabelecendo que Safra teria que pagar uma multa de milhões de dólares se pulasse fora. Por outro lado, se Sandy liberasse o dinheiro e Yeltsin não fosse reeleito, Safra corria o risco de perder ainda mais. Para ganhar um pouco de tempo, Sandy transferiu 100 mil dólares para despesas operacionais, o que permitiu que eu pelo menos montasse o escritório em Moscou.

Eu também estava num dilema. Não me agradava a ideia de me mudar para a Rússia sem ter realmente um negócio de verdade, mas eu não queria forçar um enfrentamento. Se Safra desistisse agora, eu não conseguiria encontrar outro investidor com 25 milhões de dólares nos três meses até a eleição russa.

Segui tocando meu trabalho e continuei preparando a mudança para Moscou com Sabrina, mas as coisas entre nós tinham se complicado. Ela engravidara quase no mesmo momento em que a pedi em casamento e agora padecia de severos enjoos matinais. Estava tão mal que precisei levá-la várias vezes ao hospital para se reidratar.

Enquanto arrumávamos as malas no quarto na véspera da partida para Moscou, ela finalmente disse o que eu temia:

— Bill, eu passei a noite inteira pensando e...
— O que houve?
— Desculpe, mas não posso ir para a Rússia.
— Por causa dos enjoos matinais?
— Sim, e...
— O quê? Você vai depois, quando os enjoos passarem, não é?
Ela olhou para o lado, parecendo confusa.
— Sim, quer dizer, acho que sim. Não sei, Bill. Realmente não sei.

Embora quisesse tê-la comigo em Moscou, eu não podia recriminá-la. Ela era minha esposa e carregava no ventre o nosso filho. Ela estar confortável e feliz era mais importante do que nossos acordos anteriores.

Então concordei que ficasse em Londres. Na manhã seguinte, Sabrina me levou ao aeroporto de Heathrow. Nós nos despedimos na calçada e prometi ligar para ela duas vezes por dia, todos os dias. Beijei-a e atravessei o saguão do aeroporto, na esperança de que ela em breve se juntasse a mim.

Esses pensamentos ocuparam minha mente enquanto eu voava para o leste. Mas, quando aterrissei no aeroporto Sheremetyevo e me deparei com a multidão e o caos, não conseguia pensar em outra coisa senão cuidar da vida real e do dia a dia em Moscou.

Eu tinha uma lista de afazeres que se estendia por duas páginas. A primeira tarefa era encontrar um espaço para o escritório. Depois de fazer o check-in no National Hotel, liguei para Marc Holtzman, que recentemente montara seu escritório em Moscou. Ele me falou de uma sala vazia no mesmo andar que o dele e eu marquei uma visita para vê-la imediatamente.

Na manhã seguinte, saí do hotel para pegar um táxi. Assim que levantei o braço, uma ambulância saiu bruscamente da pista central e parou bem na minha frente. O motorista esticou-se para abaixar o vidro da janela do carona e disse:

— *Kuda vy edete?*

Queria saber para onde eu ia.

— Parus Business Centre — respondi sem sequer um pingo de sotaque russo.

— *Tverskaya Yamskaya dvacet tre.*

Era o endereço, em russo. Minha fluência no idioma não passava disso. Diferentemente da maioria dos ocidentais de Moscou, eu nunca tinha estudado literatura russa, treinado para ser espião ou feito qualquer coisa útil que pudesse me ajudar a viver no país.

— *Piat teesich rublei* — disse ele.

Cinco mil rublos — mais ou menos 1 dólar — por um percurso de pouco mais de três quilômetros. Enquanto falávamos, quatro outros carros aleatórios também pararam atrás, formando uma pequena fila, para o caso de eu não me acertar com o motorista da ambulância. Mas eu estava com pressa e entrei. Assim que me acomodei no banco do carona, olhei para trás, rezando para que não houvesse ali nenhum defunto ou pessoa ferida. Felizmente não havia. Fechei a porta e nos juntamos à corrente do trânsito subindo a Tverskaya.

Não demorei a descobrir que era comum ambulâncias pararem para pegar passageiros. Qualquer veículo era um táxi em potencial. Carros particulares, caminhões de lixo, viaturas policiais — todo mundo estava tão desesperado por dinheiro que qualquer um topava fazer uma corrida por um trocado.

Dez minutos depois, chegamos ao Parus Business Centre. Paguei ao motorista e atravessei a rua através de uma passagem subterrânea. Entrei no edifício, passei por uma revendedora da Chevrolet no térreo e me encontrei com o gerente do edifício, um austríaco que falava bem rápido.

Ele me levou até a sala vazia no quarto andar — tinha apenas dezoito metros quadrados, a área de uma suíte grande. As janelas de vidro laminado, que abriam apenas alguns poucos centímetros, davam vista para um estacionamento e, mais adiante, para um conjunto decrépito de prédios de apartamento em estilo soviético. O espaço não era bonito, mas era funcional, tinha vários pontos de telefone e ficava no mesmo corredor que o escritório de Marc. O austríaco pedia 4 mil dólares por mês, o que fazia daquele lugar um dos metros quadrados mais caros de Moscou. Tentei negociar, mas o austríaco riu da minha cara. Depois de um pouco mais de discussão, cedi e assinei o contrato.

Agora que tinha um escritório, precisava de gente para me ajudar a tocá-lo. Apesar de haver milhões de russos desesperados por uma renda, contratar um empregado que falasse inglês em Moscou era praticamente impossível. Setenta anos de comunismo destruíram a ideia do trabalho como um bem importante e valioso. Milhões de russos tinham sido mandados para *gulags* por demonstrar algum espírito de iniciativa pessoal. Os soviéticos penalizavam tão duramente quem pensava fora dos padrões estabelecidos que a reação natural das pessoas era fazer o mínimo possível, esperando que ninguém as notasse. Esse tipo de atitude era instilado na psique dos russos comuns desde a amamentação. Portanto, para administrar um negócio em estilo ocidental, era preciso fazer uma lavagem cerebral em um jovem russo sobre as virtudes da eficiência e do pensamento objetivo ou achar alguma pessoa rara cuja psicologia natural tivesse de alguma forma resistido às pressões do comunismo.

Felizmente tive sorte. Uma corretora local com vários funcionários treinados no jeito ocidental de conduzir negócios tinha falido recentemente e, menos de uma semana depois de chegar a Moscou, consegui contratar três ótimas pessoas: Clive, inglês, corretor e pesquisador júnior; Svetlana, uma secretária que falava inglês perfeitamente; e Alexei, um motorista experiente que só falava russo.

Depois de lhes mostrar o escritório, despachei Svetlana para comprar móveis. Era uma lituana baixinha, bonita, de 22 anos, cheia de disposição, que abraçou com entusiasmo a tarefa. Assim que chegou à loja de móveis, Svetlana me ligou para falar de algumas lindas cadeiras e mesas italianas que, na opinião dela, seriam perfeitas para nosso escritório.

— Quanto? — perguntei.

— Mais ou menos 15 mil dólares.

— Quinze mil pratas? Você deve estar brincando comigo. E o que mais tem aí?

— Não muito. Só umas mesas feias de armar e umas cadeiras dobráveis.

— Quanto custam?

— Mais ou menos 600 dólares.

— Vamos ficar com essas.

Ao fim do dia, tínhamos quatro mesas de armar e oito cadeiras dobráveis, além de uma planta que Svetlana comprara por sua própria iniciativa. Providenciamos em seguida alguns computadores e os instalamos; pelo fim da semana, minha nascente operação estava pronta para decolar.

Enquanto eu acertava tudo, os índices de Yeltsin nas pesquisas de opinião continuavam evoluindo na direção desejada, mas ainda faltavam dez semanas para a eleição e Sandy ainda não estava liberando novas transferências. Nesse ínterim, comecei a pesquisar companhias para o nosso fundo, supondo que, em algum momento, Safra cumpriria sua parte do acordo e honraria o compromisso de injetar 25 milhões de dólares.

A primeira empresa que coloquei no meu radar foi a Moscow Oil Refinery, também conhecida como MNPZ. Como na Salomon ganhamos muito dinheiro aplicando em empresas russas do ramo de petróleo, concluí que analisar uma grande refinaria de Moscou poderia ser um bom começo.

Svetlana agendou uma conversa com a contadora-chefe da MNPZ, e, no início de abril, nos reunimos com ela na sede da empresa. Rechonchuda, loira, na casa dos cinquenta anos, vestia um terninho com calça marrom fora de moda. Encontrou-nos na entrada de um prédio velho e feio e nos conduziu para dentro. O lugar claramente já tinha vivido dias melhores. Luzes piscavam, faltavam alguns azulejos no piso e as paredes estavam imundas.

Já na sala dela, fiz uma série de perguntas básicas:

— Qual foi o faturamento de vocês no ano passado? Quanto lucraram? Pode me dizer quantas ações a companhia tem?

Essas questões podem parecer simples, mas na Rússia não havia informações públicas sobre companhias e a única forma de obtê-las era ir até a empresa e perguntar.

Svetlana traduziu para mim as respostas sobre faturamento e lucro, mas, quando chegamos à questão do número de ações, foi a contadora quem perguntou:

— Você está falando de ações ordinárias ou preferenciais?

Eu já tinha ouvido o termo "ações preferenciais" antes, mas não sabia do que ela estava falando.

— E o que são?

— As ações preferenciais foram distribuídas aos trabalhadores no processo de privatização.

— E em que diferem das ações ordinárias?

— Elas recebem dividendos de 40% do lucro.

— E quanto as ações ordinárias recebem?

— Deixe-me ver...

A contadora pegou uma grande pasta em sua mesa, examinou várias folhas de papel manchadas e disse:

— Pelo que está escrito aqui, não receberam nada no ano passado.

— Ou seja: detentores de ações preferenciais receberam dividendos de 40% do lucro e os de ações ordinárias não receberam nada — comentei, sem entender direito a discrepância.

— Sim, exato.

Encerrada a reunião, Svetlana e eu entramos no carro de Alexei — um Zhiguli caindo aos pedaços, modelo soviético apertado que parecia uma caixa, muito comum nas ruas de Moscou — e voltamos sacolejando para o escritório. Do carro, que avançava a passo de tartaruga no congestionamento do meio-dia, liguei para Yuri Burzinski, um dos meus corretores locais favoritos. Yuri era um emigrante russo que, depois de viver em Nova York, voltara recentemente para Moscou a fim de trabalhar para a corretora Creditanstalt-Grant. Ele não era como a maioria dos corretores, que traficavam o que eu chamava de "ações para turistas", o equivalente bancário a vender cocos por 10 dólares para banhistas numa praia de Fiji, ao passo que os habitantes locais poderiam comprar o fruto por não mais de 20 centavos no mercado da cidade.

Yuri tinha pouco mais de vinte anos e falava sussurrando, como se estivesse sempre contando um segredo. Muitas vezes era difícil entender o que ele dizia, mas, quando eu entendia, as informações costumavam ser interessantes.

— Oi, Yuri. Você tem aí a cotação das ações preferenciais da MNPZ? — perguntei.

— Não sei. Talvez. Deixe-me ver.

Ele aparentemente cobriu o bocal do telefone com a mão e murmurou algo para seu operador. Ouvi ao fundo uma algaravia e em seguida Yuri voltou.

— Certo. Posso te arranjar cem mil por 50 centavos cada uma.

Ele disse isso em tom tão inaudível que tive de lhe pedir que repetisse.

— E como estão as ações ordinárias?

Ele voltou a resmungar alguma coisa e recebeu outra resposta.

— Cem mil por 7 dólares cada uma.

— Você tem certeza disso?

— Sim. Esses são os preços.

Eu não queria mostrar meu jogo antes da hora, mas meu coração disparou.

— Vou pensar e te ligo de novo.

Desliguei e fiquei matutando: *Essas ações preferenciais parecem muito mais atraentes que as ordinárias. Será que há algo errado com essas ações? Por que estão sendo negociadas por um valor 95% inferior ao das ordinárias?*

Quando finalmente chegamos ao escritório, pedi a Svetlana que voltasse à MNPZ para pegar uma cópia do contrato social, onde estariam pormenorizados os direitos das diferentes classes de ações. Duas horas depois ela estava de volta e nos debruçamos sobre o documento. A única diferença substancial entre ações preferenciais e ordinárias residia no fato de as preferenciais não terem direito a voto. De qualquer forma, isso não me pareceu um problema, já que investidores estrangeiros como nós nunca votavam nas assembleias anuais de acionistas na Rússia.

Eu estava convencido de que devia haver alguma outra explicação para a abissal diferença de cotações e passei vários dias tentando descobrir qual era. As ações preferenciais tinham valor de face diferente? Não. Só trabalhadores poderiam ter esse tipo de ação? Não. Os dividendos maiores poderiam ser mudados arbitrariamente ou cancelados pela companhia? Não. Elas representavam apenas uma parte minúscula do capital social? Não. *Não havia explicação*. A única razão que consegui conceber era o fato de que, antes de mim, ninguém nunca tinha aparecido lá para perguntar.

Descobri também que, surpreendentemente, essa anomalia não se restringia à MNPZ. Quase todas as companhias russas tinham ações preferenciais e a maioria delas era negociada por valores bem menores que as ordinárias. Coisas como essa eram minas de ouro em potencial.

Eu tinha decidido deixar Sandy em paz até depois das eleições, mas essa oportunidade era muito atraente. Essas ações preferenciais estavam sendo negociadas por valores até 95% inferiores aos das ordinárias, que, por sua vez, eram entre 90% e 99% mais baratas que as ordinárias de empresas ocidentais similares. Independentemente das preocupações de Sandy em relação a Zyuganov, discrepâncias de cotações como essas eram raras demais para deixar passar. Normalmente, é preciso ter muita sorte para encontrar papéis subavaliados em 30% ou até 50%, mas um caso de papéis baratos assim era inédito. Eu precisava avisar Sandy sobre esses valores sem demora.

Quando lhe informei os números, ele imediatamente mudou de tom e começou a me bombardear com todo tipo de pergunta. Quando encerramos a conversa eu praticamente podia ouvir o motor do seu cérebro girando a mil, pensando em como justificaria para Safra o investimento.

Dois dias depois, o instituto de pesquisa de opinião Levada publicou os mais recentes índices de intenção de voto: Yeltsin tinha passado de 14% para 22%. Cerca de três minutos após a divulgação desses dados, meu telefone tocou:

— Bill — disse Sandy, animado —, viu as pesquisas?

— Sim. Não é incrível?

— Escute, Bill, acho que devemos começar a comprar algumas daquelas ações preferenciais. Estou transferindo 2 milhões de dólares para amanhã.

Contei as boas-novas a Clive e Svetlana e batemos as mãos. Comemorei até com Alexei, que não fazia esse tipo de cumprimento no seu emprego anterior, na Polícia Rodoviária de Moscou. Desajeitado, agarrei seu braço, o ergui sobre a cabeça e bati na palma de sua mão. Ele retribuiu com um sorriso educado e cheio de dentes. Claramente ele estava curtindo fazer parte daquele estranho, e novo, ritual americano.

Nosso negócio agora era realidade e estava andando. No fim do dia seguinte, o fundo tinha investido todo esse dinheiro novo em ações preferenciais de companhias russas.

Durante as três semanas seguintes, Yeltsin passou de 22% para 28% das intenções de voto. Pela primeira vez desde o início de sua campanha eleitoral, as pessoas começaram a acreditar na possibilidade concreta de ele vencer. Novos compradores entraram no mercado de ações, valorizando meu fundo em 15%.

Diferentemente de outras decisões que tomamos na vida, quando se trata de investir, os preços praticados no mercado nos dizem de forma clara se estamos certos ou errados. Não há espaço para ambiguidade. Ver que seu primeiro investimento de 2 milhões de dólares havia lhe trazido um lucro de 300 mil deu a Sandy mais confiança do que qualquer conversa ou análise. Ele ligou para o meu celular naquele sábado à tarde para informar que estava aportando mais 3 milhões para o fundo na segunda-feira.

À medida que esvanecia a probabilidade de acontecer um apocalipse, o mercado reagia com movimento de alta, e outros investidores quiseram uma fatia do bolo; o resultado é que mais e mais gente foi entrando naquele mercado de ações pequeno e sem liquidez, provocando uma corrida às compras. Na semana seguinte ao aporte dos 3 milhões de dólares adicionais de Safra, o fundo tinha valorizado mais 21%. Como tínhamos entrado algumas semanas antes, nossa valorização a essa altura totalizava 40%; no mundo dos investimentos em fundos de *hedge*, uma apreciação assim em um ano já seria um resultado extraordinário — a diferença é que havíamos conseguido isso em apenas três semanas.

Na segunda-feira seguinte, Sandy mandou mais 5 milhões de dólares sem nem mesmo me avisar.

No meio dessa animação toda, eu tive que ir a um casamento — o meu. Sabrina e eu nos casaríamos em 26 de maio de 1996, apenas três semanas antes da eleição presidencial russa. Na quarta-feira anterior à cerimônia voltei correndo para Londres a fim de me preparar.

Havíamos convidado 250 pessoas do mundo inteiro. Quando Sabrina e eu nos vimos frente a frente diante da arca onde é guardada a torá na sinagoga Marble Arch, e ela prometeu me amar e honrar, fiquei emocionado. A verdade naquelas palavras foi algo que eu nunca tinha sentido. Na minha vez de fazer o juramento, as lágrimas abundantes não me impediram de ver quão linda e vulnerável era minha esposa. Após a cerimônia, demos uma agitadíssima festa, animada por uma banda israelense, que iniciou com "Hava Nagila" o seu repertório. Os convidados nos levantaram no ar sentados em cadeiras e dançamos a noite inteira. Foi um casamento maravilhoso ao lado de amigos e familiares; parecia que todos os planetas estavam alinhados e conspirando a nosso favor.

Eu tinha prometido a Sabrina uma bela lua de mel, mas, como só poderíamos desfrutá-la depois da eleição, voei de volta a Moscou na segunda-feira, exausto mas feliz. Quando cheguei ao escritório, Clive me contou que tínhamos recebido mais 5 milhões de Safra para o nosso fundo. Ao longo das duas semanas seguintes, duas outras parcelas de 5 milhões entraram na nossa conta. Na segunda semana de junho, apenas uma antes da eleição presidencial, Safra já havia investido a totalidade dos 25 milhões de dólares que se comprometera a gastar e o fundo Hermitage havia valorizado 65% desde sua criação.

O primeiro turno da eleição presidencial aconteceu em 16 de junho. Clive, Svetlana, Alexei e eu chegamos ao escritório às seis da manhã para acompanhar o resultado das urnas no extremo oriente da Rússia, cujo fuso horário era sete horas à frente do de Moscou. Os números eram favoráveis a Yeltsin. Em Sakhalin, ele obteve 29,9% contra 26,9% de Zyuganov. À medida que a apuração avançava na direção oeste, a tendência se manteve; em Krasnoyarsk, Yeltsin obteve 34%. Em Moscou, por fim, venceu com 61,7% dos votos. No cômputo geral, Yeltsin ficou com 35,3% dos votos, Zyuganov, 32%, e o restante foi pulverizado entre candidatos de menor expressão. A batalha do primeiro turno havia sido superada, mas, como ele teve menos de 51% dos votos, a decisão ficaria para o segundo turno, marcado para 3 de julho.

Durante as duas semanas seguintes, quem tinha investimentos e interesse na reeleição de Yeltsin apostou tudo. Eu estava um pouco apreensivo, achava que a eleição seria acirrada, mas me equivoquei. Já por volta do meio-dia do dia 3 de julho, estava claro que Yeltsin se manteria na presidência. Terminada a apuração, ele vencera Zyuganov por uma diferença de quase catorze pontos percentuais.

O mercado enlouqueceu e o nosso fundo tinha se valorizado 125% desde o lançamento. Pronto. Eu agora tinha um negócio de verdade e totalmente confiável.

11
SIDANCO

Num fim de tarde de agosto de 1996, chegou a mim mais uma intrigante possibilidade de investimento. Fazia um calor de rachar. Os únicos sons em nosso escritório eram o chiado suave dos computadores, o barulho do ar-condicionado e o zunido de uma mosca imensa. A cidade lá fora permanecia estranhamente parada. Nas sextas-feiras de verão, todos os moscovitas deixavam a cidade e iam para suas casas de campo, chamadas "dachas". Naquela tarde, parecia que nós éramos as únicas pessoas na cidade.

Quando minha pequena equipe já estava se preparando para sair para o fim de semana, o telefone tocou.

— Hermitage, *zdravstvuite* — atendeu Svetlana, com voz enfadada. Ela girou na cadeira e cobriu o bocal com a mão em concha. — Bill, é o Yuri.

— Yuri? Pode me passar a ligação.

Peguei o telefone e o ouvi sussurrar.

— Oi, Bill. Tenho um lote de 4% das ações da Sidanco. Você tem interesse?

— O que é isso?

— É uma grande companhia de petróleo do oeste da Sibéria da qual ninguém nunca ouviu falar.

— Quem é o controlador?

— Um grupo liderado por Potanin.

Todo mundo sabia quem era Vladimir Potanin: um bilionário russo com pinta de durão e rosto com marcas de acne que fora vice-primeiro-ministro da Rússia.

— Quanto eles querem pelos 4%?

— Querem 36,6 milhões de dólares.

Ainda que meu fundo estivesse crescendo, eu não poderia comprar um lote grande como esse, por mais atraente que fosse o negócio. No entanto, se fosse mesmo um papel interessante, o fundo poderia comprar *parte* do lote. Permaneci em silêncio, pensando no assunto.

— Se não interessa, não tem problema — disse Yuri.

— Não, não é isso, Yuri. Pode até ser um bom negócio. Mas eu gostaria de estudar mais o assunto antes.

— Claro. Fique à vontade.

— Quanto tempo eu tenho?

— Não sei. Acho que consigo evitar o burburinho por uma semana. Depois disso, o vendedor vai começar a me pressionar. De todo modo, parece que não há muita gente no mercado procurando ações de segunda linha.

Desliguei o telefone e eu e minha equipe fomos embora para o fim de semana. Quando estava indo para casa, fui tomado por aquele mesmo formigamento excitado e ganancioso que sentira quando vi meu investimento de 2 mil dólares na Polônia crescer dez vezes ou quando descobri o esquema dos certificados de privatização na Rússia. Eu sabia que Yuri não sairia por aí anunciando a oferta para outras pessoas sem me avisar, mas também sabia que uma oportunidade realmente boa não duraria muito tempo.

Voltei ao escritório logo cedo no sábado de manhã e comecei a procurar em relatórios de análises e artigos alguma informação sobre a Sidanco, mas não havia nada em nossos arquivos. Assim que meu pessoal chegou na segunda-feira, pedi que Clive fosse até a minha mesa.

— Estou procurando informações sobre a Sidanco, mas não consigo achar nada aqui. Por favor, faça algumas ligações e veja se algum dos nossos corretores tem alguma coisa.

Ele disse que cuidaria do assunto imediatamente. Saí para uma série de reuniões e, quando voltei, por volta do meio-dia, perguntei a Clive se tinha conseguido alguma coisa. Nada. Não havia relatórios de pesquisas, artigos, dados, nem mesmo boatos ou rumores confiáveis. Era como se a Sidanco não existisse.

Era frustrante, mas fazia sentido. Uma empresa como a Lukoil, com 67% das ações negociadas no mercado, com grande liquidez, gerava muita receita de comissão para as corretoras. Com esse dinheiro, era possível contratar analistas para escrever relatórios destinados a investidores em busca de ações. No caso da Sidanco, isso não acontecia; como somente 4% de suas ações eram negociadas, não haveria tantas transações para gerar comissões suficientemente grandes a ponto de incentivar um analista a gastar seu tempo pesquisando e escrevendo relatórios sobre a empresa.

— Bem, pelo jeito teremos nós mesmos que ir a campo e conseguir as informações — concluí.

Levantar informações na Rússia é como entrar num labirinto, ou na toca do coelho. Você faz uma pergunta e recebe de volta uma charada. Você acha uma pista e dá de cara com um muro. Nada era claro e autoexplicativo. Depois de setenta anos de paranoia instilada pela KGB, os russos tinham um cuidado extremo na hora de passar informações. Até mesmo perguntar sobre a saúde de uma pessoa podia ter, para o interlocutor, o peso de um segredo de Estado. Por isso, eu sabia que teria dificuldades muito maiores quando saísse por aí fazendo perguntas sobre a saúde de uma companhia.

Mas não esmoreci. Assim que comecei, lembrei que um colega de Stanford dirigia uma revista mensal especializada em petróleo e gás. Talvez ele tivesse alguma informação sobre a Sidanco. Liguei para ele, mas, em vez de me falar sobre a Sidanco, ele tentou me vender uma assinatura.

— São só 10 mil dólares! — disse ele, cheio de disposição.

Eu não tinha nenhum interesse na assinatura.

— Está um pouco além das minhas possibilidades.

Ele riu.

— Vamos fazer o seguinte, Bill. Como fomos colegas em Stanford, vou lhe mandar algumas edições antigas de graça.

— Ótimo. Obrigado.

Meu passo seguinte foi checar a pilha de cartões de visita que havia na minha mesa. Se eu fosse um executivo de banco de investimento de Londres, teria um arquivo do tipo Rolodex cheio de cartões de visita em papel de alta gramatura e impressão em alto-relevo. Na Rússia, minha coleção era um pouco mais singela. Alguns cartões eram em cartolina, outros eram laranja, verdes ou azul-claros. Alguns pareciam ter sido feitos num computador caseiro. Havia até cartões grudados, devido ao uso de tinta de má qualidade. Mesmo assim, eu os examinei um a um.

Separei alguns deles e encontrei o de uma pessoa que eu tinha esquecido: Dmitry Severov, consultor de uma empresa russa. Eu o conhecera quando ainda estava na Salomon Brothers e lembrei que sua atividade era dar consultoria a empresas russas sobre como obter empréstimos bancários. Imaginei que ele teria alguma informação sobre a Sidanco. Peguei o telefone, liguei para seu escritório e pedi uma reunião. Ele não parecia um homem muito solicitado e concordou de imediato.

O escritório de Dmitry ficava em um prédio de apartamentos residenciais em uma pacata rua lateral ao norte do Kremlin, em uma das regiões mais apreciadas de Moscou. Sentado em uma cabine na entrada, havia um solitário guarda trajando uniforme preto e fumando um cigarro; poderia ter passado por um soldado de elite se não fossem as sandálias de borracha nos pés. Sem nem mesmo levantar os olhos, indicou com o braço onde ficava o elevador.

Peguei o endereço que Svetlana havia escrito e não gostei do que vi. O escritório de Dmitry ficava no andar 4,5. Eu não tinha ideia do que aquilo significava. Deveria pegar o elevador até o quarto e subir as escadas ou até o quinto e descê-las?

Um homem passou por mim bruscamente e apertou o botão. O elevador demorou a chegar e era mais apertado que uma cabine telefônica. Tive que me espremer junto com o homem ou correria o risco de ter que esperar mais dez minutos. Ele pressionou o botão "4" e ficou me encarando, desconfiado. Olhei para o chão e permaneci calado.

Saímos do elevador e seguimos cada um pelo seu caminho. Segui uma trilha de bitucas de cigarro por meio lance de escadas e fui recebido por uma idosa rechonchuda que me levou ao apartamento. Fiquei em dúvida se era a mãe ou a secretária de Dmitry. Ela disse que ele estava almoçando e me conduziu para a cozinha.

— Senta, senta — ordenou ele quando entrei, empurrando para o lado uma cesta de pão cinza e uma jarra de vidro cheia de açúcar.

Sentei-me em uma cadeira de vinil de frente para Dmitry e tentei não ficar olhando para o meu contato encharcando o pão em sua sopa de repolho.

— Como posso ajudá-lo? — perguntou entre colheradas.

— Estou pesquisando companhias de petróleo.

— Que bom. Você veio ao lugar certo.

— Você poderia me contar alguma coisa sobre a Sidanco?

— Claro. Sei tudo sobre a Sidanco. — Ele se levantou, saiu da cozinha e voltou instantes depois com uma grande planilha. — O que você quer saber?

— Para começar, quais são as reservas deles?

Olhamos juntos a planilha e ele apontou para uma coluna. De acordo com esses dados, a Sidanco tinha reservas de seis bilhões de barris de petróleo. Multiplicando o preço do lote de 4% do capital acionário por 25, calculei o preço da companhia inteira: 915 milhões de dólares. Dividi esse valor pelo número de barris de petróleo no subsolo e concluí que era como se o barril de petróleo das reservas da Sidanco valesse 15 centavos de dólar. Era uma loucura, já que naquela época o preço de mercado para um barril de petróleo era de 20 dólares.

Estranhei. Alguma coisa estava errada. Se esses números estivessem só um pouco corretos, as ações da Sidanco estavam extraordinariamente baratas. *Inacreditável*, disse para mim mesmo.

Agradeci a Dmitry e fui embora. Chegando ao escritório, pedi a Clive que determinasse o valor da Lukoil, a companhia de petróleo russa que o mercado acompanhava com mais atenção. Depois de conversar com um corretor, Clive me passou seus cálculos.

Passei um bom tempo olhando aqueles números:

— Isso não pode estar certo.

— Mas são os números que o corretor me passou — disse Clive, na defensiva.

O que parecia errado era o fato de a Lukoil estar sendo negociada por um preço seis vezes maior do que o da Sidanco por barril de petróleo, apesar de serem companhias equivalentes.

— Mas por que a cotação das ações da Lukoil é tão mais alta?

Clive estreitou os olhos:

— Talvez porque haja alguma coisa errada com a Sidanco.

— Pode ser. Mas e se não houver nada errado? Pode ser simplesmente que as ações estejam mais baratas.

— Seria espetacular. Mas como podemos ter certeza?

— Vamos perguntar a eles. E, se eles não nos contarem, vamos perguntar a outras pessoas até descobrirmos.

No dia seguinte começamos nossa investigação. A primeira parada foi a própria Sidanco. Seu escritório ficava numa mansão que pertencera a um czar, na margem ocidental do rio Moscou, não muito longe da residência do embaixador britânico. Svetlana foi comigo. Uma secretária bonita, de longos cabelos loiros, equilibrando-se em saltos altos com a espessura de um lápis, esperava por nós na recepção e nos conduziu até uma sala de reuniões decorada em estilo dos anos 1970, com aparadores revestidos com madeira laminada e um sofá desbotado de veludo. Ela avisou que logo um gerente viria falar conosco.

Esperamos por meia hora, até que entrou na sala um executivo do departamento de desenvolvimento estratégico. Ele se portava como se fosse um presidente de conselho de administração que passara a manhã correndo entre uma reunião e outra. Alto e magro, tinha pouco mais de trinta anos e calvície precoce. Resmungou algo em russo, mas não entendi o que era.

— Ele pede desculpas por tê-lo feito esperar — traduziu Svetlana. — Pergunta em que pode ser útil.

— *Pozhalujsta* — disse o homem. — *Chai?*

— Quer saber se você gostaria de um chá — disse Svetlana, sentada meio desajeitada em uma cadeira de couro entre nós dois.

O homem olhou para o relógio de pulso. O tempo estava voando e eu recusei a oferta do chá.

— Diga a ele que eu gostaria de saber qual é o tamanho das reservas de petróleo deles.

Eu já tinha um número, mas queria checar se estava certo.

Ele se contorceu um pouco na cadeira — como se já tivesse me entendido —, mas esperou que Svetlana acabasse de traduzir. Deu um sorriso contido, cruzou a perna e deu início a uma explicação.

Depois de alguns minutos, ele fez uma pausa para que Svetlana pudesse traduzir:

— Ele diz que o mais importante das reservas de petróleo é a tecnologia de perfuração da companhia. Ele diz que a Sidanco tem os melhores equipamentos e engenheiros do país.

Antes que eu interrompesse, ele fez um sinal pedindo silêncio e prosseguiu na sua monótona ladainha. Falou de perfuração, de gargalos nos oleodutos, de subsidiárias de marketing, tudo traduzido com muito zelo por Svetlana.

De repente ela dispara:

— Ele pergunta se isso é tudo de que precisamos.

— Você pode perguntar a eles sobre as reservas de petróleo?

— Eu já perguntei — retrucou ela, confusa.

— Mas ele não respondeu. Pergunte de novo.

Svetlana virou-se novamente para ele. Estava corada de constrangimento. Ele se reclinou na cadeira, esperou que ela acabasse e, enfim, aquiesceu, como se finalmente tivesse entendido minha pergunta e estivesse prestes a revelar algo realmente importante.

Falou por mais um tempo. Quando percebi que não pausaria para que Svetlana traduzisse, dei a ela um pedaço de papel e uma caneta. Ela começou a anotar tudo às pressas. Depois de cinco minutos, me olhou nervosa para saber se deveria continuar. Depois de dez minutos, parou de escrever.

Ele encerrou sua explanação, inclinou-se para a frente e acenou para Svetlana, indicando que traduzisse.

Ela olhou suas anotações.

— Ele disse que o melhor petróleo da Rússia vem da região ocidental da Sibéria; é muito melhor que o petróleo pesado do Tartaristão e do Bashkortostão. Ele diz...

— Ele disse qual é o tamanho das reservas? — interrompi.

— Não.

— Tem certeza?

— Sim.

— Pergunte de novo.

Svetlana gelou.

— Vá em frente — insisti. — Está tudo bem.

Svetlana se virou lentamente para ele, que não estava mais sorrindo. Aborrecido, tirou um celular do bolso e começou a passar pelos menus. Intimidada, ela fez a pergunta uma terceira vez.

Ele então se levantou bruscamente e disse alguma coisa a Svetlana.

— Ele diz que está muito atrasado para uma outra reunião — traduziu ela, baixinho.

Era óbvio que ele não tinha a menor intenção de responder. Eu não conseguia entender seu receio de me revelar os números referentes às reservas de petróleo. Talvez ele mesmo não soubesse, mas na Rússia era senso comum que passar informações reais para alguém só podia trazer consequências nefastas. Quando diante de uma pergunta direta, os russos eram mestres em enrolar e inventar barreiras, falando a esmo por horas a fio e fugindo do assunto. A maioria das pessoas é educada demais para seguir forçando a barra nesse tipo de situação e frequentemente esquece a pergunta que fizera. Diante de um russo dissimulado e enrolador, é preciso manter foco total para ter alguma chance de descobrir o que quer.

— Ele diz que espera ter lhe informado tudo o que gostaria de saber.

O homem estendeu a mão para me cumprimentar.

— Por favor, volte a nos visitar em breve — disse ele em inglês perfeito. — Para nós é sempre uma satisfação nos reunirmos com investidores.

Era evidente que pessoas da Sidanco não nos passariam informações. Por isso, comecei a conversar com outras companhias de petróleo, na esperança de que soubessem alguma coisa sobre a concorrente.

Na Lukoil, fui revistado, meus pertences passaram pelos raios X e meu passaporte e celular ficaram retidos até eu sair de lá. Fui recebido por um ex-agente da KGB contratado pelo departamento de relações com investidores para cuidar de estrangeiros. Ele me submeteu a uma apresentação em PowerPoint de uma hora de duração rica em imagens de plataformas de extração de petróleo e gerentes da companhia com sorrisos radiantes usando capacetes de segurança.

Na petroleira Yuganskneftegaz, o diretor-financeiro tentou me convencer a emprestar 1,5 bilhão de dólares para financiar uma nova refinaria.

No escritório de Moscou da Tatneft, uma companhia de petróleo menor, mas ainda assim de grande porte, me convidaram a ajudar a construir uma estrada. Todas as reuniões seguiam o mesmo padrão: eu começava esperançoso e otimista, acabava bombardeado com informações irrelevantes e ia embora sem nada de útil.

A essa altura, meu palpite de que a Sidanco era uma grande oportunidade já estava tomando tempo e energia demais. O que eu esperava descobrir na empresa se todos os analistas de todos os bancos de investimento a tinham descartado? Talvez houvesse mesmo uma boa razão para ninguém ter se interessado pelo lote de 4% das suas ações.

Quando voltei ao escritório depois da minha última reunião, pronto para desistir, Svetlana me entregou um envelope marrom.

— Isso acabou de chegar dos Estados Unidos — disse ela, empolgada. — É daquele cara da revista especializada com quem você conversou.

— Pode jogar fora — respondi, sem nem olhar para o envelope.

Imaginei que fosse apenas mais material de marketing promovendo os benefícios de investir em extração de petróleo. Passados alguns instantes, mudei de ideia. Talvez tivesse algo interessante ali.

— Espere! — avisei. — Traga o envelope.

Folheando a revista, vi que meu colega de Stanford tinha me enviado um pequeno tesouro, a peça que faltava para completar o quebra-cabeça. Essa obscura revista especializada, impressa num papel lustroso, continha um apêndice com todos os dados relevantes sobre companhias de petróleo russas, inclusive a Sidanco. Tudo o que eu pudesse querer saber sobre o tema estava lá: reservas de petróleo, produção, refino. Tudo num só lugar, apresentado com precisão e autoridade.

Peguei uma folha de papel, desenhei duas colunas — a primeira para a Sidanco, a segunda para a Lukoil — e fui inserindo todos os dados sobre cada uma disponíveis na revista. Ao terminar, analisei os conjuntos de informações. Praticamente não havia diferenças entre as duas. Pouca infraestrutura havia sido fomentada desde a queda da União Soviética; ambas tinham plataformas igualmente enferrujadas e usavam oleodutos repletos de vazamentos, ambas empregavam trabalhadores ineficientes que recebiam os mesmos salários miseráveis.

A única diferença óbvia era que a Lukoil era bastante conhecida e objeto de uma profusão de relatórios de corretores, enquanto sobre a Sidanco não havia nada. Quando comparamos os dados desses relatórios com aqueles que a revista trazia sobre a Lukoil, vimos que batiam perfeitamente, o que me levou a acreditar que as informações sobre a Sidanco também eram confiáveis.

Foi uma grande constatação. Todo mundo sabia que a Lukoil era uma pechincha, pois controlava a mesma quantidade de petróleo e gás que a British Petroleum (BP), mas custava dez vezes menos. E agora aparecia na tela a Sidanco, que tinha um pouco menos reservas, não muito, mas custava seis vezes menos que a Lukoil. Em outras palavras, a Sidanco custava *sessenta vezes* menos que a BP!

Era uma das mais óbvias ideias de investimento que eu já tinha visto. Meu fundo comprou 1,2% da companhia — no início, por 4 dólares cada ação —, gastando cerca de 11 milhões de dólares. Nunca antes eu estivera envolvido em uma decisão de investimento tão vultosa. Quando Edmond Safra soube o que estava acontecendo, quis participar também, e comprou a mesma quantia para ele.

Normalmente, quando as ações de uma companhia são negociadas em bolsa, o próprio mercado lhes atribui um preço. Todavia, no caso da Sidanco, em que 96% das ações eram mantidas por um único grupo de investimentos e os 4% restantes por acionistas minoritários, como nós, praticamente não havia ações negociadas em bolsa. Portanto, não havia como saber se tínhamos feito um bom negócio. Por um tempo, isso não me incomodou muito, mas, à medida que os meses foram passando, comecei a ficar cada vez mais preocupado. Era bom ter iniciativa e um pouco de autoconfiança, mas se eu tivesse feito besteira perderia uma fatia considerável do fundo. Com o tempo, passei a me perguntar se não deveria ter seguido a massa em vez de me meter em um lance tão arriscado. Lutei contra essa insegurança e me forcei a manter a esperança de que alguma coisa boa acabaria acontecendo. Finalmente, depois de pouco mais de um ano, algo *aconteceu*.

Em 14 de outubro de 1997, a BP anunciou que estava comprando 10% da participação de Vladimir Potanin, que era de 96%, por um valor 600% maior que o pago por nós um ano antes.

Foi um gol de placa.

12
O PEIXE MÁGICO

O ano tinha sido agitado. Para começar, meu negócio havia finalmente decolado e, mais importante do que isso, nascera meu filho David, em novembro de 1996. Como prometido, Sabrina o levou para Moscou logo depois que ele nasceu e, desde então, ficamos morando lá, como uma família comum. Ela decorou o quarto dele, costurou as cortinas e almofadas e ainda fez amizade com outras mães estrangeiras vivendo na cidade.

Apesar de se esforçar, ela não se sentia bem em Moscou. Ao longo de 1997, ela fez viagens cada vez mais frequentes para Londres, e, quando David completou um ano, os dois quase nunca estavam comigo. A situação não me agradava, mas eu não podia forçá-la a ficar se estava tão infeliz. Com isso, passei a viajar para Londres a cada dois fins de semana para estar com eles.

Naquele Natal, Sabrina insistiu que passássemos as férias na Cidade do Cabo. Eu crescera associando a África do Sul a apartheid e racismo, e não tinha nenhuma vontade de visitar o país. Contudo, a persistência dela foi mais forte que meu preconceito e acabamos indo. Fosse como fosse, para mim não faria muita diferença, já que eu tinha que continuar trabalhando — se meu celular tivesse sinal e eu pudesse usar um fax, eu estaria bem.

Voamos para a Cidade do Cabo em 19 de dezembro e fizemos o check-in no Mount Nelson Hotel; a partir desse momento, minha expectativa negativa desapareceu. Eu nunca tinha visto um lugar tão incrível na vida.

O Mount Nelson era um grande edifício em estilo colonial britânico situado à sombra da Table Mountain. O sol brilhou todos os dias na Cidade do Cabo e os gramados verdes, ladeados por palmeiras escuras que balançavam, se estendiam até onde a vista alcançava. A piscina estava cheia de crianças brincando, enquanto os pais descansavam por perto. Uma brisa constante movimentava as toalhas de mesa brancas da área externa do restaurante e garçons atenciosos, de modos impecáveis, permaneciam prontos para servir bebidas, comida ou qualquer outra coisa que desejássemos. Aquele hotel era um paraíso. O perfeito oposto de Moscou em dezembro.

Depois que nos instalamos, comecei finalmente a relaxar pela primeira vez em anos. Pegando sol perto da piscina e observando David brincar numa toalha estendida no chão, percebi quão cansado estava. Fui lentamente caindo num estado de total relaxamento. Sabrina acertara na mosca ao escolher aquele lugar. Fechei os olhos. Eu poderia ficar para sempre ali, sentado naquela cadeira sob o sol.

No entanto, poucos dias depois de chegarmos, justamente quando eu começava a deixar o estresse de lado, meu celular tocou. Era Vadim, meu novo chefe de pesquisas, o analista financeiro — 27 anos, ph.D. em economia pela melhor universidade de Moscou — que eu contratara cinco meses antes para profissionalizar minha recém-nascida operação. Usava óculos de lentes grossas, tinha cabelo encaracolado preto e a capacidade de resolver em minutos os mais complexos problemas econômicos.

— Bill — disse ele, em tom sombrio —, a Reuters acabou de publicar algumas notícias preocupantes.

— Do que se trata?

— A Sidanco vai fazer uma emissão de ações. Eles vão quase triplicar o número total de ações e as estão lançando por um preço muito baixo. Quase 95% menor que o preço de mercado.

Fiquei sem entender.

— E isso é bom ou ruim?

Se todo mundo pudesse comprar as novas ações, poderia ser indiferente ou até mesmo ligeiramente positivo para nós.

— É muito, muito ruim. Eles estão permitindo que todos os demais acionistas comprem esses novos papéis. *Exceto nós.*

Isso era um absurdo. Se a Sidanco de fato conseguisse multiplicar por quase três o número total de ações sem permitir que fizéssemos parte dessa nova emissão, Safra e o fundo na prática teriam sua participação no capital da empresa reduzida de 2,4% para 0,9%, sem receber nada em troca. Em plena luz do dia, Potanin e as pessoas ligadas a ele embolsariam 87 milhões de dólares de Safra e dos meus clientes em uma única canetada.

Eu me endireitei na cadeira.

— Isso é inacreditável! Você tem certeza, Vadim? Sei lá, talvez a Reuters tenha se enganado na interpretação do anúncio.

— Não sei, não, Bill. Está parecendo verdade.

— Preciso que você consiga o documento original e o traduza. Isso não pode ser verdade.

Eu estava chocado. Se essa diluição de capital via emissão de ações não terminasse bem, a credibilidade que eu havia conquistado por descobrir a Sidanco viraria pó e traria imensos prejuízos a meus investidores.

Eu também estava confuso. Não conseguia entender por que Potanin faria uma coisa dessas. Qual era sua intenção? Por que diluir o valor de nossas ações e criar um escândalo, justamente depois de ele mesmo ter colhido um lucro extraordinário? Mesmo com a venda para a BP, ele ainda detinha 86% da companhia e, com essa diluição, estava tirando apenas 1,5% da nossa participação. Não fazia nenhum sentido em termos financeiros.

Lembrei-me então da razão para ele agir dessa maneira: é o jeito russo de fazer as coisas.

Há uma famosa anedota russa sobre esse tipo de comportamento: um dia, um pobre aldeão encontra um peixe mágico falante que lhe promete realizar um único desejo seu. Exultante, o aldeão coloca na balança as opções: "Peço um castelo? Ou talvez mil barras de ouro? Por que não um navio para viajar pelo mundo?" Quando estava prestes a decidir, o peixe o interrompe para dar um aviso importante: o vizinho do aldeão receberia em dobro o que o próprio aldeão recebesse. Sem pestanejar, o aldeão então anuncia: "Neste caso, por favor, arranque um dos meus olhos."

A moral é simples: quando se trata de dinheiro, um russo sacrifica seu próprio sucesso com prazer — até mesmo com alegria — só para ferrar seu vizinho.

Pelo visto, era exatamente esse o princípio que estava norteando as ações de Potanin e seu grupo. Era irrelevante o fato de que eles tivessem lucrado quarenta vezes mais que nós; o que eles não conseguiam engolir era o fato de um grupo de *estrangeiros* sem conexões locais ter obtido um grande sucesso financeiro. Isso não deveria acontecer. Não era... *russo*.

O que *era* russo era arruinar o negócio do outro — justamente isso que aconteceria comigo se eu não voltasse a Moscou para consertar a situação. Passei as noites seguintes na Cidade do Cabo tentando esquecer os problemas, sem conseguir.

Terminadas nossas férias, Sabrina, que não queria chegar nem perto do inverno russo, voltou com David para Londres e eu voei para Moscou. Cheguei no dia 12 de janeiro de 1998, um dia antes do ano-novo russo (na Rússia, a virada do ano é celebrada duas vezes: primeiro pelo calendário gregoriano, em 31 de dezembro, e, treze dias depois, pelo calendário juliano, no dia 13 de janeiro). Assim que aterrissei, conversei com Vadim, que confirmou tudo. A diluição de ações ainda levaria seis semanas — o período necessário para passar pelos órgãos reguladores —, mas já estava agendada.

Eu precisava fazer alguma coisa para impedir isso.

No dia seguinte, 13 de janeiro, vislumbrei uma oportunidade. Um amigo me ligou e falou de uma festa de ano-novo russo na casa de Nick Jordan, um rico russo-americano, executivo do banco JP Morgan. Nick tinha um irmão, Boris, que era consultor financeiro de Potanin e diretor de um novo banco de investimento, Renaissance Capital. Eu os conhecia apenas socialmente e convenci meu amigo a me levar à festa junto com ele.

A festa ocorreu em um enorme apartamento de luxo da era Brejnev a algumas quadras do Kremlin — o tipo de moradia pela qual bancos de investimento pagam 15 mil dólares por mês para ajudar seus executivos expatriados a "aguentar as dificuldades de Moscou". Não demorei muito a avistar Boris no meio da massa de russo-americanos expatriados se esbaldando de caviar e champanhe. Em muitos aspectos, Boris Jordan era um exemplar perfeito daquilo que os russos consideravam um americano típico: um sujeito meio gordinho, que falava alto, exalando simpatia artificial, e parecia a caricatura de um corretor de Wall Street.

Caminhei resoluto em sua direção. Ficou surpreso ao me ver, mas procurou agir sem acusar o golpe; estendeu de imediato a mão grossa e apertou a minha.

— Como é que você está, Bill?

Sem perder tempo com preliminares, fui direto ao ponto.

— Não muito bem, Boris. O que está acontecendo com a Sidanco? Se essa emissão de ações e diluição de participação realmente acontecer, eu terei problemas sérios.

Boris se espantou. Ele não queria causar confusão na festa de ano-novo do irmão. Olhou em volta para os outros convidados, abriu um sorriso cheio de dentes e disse:

— Bill, é tudo um grande mal-entendido. Não precisa se preocupar com nada.

Ele então se voltou para uma bandeja de prata forrada de canapés, cuidadosamente pegou um e, evitando meu olhar, disse:

— Vamos fazer o seguinte: dê uma passada amanhã às 16h30 no Renaissance e nós vamos esclarecer isso.

Em seguida, jogou o canapé na boca e, sem se importar com os fiapos de comida presos entre os dentes, arrematou:

— Sério, Bill. Vai dar tudo certo. Tome um drinque. Afinal, é uma festa de ano-novo.

E isso foi tudo. Ele foi tão convincente — e eu queria tanto acreditar nele — que fiquei na festa mais um tempo e fui embora razoavelmente tranquilizado.

Na manhã seguinte, acordei em meio à escuridão (em janeiro, em Moscou, o sol não nasce antes das dez da manhã) e fui trabalhar. Quando saí para ir ao escritório de Boris, o céu já estava escuro de novo. Pontualmente às 16h30, entrei no Renaissance Capital, localizado em um moderno edifício de escritórios envidraçado perto da grande construção branca onde está instalada a sede do governo. Sem qualquer cerimônia, fui conduzido a uma sala de reuniões sem janelas. Não me ofereceram nada para comer ou beber e eu permaneci sentado, esperando.

E esperei.

E esperei.

Uma hora depois, minha paranoia assumiu o controle. Sentindo-me como um peixe no aquário, comecei a procurar câmeras escondidas, embora não tivesse visto nenhuma. De qualquer maneira, comecei a suspeitar que Boris tinha mentido para mim. *Nada* ia dar certo.

Eu estava quase indo embora quando a porta finalmente se abriu. Mas não era Boris. Em seu lugar entrou Leonid Rozhetskin, advogado russo de 31 anos formado em uma universidade da Ivy League com quem eu estivera em algumas ocasiões (e que, uma década depois, seria assassinado em Jurmala, na Letônia, depois de uma briga espetacular com várias pessoas com quem fazia negócios).

Leonid, que provavelmente havia assistido inúmeras vezes ao filme *Wall Street: Poder e Cobiça*, tinha cabelo penteado com gel para trás, no estilo do personagem Gordon Gekko, e exibia suspensórios vermelhos sobre camisa social feita sob medida com monograma no peito. Ele pegou a cadeira à cabeceira da mesa e entrelaçou os dedos sobre o joelho.

— Lamento, mas Boris não pôde vir — disse ele, em um inglês com leve sotaque russo. — Está ocupado.

— Eu também estou.

— Tenho certeza que está. Qual é o motivo da sua visita?

— Você sabe qual é o motivo, Leonid. Estou aqui para falar sobre a Sidanco.

— Sim. O que tem a Sidanco?

— Se essa diluição realmente acontecer, eu e meus investidores, incluindo *Edmond Safra*, perderemos 87 milhões de dólares.

— Sim, nós sabemos. Essa é a intenção, Bill.

— *O quê?*

— Essa é a intenção — repetiu ele, sem se alterar.

— Vocês estão tentando nos ferrar *de propósito*?

Ele piscou.

— Sim.

— Como vocês ousam fazer isso? É ilegal!

Ele recuou um pouco.

— Estamos na Rússia. Você acha que nós estamos preocupados com esse tipo de coisa?

Pensei em todos os meus clientes, pensei em Edmond. Não conseguia acreditar naquilo. Mudei de posição na cadeira.

— Leonid, você pode até estar me fodendo, mas alguns dos maiores nomes de Wall Street investiram no meu fundo. A pedra até pode cair aqui, mas a água vai se agitar para todo lado.

— Bill, nós não estamos preocupados com isso.

Permanecemos em silêncio enquanto eu digeria aquilo.

Ele então olhou seu relógio de pulso, levantou-se e concluiu:

— Se isso é tudo, eu agora preciso ir embora.

Chocado, tentei pensar em mais alguma coisa para dizer e, sem pensar, disparei:

— Leonid, se vocês fizerem isso, eu serei forçado a ir à guerra contra vocês.

Ele gelou. E eu também. Depois de alguns segundos, ele começou a rir. O que eu tinha acabado de dizer era absurdo, e ambos sabíamos. Ainda assim, embora não quisesse exatamente recuar do que havia dito, fiquei me perguntando o que exatamente eu quis dizer com aquilo. Ir à guerra? Contra um oligarca? Só um louco faria isso.

Mesmo com os nervos à flor da pele, permaneci absolutamente imóvel. Quando enfim se recompôs, Leonid disse:

— É mesmo? Então boa sorte para você, Bill.

Ele deu meia-volta e saiu.

Aquilo me irritou tanto que não consegui me mexer por um bom tempo e, quando consegui, tremia de humilhação, choque e uma profunda aflição. Deixei o escritório do Renaissance meio abobalhado e caí nos quinze graus Celsius negativos da noite moscovita. Entrei no carro, uma Chevrolet Blazer usada que comprara recentemente, Alexei engatou a marcha e partimos para a minha casa.

Depois de alguns minutos de silêncio, abri meu celular a fim de ligar para Edmond em Nova York, o que só consegui depois de algumas tentativas. Sua secretária disse que ele estava ocupado, mas tive que insistir. Eu estava nervoso, mas, agora que estávamos na iminência de levarmos um tombo de 87 milhões de dólares, precisava explicar a situação. Ele se manteve calmo, mas estava claramente chateado. Ninguém gosta de perder dinheiro, e Edmond em particular era um notório mau perdedor. Quando concluí, ele perguntou:

— E o que vamos fazer, Bill?

— Vamos enfrentar esses desgraçados. É isso que vamos fazer. Vamos à guerra.

As palavras saíam da minha boca, mas permanecia a sensação de que não era eu quem estava dizendo aquilo.

Houve um breve silêncio. Estalidos entremeavam a ligação.

— Que loucura é essa que você está dizendo, Bill? — perguntou Edmond, com severidade. — Você está na Rússia. Eles vão te matar.

Tentei me recompor.

— Talvez me matem, talvez não. Mas eu não vou deixar esses caras se livrarem.

Eu não sabia se estava sendo corajoso ou burro, ou se havia alguma diferença entre uma coisa e outra. Na verdade, nem estava preocupado com isso. Eu tinha sido encurralado e pretendia honrar cada palavra que dissera.

— Bill, eu não posso participar disso — avisou lentamente, seguro em Nova York, a mais de sete mil quilômetros de distância.

Mas eu mesmo não estava seguro, e isso me dava uma descarga brutal de adrenalina.

— Edmond — disse, enquanto Alexei entrava na Bolshaya Ordynka, a rua em que eu morava —, você é meu sócio, não meu chefe. Vou lutar contra esses caras esteja você comigo ou não.

Sem mais nada a dizer, desligamos. Alexei estacionou em frente ao meu prédio, o motor ainda ligado e o aquecedor ligado na potência máxima. Saí e subi. Não consegui pregar os olhos.

Na manhã seguinte, entrei cabisbaixo no meu novo escritório, um espaço mais amplo para o qual nos mudáramos havia alguns meses. Durante a noite, minha mente tinha sido sitiada por arrependimento e uma grande incerteza. Ao chegar à recepção, no entanto, uma agitação inesperada dissipou meus pensamentos. Espremidos na sala, havia mais de dez guarda-costas fortemente armados. O comandante deles veio em minha direção, estendeu a mão e, com pronunciado sotaque israelense, se apresentou:

— Sou Ariel Bouzada, sr. Browder. O sr. Safra nos mandou até aqui. Temos quatro carros blindados e quinze homens. Ficaremos com você enquanto essa situação perdurar.

Apertei a mão de Ariel. Ele tinha aproximadamente a minha idade e era mais baixo que eu, mas, fora isso, tudo nele era mais durão, mais forte e mais ameaçador do que jamais seria em mim. Ele exalava autoridade e tinha um jeito que sugeria a ameaça iminente de violência. Parecia que Edmond acabara decidindo entrar na guerra junto comigo.

Depois de conhecer cada um dos guarda-costas mais graduados, me recolhi à minha sala, sentei à mesa de trabalho e pus as mãos na cabeça. *Como enfrento um oligarca? Como enfrento um oligarca? Como enfrento um maldito oligarca?*

Encarando-o. É assim que o enfrentarei.

Juntei minha equipe em nossa pequena sala de reuniões, peguei no armário uma resma de papel branco e fita adesiva. Larguei o papel na mesa, mostrei a fita e disse que queria que cobrissem todas as paredes da sala, transformando-a numa grande lousa branca.

— Peguem suas canetas — anunciei. — Precisamos ter ideias que causem problemas econômicos para Vladimir Potanin maiores que as vantagens que ele terá por nos ferrar. Qualquer ideia vale. Vamos trabalhar.

13

Advogados, armas e dinheiro

Montamos um plano em três etapas que, de forma escalonada, aumentaria a pressão sobre Potanin.

A primeira parte era expor aos contatos de Potanin no Ocidente o movimento de diluição da participação dos acionistas minoritários. Como oligarca bilionário, ele tinha muitos interesses além da Sidanco, dentre os quais investimentos em sociedade com homens como George Soros e em entidades como o fundo para dotação da universidade de Harvard e o fundo de pensão da companhia madeireira americana Weyerhaeuser.

Edmond e eu nos dividimos e cada um fez pessoalmente as ligações. Depois desses contatos, enviamos às pessoas uma apresentação em PowerPoint detalhando a questão da diluição das ações. Nosso recado era simples: é assim que Potanin está nos ferrando. Se não o impedir agora, você poderá ser a próxima vítima.

A reação da maioria desse pessoal foi procurar Potanin e reclamar. Não tive acesso às conversas, mas imaginei que eles afirmaram que esse movimento de diluição de ações poderia vir a comprometer os outros investimentos que tinham em parceria e que ele deveria parar de fazer o que estava fazendo conosco, já que só ele ganhava com isso.

Esperamos a reação de Potanin, na expectativa de que recuaria. Infelizmente, ele não o fez. Ao contrário, pisou mais fundo no acelerador. Provavelmente pensou: *Quem é esse bostinha de Chicago? Passei muito tempo me esforçando para cultivar um bom relacionamento com essas pessoas e agora aparece esse sujeito querendo sujar o meu nome! Como é possível?*

É uma pergunta pertinente. Todos os outros estrangeiros que no passado foram roubados na Rússia gastaram muito tempo em reuniões a portas fechadas tentando fazer planos de como resistir (exatamente como fizemos). Mas depois seus advogados e consultores entravam em cena para alertar que retaliar era inviável e perigoso (como Edmond havia dito no início), e, depois de terem levantado a voz, eles acabavam colocando o rabo entre as pernas e saíam de fininho.

Mas o meu caso não era como os outros. Eu não era empregado de um grande banco de investimento nem de uma companhia listada entre as maiores pela revista *Forbes*. Eu era o presidente do meu próprio fundo. O que Potanin parecia não entender era que eu jamais o deixaria passar a perna em nós e nos prejudicar sem lhe oferecer resistência.

Sabrina também não entendia. Ela estava a par das minhas intenções e, desde o começo, não ficou nem um pouco feliz. Eu havia conversado com ela na mesma noite em que contei sobre o ocorrido a Edmond, e ela ficou possessa.

— Bill, como você pode fazer isso conosco? — gritou ao telefone.

— Meu amor, eu preciso fazer isso. Não posso deixar esses caras nos ferrarem assim, sem mais nem menos.

— Como você pode dizer uma coisa dessas? Como pode ser tão egoísta? Você tem um filho e uma esposa. Essas pessoas vão matar você!

— Eu espero que não. Tenho uma responsabilidade perante as pessoas que confiaram a mim o dinheiro delas. Eu as coloquei numa fria e agora tenho de tirá-las dessa.

— Não estou nem um pouco preocupada com elas. *Você tem uma família*. Não entendo por que você não pode ter um emprego normal em Londres como todo mundo que nós conhecemos!

Ela tinha razão em relação à família, mas eu estava tão indignado e bravo com Potanin que não conseguia lhe dar ouvidos.

Desligamos sem decidir nada, num impasse. Seja como for, para o bem ou para o mal, eu não poderia naquele momento ficar pensando em Sabrina. Eu estava entrando nessa briga e precisava seguir em frente.

Infelizmente, o primeiro estágio não deu certo. Mas, pelo menos, chamou a atenção de Potanin. Eu havia cortado uma veia e deixado o sangue espalhar na água. No fim da semana, o tubarão de Potanin, Boris Jordan, apareceu.

Potanin deve ter dado uma bronca homérica em Boris, porque, quando ligou, ele estava furioso e falou balbuciando.

— B-Bill, mas que porra é essa que você está fazendo? Por que você está ligando para os nossos investidores?

Disse, tentando soar o mais calmo possível:

— Leonid não lhe contou a respeito da reunião que tivemos?

— Sim, mas achei que você tivesse entendido o jogo.

Eu continuei encenando, rezando para minha voz não ratear.

— Que jogo?

— Bill, parece que você não está entendendo. Você não está jogando de acordo com as regras.

Olhei para um dos meus corpulentos guarda-costas de pé na entrada do meu escritório. Assustado ou não, eu havia jogado fora a cautela quando decidi ir à guerra contra essa gente.

Com uma firmeza que surpreendeu até a mim mesmo, eu disse:

— Boris, se você acha que não estou seguindo as regras, espere só para ver o que vou fazer de agora em diante.

Sem esperar a resposta dele, desliguei. Estava me sentindo nas nuvens.

Logo depois, iniciamos o estágio dois, que era tornar público o caso.

Repórteres estrangeiros eram presença central na comunidade de expatriados de Moscou. Acabei conhecendo vários deles, alguns muito bem, como Chrystia Freeland, chefe da sucursal do *Financial Times* em Moscou. Era uma mulher morena e atraente, pouco mais jovem que eu, com menos de 1,50 metro de altura. Mas não pense que ser baixa era o seu principal traço. Possuía energia e fervor intensos e o que lhe faltava em estatura sobrava na forma de encarar a vida. Em vários encontros sociais, ela deixara claro quanto estava interessada em fazer uma reportagem sobre a oligarquia, mas nunca encontrara ninguém suficientemente corajoso (ou suficientemente idiota, dependendo do ponto de vista) para falar com ela oficialmente. Até agora.

Telefonei para ela e combinamos de nos encontrar no meu restaurante favorito de Moscou, o Semiramis, especializado em culinária do Oriente Médio. Quando fizemos nossos pedidos, ela pegou um pequeno gravador preto e o colocou no centro da mesa. Eu nunca havia lidado com a imprensa antes. Como era neófito, comecei a contar a história desde o princípio. Os garçons trouxeram homus e *babaganoush* e, entre uma e outra porção, enquanto eu falava, Chrystia rabiscava anotações. Veio o kebab de carneiro, continuei falando e ela continuou ouvindo. Até que terminei. Sua reticência tinha me inibido um pouco, e uma voz na minha cabeça começou a me questionar se a minha historinha não era tão boa quanto eu imaginava. Quando nos serviram o chá de menta e o *baklavá*, perguntei:

— E então? O que você acha?

Tentei não demonstrar minha impaciência quando ela, calmamente, envolveu com as mãos seu copo dourado de chá e olhou para mim:

— Bill, isso é importante demais. Há muito tempo estou esperando por algo assim.

No dia seguinte, Chrystia ligou para Potanin a fim de apurar o seu lado da história, e ele reagiu de modo típica e perfeitamente russo.

Em circunstâncias normais, seria obviamente o momento certo para ele recuar. Potanin estava faturando bilhões de dólares na esteira do sucesso recente do negócio com a BP. Por que arriscar isso só para tirar de nós um ou dois pontos percentuais? No entanto, não vivíamos em circunstâncias normais. Estávamos na Rússia, onde o mais importante de tudo era não demonstrar fraqueza.

Essa experiência estava me ensinando que a cultura de negócios russa é muito mais parecida com a de uma penitenciária do que com qualquer outra coisa. Na prisão, você tem só a sua reputação e nada mais. Você conquista sua posição a duras penas e não vai abrir mão dela facilmente. Se, no pátio, vem um homem caminhando em sua direção, você não pode ficar parado. Tem que matá-lo antes que ele o mate. Se não agir — e se sobreviver ao ataque — será considerado fraco e, quando perceber, não será mais respeitado e terá se transformado no capacho de alguém. É esse o raciocínio que comanda o dia a dia de todo oligarca e político russo.

A reação lógica de Potanin às perguntas que Chrystia fez deveria ter sido: "Sra. Freeland, isso é um grande mal-entendido. O sr. Browder viu algumas minutos preliminares da emissão de ações que nunca deveriam ter chegado aos reguladores financeiros governamentais. A secretária que as transmitiu foi demitida. É claro que todos os acionistas da Sidanco serão tratados de forma justa, inclusive os investidores do sr. Browder e o sr. Safra."

No entanto, como estávamos na Rússia, Potanin não podia se permitir ser desrespeitado por um investidor estrangeiro fracote, de modo que sua única opção era subir o tom e acirrar o conflito. Portanto, em linhas gerais, sua resposta foi a seguinte: "Bill Browder é um terrível e irresponsável gestor de fundo. Se ele tivesse feito direito seu trabalho, teria sabido que eu faria isso. Seus clientes deveriam processá-lo e arrancar dele tudo o que ele tiver, até o último centavo."

Era o equivalente a admitir publicamente que sua intenção era nos ferrar. E estava tudo registrado.

Na mesma semana, Chrystia publicou uma longa matéria, que foi repercutida pela Reuters, pela Bloomberg, pelo *The Wall Street Journal* e pelo diário local de língua inglesa *The Moscow Times*. Ao longo das semanas seguintes, a emissão de ações da Sidanco com diluição das participações dos acionistas minoritários se tornou o assunto mais importante para todo mundo que estava interessado nos mercados financeiros russos. Essas mesmas pessoas discutiam sobre quanto tempo eu sobreviveria.

A impressão agora era que Potanin teria que recuar e cancelar a emissão de ações ou permitir a nossa participação. Mas, em vez de desistir, ele seguiu batendo. Ao lado de Boris Jordan, participou de uma série de coletivas de imprensa e reuniões para esclarecer e justificar seus atos. A principal consequência disso não foi convencer as pessoas de que ele estava certo e eu errado, mas simplesmente manter o assunto vivo e em pauta.

O aspecto mais negativo da minha tática era o fato de que estava desrespeitando seriamente um oligarca russo em público, um comportamento que, no passado, teve resultados letais no país. A imaginação é uma ferramenta terrível quando você se dedica a visualizar exatamente como alguém pode tentar matá-lo. Um carro-bomba? Um franco-atirador? Veneno? Eu só conseguia me sentir seguro quando saía do avião no aeroporto de Heathrow em minhas visitas a Londres.

Não ajudava muito que um caso igual ao meu tivesse acontecido pouco tempo antes. Um americano chamado Paul Tatum, que estava em Moscou desde 1985, acabou se envolvendo em uma rumorosa disputa sobre a propriedade do Radisson Slavyanskaya Hotel de Moscou. Em meio à briga, ele publicou um anúncio de página inteira em jornal local acusando seu sócio de chantagem — algo bem parecido com o que eu fizera ao acusar Potanin de tentar me roubar. Pouco depois de o anúncio ser publicado, em 3 de novembro de 1996, Tatum foi morto a tiros em uma passagem subterrânea perto do hotel, apesar de estar usando colete à prova de balas. Até hoje ninguém foi processado por seu assassinato.

Não era preciso uma imaginação muito fértil para pensar que eu poderia ser o próximo Paul Tatum.

É claro que eu tomava meus cuidados e confiava nos quinze guarda-costas que Edmond havia designado para mim. Durante todo o conflito, sempre que eu circulava por Moscou havia uma escolta motorizada composta por um carro na frente, dois de apoio lateral e um na retaguarda. Perto da minha casa, o carro da frente se separava e se adiantava para que dois dos seguranças pudessem chegar alguns minutos antes do restante para verificar se havia bombas ou franco-atiradores. Quando chegávamos, os outros carros então estacionavam e mais guarda-costas saltavam antes, criavam uma espécie de cordão protetor e me conduziam em segurança para dentro do prédio. Já no apartamento, dois homens ficavam sentados no meu sofá com submetralhadoras enquanto eu tentava pegar no sono. Alguns dos meus amigos americanos achavam esse esquema bem maneiro, mas posso afirmar com convicção que não há nada maneiro em ter guarda-costas brutamontes armados até os dentes em sua casa o tempo todo, mesmo sabendo que estão lá para protegê-lo.

Como a etapa dois do nosso plano também falhou, colocamos em marcha a etapa três. Seria um lance desesperado e, se não desse certo, não sei exatamente o que faria ou como meu negócio sobreviveria.

Essa derradeira tentativa começou com uma reunião com Dmitry Vasiliev, presidente da Comissão de Valores Mobiliários Russa (FSEC). Magrinho e forte, com óculos de armação de metal e dono de um olhar intenso, ele me recebeu em seu escritório, num prédio do governo da era soviética. Contei-lhe a história, ele ouviu em silêncio e ao final perguntei se poderia me ajudar.

Sua resposta foi uma pergunta simples:

— Eles infringiram a lei?

— É claro que sim.

Ele tirou os óculos para limpar uma das lentes com um lenço impecavelmente dobrado.

— As coisas funcionam da seguinte maneira: se você acredita que tem uma queixa sustentável e de boa-fé, escreva uma descrição detalhada das transgressões do sr. Potanin e apresente-a a nós. Vamos analisá-la e dar nossa resposta de acordo com os ritos estabelecidos.

Eu não sabia direito se ele estava me encorajando ou me menosprezando, mas resolvi levar ao pé da letra o que disse. Corri para o escritório, liguei para uma equipe de advogados e pedi que redigissem uma queixa formal bem preparada e detalhada. Ao término, tínhamos um documento escrito em russo citando todas as leis que seriam violadas por uma eventual emissão de novas ações com efeito diluidor. Eu o protocolei assim que ficou pronto e passei a aguardar com ansiedade.

Para minha surpresa, dois dias depois, um artigo apareceu com destaque na tela do serviço noticioso da Reuters: "FSEC investigará casos de violações de direitos de investidores." Ficamos chocados. Parecia que Vasiliev ia realmente enfrentar Potanin.

Ainda assim, eu não tinha certeza do que aconteceria na investigação. Não era mais apenas o estrangeiro contra o oligarca. Vasiliev também estava no jogo e, por ser russo, provavelmente era mais vulnerável. O fato de ser chefe da FSEC não significava nada. Qualquer coisa poderia acontecer.

Durante as semanas seguintes, enquanto Vasiliev avançava em seu trabalho, tive conversas diárias sobre a Sidanco com assessores de Edmond em Nova York para mantê-los a par do que estava acontecendo. Com o passar do tempo, meus boletins foram ficando cada vez mais insossos e sem novidades. Soube então que Edmond começara a perder a confiança em minha capacidade de resolver a situação.

Eu não tinha certeza do que Edmond estava tramando, mas, pela hesitação em sua voz e a frequência cada vez maior de ligações de Sandy e sua equipe de advogados, era possível intuir que havia algo errado.

Isso ficou claro quando um dos meus corretores ligou dizendo que tinha visto Sandy no saguão do Kempinski Hotel. Só havia uma razão pela qual ele estaria em Moscou sem meu conhecimento: para negociar com Potanin à minha revelia.

Inacreditável. Se essa hipótese fosse verdadeira, projetaria uma imagem de absoluta fraqueza do nosso lado. Potanin e Boris Jordan provavelmente estavam gargalhando de nossa desordem interna.

Liguei para o diretor jurídico de Safra em Nova York e perguntei:

— Vocês mandaram Sandy até Moscou para negociar com Potanin?

Houve um silêncio profundo do outro lado da linha. Eu não deveria saber e ele estava constrangido. Depois de se recompor, ele disse:

— Bill, me desculpe, mas isso é demais para você dar conta. A situação é séria demais e envolve muito dinheiro. Acho que é melhor você deixar a gente cuidar de tudo a partir de agora.

Ele provavelmente estaria certo se o palco do imbróglio fosse Nova York, onde os tribunais funcionam de verdade e um advogado de Wall Street de 62 anos teria muito mais chances de sucesso do que um gestor de fundo de *hedge* de 33. Mas estávamos na Rússia e as regras eram bem diferentes.

— Com todo o respeito, mas você não tem a mínima ideia do que está fazendo. Se você demonstrar qualquer sinal de fraqueza diante desses caras, por menor que seja, nossos investidores vão perder tudo, e o culpado será você — respondi.

Fui enfático e pedi que pelo menos me desse algum tempo para ir até o fim com a minha tática. Ele em princípio rechaçou a ideia, mas disse que falaria com Edmond. Mais à noite ele me ligou e avisou, resmungando:

— Edmond vai lhe dar mais dez dias. Depois disso, se nada acontecer, nós vamos assumir o controle.

Liguei para o gabinete de Vasiliev no dia seguinte para tentar descobrir em que pé estava a investigação, mas sua secretária informou que ele não poderia atender. Liguei então para nossos escritórios e perguntei quanto tempo eles estimavam que a FSEC levaria para tomar uma decisão, mas eles não tinham a menor ideia.

O tempo foi passando e eu diariamente falava com o chefe do jurídico de Safra. O cenário não parecia nada promissor. No sexto dia, ele disse:

— Veja bem, Bill, nós lhe prometemos dez dias, mas parece que nada está acontecendo. Sandy vai voltar para Moscou na segunda-feira para conversar com Potanin. Agradecemos por todo o seu esforço, mas não está dando resultado.

Voltei para casa naquela noite me sentindo no fundo do poço. Eu não só estava sendo ferrado pelos russos, como também meu sócio tinha perdido a confiança em mim. Com sorte, recuperaríamos 10% ou 20% do que estava sendo tomado por Potanin, o que provavelmente acarretaria o fim da minha sociedade com Safra. Para todos os efeitos, o Hermitage Capital estava com o pé na cova.

Na manhã seguinte, fui me arrastando para o escritório com a intenção de reduzir os danos ao máximo, não importava como. Mas isso não foi necessário.

Sem qualquer aviso, chegou um fax contendo uma cópia da primeira página do *Financial Times*. A manchete dizia: "Órgão regulador anula emissão de títulos da Sidanco". Vasiliev tinha vetado a emissão de ações com diluição.

Feito.

Eu tinha vencido. O zé-ninguém do sul de Chicago tinha derrotado o oligarca russo em seu próprio campo. Edmond Safra ligou para me cumprimentar. Até o seu diretor jurídico resmungão admitiu que eu estava certo.

Com a emissão oficialmente vetada, Potanin recuou. Sua reação foi tão tipicamente russa quanto tinha sido seu desejo de me ferrar lá no início: como não havia dinheiro em jogo, não havia razão para seguir brigando.

Eu ficara frente a frente com o oligarca no pátio da prisão e passara a ser respeitado. Mais que isso, aprendera a enfrentar os russos, que não eram tão invencíveis quanto queriam parecer.

14
Adeus, Villa d'Este

Minha vitória sobre Potanin não era um fato isolado: tudo parecia estar dando certo para mim na Rússia. Meu fundo foi considerado o de melhor desempenho no mundo em 1997, com valorização de 235% no ano e 718% desde sua criação. Os recursos sob nossa gestão haviam saltado dos 25 milhões de dólares originais para mais de 1 *bilhão*. O *The New York Times*, a *BusinessWeek*, o *Financial Times* e a *Time* publicaram matérias com meu perfil, me apresentando como o prodígio do mundo das finanças contemporâneas. Meus clientes brigavam para me convidar para ir aos seus iates no sul da França e, em todas as cidades para onde eu ia, me paparicavam e me serviam do bom e do melhor. Tudo isso era muito animador e estava acontecendo comigo, um homem de apenas 33 anos que havia aberto seu negócio apenas dois anos antes.

Olhando em retrospecto, penso que deveria ter sido um pouco mais reservado. Qualquer um desses fatos merecia mesmo ser comemorado, mas, se analisados em conjunto, constituíam, no jargão de Wall Street, um imenso "sinal para vender". Racionalmente eu até entendia isso, mas, no fundo, só queria que minha vida abençoada continuasse daquele jeito para sempre. Portanto, não vendi nada e mantive todos os investimentos, imaginando que tudo seguiria como estava.

No entanto, nem todos abrigavam o mesmo otimismo que eu, inclusive Edmond Safra.

No início de abril de 1998, ele me ligou.

— Bill, estou preocupado com essas coisas que estão acontecendo na Ásia. Será que não deveríamos liquidar nossas posições?

Ele se referia à crise econômica asiática que eclodira no verão de 1997, em que Tailândia, Indonésia, Malásia e Coreia do Sul sofreram maxidesvalorizações em suas moedas, moratória de títulos públicos e entraram em severas recessões.

— Acho que não devemos fazer nada. Mantenhamos nossas posições e esperemos a tormenta passar, Edmond. Ficará tudo bem na Rússia.

— Como você ousa dizer isso, Bill? Nós já sofremos um golpe terrível.

Sua preocupação era justificada. Em janeiro de 1998, o fundo perdera 25% do seu valor, mas já em abril havia recuperado metade das perdas, e eu estava convencido de que a tendência era de alta.

— Os mercados estão oscilando agora. Quando as coisas se acalmarem, vamos recuperar tudo.

— Me diga por que você acha que isso vai acontecer — pressionou, mostrando claramente que não estava convencido.

— Porque o medo de que a Rússia esteja à beira do abismo é apenas isto: medo. Se baseia só em sentimentos, e não nos fundamentos da economia.

— O que você quer dizer com isso?

— Bem, em primeiro lugar, a Rússia não tem muitos negócios com a Ásia. Segundo, a Rússia não concorre com a Ásia. Terceiro, os asiáticos não investem na Rússia. Eu simplesmente não vejo como os problemas da Ásia podem pular para cá.

Edmond permaneceu em silêncio por um ou dois segundos e disse:

— Eu realmente espero que você esteja certo, Bill

Eu também esperava estar certo.

Infelizmente estava completamente errado.

O que nem de perto considerei foi o fato de o mundo ser um grande mar de liquidez. Se a maré recua em um lugar, vai recuar também em todos os demais. Quando os grandes investidores começaram a perder dinheiro na Ásia, passaram a vender os títulos de maior risco de suas carteiras em todas as partes do mundo; os títulos russos, claro, estavam no topo da lista.

Isso criou uma situação nefasta para o governo russo. Nos anos anteriores, a Rússia, devido a um imenso déficit público orçamentário, havia tomado empréstimos que somavam 40 bilhões de dólares por meio da emissão de títulos do Tesouro de três meses. Isso significava que, para conseguir sobreviver, o governo tinha de vender a cada três meses 40 bilhões de dólares de novos títulos do Tesouro para pagar os 40 bilhões referentes aos títulos do período anterior que estavam vencendo. Além disso, para atrair compradores, o país tinha de pagar juros superiores a 30%, de forma que a dívida não parava de crescer.

Se em tempos de prosperidade essa estratégia já não seria aconselhável, em tempos ruins era totalmente suicida.

A única salvação para a Rússia era o Fundo Monetário Internacional (FMI). Na primavera de 1998, a intervenção do FMI era o único assunto que interessava a corretores e investidores.

Curiosamente, o governo russo não tinha a mesma obsessão que nós. Eu não sabia se era arrogância ou apenas burrice, mas o Kremlin estava jogando duro com o FMI num momento em que deveria estar de joelhos, implorando por ajuda. Em meados de maio, o então vice-secretário do Tesouro americano, Larry Summers, viajou até a Rússia para decidir como os Estados Unidos enfrentariam o que parecia ser uma iminente catástrofe. Como os Estados Unidos são o membro mais forte do FMI, a posição de Summers na prática determinaria o desfecho. Naquele momento, qualquer político do Ocidente sabia que Summers era uma das figuras mais influentes da economia mundial, mas o primeiro-ministro russo, Sergei Kiriylenko, se sentiu ofendido ao saber que Summers era apenas um "vice-secretário" e se recusou a fazer a reunião. Poucos dias depois, em 23 de maio de 1998, a missão do FMI que viajou para a Rússia a fim de negociar um pacote de salvação de 20 bilhões de dólares teve que enfrentar a mesma resistência obstinada e abandonou a mesa de negociações. Tanto Summers quanto o FMI deixaram o país sem um acordo.

Sem dinheiro do FMI para lastrear o mercado de títulos públicos, o governo russo teve que aumentar a taxa de juros que pagava em seus títulos do Tesouro de 30% para 44% a fim de atrair compradores. O efeito, no entanto, foi o contrário. Wall Street sentiu cheiro de sangue. O raciocínio dos investidores era: "Se a Rússia precisa elevar suas taxas de 30% para 44%, é porque deve haver algo muito errado e eu não quero chegar nem perto disso."

Essa falta de confiança levou o mercado de ações russo a afundar. Meu fundo perdeu inacreditáveis 33% em maio, nos deixando com uma desvalorização total de 50% no ano.

Edmond estava certo.

Perder tanto dinheiro me deixou num dilema. *Deveríamos vender quando estávamos com desvalorização de 50% ou deveríamos aguentar firme e esperar por uma recuperação?* A ideia de sacramentar para sempre uma perda de 50% era humilhante. Acreditando que o mercado já havia atingido o fundo do poço, recomendei mantermos nossas posições e esperar pelo resgate do FMI.

No início de junho, voltaram a circular rumores de que o FMI voltara à mesa de negociações. Os mercados deram um salto e meu fundo subiu 9% em apenas uma semana. Na semana seguinte os rumores perderam força e o fundo caiu 8%.

Em julho, as taxas de juros dos títulos do Tesouro russo haviam alcançado impressionantes 120%. O país inevitavelmente entraria em moratória se o FMI não interviesse. Larry Summers e os tecnocratas do FMI podem até ter ficado furiosos com a arrogância do governo russo, mas sabiam bem que um calote descontrolado da dívida soberana russa seria catastrófico, e, aos 44 do segundo tempo, os Estados Unidos colocaram todo seu peso por trás de um imenso plano de salvação da Rússia. Em 20 de julho, o Banco Mundial e o FMI anunciaram um pacote de 22 bilhões de dólares, liberando imediatamente uma primeira parcela de 4,8 bilhões.

Ao ver as manchetes, fui tomado por imensa sensação de alívio. Meus nervos haviam sido fritos pela interminável sequência de notícias ruins, mas agora parecia haver luz no fim do túnel. A tendência era de que esse plano de resgate salvaria a Rússia e também o dinheiro dos meus investidores. Na semana seguinte, o fundo recuperou 22% das perdas. O telefone começou a tocar; eram clientes aliviados, com quem passei a discutir como seria a recuperação dos mercados.

Infelizmente, cantei vitória antes do tempo. O plano até que era bem abrangente, mas também era visto pelos oligarcas russos não como uma rede de proteção e sim como um imenso cofre que usariam para converter seus rublos em dólares, que seriam transferidos para o mais longe possível da Rússia. Nas quatro semanas seguintes, oligarcas russos converteram seus rublos e conseguiram 6,5 bilhões de dólares. E assim, sem mais nem menos, o país voltara exatamente à posição em que estava antes de o FMI intervir.

Como se não bastassem essas reviravoltas financeiras, meu casamento se deteriorava lentamente. Desde o incidente com a Sidanco, Sabrina andava cada vez mais brava comigo. Ela achou que minha decisão de enfrentar Potanin foi uma traição e queria que eu voltasse para Londres. Eu a lembrei que, deixando de lado por um instante o perigo, ela havia concordado em se mudar comigo para Moscou. Mas não era assim que ela via as coisas e tampouco se mostrava receptiva ao meu argumento de que eu tinha responsabilidades perante meus clientes.

Estávamos tendo muitas dificuldades para chegar a um entendimento. Além de cuidar do nosso filho — o que ela fazia maravilhosamente —, o outro único aspecto do nosso casamento ao qual ela se dedicava era o planejamento das nossas férias em família. Como esses eram os únicos momentos em que Sabrina e eu passávamos mais de uma semana juntos, eu deixava que ela organizasse tudo da maneira que achasse melhor, na esperança de que essas viagens nos aproximassem.

No início do verão, antes de tudo começar a desmoronar nos mercados financeiros russos, Sabrina havia reservado uma suíte no Villa d'Este Hotel, no lago de Como, Itália. A diária nesse cinco estrelas custava 1.200 dólares, mais do que eu gastara no verão inteiro logo que terminei a universidade. Eu sempre me sentia incomodado com essas férias extravagantes, podendo ou não arcar com as despesas. Minha mãe, que escapara do Holocausto, instilara em mim a ideia de que gastar dinheiro com luxos era uma coisa idiota e irresponsável. Tendo em vista a minha condição financeira, era irracional pensar dessa forma, mas mesmo assim eu não me sentia bem pagando 30 dólares por um café da manhã continental. Eu sempre inventava uma desculpa para não tomar o café da manhã e pedia a Sabrina que me trouxesse uns pãezinhos; assim eu não me sentia culpado por "desperdiçar dinheiro".

Aquelas férias em especial não poderiam ter chegado em pior momento. Os mercados estavam oscilando 5% para cima ou para baixo diariamente e eu não deveria estar longe da minha mesa. Mas, se eu cancelasse a viagem, mergulharia meu casamento numa crise profunda. Em meados de agosto, portanto, desembarquei no aeroporto de Milão, entrei num carro e encontrei Sabrina e David no lago de Como.

O contraste com Moscou era chocante. Se na Rússia todo mundo era agressivo, bravo e tenso, na Itália todo mundo era bronzeado, relaxado e feliz. Entramos em nossa suntuosa suíte de dois quartos e, depois de ajeitar tudo, fui me sentar no terraço. Fiquei observando o lago alpino de águas cristalinas, os contrafortes dos Alpes e as pessoas brincando e rindo na água. Um aroma de pinheiro flutuava no ar, que estava parado e quente. Nada daquilo parecia real.

Tentei desligar a cabeça e não ficar obcecado por todo e qualquer movimento do mercado, mas foi impossível. Os únicos momentos de paz surgiam no raiar do dia, quando David acordava. Eu o vestia, preparava sua mamadeira e passávamos algumas sossegadas horas juntos caminhando pelos gramados milimetricamente aparados do hotel enquanto Sabrina dormia.

Eu realmente estava curtindo aqueles instantes de intimidade, até que, em 18 de agosto, após uma caminhada pela manhã, quando estávamos na sacada com vista para o lago e Sabrina tomava banho, Vadim ligou de Moscou em pânico.

— Bill, parece que está tudo acontecendo ao mesmo tempo.

— O que está acontecendo? — perguntei, sem entender o contexto.

— O rublo está em queda livre. O governo não está mais conseguindo segurar a cotação da moeda. Há analistas afirmando que só vai se estabilizar depois de cair 75%.

— Meu Deus do céu.

Coloquei minha garrafa de água na mesinha de metal. Eu estava totalmente chocado. Um pássaro preto passou voando em velocidade, embicando em direção à água. David soltou um gritinho de excitação.

— E isso não é tudo, Bill. Eles também anunciaram uma moratória da dívida interna.

— O quê? Por que eles anunciariam moratória se podem simplesmente imprimir dinheiro para pagar sua dívida? Isso não faz nenhum sentido.

— Bill, nada do que esses caras fazem tem sentido — disse Vadim, resignado.

— E como os mercados estão reagindo? — perguntei, esperando o pior.

— Estão derretendo totalmente. Zero propostas de compra. Os poucos negócios realizados estão sendo feitos com queda de 80% a 95%.

Terminei a ligação sem dizer mais nada. Peguei David e fui com ele para dentro. Nem nas minhas mais sombrias previsões eu imaginara um cenário como aquele. Antes da minha conversa com Vadim, eu pensava que o mercado já estava no fundo do poço.

Naquele momento eu soube que *precisava* voltar para Moscou.

Quando avisei Sabrina, ela perguntou por que eu não poderia resolver tudo no hotel mesmo. Tentei explicar a gravidade da situação e que era imperativo que eu estivesse em Moscou, mas ela simplesmente não conseguia entender. Arrumei minhas coisas às pressas e, quando estava saindo, tentei abraçá-la, mas ela me rechaçou. Então peguei David e o apertei forte contra mim.

Voltei para Moscou naquela mesma noite. Quando a poeira finalmente assentou, o fundo amargava uma perda de 900 milhões de dólares — uma queda de 90%. *Isso, sim*, era o fundo do poço.

É difícil descrever a sensação de perder 900 milhões de dólares. Eu podia sentir aquilo no meu estômago, como se houvesse um buraco nele. Nas semanas seguintes, senti um formigamento constante nos ombros, como se eu estivesse literalmente carregando a perda nas costas. E não era apenas uma perda financeira. Eu passara os dois últimos anos exaltando as virtudes dos investimentos na Rússia e agora decepcionara de forma inacreditável todos os meus investidores.

Foi também uma humilhação pública. Os mesmos jornalistas que fizeram estardalhaço em torno de mim quando eu estava por cima estavam loucos para exibir todos os detalhes sangrentos da minha queda. Era como se eu tivesse sido vítima de um horrível acidente automobilístico e todo mundo que passava reduzisse a velocidade para ver os corpos mutilados e as ferragens pegando fogo.

Ainda assim, na minha cabeça eu só via uma alternativa: ficar. Tinha que recuperar para os meus clientes todo o dinheiro que havia perdido. Eu não sairia da Rússia com o rabo entre as pernas. Definitivamente, não era assim que eu queria ser lembrado.

15

E CAÍMOS TODOS

Eu me odiei por tudo de errado que havia acontecido, mas, surpreendentemente, muitos dos meus clientes me pouparam. Seus problemas eram bem maiores. Como os títulos domésticos do governo russo rendiam mais de 30% antes da crise e a maioria das pessoas considerava esses títulos menos arriscados que ações, o cotista médio do meu fundo tinha investido cinco vezes mais em títulos do governo russo do que no Hermitage. Antes de as coisas descarrilarem, o retorno dos títulos do Tesouro era tão atraente que muitos se alavancaram para comprar ainda mais deles. Embora meus clientes entendessem que, no pior cenário, o valor do seu investimento no Hermitage poderia cair a zero, jamais lhes passou pela cabeça que suas carteiras de títulos do Tesouro russo poderiam virar pó. No entanto, foi exatamente isso que aconteceu a vários deles.

Uma das maiores vítimas foi Beny Steinmetz, o magnata dos diamantes israelense que havia feito a ponte entre mim e Edmond. Devido às suas brutais perdas com títulos do Tesouro, ele teve que desinvestir do fundo e da empresa. Deixar de ter Beny como sócio foi péssimo, mas, felizmente, Edmond continuava no barco.

Pelo menos é o que eu achava.

Em maio de 1999, estava passando o fim de semana em Londres quando vi no *Financial Times* que Edmond Safra tinha vendido o Republic National Bank para o HSBC. A exemplo de Beny, o banco de Edmond tinha apostado pesado em títulos do Tesouro russo e perdido. Em um momento anterior de sua vida, Edmond, que tinha atravessado incontáveis ciclos turbulentos do mercado, teria passado também por aquele com facilidade, mas nos últimos anos vinha sofrendo de Parkinson. Durante o período da nossa sociedade, notei uma constante deterioração do seu estado de saúde, a ponto de às vezes ter dificuldade até para conversar com ele. Por alguma razão, ele não havia preparado um plano sucessório, de modo que, caso se afastasse, não haveria ninguém para assumir seu posto. Por causa disso, viu-se forçado a vender o banco o mais rápido possível; nesse momento, o HSBC se apresentou e o negócio foi fechado.

A saída de Edmond me balançou. Ele era um dos mais brilhantes financistas do mundo e agora não fazia mais parte do meu negócio.

Minha vida pessoal também estava desmoronando. As coisas com Sabrina só fizeram piorar desde que fui embora do Villa d'Este. A ausência, o estresse e a distância pesavam muito na nossa relação. Sempre que eu voltava para Londres nos fins de semana, nós brigávamos. Caminhávamos claramente rumo ao divórcio, apesar de eu tentar fazer tudo que pudesse para evitá-lo. Sugeri fazermos terapia de casal. Tentamos três profissionais, mas foi em vão. Tentei aumentar minhas estadas em casa nos fins de semana para três ou quatro dias, mas ela ficava mais incomodada do que contente com a minha presença.

Não obstante tudo isso, ela ainda programou uma viagem em família para nós, em agosto de 1999. Dessa vez, escolheu um resort na Grécia chamado Elounda Beach Hotel. Estava animada com a perspectiva de ir para lá, e, desde o momento que chegamos, mostrou-se incrivelmente feliz e agradável. Até carinhosa. Isso me pegou de guarda baixa. Nada de olhares gélidos ou discussões sobre trabalho, Rússia ou meus clientes. Na segunda noite, nós até contratamos uma babá para cuidar de David e fomos a uma taverna local. No jantar, falei um pouco sobre a Rússia e ela falou muito sobre como David era maravilhoso. Durante aquelas poucas horas cheguei a pensar: *Até que as coisas entre nós não vão tão mal assim. É como costumava ser no passado.* Quase lhe perguntei se algo tinha acontecido para ela mudar tão drasticamente de comportamento, mas preferi simplesmente aproveitar. Lembro até de ela ter rido de uma piada idiota que fiz na hora da sobremesa.

No dia seguinte, deu-se o mesmo. Ficamos o tempo todo na praia, curtindo na areia e almoçando ali mesmo. No fim do dia, quando voltamos para o quarto do hotel para pôr David na cama, pensei que talvez, por alguma razão desconhecida, Sabrina tivesse virado a página e as coisas entre nós se resolveriam.

Depois que David adormeceu, fui ao banheiro para tirar o protetor solar e a areia do corpo e depois abri a água quente da pia e comecei a fazer a barba. Sabrina, que tomara banho enquanto eu contava uma história para David na cama, estava no quarto lendo uma revista. Era o retrato perfeito de uma família em férias.

Quando eu estava terminando, deslizando o barbeador entre o pescoço e o queixo, Sabrina apareceu à porta.

— Bill, precisamos conversar.

Levei o barbeador até a pia para enxaguá-lo, olhei o reflexo dela no espelho e disse:

— Claro. Sobre o quê?

— Eu não quero continuar casada com você — respondeu ela, calmamente.

O barbeador caiu da minha mão e eu, todo atrapalhado, o peguei de volta. Fechei a torneira, peguei uma toalha e me virei para Sabrina.

— O quê?

— Não quero continuar casada com você. Não aguento mais.

— Mas eu achei que a gente estava se divertindo — respondi, fragilizado.

— Nós estávamos. Nós estamos. Eu estava sendo legal porque decidi que seria assim. Concluí que não fazia sentido continuar brava.

Ela me deu um sorriso tímido, virou-se e voltou para a cama, me deixando sozinho com meus pensamentos.

Fiquei arrasado, mas também aliviado. Tínhamos chegado a um impasse. Eu não queria viver "uma vida normal com um emprego normal" em Londres, como ela desejava, e ela não queria fazer parte da vida maluca que eu tinha em Moscou. Não havia nada entre nós que pudesse ser chamado de parceria, e continuar nisso só porque eu não queria que nosso casamento fracassasse não era uma boa razão para seguirmos juntos. De certa maneira, eu estava estranhamente agradecido por ela ter a coragem que eu não tive para terminarmos.

Nossas férias na Grécia se encaminharam para seu fim e, apesar da nuvem que pairava sobre nosso casamento, continuamos curtindo a companhia um do outro e do nosso filhote. Era como se, de repente, estivéssemos livres para sermos amigos novamente, em vez de cônjuges distanciados que mal podiam suportar um ao outro. No último dia, fomos para o aeroporto e, antes de nos separarmos e seguirmos cada um para seu portão de embarque, Sabrina disse:

— Bill, me desculpe. Sei que a culpa é minha. Sinto muito.

— Não se preocupe. Está tudo certo — respondi, pensando que, embora tenha sido delicado da parte dela dizer isso, eu tinha no mínimo uma parcela igual de culpa.

— Nós somos boa gente, Bill. Você é um bom pai e eu acho que sou uma boa mãe. Mas o destino quis assim.

— Eu sei.

Ela me deu um beijo na bochecha, disse adeus e seguiu adiante, empurrando David no carrinho. Ao ver os dois se afastando, o sentimento de perda que eu conhecia tão bem tomou conta de mim. Mais uma vez, tive aquela sensação visceral intensa de vazio no estômago, só que muito pior. Perder um amor é muito pior que perder dinheiro.

Voltei para a Rússia. Naqueles dias de outono, Moscou foi o lugar mais frio e solitário do mundo. O único consolo era que, a despeito de suas perdas gigantescas, minha firma conseguiu se manter em pé e em atividade. Estranhamente, no ramo dos fundos de *hedge*, se você está com prejuízo de 30% a 40%, seus clientes vão sacar todo o dinheiro e você terá que fechar as portas rapidamente. No entanto, com o prejuízo na casa dos 90% — a situação do Hermitage em 1999 —, a maioria dos clientes raciocinou da seguinte forma: "Perdido por cem, perdido por mil. Melhor ficar quieto, manter minha posição e aguentar firme para ver se recupero." Apesar do meu desempenho desastroso, o fundo ainda tinha 100 milhões de dólares sob sua gestão depois da crise. Isso gerava valor suficiente em taxas de administração para pagar o aluguel, a pequena equipe e manter o escritório funcionando.

O único problema é que, literalmente, não havia nada a fazer. Do pico do mercado até o início de 1999, o volume de negócios havia declinado em 99%: de 100 milhões de dólares para 1 milhão por dia. Além disso, as ações do fundo tinham perdido tanta liquidez que eu não conseguiria vendê-las nem mesmo se quisesse. Para completar o quadro, era impossível marcar reuniões com clientes estabelecidos ou potenciais. As pessoas que, no passado, faziam questão de me convidar para uma volta em seus iates agora não conseguiam arranjar nem quinze minutos para tomar um chá comigo em seus escritórios.

O momento mais penoso do dia era às seis da tarde, quando terminava o expediente e eu voltava para casa. Eu morava em um apartamento caro e reformado não muito distante do Kremlin. Equipado com uma cozinha Poggenpohl, tinha uma Jacuzzi e uma sauna no banheiro. Poderia ter sido um lar maravilhoso, mas faltava ali um toque feminino e eu praticamente não mantinha objetos pessoais no apartamento. Era um espaço frio, estéril e pouco convidativo, o que só fazia aumentar minha sensação de isolamento.

Os dias foram se arrastando de maneira modorrenta até que, em 3 de dezembro, depois de passar horas monitorando um mercado moribundo, o telefone tocou. Era Sandy Koifman, o braço direito de Edmond. Ele havia saído do Republic depois da venda para o HSBC, mas nos mantivemos em contato. Normalmente sua voz era enérgica e firme, mas naquele momento ouvi algo totalmente distinto.

— Bill, tenho péssimas notícias.

Tive a sensação de que má notícia era tudo o que eu recebia naqueles dias.

— O que foi?

— Edmond morreu.

Ele teve imensa dificuldade de pronunciar a última palavra; dava para ouvir Sandy, um ex-piloto de caça da Força Aérea Israelense, se esforçando para não chorar.

— O quê?

— Ele morreu, Bill.

— Como?

— Em um incêndio em seu apartamento, ontem, em Mônaco.

— Incêndio? Como assim, incêndio?

— A notícia ainda é meio nebulosa — disse Sandy, tentando se recompor. — A polícia não divulgou nenhum detalhe, e Lily, sua esposa, se encontra em estado de choque. Pelo que sabemos, um dos seus enfermeiros noturnos forjou um falso assalto ao apartamento, começou um incêndio e Edmond e uma de suas outras enfermeiras morreram asfixiados pela fumaça em um quarto blindado.

Perdi a fala. Sandy também.

— Meu Deus, Sandy — finalmente balbuciei. — Que notícia horrível... Sinto muito, muito, muito.

— Obrigado, Bill. Ligo quando tiver mais notícias. Só queria que você recebesse a notícia por mim.

Lenta e cuidadosamente botei o fone no gancho. Foi a gota d'água. Eu já tinha me resignado com a perda de Edmond como sócio, mas ele fora mais que um sócio. Edmond Safra se tornara meu mentor e minha referência.

E agora não estava mais entre nós.

16

A ÚLTIMA GRANDE LIÇÃO

O ano de 1999 foi o pior da minha vida, e eu tinha esperança que a virada do milênio traria mudanças positivas. Mas quando passou o ano-novo ficou impossível imaginar como as coisas poderiam melhorar.

O fato de todo mundo que eu conhecia em Moscou estar fora da cidade só piorou as coisas. Eu participava de uma mesa de pôquer às quintas-feiras à noite reunindo expatriados e russos que falavam inglês; no auge, em meados de 1997, éramos treze parceiros regulares, mas em janeiro de 2000 eu era o único que tinha restado. Era como se eu fosse o último passageiro na área de coleta de bagagens diante da esteira giratória do aeroporto. Todos os demais passageiros já haviam pegado as suas malas e ido para casa, mas eu permanecia ali, sozinho, ouvindo o estalido metálico repetitivo da esteira girando e girando, esperando minha vez, mas sabendo que minha bagagem não apareceria.

Eu decidira permanecer em Moscou por uma única razão: iria recuperar o dinheiro dos meus clientes a qualquer custo.

Teoricamente, o ambiente econômico pós-crise deveria ter tornado isso fácil. O fundo detinha posições acionárias volumosas na maioria das companhias de petróleo e gás da Rússia, que recebiam em dólares pelo petróleo vendido e pagavam suas despesas em rublos. Suas vendas não tinham caído, mas seus custos sim, devido à maxidesvalorização da moeda, de 75%. Simplificando: quando os custos de uma empresa diminuem, seus lucros crescem. Eu estimava que os lucros das companhias da nossa carteira subiriam entre 100% e 700% devido à desvalorização da moeda. Se não houvesse nenhuma outra intercorrência e tudo se mantivesse normal, isso levaria a uma recuperação espetacular do valor das ações dessas empresas.

O problema é que as coisas *não* permaneceram normais.

Antes da crise, os oligarcas, que eram os acionistas majoritários dessas companhias, haviam agido com honestidade em relação aos acionistas minoritários. Por quê? Porque estavam de olho no que consideravam o "dinheiro grátis" de Wall Street. Naquela época, executivos de bancos de investimento lhes diziam: "Nós podemos levantar montanhas de dinheiro para vocês, mas, se estiverem interessados, não podem enganar seus investidores." Eles seguiram a recomendação.

Esse esquema funcionou antes do *crash*, mantendo os oligarcas na linha e bem-comportados. Depois do *crash*, todos os executivos de banco que tinham alguma relação com a Rússia foram demitidos e os que não tinham juravam de pés juntos que nunca ouviram falar no país. Assim, em 1999, quando os oligarcas ligavam para os bancos, em busca do tal "dinheiro grátis", ninguém os atendia. Da noite para o dia, haviam se transformado em párias. Wall Street tinha fechado as portas para os oligarcas russos.

Sem mais nenhum incentivo para se comportarem e com lucros extraordinários se acumulando depois da maxidesvalorização, não havia mais nenhum motivo para *não* roubar. Por que dividir os lucros com acionistas minoritários? O que eles haviam feito para ajudar? Nada.

Sem qualquer controle, os oligarcas entraram numa grande orgia de roubalheira. Eles lançaram mão dos mais variados artifícios para roubar e, como não havia a força da lei para detê-los, revelaram uma criatividade infinita. Venda irregular de ativos, diluições de capital acionário, preços de transferência e apropriação indevida foram alguns dos truques empregados.

Isso era um gigantesco problema, verdadeiro trauma para todos que faziam negócios na Rússia. Como eu havia conquistado alguma reputação nesse campo devido à minha briga com a Sidanco, no início de janeiro de 2000 fui convidado pela Câmara Americana de Comércio de Moscou para fazer uma palestra à comunidade de negócios local sobre práticas abusivas de governança. Era como se eu fosse a única pessoa em Moscou louca o suficiente para falar em público sobre os malfeitos dos oligarcas russos.

Escolhi a empresa de petróleo Yukos para ser meu estudo de caso. Poderia ter escolhido qualquer outra empresa russa, mas a Yukos se encaixava bem porque tinha uma história de incontáveis escândalos com acionistas minoritários. Batizei minha palestra de As Forças Armadas do Abuso na Governança Corporativa para descrever as muitas maneiras utilizadas pelos oligarcas para roubar seus acionistas minoritários. O "Exército" eram os preços de transferência, a "Marinha", a venda ilegal de ativos, e os "Fuzileiros Navais", a diluição das posições dos acionistas minoritários.

A apresentação estava marcada para as oito horas de uma nevada manhã de janeiro. Quando meu despertador tocou, às 6h30, sofri muito para sair da cama. A temperatura lá fora era de -20ºC, as ruas estavam cobertas por uma camada de neve fresca e o sol ainda não tinha nascido. Como a bolsa de valores de Moscou só começava a operar às onze horas, eu só chegava ao escritório depois das 10h30. Simplesmente não estava acostumado a acordar tão cedo. De mais a mais, quem se disporia a ir a uma palestra às oito da manhã em uma Moscou coberta de neve? Eu mesmo não teria ido se não fosse o palestrante.

Alexei veio me buscar às 7h45 e me levou para a Câmara Americana de Comércio, que ficava perto dali. Ao chegar, notei com surpresa que o salão estava lotado. Entrei e comecei a socializar com a massa de homens de meia-idade vestindo ternos cinza, todos muito parecidos uns com os outros. Não pude deixar de notar no meio do mar cinzento uma linda jovem trajando vestido vermelho e laranja, com cabelo preso num impecável coque de bailarina no alto da cabeça. De repente me ocorreu que eu havia acordado ainda de madrugada por um bom motivo. À medida que avancei para a frente do salão, fui atraído pela presença dela.

— Oi, meu nome é Bill Browder — apresentei-me, estendendo a mão para cumprimentá-la.

Seu aperto de mão foi firme, seus dedos um pouco frios.

— Elena Molokova — respondeu ela, protocolarmente.

— E o que a traz tão cedo a este lugar?

— Estou interessada no ambiente para investimentos na Rússia.

Dei-lhe meu cartão de visita, e ela, de modo relutante, abriu a bolsa e me deu o seu. Vi que ela trabalhava para uma empresa de relações públicas americana que assessorava ninguém menos que Mikhail Khodorkovsky, diretor-presidente da Yukos. As coisas começaram a fazer sentido. Em alguns instantes, em minha palestra, eu iria detonar o maior cliente da sua empresa, e ela estava lá para avaliar os danos.

— Vocês estão interessados no ambiente para investimentos? — perguntei, com um tom de voz que provavelmente denunciava um tanto de surpresa.

— É claro que estamos, sr. Browder — respondeu ela, sem alterar o semblante.

— Sendo assim, fico feliz por você ter vindo.

Eu me afastei com uma sensação estranha, como se ela estivesse delicadamente me puxando para perto dela. Não tenho certeza, mas me pareceu que pintou um clima entre nós dois e, mesmo de manhã tão cedo, senti uma nova lufada de motivação para fazer uma boa palestra. Procurei conduzir a apresentação com muito mais bossa e drama do que teria normalmente feito e acho que foi bem recebida. Elena, no entanto, pareceu indiferente. Enquanto falava, olhei para ela bem mais do que deveria e sua fisionomia nunca se alterava; permanecia profissional e séria. Queria falar com ela de novo no fim, mas fui interceptado por vários homens no saguão, que formaram uma verdadeira barreira entre mim e Elena. De soslaio, acompanhei seu colorido vestido se movimentar em direção à porta até sair do salão e da minha vida.

Mas eu ainda tinha seu cartão de visita, que parecia queimar dentro da minha carteira.

Eu queria ligar para Elena assim que chegasse ao escritório, mas tive o bom senso de esperar uma hora. Eu me sentia um pouco como um garoto do ensino médio tentando criar a melhor estratégia de convidar uma garota para sair sem parecer desesperado demais.

O telefone deve ter tocado umas sete vezes até ela atender. Não pareceu nem de perto tão entusiasmada por falar comigo quanto eu por falar com ela. Ainda assim, consegui convidá-la para almoçar, apesar do seu tom de voz claramente indicar que, para ela, seria um encontro profissional e nada mais. Fazer o quê? Eu tinha que começar de alguma maneira. Pelo menos eu conseguira dar o primeiro passo.

Almoçamos uma semana depois em um restaurante sueco chamado Scandinavia, logo atrás da rua Tverskaya, perto da praça Pushkin. Foi um encontro um pouco estranho, porque nenhum de nós sabia qual era exatamente a pauta do outro. Supus que ela esperava que eu falasse sobre negócios na Rússia, a Yukos e governança corporativa, e percebi que ficou bem confusa quando comecei a lhe fazer perguntas mais pessoais, das quais ela se esquivou com habilidade. No meio da refeição, ambos já tínhamos entendido que estávamos em sintonias distintas, mas mesmo assim minha persistência começou a dar resultado. Ela não se abriu inteiramente para mim, mas no final, quando veio a conta, eu já havia descoberto que Elena era não apenas linda, mas também incrivelmente inteligente. Era formada com louvor pela Universidade Estatal de Moscou (o equivalente russo de Oxford ou Cambridge) e tinha dois títulos de ph.D., um em economia e outro em ciência política. O fato de ela trabalhar para o inimigo a tornava absurdamente atraente para mim, muito mais do que quando a vi pela primeira vez.

Eu precisava achar um jeito de conquistá-la, não importava como.

Se ela fosse qualquer outra russa, não teria sido uma empreitada complicada. Em Moscou, homens do Ocidente, especialmente os que têm dinheiro, são o equivalente masculino das supermodelos. Garotas russas se jogam nos seus braços — e na sua cama — praticamente assim que o conhecem. Não era divertido, não havia o jogo, o flerte, a paquera. Apenas "oi", e de repente percebia que tinha enrodilhada em você uma mulher cheia de veneno, com lábios perfeitos e olhos misteriosos; nesse momento, seu scanner mental verificava onde ficava a cama mais próxima. Qualquer lugar minimamente reservado servia.

Elena era diferente. Era uma mulher com carreira profissional própria, como é tão comum em Nova York, Londres ou Paris. Não precisava de ninguém para ter dinheiro e muito menos para melhorar sua autoestima. Conquistá-la não seria tão fácil, mas não desanimei. Pouco depois do nosso primeiro encontro, convidei-a para sair de novo, dessa vez para jantar. Eu provavelmente estava fazendo alguma coisa certa, porque ela, apesar de não ter dado pulinhos de alegria, aceitou.

Fomos a um restaurante chinês chamado Mao e ela parecia ainda mais distante do que antes. Sabia das minhas segundas intenções e estava sendo cautelosa. No trajeto até nossa mesa, Elena parecia distante.

Isso, claro, só fez aumentar ainda mais o meu interesse.

Ficamos um tempo conversando amenidades, até que perguntei:

— Você viu o artigo de Lee Wolosky na revista *Foreign Affairs*? Sobre como os Estados Unidos deveriam tratar os oligarcas como párias?

Elena enrugou o nariz, num gesto sutil de desaprovação.

— Não, não vi.

— É muito interessante. — Tomei um gole de vinho tinto. — O articulista sugere que o governo americano deveria cancelar o visto de entrada dos oligarcas para que eles não possam ir ao país.

A pele de Elena era branca como porcelana, perfeita, e seu pescoço era majestoso. Enquanto eu falava, pequenas manchas vermelhas começaram a aparecer em sua pele.

— E por que os americanos escolheriam os russos para aplicar essa medida? Tem gente ruim no mundo inteiro. Seria hipócrita — argumentou ela, como se a tivesse insultado.

— Não, não seria. Os oligarcas são monstros, e é preciso começar com alguém — retruquei, sem dar maior importância ao que dizia.

Naquele momento, acabei tocando em uma ferida e, por causa disso, o clima do jantar mudou. Por que tive a ideia de falar sobre o artigo da *Foreign Affairs*? Meu desejo era conquistar a confiança e o afeto de Elena, e não chateá-la. Tentei mudar de assunto, mas o estrago já estava feito. Nós nos despedimos naquela noite com dois beijos burocráticos na bochecha. Apesar de gostar muito dela, eu criticara sem qualquer justificativa seu país. Naquela noite, caminhando de volta para casa, tive certeza de que jamais a veria de novo.

Passei o resto da noite me penitenciando por ter estragado o encontro; além disso, não conseguia tirar do pensamento a ideia de que essa tentativa esfarrapada de relacionamento amoroso era um reflexo dos meus outros problemas. O fundo ainda claudicava, a economia russa estava se arrastando e parecia que os oligarcas roubariam até o último centavo do que restava no fundo. Eu estava pregando em vão, e isso valia também para essa mulher inalcançável. Fui me deitar atormentado pela ansiedade. Depois de uma hora virando de um lado para outro, peguei o telefone e liguei para o meu amigo Alan Cullison, do *The Wall Street Journal*. Já era perto da meia-noite, mas não importava. Alan ficava acordado até mais tarde e eu podia contar com ele quando quisesse conversar. Falei-lhe sobre como tudo dera errado no meu encontro daquela noite e ele cumpriu seu papel, oferecendo as condolências de praxe. Quando estava mais ou menos no meio da história, mencionei, pela primeira vez, o nome de Elena.

— Espera aí. Você está me dizendo que saiu com Elena Molokova? — interrompeu Alan.

— Duas vezes, na verdade.

— Caramba, Bill. Isso em si já é um grande feito. Tem um monte de gente atrás dela.

— É... Bem, acho que vão conseguir conquistá-la, porque eu estraguei tudo.

— E daí? Tem milhões de mulheres bonitas em Moscou.

— É, mas nenhuma como ela — respondi baixinho, dando de ombros.

Alan não ficou com pena de mim e desligamos não muito tempo depois. Acabei conseguindo pegar no sono e acordei na manhã seguinte determinado a tocar minha vida. Simplesmente tentaria esquecer Elena. Eu tinha um monte de coisas para fazer no trabalho e havia outras mulheres no mundo, se fosse isso que eu quisesse...

Mas não era isso que eu queria. Por mais que tentasse, era impossível afastar Elena dos meus pensamentos e, uma semana depois do nosso jantar no Mao, decidi que precisaria fazer algo para remediar a situação.

Mas o quê? Como ir atrás dela sem parecer desesperado ou patético? Afora a decepção dela com minhas convicções a respeito dos oligarcas, a única coisa de que eu me lembrava daquela noite era a história que Elena me contou sobre como o pai morrera, três anos antes, repentinamente, em consequência de um infarto fulminante. Sua morte a pegara completamente de surpresa, e eu me recordo de Elena dizer que o pior foi não ter podido se despedir. Muitas coisas acabaram não sendo ditas.

Essa história me remeteu a um livro que eu tinha lido recentemente chamado *A última grande lição: O sentido da vida*. Escrevi uma breve mensagem para Elena e a coloquei na capa do meu exemplar. Embalei-o e pedi que Alexei entregasse em seu escritório. Na mensagem eu dizia:

Querida Elena,

Depois do que me disse sobre seu pai, me ocorreu que você tem tudo a ver com este livro. É sobre um homem à beira da morte que tenta dizer tudo que quer dizer antes que não seja mais capaz de fazê-lo. Não sei se você tem tempo para lê-lo, mas espero que sim, porque provavelmente vai se sentir tocada da mesma forma que eu me senti. Com afeto, Bill.

Admito que foi um tiro no escuro com reduzidas chances de sucesso, apesar de o livro ter realmente mexido comigo. Era simples, direto e incrivelmente tocante. Quando mandei para ela, no entanto, temi que interpretasse o gesto de outra forma, como um pequeno cavalo de troia que eu estava usando para me infiltrar em seu coração.

Mais uma semana terminou e nenhum sinal dela; eu agora tinha certeza absoluta de que meu chute passara longe do gol. No entanto, na semana seguinte, Svetlana inclinou-se sobre sua mesa e avisou:

— Bill, ligação de Elena Molokova para você.

Meu coração disparou e eu atendi.

— Alô?

— Oi, Bill.

— Oi, Elena. Você... você recebeu o livro que lhe mandei?

— Recebi.

— E conseguiu dar uma olhada nele?

— Consegui.

Sua voz soava mais suave do que antes. Era impossível afirmar com segurança, mas tive impressão de que uma camada daquela frieza havia derretido.

— E você gostou?

Ela suspirou.

— Gostei muito, Bill. Terminei agora mesmo. Realmente mexeu comigo. Obrigada.

— Fico contente. De nada.

— E também me surpreendeu.

Seu tom agora mudara levemente, meio que abrindo a porta para um espaço mais pessoal, ao qual ela ainda não me tinha dado acesso.

— Ah, por quê?

— Bom, eu não via você como um homem sensível assim, Bill. Não mesmo.

Dava para ouvi-la sorrindo do outro lado da linha.

— Para falar a verdade, não tenho certeza de que sou assim, tão sensível. — Pausa. — Olha, você... você gostaria de jantar comigo mais uma vez?

— Sim, gostaria. Gostaria muito.

Algumas noites depois, jantei com Elena no Mario's, um restaurante italiano caro, frequentado pela máfia russa, mas que servia a melhor comida italiana de

Moscou. Cheguei antes e me sentei ao balcão do bar. Quando Elena chegou, conduzida pelo *maître*, tive que olhar duas vezes. Ela se transfigurara. Em vez de preso num coque como antes, seu cabelo loiro caía suavemente sobre os ombros. O batom era mais vermelho que antes e seu vestido preto era ao mesmo tempo mais apertado e mais elegante do que qualquer coisa que eu já tinha visto Elena usar. Ela não estava apenas bonita. Estava sexy. Ficou claro que, para ela, este era *realmente* o nosso primeiro encontro.

Durante o jantar, não falamos sobre oligarcas russos nem sobre governança corporativa ou práticas de gestão; falamos apenas sobre as famílias, a vida e as aspirações de cada um, os assuntos usuais de quando se deseja conhecer uma pessoa. Foi incrível. Antes de nos despedirmos naquela noite, envolvi com o braço sua cintura, puxei-a para mim e, sem qualquer resistência, nos beijamos de verdade pela primeira vez.

Depois disso, passamos a conversar todos os dias e eu teria adorado poder vê-la todos os dias também, mas ela só dispunha de tempo para me encontrar uma vez por semana e, em alguns períodos, uma vez a cada quinzena. Fomos levando assim por três meses — jantares e conversas cada vez mais legais, beijos de verdade nas despedidas. Eu queria mais e parecia que ela também, mas eu não conseguia bolar uma fórmula de furar suas defesas. Concluí que deveria fazer algo radical e romântico.

Estávamos perto dos feriados de maio, cruciais no calendário russo, quando tudo fecha por dez dias. Uma tarde, liguei para ela:

— Você gostaria de passar o feriado comigo em Paris?

Ela hesitou. Eu certamente não era o primeiro homem a lhe perguntar se poderia raptá-la para uma escapada repentina; e ambos sabíamos o que aconteceria se ela dissesse sim. Alguns segundos depois, ela respondeu:

— Deixe-me pensar, Bill.

Passados dez minutos, ela ligou de volta.

— Eu adoraria ir com você... se conseguir tirar o visto.

A alegria que influ meu peito quando ouvi *Eu adoraria* rapidamente foi diluída pela frase *se conseguir tirar o visto*. Para mulheres russas de menos de trinta anos, não era tarefa simples obter um visto de entrada em países da Europa Ocidental. Normalmente levava algumas semanas e era necessária uma pilha imensa de documentos comprobatórios de que a requerente não tinha intenção de permanecer por lá. O pior de tudo é que só tínhamos quatro dias até o início dos feriados de maio.

Elena ligou para algumas agências de viagem. Por sorte, uma delas estava organizando uma excursão para Paris e iria naquela tarde à embaixada francesa com trinta passaportes para requerer vistos. Se Elena conseguisse entregar em tempo sua papelada, tinha chance de obter o visto rapidamente. Ela juntou tudo e, para nossa surpresa, seu pedido foi aceito no dia seguinte. Menos de uma semana depois de eu convidá-la, estávamos sentados lado a lado em um voo para Paris.

Pensando em impressionar Elena, reservei uma suíte no Le Bristol, um dos hotéis mais interessantes e suntuosos da França, senão do mundo. Dois carregadores de luvas brancas pegaram nossas malinhas e nos acompanharam até nosso quarto. Fui caminhando atrás de Elena pelos corredores decorados com carpete azul, arandelas e cadeiras de braço em estilo Luís XV. Sempre que possível tentava espiar por sobre seu ombro para observar suas reações. Entrevi um leve sorriso, mas ela sempre parecia ter um sorriso no rosto, independentemente do seu estado de espírito. Chegamos ao quarto. O primeiro carregador abriu a porta e entramos numa das mais impressionantes suítes de hotel em que eu já estivera — e àquela altura já tinha conhecido várias. Dei uma gorjeta aos carregadores, agradeci no meu lamentável francês e me voltei para Elena.

Ela não estava impressionada. Se estava, o mesmo sorriso leve o disfarçava perfeitamente.

— Vamos sair — disse ela.

Nós nos arrumamos rapidamente e descemos para a Avenue Matignon. Paris é perfeita para caminhar, e foi o que fizemos, lentamente, conversando aqui e ali sobre assuntos variados. De quando em quando caminhávamos de mãos dadas, mas nunca por tempo suficiente para me fazer achar que a havia conquistado. Enquanto passeávamos, o céu foi fechando, ameaçador, e, quando entramos na Champs-Élysées, as nuvens sobre nós estavam carregadas.

— Estou sentindo cheiro de chuva — disse Elena.

— Eu também.

Escolhemos um café com guarda-sóis nas mesas externas e nos sentamos. O garçom trouxe pão quentinho e eu pedi uma garrafa de Bordeaux. Comemos mexilhões no vinho branco e uma grande travessa de *frites*. A chuva não caiu. Pedi um crème brûlée e chá inglês. Justo na hora em que chegou a sobremesa, gotas enormes começaram a martelar a calçada e os guarda-sóis em ritmo *staccato*. Como nosso guarda-sol era pequeno, arrastei minha cadeira em volta da mesa, sentei-me ao lado de Elena e passei o braço por suas costas para que ela não se molhasse. Rimos como dois colegiais quando a chuvarada de primavera nos alcançou. Pus Elena no colo, ela passou os braços sobre meus ombros e ficamos agarrados em um abraço apertado.

Naquele momento, eu soube que ela era toda minha e eu era todo dela.

17
ANÁLISE DO ROUBO

É incrível como estar apaixonado muda tudo. Quando Elena e eu voltamos para Moscou, eu estava com as energias completamente renovadas. Com ela a meu lado, sentia que podia vencer qualquer desafio.

Àquela altura, minha maior preocupação era deter o brutal roubo em curso nas empresas cujas ações faziam parte da carteira do fundo. O Hermitage havia perdido 90% do seu valor desde o calote russo e agora os oligarcas estavam no processo de roubar os 10% restantes. Se eu não fizesse alguma coisa, o fundo acabaria absolutamente sem nada.

Havia desvios em todos os setores da economia — de bancos a recursos naturais —, mas a empresa que mais se destacava era a maior do país: a Gazprom, que atuava no segmento de petróleo e gás.

Em termos de produção e relevância estratégica, a Gazprom era uma das empresas mais importantes do mundo. No entanto, seu valor de mercado — 12 bilhões de dólares — era inferior ao de uma empresa americana média do ramo. Em termos de reservas de hidrocarboneto, ela era oito vezes maior que a Exxon-Mobil e doze vezes maior que a British Petroleum, as maiores petroleiras do mundo. Seu valor de mercado, contudo, era 99,7% menor que o dessas empresas, em termos de reservas de barris de petróleo.

Por quê? A resposta simples é que a maioria dos investidores acreditava que 99,7% dos ativos da empresa tinham sido roubados. Mas como era *possível* que praticamente todos os ativos de uma das maiores empresas do mundo tivessem sido roubados? Ninguém tinha certeza, mas todo mundo aceitava isso como fato indiscutível.

Embora tivesse ciência de que a desonestidade dos russos parecia não ter limite, eu não podia aceitar que os gestores da Gazprom tinham dilapidado totalmente a empresa. Se eu conseguisse de alguma maneira provar que o mercado estava errado, seria possível faturar muito dinheiro. Eu precisava estudar essa empresa e descobrir o que realmente estava acontecendo. Necessitava, em resumo, de uma "análise do roubo".

Mas como se faz o dimensionamento da roubalheira em uma companhia russa? Isso não se ensinava em Stanford. Obviamente eu não poderia confrontar diretamente a direção da Gazprom. Tampouco poderia pedir a analistas vinculados a algum banco de investimento internacional importante. Eles só se importavam com trabalhos que gerassem honorários, o que significa que estavam tão comprometidos com os gestores da Gazprom que jamais admitiriam publicamente os clamorosos desvios que ocorriam bem debaixo do nariz deles.

Refletindo sobre como agir, me dei conta de que minha experiência no Boston Consulting Group teria alguma utilidade nessa situação. Como consultor de gestão, eu aprendera que a melhor forma de responder a perguntas difíceis era achar gente que sabia as respostas e conversar com elas.

Fiz então uma lista de pessoas que sabiam alguma coisa sobre a Gazprom: concorrentes, clientes, fornecedores, ex-empregados, funcionários de órgãos governamentais reguladores, e assim por diante. Convidei cada um deles para se encontrar comigo para um café da manhã ou almoço, jantar, chá das cinco, sobremesa... Eu não queria espantá-los de cara, então não lhes passava minha pauta inteira. Apenas dizia que era um investidor ocidental interessado em conversar. Surpreendentemente, cerca de trinta das quase quarenta pessoas que convidei aceitaram se reunir comigo.

Minha primeira conversa foi com o diretor de planejamento de um pequeno concorrente nacional da Gazprom. Careca, levemente acima do peso, ele trazia no pulso um relógio soviético e vestia um terno cinza amarrotado. Vadim e eu almoçamos com ele em um restaurante italiano chamado Dorian Gray, perto da praça Bolotnaya, às margens do rio Moscou.

Depois do habitual bate-papo introdutório, fui direto ao ponto:

— Pedimos para conversar com você porque estamos tentando descobrir o que foi roubado da Gazprom. Você é um dos especialistas nesse ramo e gostaria de saber se estaria disposto a compartilhar um pouco do seu conhecimento conosco.

Houve um momento de silêncio. Pensei que tinha ido longe demais. Mas eis que seu rosto se iluminou. Ele então colocou as mãos sobre a toalha de mesa branca, inclinou-se para a frente e disse:

— Estou muito contente por vocês terem perguntado. Os administradores da Gazprom são o maior bando de pilantras do mundo. Eles estão roubando tudo.

— Poderia dar exemplos? — pediu Vadim.

— Olhem o Tarkosaleneftegaz — disse o homem, batendo com a colher na mesa. — Eles simplesmente o tiraram da Gazprom.

— E o que é Tarko...? — perguntou Vadim.

— Tarko Saley — disse o homem, interrompendo. — É um campo de gás na região de Yamalo-Nenets. Tem algo em torno de quatrocentos bilhões de metros cúbicos de gás.

Vadim pegou sua calculadora e converteu o número para seu equivalente em barris de petróleo.[7] O número ao qual chegou, 2,7 bilhões de barris de petróleo, significava que o campo Tarko Saley era maior que os das reservas da companhia petroleira americana Occidental Petroleum, cujo valor de mercado era de 9 bilhões de dólares.

Eu já tinha visto muita coisa na vida, mas confesso que fiquei pasmo ao saber que uma empresa de 9 bilhões de dólares havia sido roubada da Gazprom. Prosseguindo, o homem citou nomes, datas e nos falou de outros importantes campos de gás que estavam sendo roubados. Fizemos todas as perguntas que nos vieram à mente e preenchemos sete páginas de um caderno. Se não tivéssemos interrompido o almoço depois de duas horas, estaríamos lá até agora falando com o sujeito.

Sem querer, acabei topando com um dos mais importantes fenômenos sociais da Rússia pós-União Soviética: o cada vez mais profundo abismo entre ricos e pobres. Nos tempos de União Soviética, a pessoa mais rica da Rússia tinha cerca de seis vezes mais recursos que a mais pobre. Membros do Politburo talvez até

---

[7] Barril de petróleo equivalente (BOE) é a unidade de energia usada para comparar metros cúbicos de gás com barris de petróleo.

possuíssem um apartamento maior, um carro e uma boa casa de campo, mas não muito mais do que isso. Entretanto, no ano 2000, o mais rico passara a ter *250 mil vezes* mais bens que o mais pobre. Essa má distribuição da riqueza surgiu e cresceu em tão curto espaço de tempo que contaminou psicologicamente a nação. As pessoas estavam tão revoltadas que se dispunham a abrir o coração para quem quisesse ouvi-las.

A maior parte dos nossos outros encontros transcorreu mais ou menos da mesma forma. Conversamos com um consultor especializado na indústria do gás que nos falou de um outro campo roubado. Um executivo que trabalhava com oleodutos nos revelou como a Gazprom, nos tempos da antiga União Soviética, desviava todas as suas vendas de gás para um obscuro intermediário. Um ex-funcionário da empresa descreveu como a Gazprom fizera empréstimos a taxas menores que as de mercado para amigos dos diretores. Tudo somado, preenchemos dois cadernos com graves acusações de roubo, desvios e fraudes.

Se tomarmos como verdadeiras todas as informações que coletamos, sem dúvida concluiremos que se trata do maior roubo da história do setor. Mas havia um problema sério: não tínhamos a menor ideia se essas alegações correspondiam à realidade. O que as pessoas nos diziam podia facilmente ser expressões de rancor ou ressentimento, exageros, ou simplesmente informações equivocadas. Precisávamos arranjar um jeito de confirmar a veracidade do que nos relataram.

Como checar qualquer coisa na Rússia? Não era exatamente esse o principal problema que enfrentávamos com a Gazprom desde o começo? Não era a Rússia um lugar tão nebuloso que às vezes era impossível ver o que estava a um palmo do nariz?

Essa era a impressão, mas na verdade não havia nada indevassável. Bastava descascar um pouco o verniz para descobrir que, estranhamente, a Rússia era um dos lugares mais transparentes do mundo. Se soubesse como fazê-lo, era possível obter facilmente a informação procurada. Foi isso que aprendemos, quase por acaso, algumas semanas depois de concluirmos as entrevistas sobre a Gazprom.

Vadim estava indo em seu Volkswagen Golf para o trabalho quando o trânsito parou no Boulevard Ring, esquina com a Tverskaya, na praça Pushkin. Naquele cruzamento, os carros têm que virar à esquerda ou à direita, o que formava um congestionamento na maior parte do dia. Com os motoristas presos em seus veículos por até uma hora, surgia um pequeno exército de espertos garotos maltrapilhos oferecendo de tudo: de DVDs piratas a jornais e isqueiros.

Naquele dia, sentado em seu carro, Vadim viu se aproximar um menino exibindo seus produtos. Vadim não estava interessado, mas o garoto insistiu.

— Tudo bem. Vamos ver. O que você tem aí para vender? — perguntou, desconfiado.

O garoto abriu sua parca azul suja, revelando uma coleção de CD-ROMs alojada num grande estojo expositor de plástico.

— Tenho bancos de dados.

Vadim aguçou os ouvidos.

— Que tipo de banco de dados?

— Todos os tipos. Listas de telefones celulares, declarações de imposto de renda, infrações de trânsito, dados de fundos de pensão, o que você quiser.

— Interessante. Quanto?

— Depende. De 5 a 50 dólares.

Forçando a vista para conseguir ler as letrinhas impressas na coleção de discos do estojo do menino, Vadim bateu o olho em um intitulado "Banco de Dados da Câmara de Registro de Empresas de Moscou". Ele então olhou com mais atenção. A Câmara de Registro de Empresas de Moscou é o órgão que monitora e coleta dados sobre proprietários de empresas baseadas em Moscou.

Vadim apontou para o disco.

— Esse aqui, quanto custa?

— Esse? Ahn... 5 dólares.

Vadim entregou ao menino uma nota de 5 dólares americanos e pegou o disco.

Assim que chegou ao escritório, correu para seu computador com o intuito de verificar se tinha acabado de torrar 5 dólares em um disco vazio. No entanto, como prometera o jovem ambulante, apareceu na tela um menu que permitia a Vadim procurar os donos de toda e qualquer companhia moscovita.

Foi nesse momento que nos deparamos com um segundo importante fenômeno russo: o país era um dos lugares mais burocráticos do mundo. Por ser, à época da União Soviética, uma economia planificada, Moscou precisava de dados sobre todos os aspectos da vida para que seus burocratas pudessem decidir sobre tudo, desde quantos ovos deveriam ser enviados para Krasnoyarsk até quanta eletricidade Vladivostok consumia. O fato de o regime ter caído não mudou nada: os ministérios de Moscou continuaram existindo e seus aparatos burocráticos não mediam esforços para registrar e explicar tudo o que estava sob sua responsabilidade.

Depois da descoberta fortuita de Vadim na praça Pushkin, rapidamente nos tornamos adeptos da prática de ir atrás de todo tipo de informação que nos ajudasse a checar as acusações que ouvíramos nas entrevistas sobre a Gazprom. A partir desses bancos de dados, concluímos que, entre 1996 e 1999, os gestores da empresa tinham vendido sete grandes campos de gás por um preço irrisório.

Essas vendas de ativos eram não apenas imensas, como também descaradas, realizadas sem o menor pudor. Os donos dos bens roubados não faziam nada nem mesmo para tentar dissimular sua condição de proprietários.

Um dos exemplos mais gritantes era a história da Sibneftegaz, uma subsidiária da Gazprom. A empresa, uma produtora de gás na Sibéria, obtivera em 1998 licenças de um campo de gás que continha o equivalente a 1,6 bilhão de barris de petróleo. Com base em um cálculo ultraconservador, concluímos que a subsidiária valia cerca de 530 milhões de dólares; no entanto, permitiu-se que um grupo de compradores adquirisse 53% da Sibneftegaz por um total de 1,3 milhão de dólares, ou seja, 99,5% menos que nossa estimativa do que seria um valor justo!

Quem eram esses felizes compradores? Um deles era Gennady Vyakhirev, irmão do CEO da Gazprom, Rem Vyakhirev. Gennady, junto com seu filho Andrey, usou uma empresa para comprar 5% da Sibneftegaz por 87.600 dólares.

Outro lote da companhia, de 18%, foi comprado por 158 mil dólares por uma empresa que tinha entre seus sócios um certo Victor Bryanskih, que fora diretor do departamento de planejamento estratégico da Gazprom. Uma fatia de 10% da Sibneftegaz foi adquirida por uma empresa controlada por Vyacheslav Kuznetsov e sua esposa, Natalie. Vyacheslav era o diretor do departamento de auditoria interna da Gazprom, justamente o departamento que deveria detectar e impedir que esse tipo de transação acontecesse.

Descobrimos seis outras grandes vendas de ativos em que as mesmas técnicas foram empregadas. Ao somar todas as reservas de gás e óleo que haviam sido extraídas do balanço da Gazprom, Vadim chegou à conclusão de que a empresa na prática havia entregado quase de graça reservas equivalentes às do Kuwait. Países já entraram em guerra por muito menos.

Contudo, o mais assombroso era que, embora fossem gigantescas, essas reservas de gás e petróleo representavam, pelos cálculos de Vadim, apenas 9,65% do total das reservas da Gazprom. Em outras palavras, mais de 90% das reservas da companhia *não* haviam sido roubadas. Nenhum outro investidor compreendia isso. Os mercados tomavam como verdade absoluta que a Gazprom havia sido literalmente pilhada até a última gota de petróleo e o último metro cúbico de gás, motivo pelo qual suas ações eram negociadas por valor 99,7% inferior ao de empresas equivalentes do Ocidente. Mas nós acabáramos de provar que *mais de 90% das reservas ainda estavam lá*. E ninguém mais sabia disso.

O que um investidor deve fazer em uma situação como essa? Muito simples: comprar a maior quantidade possível de ações dessa empresa.

Em um mundo em que as pessoas brigam com unhas e dentes para ganhar 20%, nós agora identificávamos algo que poderia render 1.000%, talvez 5.000%. Era óbvio demais, tanto que o fundo aumentou seu investimento na Gazprom até o limite de 20% dos seus recursos, o máximo que o fundo podia concentrar em uma única empresa.

Para a maioria dos analistas de investimentos, esse é o momento de parar e esperar. Você faz sua análise, faz o investimento e espera que os outros descubram o que você já sabe. Mas eu não podia proceder assim. Nossas descobertas eram grandes demais. Eu precisava dividir com o mundo essas informações.

Fiz em seguida algo extremamente raro em minha profissão. Dividi o dossiê Gazprom em seis partes e as distribuí entre seis importantes órgãos de comunicação do Ocidente. Repórteres e editores desses veículos perceberam a abrangência da nossa pesquisa e o impacto que a história teria e não conseguiram resistir. Havíamos poupado meses de trabalho investigativo para os jornalistas; não demorou muito para que eles transformassem nossos levantamentos em uma enxurrada de matérias assombrosas.

A primeira delas foi publicada nas páginas do *The Wall Street Journal* em 24 de outubro de 2000 sob o título "Como queimar gás". Descrevia como os campos de gás roubados tinham reservas suficientes para "abastecer a Europa inteira por cinco anos". No dia seguinte, o *Financial Times* soltou sua matéria, "Diretores da

Gazprom fazem reunião para debater governança", em que detalhava as transações de "familiares e amigos" na Gazprom. Em 28 de outubro, o *The New York Times* publicou em sua seção de negócios estrangeiros "Diretores envolvidos na venda de ativos da Gazprom". Menos de um mês depois, em 20 de novembro, a *BusinessWeek* veiculou o artigo "Gazprom se queimando". Em 24 de dezembro, o *The Washington Post* publicou a matéria "Vendas irregulares de ativos podem se tornar um desafio para Putin".

O público, tanto na Rússia quanto no exterior, se assombrou com o nível de corrupção na Gazprom. Nos seis meses seguintes, mais de quinhentos artigos em russo e 275 em inglês repercutiram nossas revelações sobre a companhia.

Na Rússia, a cobertura jornalística teve impacto marcante. No plano abstrato, russos até aceitavam corrupção e suborno, mas quando eram expostos a exemplos concretos de pessoas que recebiam propina e quanto recebiam, eles reagiam com fúria. Tanto que, em janeiro de 2001, o parlamento russo convocou sessões específicas para debates sobre a situação da Gazprom. Essas reuniões levaram à recomendação para que a Câmara de Auditoria, o equivalente russo da Controladoria-Geral da União, realizasse seu próprio inquérito na Gazprom.

Em resposta ao inquérito da Câmara de Auditoria, o conselho diretor da Gazprom contratou a PricewaterhouseCoopers (PwC), a gigante de contabilidade americana, para realizar uma análise independente.

Ao cabo de várias semanas, a Câmara de Auditoria anunciou o resultado do seu inquérito. De modo previsível, disseram que não acharam nada de errado na conduta dos administradores da Gazprom. Eles justificaram as vendas de ativos alegando que "a Gazprom estava com problemas de capital e precisava de injeção de recursos".

Faltava então o relatório da PwC, que já faturava milhões como a responsável por auditar regularmente as contas da Gazprom. Em outras palavras, se o relatório incriminasse de alguma forma a Gazprom, incriminaria por conseguinte a própria PwC. Como era de esperar, seu relatório também inocentou a Gazprom por seus atos, usando argumentos irracionais e obtusos para explicar por que tudo que havíamos exposto era razoável e legal.

Embora não fossem desfechos totalmente inesperados, eu estava tão cheio de tudo aquilo que queria estar longe de Moscou em 30 de junho de 2001, data da

Assembleia Geral Anual da Gazprom. Eu sabia que, não obstante todas as nossas revelações, os gestores ficariam circulando e se pavoneando para o mundo, enaltecendo a excelência da administração da empresa.

Eu queria evitar toda aquela encenação, então convidei Elena para viajar comigo durante um fim de semana prolongado. Ela havia acabado de terminar um grande projeto no trabalho e aceitou. Comprei duas passagens para Istambul, um dos poucos lugares interessantes para onde Elena podia viajar sem precisar tirar visto.

Partimos no dia da assembleia anual da Gazprom. No aeroporto Atatürk, pegamos um táxi para o Ciragan Palace Hotel, que no passado fora o palácio de um sultão, localizado no lado europeu do estreito de Bósforo. Era um lindo e ensolarado dia de verão. Fomos para a varanda ao lado da piscina e almoçamos sob um imenso guarda-sol branco. Navios de todos os tamanhos passavam logo abaixo entrando e saindo do mar de Mármara. Foram não mais que três horas de voo, mas as vistas e os sons exóticos da Turquia, somados à presença reconfortante de Elena, fizeram com que eu me sentisse a anos-luz da desonestidade suja da Rússia.

Quando pedimos sobremesa acompanhada por chá de menta, meu telefone tocou. Eu não queria atender, mas, como era Vadim, tive que fazê-lo.

Ele tinha notícias incríveis.

Os gestores da Gazprom não estavam desfilando e se pavoneando na assembleia anual. Rem Vyakhirev tinha acabado de ser demitido do cargo de CEO da companhia por ninguém menos que o próprio presidente Vladimir Putin.

O líder russo substituiu Vyakhirev por um homem praticamente desconhecido chamado Alexey Miller. Assim que assumiu, o novo CEO anunciou que preservaria os ativos que restavam no balanço da Gazprom e recuperaria o que havia sido roubado. Em resposta a isso, o valor das ações da empresa subiu 134% em um dia.

Nos dois anos seguintes, voltou a dobrar. E dobrou de novo, e *de novo*. Em 2005, uma ação da Gazprom valia cem vezes mais do que o preço pago pelo Hermitage quando comprou seus primeiros lotes. *Cem vezes mais*, e não 100%. Nossa pequena campanha tinha livrado o país de um de seus oligarcas mais nojentos. Foi, sem dúvida, a melhor aplicação que fiz na minha vida.

18

Cinquenta por cento

Afora trabalhar e sair com Elena, uma das coisas de que eu mais gostava em Moscou era jogar tênis, o que fazia frequentemente.

Em um gelado sábado de fevereiro de 2002, eu estava atrasado para uma partida com um amigo corretor. Alexei dirigia rápido e eu e Elena íamos de mãos dadas no banco de trás da Blazer. Quando o carro se aproximou do trecho final que levava à quadra de tênis, vi um objeto volumoso e escuro no meio da rua. Carros estavam desviando à esquerda e à direita para evitá-lo. Achei que fosse uma sacola de lona que havia caído de um caminhão, mas, ao nos aproximarmos, vi que não era uma sacola grande, e sim um homem.

— Pare, Alexei! — gritei.

Ele não disse nada e tampouco deu sinal de que reduziria a velocidade.

— Pare o carro, cacete! — repeti.

Relutante, ele estacionou perto do homem. Abri a porta e saí do carro. Elena veio atrás, assim como Alexei, ao perceber que não havia como fugir da situação. Ajoelhei-me ao lado do homem. Carros passavam voando por nós e buzinavam. O sujeito não estava sangrando, mas estava inconsciente. Notei que tinha espasmos e havia espuma escapando de sua boca. Não sabia o que lhe havia acontecido, mas pelo menos estava vivo.

Agachei-me, pus um braço sob seu ombro, Alexei fez o mesmo do outro lado, Elena segurou seus pés e, juntos, o tiramos do meio da rua. Ao alcançarmos a calçada, vimos um montinho de neve macia e cuidadosamente o deitamos. Ele começou a voltar a si.

— *Epilepsia* — o ouvimos balbuciar. — *Epilepsia*.

— Você vai ficar bem — disse Elena, em russo, dando batidinhas em seu braço.

Alguém deve ter chamado um número de emergência, pois naquele momento três carros de polícia apareceram. Inacreditavelmente, os policiais não deram qualquer atenção ao homem e apenas ficaram marchando de um lado para outro atrás de alguém em quem colocar a culpa. Depois de me ouvir falando em inglês e concluir que eu era estrangeiro, foram até os russos que haviam se aglomerado em volta para bisbilhotar. Os guardas então cercaram Alexei, a quem acusaram de ter atropelado o homem com o nosso carro. O homem, que àquela altura já estava totalmente consciente, tentou explicar que não tinha sido atropelado e que Alexei só estava tentando ajudar, mas os homens da lei o ignoraram. Pediram os documentos de Alexei e o obrigaram a fazer o teste do bafômetro. Em seguida, discutiram pesadamente com ele por quinze minutos. Ao fim, convencidos de que não houve nada de errado, entraram em suas viaturas e foram embora. O homem nos agradeceu e entrou numa ambulância que chegara enquanto Alexei discutia com os policiais, e nós voltamos para a Blazer.

Quando nos afastávamos, Alexei explicou por que relutara tanto em ajudar. Elena traduziu:

— É o que sempre acontece na Rússia. Não importa se o cara foi ou não atropelado. Uma vez que entra na história, a polícia vai culpar alguém e ponto final.

Felizmente, por ter sido coronel da Polícia Rodoviária, Alexei conseguiu se safar. Mas para o moscovita comum, um simples gesto de solidariedade humana pode levar a uma pena de sete anos de reclusão. Qualquer russo sabia disso.

Era a história da Rússia.

Segui para o meu jogo de tênis, porém, por mais que tentasse, não conseguia apagar o incidente da minha mente. E se não tivéssemos parado? Cedo ou tarde, um carro não desviaria e o homem se feriria gravemente ou morreria. Pensar que situações similares provavelmente aconteciam todos os dias na Rússia inteira me fez estremecer. Essa possibilidade perversa tampouco se limitava apenas à segurança das estradas. Acontecia em todos os aspectos da vida: nos locais de trabalho, imóveis, assistência à saúde, no pátio da escola... Sempre que algo ruim acontecia, as pessoas não se envolviam para não colocar em risco a própria pele. Não que lhes faltasse espírito cívico e de solidariedade; o problema é que a recompensa por ajudar seria uma punição, e não um elogio.

Talvez eu devesse ter visto esse incidente como um presságio. Talvez devesse ter ficado no meu canto na Rússia em vez de tentar consertar as empresas corruptas em que estava investindo. Mas eu acreditava que podia ajudar. Por não ser russo — os guardas me ignoraram assim que me ouviram falando em inglês —, acreditava que poderia fazer coisas que jamais seriam permitidas para um russo em minha posição.

Isso explica por que, depois de ver os ótimos resultados da nossa campanha na Gazprom, decidi combater a corrupção em outras grandes empresas da nossa carteira. Entre meus alvos estavam a UES, a companhia nacional de energia elétrica, e o Sberbank, o banco nacional de poupança, para citar apenas dois. Como fizera com a Gazprom, passei meses investigando como eram executados os desvios. Reuni os resultados em apresentações bem didáticas e as expus à imprensa internacional.

Também como acontecera com a Gazprom, assim que as campanhas começaram a provocar grande comoção, o governo Putin entrou em cena para mostrar sua autoridade.

Depois de eu revelar que o CEO da UES estava tentando vender ativos da empresa por um valor muito inferior ao de mercado para vários oligarcas, o Kremlin proibiu temporariamente novas vendas de ativos. Depois que processei o Sberbank e sua diretoria por vender novas ações por preços baixos para gente de dentro da empresa e seus amigos, excluindo acionistas minoritários, a Rússia mudou a lei de emissões abusivas de ações.

A esta altura, você deve estar se perguntando por que Vladimir Putin permitiu que eu fizesse tudo isso. A resposta é que, por um tempo, nossos interesses coincidiram. Quando se tornou presidente, em janeiro de 2000, Putin foi diplomado com o título de presidente da Federação Russa, mas o verdadeiro poder tinha sido tomado por oligarcas, governadores regionais e grupos do crime organizado. Assim que assumiu, sua prioridade número um foi arrancar o poder dessas pessoas e colocá-lo em seu devido lugar, no Kremlin, ou, em termos mais precisos, nas próprias mãos.

Em relação a mim e às minhas campanhas anticorrupção, Putin manobrava com base na máxima da política "o inimigo do seu inimigo é seu amigo", de modo que usava meu trabalho como pretexto para desequilibrar seus inimigos oligarcas.

Eu estava tão mergulhado no meu próprio sucesso e nos resultados astronômicos do fundo que não conseguia ver isso. Ingenuamente, acreditei que Putin agia pensando nos interesses do país e estava sinceramente tentando fazer uma faxina na Rússia.

Muitos perguntavam por que os oligarcas simplesmente não me mataram por ter denunciado suas práticas corruptas. É uma boa pergunta. Na Rússia, as pessoas são mortas por muito menos que isso. Era uma sociedade sem lei, em que qualquer coisa podia acontecer e em geral realmente acontecia.

O que me salvava não era o temor que as pessoas tinham da lei, e sim sua paranoia. A Rússia é um país movido à base de teorias da conspiração. Há inúmeras camadas superpostas de explicações sobre por que as coisas acontecem, e nenhuma delas é clara e objetiva. Na cabeça do russo comum, era inconcebível que um americano modesto que mal falava russo se lançaria sozinho numa campanha agressiva contra os mais poderosos oligarcas do país. A única explicação plausível era que eu estaria trabalhando como testa de ferro de alguém muito poderoso. Se levarmos em consideração o fato de todas as minhas batalhas contra diferentes oligarcas terem resultado em uma intervenção de Putin ou do seu governo, a maioria das pessoas supunha que esse alguém seria ninguém menos que o próprio Vladimir Putin. Era uma hipótese ridícula. Eu nunca estivera com Putin. Mas, como todo mundo achava que eu era "um homem de Putin", ninguém encostava o dedo em mim.

O lado bom das nossas campanhas e das intervenções de Putin foi a recuperação espetacular do meu fundo. No fim de 2003, já havia subido mais de 1.200% em relação ao ponto mais baixo do mercado. Eu tinha recuperado todas as perdas desde 1998. Foram necessários cinco anos e um esforço hercúleo, mas eu conseguira atingir meu objetivo de tirar meus clientes daquele terrível buraco. Além de provar que estava com a razão, sentia ter descoberto um modelo perfeito de negócio: eu não apenas estava ganhando muito dinheiro, como também ajudava a fazer da Rússia um país melhor. São poucos os trabalhos que lhe permitem ganhar dinheiro e ao mesmo tempo fazer coisas boas. Eu tinha esse privilégio.

Parecia ser bom demais para ser verdade. E era.

No início de uma manhã de sábado em outubro de 2003, eu estava em casa, correndo na esteira e assistindo à CNN, quando apareceu na tela a notícia da prisão de Mikhail Khodorkovsky, CEO da Yukos e o homem mais rico da Rússia.

Saltei da esteira, sequei o suor da testa e corri até a cozinha, onde Elena preparava o café da manhã.

— Você viu a notícia? — gritei, ainda sem fôlego.

— Sim, acabei de ouvir no rádio. Inacreditável.

— O que você acha que vai acontecer?

— Não sei. Até segunda-feira de manhã ele já deve estar solto. Na Rússia, os ricos não passam muito tempo atrás das grades.

Eu tinha sentimentos conflitantes em relação à prisão de Khodorkovsky. No curto prazo, o mercado sentiria o golpe e meu fundo perderia dinheiro se ele permanecesse preso, mesmo que por poucos dias. No longo prazo, contudo, se ele milagrosamente ficasse preso e esse fosse o início de uma repressão aos oligarcas, significaria que a Rússia tinha uma chance de se tornar um país normal. Em última instância, seria uma ótima evolução não apenas para o fundo, mas também para todo mundo que vivia na Rússia.

Quando cheguei ao escritório na segunda-feira de manhã, Khodorkovsky ainda estava preso e o mercado abriu em queda de 10%. Sua prisão estava nas manchetes de todos os mais importantes jornais do mundo. Meus clientes começaram a entrar em pânico e eu passei o dia inteiro atendendo a suas ligações. O que aquilo significava? O que aconteceria em seguida? Deviam tirar seu dinheiro da Rússia?

Eu não sabia. Ninguém sabia. No centro de tudo estava uma negociação entre Vladimir Putin e Mikhail Khodorkovsky. Nessa negociação, nem lei nem lógica importavam.

Por razões que ninguém jamais realmente saberá, essas conversas acabaram mal para Khodorkovsky, e, no final da semana, ele continuava preso. O governo russo então intensificou ainda mais o conflito ao desapropriar de Khodorkovsky as ações que ele detinha na Yukos, equivalentes a 36% da empresa.

Aquilo era inédito. Não apenas era um desastre pessoal para Khodorkovsky, mas também para o mercado financeiro como um todo. O medo de expropriação pairava como uma sombra no fundo da mente de todo investidor, e agora, sob Vladimir Putin, era uma realidade. Nos quatro dias seguintes, os mercados caíram mais 16,5% e a Yukos perdeu 27,7% do valor.

E por que Putin estava fazendo isso? A teoria mais popular era a de que Khodorkovsky havia violado a regra número um de Putin: "Se quiser manter todos os seus ganhos obtidos de forma irregular, fique fora da política." Khodorkovsky infringiu essa regra ao mandar milhões de dólares para partidos de oposição visando às próximas eleições e ao fazer declarações que eram claramente contra Putin. O líder russo acredita no poder dos símbolos e, como Khodorkovsky havia saído da linha, decidiu que deveria usá-lo como exemplo.

Como que para deixar clara a sua posição, Putin deflagrou uma abrangente caça às bruxas contra qualquer pessoa de alguma forma ligada a Khodorkovsky. Nas semanas seguintes à sua prisão, autoridades de diferentes órgãos policiais russos passaram a perseguir os partidos políticos que ele financiara, instituições beneficentes de que participava e vários de seus empregados.

Em junho de 2004, Khodorkovsky e Platon Lebedev, seu sócio, foram julgados e condenados por seis crimes de fraude, dois de sonegação fiscal e um de roubo. Cada um foi sentenciado a nove anos de prisão. Como simbolismo era um aspecto essencial de seus atos, Putin fez algo sem precedentes: permitiu a entrada de câmeras de TV no tribunal para que o homem mais rico da Rússia fosse filmado dentro da cela reservada aos réus.

Era uma imagem poderosa. Imagine que você é o décimo sétimo oligarca mais rico da Rússia. Você está em seu iate, atracado no píer em frente ao Hôtel du Cap, em Antibes, na Côte d'Azur. Você acaba de transar com sua amante e sai da cabine para pegar duas taças de champanhe Cristal e caviar. Pega o controle remoto, liga a TV e sintoniza na CNN. E ali, na tela, bem diante de seus olhos, vê um dos seus pares — um homem muito mais rico, inteligente e poderoso que você — sentado em uma cela.

Qual seria sua reação natural? O que você faria?

Qualquer coisa que lhe garanta que você não vai acabar naquela cela.

Depois de Khodorkovsky ter sido condenado, a maioria dos oligarcas russos, um a um, procurou Putin e disse: "Vladimir Vladimirovich, o que posso fazer para ter certeza de que não vou acabar enjaulado numa cela?"

Eu não estava lá. Estou apenas especulando, mas imagino que a resposta de Putin tenha sido algo mais ou menos assim: "50%."

Não 50% para o governo ou para a administração presidencial, mas 50% para Vladimir Putin. Não tenho certeza disso. Pode ter sido 30% ou 70% ou algum outro esquema. Mas sei com certeza absoluta que, depois da condenação de Khodorkovsky, meus interesses e os de Putin não mais coincidiam. Ele transformara os oligarcas em seus serviçais, consolidara seu poder e, na visão de muitos, se tornara o homem mais rico do mundo.

É uma pena que eu não estivesse suficientemente atento para perceber que eu e Putin estávamos em rota de colisão. Meu comportamento não mudara em nada depois da prisão e condenação de Khodorkovsky. Prossegui exatamente como antes: citando nomes e constrangendo oligarcas russos. Mas agora as coisas passaram a ser diferentes. Em vez de atacar inimigos de Putin, eu estava minando os interesses econômicos do próprio Putin.

Talvez você esteja se perguntando por que eu não percebia nada disso. Talvez a explicação estivesse naquele incidente com o homem caído no asfalto, no meio da rua. A polícia me ignorara naquele dia porque eu não era russo. Eu acreditava que, por ser estrangeiro, estava isento das regras informais que regiam a vida de todas as pessoas no país. Se fosse cidadão russo e estivesse envolvido em uma campanha anticorrupção como a minha, certamente eu teria sido preso, espancado ou assassinado.

Na época, Putin não era tão descarado como é hoje. Naquele momento, matar um estrangeiro teria sido lance drástico demais. E, se me deixasse preso numa cela, ele se transformaria em refém da situação tanto quanto eu. Se o fizesse, todo chefe de Estado do Ocidente seria forçado a desperdiçar um terço de suas reuniões com ele para discutir o meu caso e pedir minha libertação. No fim, ele apareceu com uma solução intermediária que agradou a todos em seu círculo: em 13 de maio de 2005, ao chegar a Moscou voltando de Londres, fui abordado no saguão VIP do aeroporto Sheremetyevo, detido por quinze horas e expulso do país.

19
AMEAÇA À SEGURANÇA NACIONAL

Assim que desembarquei do voo que me trouxera de Moscou como deportado, comecei a fazer ligações para tentar entender o que havia de errado. Elena, grávida de oito meses, fez o possível para tentar me ajudar. Eu passara os dez anos anteriores construindo cuidadosamente meu negócio, pouco a pouco, abrindo mão de vida social, obcecado com qualquer movimento do mercado de ações, trabalhando nos fins de semana como se fossem dias úteis, tudo para criar uma empresa de consultoria e investimentos de 4,5 bilhões de dólares. Não podia permitir que o cancelamento do meu visto destruísse tudo de um só golpe.

Minha primeira ligação foi para um advogado de Londres com bons contatos e especializado em imigração. Ele escutou minha história e ficou bastante intrigado, pois acabara de ouvir que outro cidadão britânico, Bill Bowring, advogado de direitos humanos, tinha sido impedido de entrar na Rússia um dia antes de mim. Ele suspeitava que minha expulsão era um caso de identidade trocada. Achei a hipótese fantasiosa demais, mas, em se tratando de Rússia, nunca se sabe.

Minha ligação seguinte foi para o HSBC, meu parceiro de negócios depois que Edmond Safra vendera o banco. Como banco gigantesco, eles se revelaram nada inspirados na hora de fazer dinheiro, mas, quando foi preciso lidar com o *establishment* britânico, eles se mostraram craques de primeira grandeza.

Falei primeiro com o CEO da área de *private banking*, Clive Bannister. Em quinze minutos, ele me colocou em contato com *Sir* Roderic Lyne, ex-embaixador britânico na Rússia com quem o HSBC tinha contrato justamente para casos como o meu. *Sir* Roderic prometeu me ajudar a navegar pelos bastidores da administração pública inglesa. Quinze minutos depois de conversar com ele, eu já tinha conversa agendada com Simon Smith, chefe da diretoria russa do Ministério das Relações Exteriores.

Alguns dias depois, me dirigi ao edifício do ministério, em Londres, uma imponente construção neoclássica toda adornada na King Charles Street, próximo à residência oficial do primeiro-ministro. Depois de me apresentar na recepção, fui conduzido por um longo pátio até a entrada principal. Seu interior tinha teto abobadado, colunas de mármore e detalhes em estilo vitoriano. O lugar havia sido projetado no auge do Império Britânico para intimidar e impor respeito aos visitantes. Foi esse o efeito que teve sobre mim também, embora eu já tivesse encontrado presidentes de grandes corporações, políticos e bilionários.

Simon Smith chegou alguns minutos depois. Era cerca de cinco anos mais velho que eu, tinha cabelos grisalhos e espessos, rosto avermelhado e usava óculos sem aro.

— Olá, sr. Browder. Fico feliz que tenha vindo — disse ele, alegre, com sotaque refinado.

Nós nos sentamos e ele nos serviu chá de um bule de porcelana branco e azul. Com o aroma do chá do Ceilão se espalhando pelo ambiente, ele abriu a conversa:

— Então, parece que você teve alguns probleminhas com nossos amigos em Moscou.

— Isso mesmo. É o que parece.

— Bem, na realidade, a boa notícia para você é que já estamos cuidando do assunto — disse ele, profissionalmente. — Nosso secretário de Estado para a Europa está em Moscou neste momento e pretende levar seu caso amanhã ao assessor de política externa de Putin, Sergei Prikhodko.

Isso me soou animador.

— Maravilha. Quando você acha que saberemos alguma coisa sobre o resultado dessa reunião?

Smith deu de ombros.

— Em breve, espero.

Ele então se inclinou para a frente e, segurando a xícara com as duas mãos, disse:

— Mas há um detalhe importante sobre o qual preciso alertá-lo, Bill.

— Qual é?

— Acompanhei com grande admiração suas campanhas pelos direitos dos acionistas quando servi na embaixada em Moscou e sei que você usou a imprensa com maestria em favor de suas causas, mas na presente situação é inteiramente imperioso que você fique longe da imprensa. Se esta história vier a público, não conseguiremos ajudá-lo. Os russos vão se fechar em copas e seu caso nunca será resolvido. Os russos sempre precisam de um jeito de salvar as aparências.

Deixei minha xícara sobre a mesa e tentei não demonstrar meu desconforto. Seguir esse conselho seria totalmente antinatural para mim, porém eu estava enfrentando o maior desafio da minha carreira profissional até então, e o governo inglês estava disposto a trabalhar na minha causa. Entendendo que deveria acatar o pedido de Smith, concordei e encerramos a conversa.

Na tarde seguinte, Smith ligou para me atualizar.

— Prikhodko disse que não tem ideia de por que você foi deportado, mas prometeu dar uma olhada no assunto.

Smith me contou isso como se fosse portador de ótimas notícias. Achei bem improvável que o mais importante assessor de Putin para política externa não estivesse a par da expulsão do maior investidor estrangeiro atuante na Rússia.

— Bill, mais uma coisa — prosseguiu Smith —, decidimos incluir no caso o nosso embaixador em Moscou, Tony Brenton. Ele gostaria de falar com você assim que possível.

No dia seguinte, liguei para ele. Comecei a lhe contar minha história, mas ele logo me cortou.

— Não precisa continuar. Já sei tudo sobre você e o Hermitage. Acho que os russos estão sendo muito burros ao afastar um investidor importante como você.

— Tenho esperança de que não passe de um engano.

— Eu também. Preciso lhe dizer que estou razoavelmente otimista e acredito que essa situação do seu visto vai se resolver assim que eu falar com as pessoas certas. Fique tranquilo. Você está em boas mãos.

Não dava para não achar mesmo que eu estava em boas mãos. Eu gostava de Tony Brenton. Assim como Smith, ele parecia sincero no seu propósito de resolver o problema. Eu não sabia se ter meu visto cancelado era um engano provocado por uma confusão de identidades ou se um dos alvos de minhas campanhas anticorrupção estava colocando em prática sua vingança, mas sentia que, com o governo britânico me apoiando, eu no final sairia vencedor.

A primeira medida de Brenton foi apresentar ao Ministério das Relações Exteriores da Rússia um pedido formal de explicação. Se o cancelamento do meu visto realmente tivesse sido ocasionado por uma confusão de nomes, isso logo ficaria aparente.

Uma semana mais tarde, a secretária de Tony Brenton ligou informando que haviam recebido a resposta do ministério e me mandou uma cópia por fax. Assim que o papel saiu da máquina, eu o entreguei a Elena para que o traduzisse.

Ela limpou a garganta e leu:

— Temos a honra de informá-lo que a decisão de vetar a entrada na Federação Russa do cidadão britânico William Browder foi tomada pelas autoridades competentes de acordo com a Seção Um, Artigo 27º, da lei federal.

— Do que trata o Artigo 27º da lei federal?

Elena deu de ombros.

— Não faço a menor ideia.

Liguei para Vadim, que estava em Moscou, e lhe perguntei.

— Me dá um segundo.

Eu o ouvi digitando no computador. Depois de um minuto, ele voltou a falar comigo.

— Bill, o Artigo 27º autoriza o governo russo a banir pessoas consideradas uma ameaça à segurança nacional.

— O quê?

— Uma ameaça à segurança nacional — repetiu Vadim.

— Merda — disse baixinho. — Isso não é nada bom.

— Não, não é.

Com essa carta, passei a entender que o cancelamento do meu visto não era produto de uma confusão de nomes. Eu não tinha sido confundido com Bill Bowring. Algum peso pesado queria me expulsar da Rússia.

20

Vogue Café

Quando contei a Tony Brenton que os russos tinham me declarado uma ameaça à segurança nacional, ele disse:

— É uma pena, Bill, mas não se preocupe. Vamos seguir trabalhando pelos canais diplomáticos. Tenho uma reunião marcada com um dos principais assessores para economia de Putin, Igor Shuvalov. Imagino que ele vá ser sensível ao caso. No entanto, a esta altura não faria mal nenhum se você começasse a acionar seus contatos também.

Concordei e, junto com Vadim, comecei a compilar uma lista de autoridades russas que conhecíamos e talvez pudessem ajudar.

Desde que nos conhecêramos em Moscou cinco anos antes, muita coisa aconteceu entre mim e Elena: passamos a morar juntos, nos casamos e ela estava grávida do nosso primeiro filho. Faltando dois meses para o nascimento do bebê, ela ficou em Londres. Na noite de 15 de dezembro de 2005, eu estava sentado na cama acrescentando nomes à lista quando ela saiu do banheiro, o roupão amarrado bem apertado em torno da protuberante barriga de gestante.

— Bill — disse ela, com um olhar meio apavorado. — Acho que minha bolsa estourou.

Eu me levantei num salto, espalhando a papelada sobre a cama e o chão, sem saber o que fazer. Meu filho David nascera de cesariana marcada com antecedência, o que significava que minha experiência com parto natural era tão pequena quanto a de Elena, que era mãe de primeira viagem. Tínhamos lido todos os livros e ido a todas as aulas, mas, no momento em que a coisa começa a acontecer, tudo isso vai pelos ares. Peguei com uma das mãos a mala que já havíamos deixado preparada e envolvi Elena com o braço livre, conduzindo-a rapidamente para o elevador e até o estacionamento perto do nosso prédio, onde a ajudei a entrar no carro. O hospital St. John and St. Elizabeth não ficava longe, mas, devido ao pânico, peguei uma saída errada na Lisson Grove e acabei entrando em uma pista de mão única da qual não fazia ideia de como sair. Enquanto eu olhava desesperado à direita e à esquerda, Elena, normalmente tão agradável e imperturbável, começou a berrar palavras que eu nunca tinha ouvido sair de sua boca. Era óbvio que as contrações tinham começado.

Dez minutos depois, chegamos ao hospital. Felizmente ela não pariu no banco do carona. O restante foi um turbilhão, mas, depois de dez horas, nasceu Jessica, um saudável bebê de três quilos e duzentos gramas. A alegria que senti com o seu nascimento ofuscou por completo quaisquer sentimentos negativos que eu tinha a respeito da situação do meu visto.

Deixamos o hospital dois dias depois. Amigos vieram nos visitar em casa trazendo flores, comida e presentes para o bebê. David, que tinha acabado de completar nove anos, passou a curtir ter uma irmãzinha. Uma das minhas lembranças mais queridas é a dele segurando Jessica toda enroladinha em uma manta de hospital e beijando-a pela primeira vez. O Natal — que comemoramos, apesar de David e eu sermos judeus — chegou e se foi e, por uma semana ou pouco mais, meus problemas desapareceram.

O ano-novo passou de forma igualmente alegre e sem qualquer intercorrência. Nenhuma novidade da Rússia, que estava totalmente parada devido ao feriado de Natal Ortodoxo. Mas logo cedo na manhã de 14 de janeiro, Vadim ligou de Moscou.

— Bill, acabei de falar ao telefone com o vice de Gref.

German Gref era ministro de Desenvolvimento Econômico e um dos mais proeminentes reformistas do governo Putin. Vadim havia abordado seu vice antes do Natal para pedir sua ajuda no caso do meu visto.

— O que ele disse?

— Disse que Gref conseguiu levar o assunto para instâncias bem altas. Na realidade, conversou sobre seu caso com Nikolai Patrushev, chefe da FSB.

— Uau — respondi, impressionado e também um pouco assustado.

A FSB era o Serviço Federal de Segurança da Rússia, a polícia secreta do país, que durante o regime soviético era universalmente conhecida como a infame KGB. Se já não fosse por si só um mau sinal, o próprio Patrushev era considerado um dos membros mais implacáveis do círculo mais próximo de Putin.

— Aparentemente ele disse para Gref exatamente as seguintes palavras: "Fique fora disso. Não meta o nariz em coisas que não lhe dizem respeito."

Vadim fez uma pausa, como que me esperando digerir a notícia, e acrescentou, como se já não fosse evidente:

— Tem gente muito graúda por trás disso tudo, Bill.

Ouvir esse relato foi um banho de água fria. Todo o alto-astral dos feriados de fim de ano, do nascimento de Jessica e do crescimento da minha família foi enterrado no fundo da minha mente. Fui jogado de maneira cruel de volta à realidade.

Uma semana depois, Tony Brenton deu notícias igualmente desalentadoras.

— Shuvalov foi compreensivo, mas disse que não havia nada que pudesse fazer.

Se de um lado essas mensagens eram frustrantes, de outro ainda tínhamos o chefe da versão russa da Comissão de Valores Mobiliários, Oleg Vyugin, trabalhando no meu caso. Ele havia escrito para o vice-primeiro-ministro solicitando que meu visto fosse revalidado. Ele era esperado em Londres em meados de fevereiro para um seminário internacional sobre investimentos e eu tinha esperanças de que traria notícias melhores.

Combinamos de nos encontrar em Mayfair, no bar do Claridge's Hotel, na primeira noite de sua viagem. Porém, assim que botei os olhos nele, senti que havia algo errado. Nós nos sentamos em bancos baixinhos de veludo e pedimos nossas bebidas. Enquanto esperávamos, eu disse:

— Obrigado por ter escrito aquela contundente carta para o vice-primeiro-ministro.

— Não precisa me agradecer, Bill — respondeu ele, em excelente inglês. — Mas acho que deu em nada. A posição do governo em relação ao seu visto é intransigente.

Meu coração murchou.

— Quão intransigente?

Ele olhou para mim e arqueou levemente as sobrancelhas. Em seguida, apontou com o indicador para o teto e não disse mais nada. Será que ele se referia a

Putin? Não estava claro, mas era a única interpretação que encontrei para seu gesto misterioso. Se efetivamente era uma decisão de Putin, eu não teria como remediar a situação.

Quando relatei o encontro para Vadim, ele não ficou tão decepcionado.

— Se Putin realmente está por trás disso, é porque ele deve ter recebido informações falsas sobre você. Vamos encontrar alguém próximo de Putin para que ele possa ouvir a verdade.

Foi legal da parte dele inventar uma saída positiva para uma situação tão ruim, mas não me convenci.

— Quem seria capaz de fazer isso por nós? — perguntei, cético.

— Que tal Dvorkovich? — sugeriu.

Arkady Dvorkovich era o principal assessor de Putin para assuntos econômicos. Vadim o conhecera durante nossa campanha para impedir os desvios irregulares de ativos da companhia nacional de energia elétrica. Mais importante do que ser simpático a nós, ele era ouvido pelo presidente.

— Vale a pena tentar — respondi.

Vadim entrou em contato com Dvorkovich, que, surpreendentemente, disse que tentaria ajudar.

Apesar da resoluta esperança de Vadim, nossas opções estavam claramente se esgotando. Vários dias depois que lhe contei as más notícias trazidas pelo dirigente da Comissão de Valores Mobiliários, Vadim recebeu uma ligação em nosso escritório de Moscou de um homem que se recusou a se identificar, avisando que tinha informações importantes a respeito do meu visto. Ele só daria essas informações pessoalmente e indagou quando eles poderiam se encontrar.

Vadim me perguntou o que deveria fazer. Em condições normais, nós nos manteríamos a centenas de quilômetros de distância de um russo anônimo ligando para propor um encontro, mas, com tantas portas se fechando, senti que deveríamos tentar qualquer coisa que pudesse ser uma brecha.

— Seria possível fazer o encontro num local público? — sondei.

— Não vejo por que não.

— Então talvez valha a pena — respondi, hesitante.

No dia seguinte, o estranho tornou a ligar e aceitou encontrar-se com Vadim no Vogue Café, na rua Kuznetsky Most, um lugar da moda frequentado por oligarcas russos e suas namoradas-modelos de vinte anos. Em volta destes, a presença de incontáveis guarda-costas armados faria daquele um ponto ideal.

Enquanto o encontro transcorria, fiquei no meu apartamento, em Londres, andando de um lado para outro, esperando por notícias. Durou mais de duas horas. Vadim ligou para mim pouco depois das onze da manhã, horário de Londres. Sua voz era baixa e grave.

— Bill, foi tudo muito perturbador. Esse sujeito... ele tinha muita coisa para contar.

— Certo. Mas, antes de qualquer outra coisa, quem era ele?

— Não sei. Ele não me deu seu nome verdadeiro e pediu para chamá-lo de Aslan. Com certeza é alguém do governo. Provavelmente da FSB.

— Por que deveríamos acreditar em alguém que se recusa a se identificar? — perguntei, incrédulo.

— Porque ele sabia de tudo. Tudo mesmo, Bill. Sabia de nossas tentativas com Gref, Vyugin, Shuvalov, Prikhodko. Ele trouxe um papel com todos os detalhes da sua detenção no aeroporto, uma cópia da carta de Brenton, tudo. Foi assustador.

Senti um frio na espinha.

— E o que exatamente ele disse?

— Disse que a coisa toda está sob controle da FSB e que o cancelamento do seu visto foi só o começo.

— *Só o começo?*

— Foi o que ele disse. E mais: disse que a FSB tem intenção de, abre aspas, tirar os ativos do Hermitage, fecha aspas.

— Merda.

— É mesmo. E tem mais. Não é só a empresa. O problema é conosco. Comigo. Pelo visto, a FSB está monitorando tudo que eu faço. Ele avisou que estou na iminência de ser preso.

Vadim disse isso calmamente — ele dizia tudo calmamente —, como se estivesse narrando eventos que estavam acontecendo com outra pessoa.

Levantei-me bruscamente, derrubando a cadeira.

— E você acredita no que ele está dizendo?

— Não tenho certeza, mas ele soou bem crível.

— E por que esse tal Aslan nos contaria as intenções deles?

— Ele alega que há uma guerra dentro do governo e que o grupo dele está em rota de colisão com as pessoas que estão tentando fazer isso conosco.

Eu não sabia se isso era verdade ou se estavam nos enganando, mas de uma coisa eu tinha certeza: era imperioso que Vadim saísse da Rússia.

— Escute bem. Acho que é melhor você vir para cá assim que possível. Se há uma chance, por menor que seja, de esse cara estar falando a verdade, nós não podemos correr o risco de você ser preso.

— Calma, calma, Bill. Não precisa reagir de maneira tão radical.

— Vadim, você está de brincadeira? Saia daí. Você está na Rússia. Na Rússia! Nenhuma reação é radical demais na Rússia.

Desligamos. Vadim se recusou a deixar o país. Ele sabia que, se saísse da Rússia naquele momento, talvez nunca mais voltasse. Em sua cabeça, não fazia sentido ir para o exílio só porque aquele estranho lhe dissera algumas coisas naquela tarde. Ele queria mais informações.

Eu via as coisas de outra maneira e implorei a Vadim que conversasse com Vladimir Pastukhov, um advogado de Moscou que o Hermitage consultara ao longo dos anos. Vladimir era o homem mais sábio que eu conhecia. Não havia ninguém comparável a ele. Quase cego, usava óculos com lentes de fundo de garrafa que o faziam parecer com um escriba de algum romance de Dickens. Devido a essa deficiência, no entanto, Vladimir tinha a mente mais afiada e com mais habilidades do que a de qualquer outra pessoa com que já estive. Ele possuía uma qualidade rara: a capacidade de analisar uma situação complexa em toda a sua profundidade e nos mínimos detalhes. Era como um grande mestre do xadrez, capaz de antever todos os lances, não apenas antes de o oponente fazer, mas antes mesmo que ele perceba a possibilidade.

Ainda que não aceitasse deixar o país, Vadim topou falar com Vladimir. Quando o advogado abriu a porta de seu apartamento pouco antes da meia-noite, Vadim imediatamente levou um dedo aos lábios, indicando que não deveriam falar, para o caso de o apartamento estar grampeado. Vladimir deu passagem e Vadim entrou. Em silêncio, caminharam até o computador de Vladimir. Vadim se sentou e começou a digitar.

Fui alertado por alguém do governo que vou ser preso. Eles podem fazer isso?

Vladimir se posicionou diante do teclado:

Meu avô Earl Browder rodeado pelos filhos intelectuais. À esquerda está meu pai, Felix, que se tornou chefe do departamento de matemática da Universidade de Chicago e recebeu a Medalha Nacional de Ciências em 1999. Ao lado estão seus dois irmãos, Andrew e Bill — ambos viriam a ser renomados matemáticos por mérito próprio. Bill foi presidente da Sociedade Americana de Matemática e chefe do departamento da disciplina em Princeton. Andrew foi chefe do departamento de matemática da Brown University. (© *Lotte Jacobi*)

Earl Browder, que por uma década foi o comunista mais proeminente dos Estados Unidos, em campanha nas eleições presidenciais de 1936, pela chapa comunista. (© *AP Photo*)

Meu irmão, Tom, e eu na nossa casa no sul de Chicago, por volta de 1970. Na foto, sou o que está com o violão. (*Cortesia dos arquivos da família Browder*)

Formatura do ensino médio com a minha mãe, Eva, em 1981. Dá para ver por que eu era chamado de Brillo na escola. (*Cortesia dos arquivos da família Browder*)

Eu, meu pai e meu irmão em casa, em Nova Jersey, para o Natal de 1988. (*Cortesia dos arquivos da família Browder*)

No metrô de Londres, indo para meu primeiro dia de trabalho no Boston Consulting Group, em 1989. (*Cortesia dos arquivos da família Browder*)

Em 1991, eu estava finalmente conquistando meu espaço. Viagem de helicóptero de Budapeste até uma cidade do interior da Hungria para tratar de um acordo em nome de Robert Maxwell. (*Cortesia dos arquivos da família Browder*)

Na Praça Vermelha, em 2004, na onda do sucesso do Hermitage Fund. (© *James Hill*)

Sergei Magnitsky em 2008 — o homem mais corajoso que já conheci. (*Cortesia dos arquivos da família Magnitsky*)

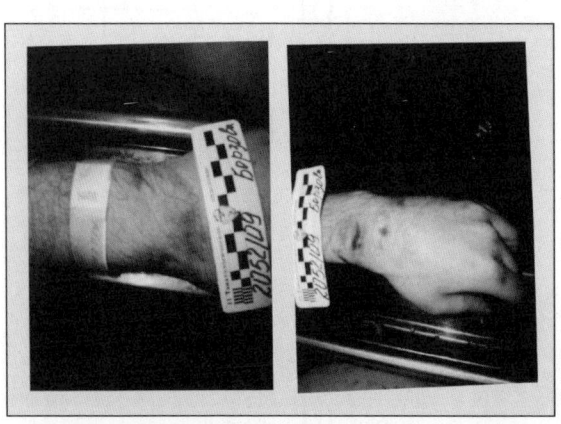

Fotografias *post mortem* do pulso e da mão de Sergei Magnitsky tiradas em 17 de novembro de 2009, dia seguinte à sua morte. Os profundos hematomas e as lacerações são provas da sua luta desesperada para sobreviver. (*Cortesia dos arquivos da família Magnitsky*)

A mãe de Sergei, Natalia Magnitskaya, chora pelo filho no enterro dele, realizado no cemitério de Moscou em 20 de novembro de 2009. (© *Reuters/Mikhail Voskresensky*)

Durante uma entrevista coletiva em novembro de 2010, um dia após o assassinato de Sergei completar um ano, a porta-voz do Ministério do Interior russo, Irina Dudukina, mostra uma tabela improvisada "provando" que Sergei era culpado pelos crimes que denunciou. (© *Dmitry Kostyukov/ AFP/Getty Images*)

Major Pavel Karpov, do Ministério do Interior russo. Ele liderou as investigações do caso e foi responsável pelos documentos usados na fraude de 230 milhões de dólares descoberta por Sergei Magnitsky. Sua tentativa de me silenciar por meio de um processo de difamação num tribunal do Reino Unido, em 2012, não deu certo. (© *Sergey Kiselyev/Kommersant/Getty Images*)

O investigador Oleg Silchenko, do Ministério do Interior russo, em uma coletiva de imprensa em dezembro de 2011. Silchenko, que foi responsável por grande parte da tortura imposta a Sergei, rejeitou os pedidos desesperados do prisioneiro por tratamento médico. Um pouco antes de o assassinato de Sergei completar um ano, ele recebeu o prestigioso prêmio de "Melhor Investigador", dado pelo Ministério do Interior. (© *Reuters/Anton Golubey*)

O presidente americano Barack Obama assina a Lei Sergei Magnitsky de Responsabilização por Violações do Estado de Direito, em 14 de dezembro de 2012. A lei impôs sanções aos oficiais russos responsáveis pela prisão, pela tortura e pelo assassinato de Sergei, bem como a outros russos que violaram os direitos humanos. (© *Mandel Ngan/AFP/Getty Images*)

O presidente russo, Vladimir Putin, em sua coletiva de imprensa anual, em 2012. Putin responde de maneira agressiva a repetidas perguntas sobre a nova lei que proíbe a adoção de crianças russas por famílias americanas, concebida em represália à Lei Magnitsky. Foi nessa coletiva que Putin citou meu nome publicamente pela primeira vez. (© *Sasha Mordovets/Getty Images*)

A cela vazia, ainda que vigiada com cuidado, destinada aos réus no julgamento póstumo de Sergei Magnitsky, em 2013. Também fui julgado *in absentia* pela acusação de evasão fiscal, baseada em provas forjadas. Esse julgamento de fachada foi amplamente denunciado pela comunidade internacional. (© *Andrey Smirnov/AFP/Getty Images*)

Kyle Parker, membro da equipe do Senado que me ajudou a transformar a Lei Magnitsky em realidade, mostra para a mãe de Sergei a rotunda do Capitólio. Foto de abril de 2013. (© *Allison Shelley*)

Recepção em Washington, D.C., em 2013, comemorando a aprovação da Lei Magnitsky. Ao meu lado estão o congressista Jim McGovern (que apresentou a Lei Magnitsky na Câmara dos Representantes dos Estados Unidos), a mãe de Sergei e a viúva dele, Natasha. (© *Allison Shelley*)

O senador Ben Cardin reconhece a coragem da família Magnitsky em uma coletiva de imprensa no Capitólio, em 2013. Ao seu lado estão a viúva de Sergei, Natasha; seu filho, Nikita; a mãe de Sergei, Natalia; e Vadim Kleiner. (© *Allison Shelley*)

Eu agradecendo ao senador John McCain, em um encontro com a família de Sergei em 2013, por sua luta implacável por justiça em nome de Sergei. (© *Allison Shelley*)

Natasha, Nikita e eu em um encontro com membros do Parlamento Europeu em uma sessão do plenário no dia 2 de abril de 2014, em Bruxelas, Bélgica. Minutos depois que esta foto foi tirada, o Parlamento Europeu aprovou a lista de sanções Magnitsky, que gerou ainda mais consequências para os agentes russos responsáveis pelo assassinato de Sergei. Da esquerda para a direita estão a estoniana Kristiina Ojuland e o britânico Edward McMillan-Scott, membros do Parlamento Europeu, Nikita Magnitsky, Natasha Magnitsky, o belga Guy Verhofstadt, também do parlamento, e eu. (© *ALDE Group*)

Devo responder como advogado ou como amigo?
Ambos.
Como advogado, não. Não há justificativa para a sua prisão. Como amigo, a resposta é sim. Sem sombra de dúvida. Eles podem fazer qualquer coisa.
Devo sair do país?
Quão confiável é sua fonte?
Muito. Eu acho.
Então é melhor você ir embora.
Quando?
Imediatamente.

Vadim foi para casa, arrumou a mala às pressas e seguiu rumo ao aeroporto para pegar o voo da British Airways das 5h40 com destino a Londres. Não consegui dormir até receber uma mensagem de texto de Vadim às 2h30, horário de Londres, avisando que estava no avião e prestes a decolar.

Ele desembarcou em Londres naquela manhã e foi direto para a minha casa. Estávamos ambos em estado de choque. Não acreditávamos que as coisas tivessem se deteriorado tão rapidamente.

Estávamos no escritório falando sobre o drama da véspera, quando Vadim recebeu uma mensagem dizendo que Arkady Dvorkovich, o assessor econômico de Putin, havia levado a sério nosso pedido de ajuda. Ele disse que convencera várias pessoas ligadas à presidência de que seria prejudicial para o clima de investimentos na Rússia se meu visto não fosse revalidado. Ainda mais significativa era a parte da mensagem que afirmava que meu caso estaria na pauta da reunião do Conselho de Segurança Nacional com o presidente Putin no sábado seguinte.

Em seguida, Vadim e eu tentamos entender de alguma forma a lógica das notícias conflitantes que vinham da Rússia. Como era possível que pessoas como o ministro da Economia e o dirigente da Comissão de Valores Mobiliários afirmassem que não havia esperança alguma para o meu caso e, ao mesmo tempo, o assessor para economia do presidente parecesse acreditar que poderia me ajudar a resolver o problema do meu visto no Conselho de Segurança Nacional?

Comecei a pensar que talvez todos estivessem dizendo para nós o que acreditavam ser verdade, mas que o governo tinha várias facções diferentes, cada uma com a sua opinião.

Fosse lá o que estivesse realmente acontecendo, só me restava torcer para que a facção de Dvorkovich vencesse e a reunião do Conselho de Segurança Nacional rendesse bons frutos para mim.

No entanto, quatro dias antes da grande reunião, um novo fator entrou na equação depois que recebi um e-mail do chefe da sucursal de Moscou do *The Washington Post*, Peter Finn:

Oi, Bill. Espero que esteja tudo bem. Peço desculpas por te perturbar com um rumor, mas ouvi dizer que você está passando por problemas com o visto. Faz algum sentido? Se fizer, você está disposto a falar a respeito? Para um investidor com a sua envergadura, seria algo bem relevante. Saudações. Peter.

Merda! Como é que esse sujeito soubera do meu problema com o visto? Aquilo não era nada bom. Não me saía da cabeça o alerta de Simon Smith sobre como os russos se fechariam em copas se minha história se tornasse pública. Não respondi à mensagem de Finn e ele, felizmente, não voltou a me procurar.

No entanto, outro repórter, Arkady Ostrovsky, do *Financial Times*, ligou para mim na quinta-feira. Ele também tinha ouvido rumores.

— É verdade que você está sendo proibido de entrar na Rússia, Bill?

Senti um buraco no estômago.

— Me desculpe, Arkady, mas não posso falar sobre isso.

— Ora, Bill. Vamos lá. Isso é para ser manchete de qualquer jornal. Preciso saber o que está acontecendo.

Arkady e eu tínhamos liberdade um com o outro porque ele havia sido um dos jornalistas que ajudaram a repercutir as revelações do caso Gazprom. Embora não pudesse negar para ele que algo estava acontecendo, eu precisava segurá-lo e ganhar tempo.

— Se fosse verdade e eu lhe desse uma entrevista exclusiva sobre o assunto, você poderia esperar quatro dias?

Ele não gostou da proposta, mas era melhor do que não ter matéria nenhuma. Combinamos de eu ligar para ele na segunda-feira seguinte.

A conversa com Arkady me deixou em estado de extrema tensão. Repórteres começavam a sentir que havia algo no ar. E tudo o que eu precisava fazer era passar as 36 horas seguintes sem que nenhum deles me ligasse. Mas às 10h30 de sexta-feira uma repórter da Reuters chamada Elif Kaban deixou uma mensagem de voz no meu telefone. Não disse qual era o assunto da chamada, mas voltou a ligar às 11h45.

Eu tinha um almoço marcado com um velho amigo de Washington e saí do escritório sem retornar as ligações dela. Encontrei meu amigo em um restaurante em Chinatown e desliguei o telefone. Por segurança, deixei o BlackBerry na mesa, apenas para monitorar o assunto Reuters. Depois de nos servirmos algumas vezes no carrinho, meu BlackBerry começou a piscar com uma mensagem da minha secretária:

Bill, Elif Kaban ainda está tentando falar com você. Ela disse que a Reuters tem informações confiáveis de que você está impedido de entrar na Rússia e eles gostariam de lhe dar a oportunidade de ser o primeiro a fazer qualquer comentário a respeito. Por favor, ligue para eles assim que possível. É a quarta vez que ligam hoje. Elif Kaban está insistindo demais!!

Fiquei olhando, meio abobalhado, para o e-mail por um bom tempo, guardei o BlackBerry e tentei aproveitar o restante do almoço. Sabia que a merda estava a ponto de ser jogada no ventilador, mas queria alguns últimos minutos de paz.

Depois de sair do restaurante, dei uma volta e atravessei o Green Park. Era um luminoso dia de primavera, daqueles que dão prazer de viver em Londres. Inspirei o ar fresco e observei o entorno e as pessoas relaxadas caminhando no parque, gente que não estava prestes a ter sua vida virada de cabeça para baixo.

Terminada a caminhada, me acomodei à minha mesa de trabalho. Alguns minutos depois, a Reuters postou com destaque a seguinte manchete: "Browder, CEO do fundo Hermitage, expulso da Rússia."

Não era mais segredo. Meu telefone imediatamente começou a piscar como uma árvore de Natal. Eram ligações do *Financial Times*, do *The Daily Telegraph*, do *The Independent*, do *The Wall Street Journal*, da *Forbes*, do *Kommersant*, do *Vedomosti*, do Dow Jones, da AP, do *The New York Times* e cerca de outros vinte outros órgãos de imprensa. Era exatamente para isso que Simon Smith tinha me alertado. Agora estava acontecendo. Não haveria mais como os russos salvarem as aparências. Eles não poderiam recuar. Nada de positivo aconteceria na reunião do Conselho de Segurança Nacional. Meu destino estava selado e, a partir daquele momento, sabia que era oficial: meu prazo de validade na Rússia tinha acabado.

O problema é que a Rússia ainda queria acabar comigo.

21
O G8

Quando o governo russo se volta contra você, não o faz com suavidade; ao contrário, procura prejudicar ao máximo. Mikhail Khodorkovsky e a Yukos eram exemplos claros. A punição por desafiar Putin foi muito além de Khodorkovsky e alcançou todo mundo de alguma forma ligado a ele: seus diretores, advogados, contadores, fornecedores e até entidades assistenciais de que participava. No início de 2006, dez pessoas ligadas à Yukos estavam presas na Rússia, dezenas de outras haviam fugido para o exterior e dezenas de bilhões de dólares de ativos tinham sido sequestrados pelas autoridades russas. Tomei isso como um aviso e decidi não permitir que o mesmo acontecesse comigo. Precisava, o mais rápido possível, tirar da Rússia a minha equipe e o dinheiro dos meus clientes.

Trouxe para Londres o diretor operacional do Hermitage, Ivan Cherkasov, para me ajudar a executar esse plano. Ele havia entrado para o meu fundo cinco anos antes, vindo do JP Morgan; era a pessoa responsável por ficar no pé dos corretores e bancos e por administrar a folha de pagamentos. Tinha 39 anos de idade, era alto, boa-pinta, falava um inglês americano irretocável e desempenhava com perfeição suas funções.

Ivan montou uma sala de operações de guerra em nosso escritório, localizado na Tavistock Street, em Covent Garden, e se pôs a trabalhar. Tirar nosso pessoal do país foi relativamente fácil. Em um mês, todo mundo do Hermitage que eu achava que corria algum risco e suas famílias estavam em segurança fora da Rússia.

A parte mais difícil foi vender bilhões de dólares em ações de companhias russas sem ninguém perceber. Se o mercado descobrisse o que estávamos fazendo, corretores e especuladores recorreriam a uma prática que chamamos *front running*. No nosso caso específico, o corretor que descobrisse que o fundo Hermitage se preparava para vender todas as suas posições de ações da Gazprom certamente tentaria vender suas ações antes, empurrando para baixo a cotação, o que potencialmente custaria aos clientes do fundo prejuízos de centenas de milhões de dólares só com aquelas ações.

Para evitar isso, precisávamos achar um corretor que pudesse executar as ordens de venda do fundo com discrição e sigilo absolutos. No entanto, corretores do mercado de ações em geral não são muito confiáveis e corretores russos são *especialmente* pouco confiáveis. Tampouco podíamos escolher algum corretor ocidental com quem havíamos feito negócios no passado porque, assim que começasse a executar nossas ordens, outros corretores ligariam os pontos e concluiriam que o Hermitage estava vendendo, o que os levaria a começar a vender suas posições também.

Não nos restavam muitas opções. Afunilamos a seleção e elegemos um afável corretor de 32 anos que dirigia uma mesa de operações de duas pessoas em um dos grandes bancos europeus em Moscou. Ele vinha tentando tenazmente, havia vários anos, que fizéssemos negócios com ele. Sua oportunidade tinha acabado de chegar.

Ivan ligou para ele e disse que sua persistência estava prestes a ser recompensada.

— Mas tem um detalhe. Só podemos fazer isso se você jurar sigilo total.

— Claro — disse ele. — Não vou decepcioná-los.

No dia seguinte, o corretor recebeu uma ordem de venda de ações no valor de 100 milhões de dólares. Ele provavelmente estava esperando 1 milhão, 5 milhões no máximo, mas nunca imaginara, nem mesmo em sonho, 100 milhões. Provavelmente era a maior ordem que recebera na vida.

Na semana seguinte, ele vendeu 100 milhões de dólares de nossas ações sem qualquer impacto no mercado ou vazamento de informação. Orgulhoso, apresentou-nos o resultado, achando que tinha concluído o trabalho, e foi pego de surpresa quando lhe passamos outra ordem de venda de 100 milhões. Mais uma vez ele realizou o serviço de maneira impecável e continuou recebendo vultosas ordens do fundo ao longo dos dois meses seguintes, ao final dos quais tinha vendido bilhões de dólares de ações de companhias russas, sem nenhum vazamento.

Graças a esse desempenho de mestre, sua pequena operação saiu da obscuridade e passou a ser a mesa de operações europeia mais bem-sucedida do seu banco. O mais importante é que o Hermitage tinha conseguido tirar todo o seu dinheiro da Rússia sem que nossos inimigos soubessem.

Com nosso pessoal e nosso dinheiro a salvo, havíamos eliminado os principais trunfos que o governo russo poderia usar para nos atingir. Fosse qual fosse o próximo golpe deles, não seria tão intimidador.

Eu me senti melhor depois de realizar esse feito, mas lidar com a falta de confiança dos meus clientes seria um desafio bem diferente. A maioria deles investira no Hermitage porque sabia que eu estava na linha de frente em Moscou. Estando ali, eu podia identificar as mais lucrativas oportunidades de investimento e proteger seu capital se algo desse errado. Agora, repentinamente, eu não podia mais fazer nada disso.

O primeiro a apontar esse problema foi Jean Karoubi, o primeiro investidor que eu procurara no já distante ano de 1996. Ele se tornara um dos meus interlocutores mais próximos e acompanhava de perto a temperatura dos mercados. Quando a Reuters, em 17 de março, deu a notícia sobre a história do meu visto, ele me ligou quase imediatamente e, num tom sério bastante raro, disse:

— Bill, nós realizamos grandes negócios juntos, mas, devido ao seu desentendimento com o governo russo, eu agora estou tendo dificuldade para encontrar um motivo que justifique manter meu dinheiro no fundo.

Foi um pequeno choque ouvir isso de um dos meus primeiros e mais eloquentes incentivadores, mas ele tinha razão. A última coisa que eu queria fazer era tentar convencê-lo a deixar seu dinheiro no fundo, sabendo que era provável que as relações com os russos se deteriorassem ainda mais. O único movimento lógico para ele era realizar os ganhos e sair da mesa.

Nos dias seguintes, tive conversas parecidas com vários outros clientes que chegaram à mesma conclusão. Eu sabia o que aconteceria a seguir: ordens de resgate. Muitas delas.

A próxima data disponível em que os investidores poderiam sacar dinheiro do fundo seria 26 de maio; para isso, teriam que apresentar seus pedidos de resgate com oito semanas de antecedência. Em 31 de março, portanto, eu teria uma primeira noção do tamanho do estrago.

Às 17h20 daquele dia, recebi do HSBC, o administrador do fundo, a planilha de resgates. Normalmente, as aplicações e os resgates vinham listados em uma única página. Em um trimestre mais movimentado, chegavam a duas ou três páginas. Dessa vez, no entanto, a planilha continha dez páginas com 240 pessoas pedindo resgate do dinheiro. Pulei rapidamente até a última linha e somei tudo: mais de 20% do fundo estava sendo resgatado!

Era um número altíssimo para qualquer padrão, e eu sabia que era só o começo. Estava à beira do precipício. Tudo o que lutara arduamente para construir estava desmoronando. A única guinada que talvez pudesse mudar a situação era ter meu visto para entrar na Rússia revalidado, mas eu já tinha desistido disso.

O governo britânico, surpreendentemente, ainda não tinha desistido. Em meados de junho de 2006, recebi uma ligação de Simon Smith, diretor do Ministério das Relações Exteriores para assuntos ligados à Rússia.

— Bill, estamos pensando em adotar uma estratégia bem interessante para resolver o problema do seu visto. Antes de colocá-la em prática, no entanto, gostaríamos de ter certeza de que você ainda está interessado em voltar para lá.

— Claro que estou interessado, Simon! — disse, entusiasmado. — Mas achei que, depois do barulho da imprensa, vocês não fariam mais nada.

— É verdade que a imprensa não ajudou nada. Mas não desistimos — respondeu, em um tom animador.

— Qual é o plano?

— Como você deve saber, a Rússia será a sede da cúpula do G8, em São Petersburgo, no dia 15 de julho. Estávamos pensando em incluir seu caso na pauta do primeiro-ministro para que ele o discuta diretamente com Putin.

— Sério...? Isso seria incrível, Simon.

— Não crie expectativas demais. Não está certo ainda, Bill, mas estamos trabalhando nisso.

Desligamos e eu fiquei olhando pela janela. Como não reavivar minhas esperanças? Assim como o cancelamento do meu visto tinha arruinado meu negócio, sua revalidação poderia significar seu renascimento.

À medida que a cúpula do G8 se aproximava, meus nervos estavam cada vez mais à flor da pele. Se a intervenção do primeiro-ministro Tony Blair tivesse desfecho favorável, minha vida mudaria. No entanto, com o passar dos dias e das semanas, comecei a ter dúvidas. Eu não estava conseguindo falar com Smith. Tentava manter a cabeça fria, mas não conseguia entender por que ele, tão animador algumas semanas antes, tinha subitamente ficado tão distante.

Não aguentei mais esperar e liguei para *Sir* Roderic Lyne, o ex-embaixador britânico na Rússia que assessorava o HSBC, para ver se ele tinha alguma ideia. Sua reação foi de surpresa quando lhe disse que Smith sugeriu que colocaria meu caso na pauta do primeiro-ministro, e me recomendou não criar muitas expectativas. Baseado em sua experiência, nessas cúpulas sempre emergiam assuntos inesperados que atrapalhavam as pautas previamente preparadas com tanto cuidado.

Tentei seguir seu conselho, mas tudo mudou quando, seis dias antes da cúpula, Elena e eu fomos almoçar no Richoux, um restaurante situado na Circus Road, em St. John's Wood. Sentados à nossa mesa, ela displicentemente pegou um exemplar do *The Observer* e começou a folheá-lo. Com os olhos brilhando, ela disse:

— Bill, olha só essa manchete: "Blair deve levar caso de gestor de fundo a Putin"!

Peguei o jornal das mãos dela e comecei a ler. Era a confirmação integral do que Smith havia discutido comigo, com destaque para a frase "O primeiro-ministro usará a cúpula do G8, em São Petersburgo, no próximo fim de semana, para pedir ao presidente russo que suspenda todas as restrições contra Browder".

Elena olhou para mim, atônita:

— Isso é incrível.

O artigo do *The Observer* surpreendeu também os meus clientes, alguns dos quais começaram a adiar a decisão de resgate até depois da cúpula do G8.

Meu astral estava nas alturas, mas então, três dias antes da cúpula, Vadim me chamou de lado.

— Bill, dá uma olhada nisso.

Ele me mostrou uma manchete da Bloomberg na tela do seu computador. Cheguei mais perto e li superficialmente uma matéria sobre militantes do Hezbollah, no Líbano, que haviam disparado mísseis antitanque contra Israel. Três soldados israelenses morreram e cinco outros foram capturados e levados para o Líbano.

— O que isso tem a ver com a gente? — perguntei.

— Não tenho certeza, mas parece que vai começar uma guerra no Oriente Médio. Isso pode ganhar prioridade e tirar o assunto do seu visto da pauta do primeiro-ministro no G8.

Dito e feito. No dia seguinte, Israel realizou ataques aéreos contra alvos no Líbano, inclusive o aeroporto de Beirute, causando a morte de 44 civis. Rússia, França, Reino Unido e Itália imediatamente criticaram Israel pelo uso "desproporcional" de força. Os Estados Unidos condenaram publicamente os militantes do Hezbollah. Vadim tinha razão. A cúpula do G8 provavelmente se reduziria a uma frenética cúpula de paz no Oriente Médio, e a pauta de Blair iria para o lixo.

Quando a reunião começou, no sábado, eu não sabia o que aconteceria e não consegui falar com ninguém do governo inglês durante todo o fim de semana. A reunião prosseguia, mas todas as notícias eram sobre Israel e Líbano. Nada sobre meu visto.

Terminada a cúpula, estava programada uma entrevista coletiva final de Putin, para apresentar uma espécie de balanço do evento. O salão estava lotado; centenas de jornalistas do mundo inteiro esperançosos de conseguir fazer uma pergunta ao líder russo.

Depois de cerca de vinte minutos de perguntas inócuas, Putin deu a palavra a Catherine Belton, uma bela e pequenina jornalista de 33 anos do *The Moscow Times*. Vacilante, ela pegou o microfone e se dirigiu a Putin:

— Recentemente Bill Browder teve seu visto de entrada na Rússia invalidado. Muitos investidores e diplomatas ocidentais estão preocupados com isso e não entendem o que aconteceu. O senhor pode nos dizer por que lhe foi negado um visto de entrada sem qualquer explicação?

Ela então se sentou, acomodou seu bloco de anotações no joelho e esperou a resposta.

O salão mergulhou em silêncio absoluto. Todo mundo sabia que Putin havia sido pego de guarda baixa. Ele esperou alguns segundos e disse:

— Por favor, repita. A quem foi negado um visto de entrada?

Catherine voltou a se levantar.

— Bill Browder. Ele é o CEO do Hermitage Fund, o maior investidor do mercado de ações russo. Acredito que o primeiro-ministro do Reino Unido talvez tenha discutido esse assunto com o senhor hoje.

Putin franziu o cenho e respondeu azedo:

— Bem, honestamente, não sei por que algum indivíduo específico seria impedido de entrar na Federação Russa. Suponho que esse homem tenha violado as leis do nosso país.

Pronto. Ao ver isso, soube que Blair não tinha discutido meu caso e que meu visto não seria revalidado. Mais importante, a tradução do que ele disse, da linguagem *putinesca* para o inglês, não poderia ser mais clara: "Nunca mencionamos o nome dos nossos inimigos. Isso vale também para Bill Browder. Estou ordenando todos os departamentos competentes que instaurem o maior número possível de processos criminais contra ele."

Se você acha que essa interpretação é paranoica ou um exagero, saiba que não era. Na realidade, eu deveria ter sido muito mais paranoico do que isso.

22

As batidas

Depois das observações de Putin, meus clientes tiveram a resposta. Nada de bom aconteceria na Rússia. A próxima data de resgate seria 25 de agosto e, dessa vez, 215 clientes sacaram mais de 30% dos valores aplicados no fundo. No meu ramo de negócios, é o que chamamos de *corrida ao fundo*, e, como em corridas aos bancos, é quase impossível parar depois que começa. A menos que eu conseguisse tirar um coelho da cartola, o Hermitage rapidamente seria obrigado a encerrar suas atividades.

Eu já havia enfrentado centenas de altos e baixos na minha carreira. Ações sobem e descem sem qualquer motivo; tive que criar uma casca espessa para absorver notícias ruins sem perder a autoconfiança. Foi o que aconteceu em 1998, quando o fundo se desvalorizou em 90%: mantive nossas posições e fui amplamente recompensado quando o fundo recuperou com sobras as perdas.

Mas desta vez era diferente.

Toda a minha vida profissional tinha sido desenhada para ser um investidor na Rússia. Nunca pensei em ser outra coisa. Mas agora, como não podia mais operar na Rússia, *precisava* pensar em um plano B. Quais eram as opções? Não me via voltando para os Estados Unidos para concorrer contra milhares de pessoas idênticas a mim. Tampouco me via abrindo um negócio novo num lugar como a China e depois levando uma década tentando me firmar.

De uma coisa eu tinha certeza: aposentar-me estava fora de questão. Eu estava com 42 anos de idade e ainda tinha muita lenha para queimar. Nenhuma das alternativas que se afiguravam diante de mim me cativava, e, quanto mais pensava na minha situação, mais desalentadora parecia.

A probabilidade de o Hermitage ter que encerrar as atividades doía ainda mais nas pessoas que trabalhavam para mim. Depois de toda a agitação e o barulho das nossas atividades na Rússia, ninguém na nossa equipe queria pular fora e ser obrigado a voltar a ter um emprego regular em bancos de investimento ou corretoras.

Ponderando sobre nossas qualidades, obviamente éramos craques em descobrir investimentos subvalorizados. Também éramos bons em proteger esses investimentos de gestores desonestos. Concluí que poderíamos usar essas duas qualidades e tentar aplicá-las em outros mercados emergentes.

Decidi mandar Vadim e quatro outros analistas para o Brasil, os Emirados Árabes, o Kuwait, a Turquia e a Tailândia a fim de buscar possibilidades interessantes de investimentos. Eles se reuniram com representantes das vinte empresas mais subvalorizadas de cada país. Participaram de cem reuniões, fizeram análises sérias de dez empresas e, no fim, identificaram três oportunidades concretas.

A primeira era uma empresa de telefonia no Brasil avaliada em três vezes o lucro que tivera no ano anterior, o coeficiente mais baixo do mundo para uma empresa do ramo; a segunda era uma refinaria de petróleo turca com valor de mercado 72% inferior ao de outras refinarias com ativos equivalentes; a terceira era uma empresa do setor imobiliário dos Emirados Árabes sendo negociada por 60% a menos que seu valor patrimonial.

Comecei a investir o dinheiro da minha empresa nessas ações e conversei sobre nossas análises com meu amigo Jean Karoubi. Ele era confiável, ouvia com atenção e sempre dava bons conselhos; sua reação foi muito mais positiva do que eu esperava:

— Bill, gosto muito dessas ideias. Acho que é o tipo de negócio que você deveria desenvolver e ampliar.

Ele tinha razão. Meu talento como investidor poderia ser aplicado em qualquer lugar, especialmente em países que enfrentavam desafios similares aos da Rússia. Eu não precisava estar na Rússia para ser bem-sucedido.

As reações da maioria dos demais clientes com quem conversei sobre essas ideias de investimentos foram parecidas com as de Jean. No outono de 2006, minha confiança era tal que comecei a esboçar o prospecto de um novo fundo, chamado Hermitage Global.

O plano era ter o prospecto pronto e impresso a tempo de ser apresentado no Fórum Econômico Mundial de Davos, no fim de janeiro de 2007. Não há melhor lugar no mundo que Davos para levantar capital.

Minha sorte mudara desde minha primeira incursão no evento, em 1996. Não tinha mais que dormir no chão nem ficar circulando a esmo por saguões de hotel na esperança de encontrar pessoas importantes. Desde 2000, eu era participante oficial do fórum e comparecera regularmente todos os anos.

Dessa vez, decidi levar Elena comigo. Ela estava no primeiro trimestre de gravidez do nosso segundo filho e achei que as palestras interessantes e recepções de Davos dariam a ela uma folga dos cuidados permanentes ao nosso bebê de um ano que ficara em casa. Voamos para Zurique, pegamos o trem para Davos — exatamente como Marc Holtzman e eu tínhamos feito anos atrás — e nos registramos no Derby Hotel. Comecei uma sequência de reuniões logo que cheguei.

Como previsto por Jean, a reação dos investidores ao Hermitage Global foi muito positiva. No segundo dia, depois da minha apresentação, um velho cliente perguntou:

— Bill, você vai amanhã ao jantar dos russos?

— Que jantar dos russos?

Eu sabia que um grande contingente de russos estava em Davos, mas havia tanta coisa acontecendo que eu não tinha ouvido falar nesse evento.

— Vai ser de extrema importância. Todas as principais autoridades russas estarão lá.

— Duvido que me deixem chegar perto — disse eu, sorrindo.

— É aí que mora a beleza da história, Bill. Os russos não decidem quem pode ou não ir. O Fórum Econômico Mundial decide. Basta você se registrar.

Era uma ideia intrigante. Depois da reunião, fui direto para a central de computadores em que se registra o interesse em participar dos eventos, entrei no sistema e, após alguns cliques no mouse, estávamos eu e Elena na lista dos participantes do jantar.

Na noite seguinte, chegamos com dez minutos de antecedência, mas quase todas as mesas já estavam ocupadas. Circulamos pelo salão e pegamos os dois únicos lugares juntos que ainda restavam. Cada mesa tinha um anfitrião próprio, um russo VIP; fiquei estarrecido ao reparar que o da nossa era o CEO da divisão de exportações da Gazprom. Não poderia haver lugar mais constrangedor para nos sentarmos. A campanha do Hermitage contra a Gazprom provavelmente fora a catalisadora do processo que culminou na minha expulsão da Rússia, e agora aqui estava eu, prestes a compartilhar um elegante jantar de escalope de vitela, batata rosti e bolo de cenoura com um dos executivos mais graduados da companhia.

Ele e eu passamos o jantar inteiro evitando contato visual enquanto autoridades e oligarcas russos se alternavam no púlpito para discursar. Cada fala era mais insípida, forçada e banal que a anterior. O talento especial dos russos para falar muito e não dizer nada foi usado fartamente naquela noite.

Perto do fim do evento, em meio ao estalido dos talheres e à movimentação dos garçons, houve uma grande comoção perto da entrada quando vinte seguranças com cara de poucos amigos entraram no salão formando um cordão de isolamento em volta de um homenzinho. Só percebi quem era quando ele chegou à sua mesa: ninguém menos que Dmitri Medvedev, vice-primeiro-ministro da Rússia. Ele era candidato à presidência para suceder a Putin, cujo mandato terminaria em junho de 2008; Davos era a primeira oportunidade para Medvedev se apresentar à comunidade internacional.

Depois de limpas as mesas, Medvedev levantou-se e pegou o microfone na frente do salão. Falou por vários minutos em russo (acompanhei a tradução simultânea pelos fones de ouvido) e sua fala resultou ainda mais tediosa e pobre de conteúdo relevante que as anteriores. Eu estava torcendo para que aquilo tudo acabasse logo.

Assim que Medvedev concluiu, garçons deslizaram pelo salão deixando nas mesas pratos com bolo de cenoura e xícaras de café e chá. Quando estava tomando meu chá e tirando a cobertura do bolo, Elena me puxou pela manga e cochichou:

— Bill, acabei de ter uma ótima ideia: por que você não pede ao Medvedev para te ajudar com o visto?

Olhei para ela enviesado.

— Que besteira.

Eu já tinha esgotado todas as minhas possibilidades (inclusive com Putin) de recuperar meu visto de entrada. Depois do G8, encerrara aquele capítulo da minha vida e tinha virado a página. Ademais, achava totalmente humilhante ir até Medvedev para implorar por meu visto.

Tentei mostrar isso a Elena, mas ela não me deu ouvidos e seguiu insistindo.

— Estou falando sério. Olha lá. Ninguém está falando com ele. Vamos lá resolver isso.

Ela se levantou e olhou para mim resoluta. Como enfrentar Elena era mais assustador do que ter um encontro desagradável com Medvedev, eu também me levantei. Relutante, a segui, atravessamos o salão, e, diante de Medvedev, estendi a mão para cumprimentá-lo.

— Olá, senhor vice-primeiro-ministro. Sou Bill Browder. Talvez o senhor se lembre de mim.

Elena traduziu. Ele se levantou e apertou minha mão. Um burburinho emergiu à medida que as pessoas em volta perceberam. Se eu podia falar com Medvedev, qualquer um podia. Aos poucos, vários foram se levantando e vieram caminhando em nossa direção.

— Sim, claro que lembro de você. Como está, sr. Browder?

— Estou bem, mas, como o senhor provavelmente sabe, faz um ano que não tenho permissão para entrar na Rússia. Talvez o senhor possa me ajudar a recuperar meu visto.

Quando disse aquilo, um grupo de pessoas, entre as quais um repórter da Bloomberg e outro do *The New York Times*, se aproximou mais ainda. Se Davos era a estreia internacional de Medvedev, este diálogo específico seria um dos momentos mais interessantes de todo o simpósio.

Medvedev olhou em volta para a pequena aglomeração e teve que tomar uma decisão de improviso. Ele poderia rejeitar meu pedido, o que seria interessante e viraria manchete nos jornais, ou aceitar me ajudar, o que não seria assim tão interessante nem uma notícia digna de destaque. Ele fez uma breve pausa e respondeu:

— Com prazer, sr. Browder. Por favor, providencie para mim uma cópia do seu pedido de visto e eu o apresentarei ao Serviço de Fronteiras com minha recomendação para que seja aprovado.

Isso foi tudo. Os repórteres cercaram Medvedev e, enquanto Elena e eu escapávamos da massa, ela apertou minha mão:

— Viu? Eu tinha razão.

Voltamos diretamente para o hotel e ligamos para Londres. Normalmente, leva-se três ou quatro dias para reunir os documentos necessários a um pedido de visto para a Rússia, mas a equipe virou a noite trabalhando e, às oito da manhã, a papelada já estava sendo impressa no fax do hotel.

Como eu tinha uma sequência de reuniões com investidores naquela manhã, Elena foi para um salão onde Medvedev faria uma palestra e postou-se ao lado do púlpito. Devido ao aparato de segurança, era improvável que ela conseguisse falar diretamente com Medvedev. Mas ela viu Arkady Dvorkovich, o assessor de Putin que tinha tentado me ajudar antes, e perguntou-lhe se aceitava entregar o formulário com o pedido. Ele pegou a papelada e prometeu fazê-lo.

O fórum terminou no dia seguinte. Elena e eu voltamos para Londres orgulhosos de nossa iniciativa improvisada e fortuita junto a uma autoridade do alto escalão.

A resposta demorou algumas semanas para chegar. No dia 19 de fevereiro, recebi um recado de Moscou sobre meu visto. Entretanto, não era do Serviço de Fronteiras, e sim do tenente-coronel Artem Kuznetsov, da agência de Moscou do Ministério do Interior. Estranho. O Ministério do Interior cuidava de investigações criminais, não de vistos. Como eu não falava russo, pedi a Vadim que retornasse a ligação de Kuznetsov.

Depois de Vadim lhe explicar que trabalhava para mim, Kuznetsov disse:

— Tudo bem. Vou lhe explicar como está a situação.

— Ótimo.

— Pelo que entendo, o sr. Browder entregou um pedido de autorização para entrar no território da Federação Russa.

— Sim, sim. Nós mandamos esses documentos.

— Eu só gostaria de dar um pulo até aí para discutir o assunto, se for possível — disse Kuznetsov, casualmente.

— O problema é que não estou em Moscou neste momento — respondeu Vadim. — Assim, se você puder me enviar suas perguntas, podemos tentar respondê-las.

— Não posso simplesmente enviá-las. Prefiro discuti-las pessoalmente — disse Kuznetsov, impaciente.

Não era um inquérito normal. Em investigações legítimas, autoridades russas sempre mandavam as perguntas por escrito. Na minha década de vida na Rússia, tinha ficado claro para mim que, toda vez que uma autoridade pede uma reunião informal, significa só uma coisa: ele vai pedir propina. Nas muitas ocasiões em que autoridades tentaram arrancar algum dinheiro de mim, eu solenemente as ignorei e elas sempre foram embora.

Kuznetsov encerrou a conversa dizendo:

— Quanto mais rapidamente você responder a essas perguntas, mais rapidamente seus problemas desaparecerão.

Como fizera em pedidos similares no passado, decidi ignorá-lo.

Esse telefonema talvez me incomodasse mais se o lançamento do Hermitage Global não estivesse indo tão bem. O fato é que logo me esqueci disso. Um a um, meus velhos clientes e alguns novos começaram a aplicar no fundo. No fim de abril de 2007, eu já havia levantado 625 milhões de dólares. Isso não repunha o valor que fora sacado do fundo russo, mas significava que conseguira estancar a sangria e que minha empresa continuava viva.

Em 4 de junho de 2007, eu deveria apresentar os resultados do lançamento do Hermitage Global para nosso conselho de diretores no Westin Hotel, em Paris. Depois da enxurrada de más notícias dos dois anos anteriores, era a primeira vez, desde que fora expulso da Rússia, que trazia boas notícias para apresentar ao conselho.

Ivan e eu chegamos na noite do dia 3 para preparar tudo. Na manhã seguinte, levantei-me às 6h30, fui para a academia, tomei uma ducha e em seguida um café da manhã leve. Às oito, eu estava ao telefone discutindo com meu operador por ele não ter executado a ordem de vender ações de uma empresa de Dubai dias antes. Um problema técnico na bolsa de Dubai impedira que a venda fosse feita. As ações agora estavam em forte queda e eu estava furioso por ele não ter conseguido vender antes que começássemos a perder dinheiro. A cada desculpa que ele dava eu ficava mais nervoso.

No meio da discussão, entrou uma chamada em espera. Só olhei no visor a identificação de quem estava ligando porque Elena deveria dar à luz nosso segundo filho no fim daquele mês. Mas não era Elena, e sim Emma, a secretária do Hermitage em Moscou. Emma era uma simpática russa do interior, de 21 anos, mas aparentando ser bem mais jovem. Era honesta, trabalhadora e administrava com muito zelo o escritório. Como era raro ligar para mim diretamente, pedi ao operador que esperasse e atendi.

— Emma, tem como esperar um pouco?

— Não, Bill, não tem — respondeu ela, em inglês perfeito. — Tem 25 agentes policiais à paisana fazendo uma batida no nosso escritório!

— *O quê?*

Ela repetiu o que acabara de dizer.

— Merda. Espere na linha.

Retomei a ligação com o operador, disse que ligaria depois e voltei a Emma.

— O que eles estão procurando?

— Não sei, mas tem um sujeito, Artem Kuznetsov, que está no comando e...

— Você disse Kuznetsov?

— Sim.

Só podia ser o mesmo Kuznetsov que tentara nos extorquir alguns meses antes.

— Ele tem um mandado de busca?

— Sim. Ele me mostrou, mas não quer deixar comigo.

— Você consegue copiar o que está escrito nele?

— Vou tentar.

Desliguei e imediatamente telefonei para Ivan e contei o que estava acontecendo. Ele ficou tão alarmado quanto eu e ligou para Emma. Em seguida, liguei para meu advogado em Moscou, Jamison Firestone. Em boa forma, bonitão, 41 anos, olhos vivazes, cabelo castanho e rosto de menino, o americano Jamison era um russófilo que vivia na Rússia desde 1991. Era sócio-diretor da Firestone Duncan, escritório de advocacia que fundara com outro americano, Terry Duncan. Em 1993, durante uma tentativa de golpe no país, Terry foi para a torre de TV Ostankino para apoiar os manifestantes. Quando as autoridades abriram fogo contra o grupo, ele tentou ajudar a evacuar os feridos, mas foi atingido e acabou morrendo. Desde então Jamison tocou sozinho o escritório.

Gostei de Jamison já no nosso primeiro encontro, não apenas porque era um americano objetivo e direto, mas também porque, diferentemente da maioria dos advogados, ele nunca cobrou de mim mais do que o justo. Havíamos feito muitos negócios juntos ao longo dos anos e alcançamos juntos o sucesso profissional.

Assim que ele atendeu, deixei de lado as amabilidades de praxe e fui direto ao ponto.

— Jamie, acabei de receber uma ligação da nossa secretária em Moscou. Tem um...

— Bill, você seria a próxima pessoa para quem eu ia ligar.
— Jamie, tem 25 policiais fazendo uma batida no nosso escritório!
— *No seu também?*
— Do que você está falando, Jamie?
— Tem uns vinte policiais à paisana revirando meu escritório também. Eles têm um mandado de busca contra a Kameya.

Ouvir isso foi como levar um soco na cara.

— *Meu Deus!*

Kameya era uma empresa russa cujo dono era um dos nossos clientes, a quem prestávamos consultoria em investimentos em ações na Rússia. Dado que a polícia estava realizando batidas simultâneas em nosso escritório e no de Jamison, eu só podia concluir que o alvo era o Hermitage.

— Merda, Jamie. O que vamos fazer?
— Não sei. Eles nos prenderam na sala de reuniões. Não nos deixam nem mesmo ir ao banheiro. Aparentemente o mandado não tem validade. Os agentes não têm autorização para fazer qualquer busca antes de os nossos advogados chegarem, mas eles já estão virando o lugar de cabeça para baixo.
— Você me avisa assim que souber alguma coisa?
— Aviso.

Desligamos. Eu estava atrasado para a reunião do conselho. Peguei minha pasta com a pauta e as apresentações e desci rápido. Minhas veias pulsavam adrenalina — não conseguia tirar da cabeça aquelas operações policiais.

Entrei na sala e vi nossos quatro conselheiros — homens entre cinquenta e sessenta anos vindos de diferentes pontos da Europa — tranquilos e contentes bebericando café, comendo croissant e fofocando sobre os mercados. Quebrei o clima contando o que estava acontecendo em Moscou. Quando eu estava falando, Ivan irrompeu sala adentro branco como um fantasma. Um dos conselheiros perguntou o que mais sabíamos. Como não tínhamos mais nenhuma notícia, decidi ligar para Emma e colocá-la no viva-voz para que todos a ouvissem.

Ela atendeu e também pôs no viva-voz. Ouvimos, a mais de 2.700 quilômetros de distância, os ruídos de caixas sendo esvaziadas, homens gritando, passos pesados no piso e até de uma furadeira arrombando nosso cofre.

Dez minutos se passaram. Vinte. Trinta. Ficamos chocados e impressionados quando Emma tentou retomar o controle da situação e começou a gritar com os agentes.

— Você não pode beber nosso café... Largue esse computador! Deixe-o em paz! Esse homem não tem nada a ver com o Hermitage!

Ela se referia a um funcionário do Deutsche Bank que teve a má sorte de aparecer lá naquela manhã para entregar documentos. A polícia o proibiu de sair e ele ficou trancado, se cagando de medo, na sala de reuniões.

A operação de busca e apreensão era ao mesmo tempo perturbadora e instigante. Assegurei aos conselheiros em Paris que não havia nada no escritório que a polícia pudesse levar: nenhuma informação relevante, nenhum arquivo confidencial e, o mais importante, nada de valor. Tudo que tinha alguma importância já fora retirado em segurança do país no verão anterior.

Enquanto continuávamos acompanhando pelo telefone a batida policial na sede do Hermitage, meu celular tocou. Era Jamison. Saí da sala para falar com ele.

— B-Bill. Aconteceu uma c-coisa horrível!

— Jamison, fale mais devagar.

Ele estava chateado e bem alterado. Advogado corporativo com quinze anos de experiência, eu nunca o ouvira falar assim.

— O que houve?

— Maxim, um dos meus advogados, enfatizou que o mandado não era válido e que eles não podiam pegar coisas não relacionadas à Kameya.

— E o que aconteceu?

— Enfiaram a porrada nele. Ele está indo para o hospital.

— Merda. Mas está tudo bem com ele?

— Não sei.

Senti uma bola se avolumar na garganta.

— Jamie, você precisa documentar tudo que esses caras estão fazendo. Não vamos deixar esses filhos da puta saírem impunes disso.

— Bill, não é só o Maxim. Eles estão levando tudo.

— O que você quer dizer com "tudo"?

— Estão pegando os dossiês de clientes que não têm nada a ver com a Kameya. Estão com duas vans estacionadas aqui na frente. Levaram quase todos nossos computadores, servidores, selos e carimbos das empresas dos nossos clientes. Isso não faz sentido nenhum. Vai ser difícil para alguns dos nossos clientes funcionar sem seus documentos, selos e carimbos. Não sei nem se nós vamos conseguir trabalhar depois disso. Não dá nem para ver e-mails!

Fiquei sem palavras.

— Jamie... eu, eu sinto muito. Nós vamos sair dessa juntos. Prometo. O mais importante que lhe peço: me avise assim que souber algo sobre o estado do Maxim.

— Certo. Aviso, sim.

Voltei para a sala de reuniões totalmente atordoado. Todo mundo ficou olhando para mim.

— Desligue o telefone.

Ivan se despediu de Emma e desligou. Então lhes contei o que tinha se passado no escritório Firestone Duncan. Ninguém conseguiu dizer mais nada.

Estávamos profundamente encrencados, e, se eu conhecia alguma coisa da Rússia, isso era só o começo.

23
Departamento K

Ivan e eu pegamos o trem Eurostar das três da tarde de volta para Londres. Precisávamos conversar sem que ninguém nos ouvisse, e o único local disponível era a passagem entre os vagões, onde nos sentamos nos desconfortáveis assentos retráteis. O norte da França passava voando pela porta ao nosso lado, formando um borrão verde e cinza. Tentamos ligar para Moscou e Londres, mas, com a composição entrando e saindo de túneis, a conexão caía o tempo todo, de modo que desistimos e voltamos para nossos lugares, onde permanecemos em silêncio até o fim da viagem. Embora soubesse que a Rússia era um lugar violento, nunca, desde que pus os pés ali, em 1992, estivemos em contato com essa violência. Agora, repentinamente, era palpável, absolutamente real.

Minha maior preocupação era Maxim. Assim que cheguei em casa, liguei para Jamie e perguntei como ele estava. Felizmente, seus ferimentos não eram tão graves. Implorei a Jamie que prestasse queixa, mas ele resistiu.

— Maxim está assustado, Bill. Os policiais que bateram nele disseram que o acusariam de tentativa de agressão com uma faca e o colocariam na cadeia se ele abrisse a boca.

Contra tais argumentos eu não tinha como insistir. Pelo menos ele melhoraria e não teria problemas.

Bem cedo na manhã seguinte, fui para o escritório. Ivan já estava lá, examinando uma transcrição feita a mão do mandado de busca que Emma passara por fax. Sua caligrafia obsessiva e cristalina ainda guardava traços arredondados, comuns em garotas em idade escolar, mas o conteúdo do mandado não tinha nenhum traço de inocência: o departamento de crimes tributários do Ministério do Interior havia instaurado um processo criminal contra Ivan sob a acusação de ele ter deixado de recolher 44 milhões de dólares de impostos na fonte por dividendos distribuídos pela Kameya. Imputaram arbitrariamente um tributo à empresa e, como Ivan administrava a entidade para nosso cliente, a polícia colocou a culpa nele.

Independentemente de quão ilegítimo o sistema de justiça criminal da Rússia pode parecer a um estrangeiro, a Rússia ainda é um Estado soberano com o qual a maioria dos países do Ocidente coopera em pedidos de extradição, alertas vermelhos da Interpol e congelamento internacional de bens. Apesar de estarmos em Londres, negligenciar um processo criminal como esse poderia colocar Ivan em complicações terríveis.

O mandado era totalmente desprovido de fundamento. A Kameya havia pagado impostos pela mesma alíquota que todo mundo, e acusar Ivan de qualquer crime era pura e simplesmente injusto. Se havia uma pessoa que obedecia cegamente às regras, esse alguém era Ivan Cherkasov. Além disso, era bom marido, pai, amigo e colega de trabalho. Seus ternos estavam sempre passados, seu cabelo sempre aparado e ele era sempre pontual. Vê-lo nervoso a andar de um lado para outro no escritório por causa de uma acusação fraudulenta me deixou furioso, e prometi a mim mesmo que faria o que fosse preciso para livrá-lo dessa encrenca.

Minha primeira atitude foi contratar o melhor advogado tributário que eu conhecia em Moscou, Sergei Magnitsky. Com 35 anos, era o chefe da área tributária do escritório Firestone Duncan e tinha um conhecimento enciclopédico acerca de todas as leis, códigos e portarias do setor. Dizia-se que, desde que começara a trabalhar lá, nunca perdera um caso.

Uma vez contratado para o nosso time, pedimos a Sergei que analisasse se tínhamos feito alguma coisa errada. Ivan sempre fora cuidadoso, e eu acreditava que nossos impostos eram pagos corretamente, mas, diante das graves acusações do Ministério do Interior, precisávamos ter certeza absoluta.

Sergei nos solicitou todas as declarações de imposto e documentos comprobatórios da Kameya. Depois de trabalhar até tarde da noite, ligou logo de manhã com seu parecer:

— Gente, examinei todos os aspectos da situação tributária da Kameya. Ivan não fez nada de errado.

Se de um lado Sergei podia nos ajudar a entender as leis relativas a impostos, de outro Ivan também precisava de um criminalista para lidar com a polícia. Contratamos então Eduard Khayretdinov, um ex-investigador da polícia e juiz que atuava desde 1992 como advogado de defesa. Com 48 anos de idade, quase 1,90 metro, cabelos grisalhos, bigode espesso e grandes mãos, ele era uma espécie de versão russa do homem da Marlboro. Era o tipo de sujeito que você gostaria de ter por perto na Rússia se as coisas dessem horrivelmente errado. Ele havia defendido e vencido alguns dos mais rumorosos processos criminais da Rússia — aparentemente contra todas as expectativas. Em um país cujo índice de condenações supera 99%, é quase um milagre.

Eduard se ofereceu para ir ao distrito policial a fim de descobrir o que os policiais estavam tramando. Ao chegar, foi levado até o investigador à frente do caso, um major de trinta anos chamado Pavel Karpov. Eduard lhe pediu uma cópia de alguns documentos do processo, os quais, pela lei russa, o advogado de defesa tem direito de ver. O major se recusou a atender ao pedido. Isso era muito incomum. Em quinze anos como advogado de defesa, isso nunca tinha acontecido com Eduard.

A dificuldade imposta por Karpov frustrou Eduard, mas vi nisso um sinal positivo. Pensei que, se Karpov estava com medo de mostrar os autos do caso, era provavelmente porque *não havia* nenhum caso.

Infelizmente, minha teoria otimista começou a desmoronar quase imediatamente. Em 14 de junho, recebi uma ligação de Catherine Belton, a repórter que, na cúpula de 2006 do G8, perguntara a Putin por que eu tinha sido expulso do país. Trabalhando agora para o *Financial Times*, ela queria saber se eu gostaria de comentar as operações de busca e apreensão levadas a cabo pelo Ministério do Interior. Dei a ela minha resposta, na esperança de que a matéria refletiria com precisão o nosso lado da história.

Na manhã seguinte, ao pegar os jornais à porta de casa, me deparei com a seguinte manchete de primeira página do *Financial Times*: "Russos investigam situação tributária de Browder". Sentei-me no banquinho do hall e li a matéria três vezes. Em meio à miríade de mentiras e insinuações do Ministério do Interior, uma frase perdida no meio do texto chamou minha atenção: "Investigadores acreditam que Browder está por trás do esquema e vão investigá-lo."

Esses caras estavam longe de recuar. Ao contrário, sua intenção era ir muito mais longe. Claramente, o que estava acontecendo com Ivan e a Kameya era apenas o prelúdio de um plano muito maior para me pegar.

Era perturbador e nós estávamos em uma desvantagem absurda. É fato que tínhamos os melhores advogados da Rússia, mas isso não tinha importância, já que nossos adversários eram agentes da lei atuando à margem da lei. Mais do que qualquer outra coisa, nós precisávamos de inteligência de informações, o tipo de inteligência que a FSB teria. Em resumo, precisávamos da fonte de Vadim, Aslan, o homem que o alertara para fugir da Rússia em 2006, depois que as coisas esquentaram na esteira da minha expulsão do país.

Não tínhamos a menor ideia se a briga interna no governo que levara Aslan a procurar Vadim ainda estava em curso. Tampouco sabíamos se ele estaria disposto a nos ajudar novamente, mas valia a pena tentar.

Vadim enviou-lhe uma mensagem simples pedindo para conversar.

Meia hora depois, veio a resposta. "O que você quer saber?"

"Achei que você talvez pudesse me contar quem está por trás das batidas policiais da semana passada e que possivelmente também saberia o que estão planejando", escreveu Vadim.

Alguns minutos depois, chegou outra mensagem: "Sim, eu sei. O Departamento K da FSB está por trás de tudo. Querem acabar com Browder e tomar todos os seus ativos. Esse caso é só o começo. Muitos outros processos criminais virão."

Assim que Vadim traduziu para mim a mensagem, comecei a ter espasmos incontroláveis nas pernas. A mensagem de Aslan era inequívoca e arrepiante. Eu torcia desesperadamente para que não fosse verdade.

Milhões de perguntas cruzaram minha mente. A primeira foi: *O que é Departamento K?*

Perguntei a Vadim, mas ele não sabia. Fomos até sua mesa de trabalho com pouca esperança de encontrar alguma resposta na internet. Surpreendentemente, depois de clicar em vários links, nos vimos diante de uma página no site da FSB com o mapa organizacional da agência. Departamento K era a unidade de contraespionagem econômica da FSB.

Fui me arrastando até minha sala, desabei na cadeira e pedi à secretária que não me passasse nenhuma ligação. Precisava digerir tudo aquilo. A perspectiva de ser perseguido pelo Departamento K era um golpe simplesmente quase impossível de suportar.

Ali sentado, pensei: *Estou sendo perseguido pela polícia secreta russa e não há nada que eu possa fazer a respeito. Não posso apresentar uma queixa a eles e não posso solicitar os autos do meu inquérito. Eles são a* polícia secreta. *O pior: eles têm acesso a todas as ferramentas imagináveis, tanto legítimas quanto ilegítimas. A FSB não se limita a emitir e cumprir mandados de prisão e pedir extradições; a FSB comanda assassinos.*

24

"Mas as histórias russas nunca têm final feliz"

Eu estava sentado à minha mesa de trabalho tratando de absorver tudo aquilo, e minha secretária silenciosamente entregou-me um recado: "Elena ligou. Nada urgente." Em geral eu teria ligado de volta no ato, mas estava com a cabeça tão cheia que acabei esquecendo.

Cerca de uma hora depois, Elena tornou a telefonar. Atendi e, antes que pudesse dizer qualquer coisa, ela gritou:

— Por que você não me ligou?

— Como assim? Você disse que não era urgente.

— Não! Eu disse que *era* urgente. Bill, entrei em trabalho de parto. Estou no hospital!

— Meu Deus! Já estou indo!

Levantei-me num salto e saí correndo. Ignorei o elevador e desci as escadas voando, quase escorregando em meu mocassim de sola lisa ao fazer uma curva. Ao alcançar a rua, banhada pelo sol do meio da tarde, já tinha esquecido o Departamento K, a FSB e a Rússia.

Covent Garden é um labirinto de ruazinhas que levam a uma área exclusiva para pedestres. Como pegar um táxi ali não fazia sentido, porque levaria vinte minutos só para sair daquela zona, corri até a Charing Cross Road, mas ao chegar não havia táxi livre à vista. Continuei correndo em direção ao hospital, sempre olhando para trás na esperança de ver um táxi. Seguia desviando de pedestres e da bagunça do trânsito londrino e seus caminhões, ônibus de dois andares e scooters. Parecia que todos os táxis da cidade estavam ocupados. Mesmo longe demais para ir a pé, segui correndo até encontrar um táxi, na Shaftesbury Avenue.

Quinze minutos depois, entrei completamente desgrenhado no hospital e fui direto para o quarto andar, onde ficava a sala de parto. Elena estava na etapa final do trabalho de parto. Gritando, o rosto vermelho devido às contrações, ela não tinha tempo para ficar brava comigo. Na verdade, não tinha tempo nem de pensar em mim. Segurei a mão de Elena, e ela apertou a minha tão forte que suas unhas quase me tiraram sangue. Passados vinte minutos, nasceu nossa segunda filha, Veronica.

Ao contrário do nascimento de Jessica, quando a alegria do nascimento afogou por completo qualquer lembrança da Rússia e das minhas atribulações, dessa vez meus problemas eram tão monumentais que eu não consegui me desligar deles. Uma vez confirmado que estava tudo bem com Elena e Veronica, minhas encrencas russas me tomaram a mente de assalto.

Eu não pretendia contar para Elena as más notícias sobre o Departamento K. Pelo menos não naquele momento. Decidi deixá-la descansar e construir os primeiros laços com nossa segunda filhinha. Fomos para casa no dia seguinte e eu consegui manter as aparências quando amigos apareceram para conhecer o bebê e nos cumprimentar. Mas, no fundo, aquilo tudo não parava de me atormentar. Até ali, a única razão para eu me segurar psicologicamente havia sido Elena. Tínhamos uma dinâmica de emoções bem estranha no nosso relacionamento. Sempre que eu entrava em pânico, ela se mantinha calma, e vice-versa. Até aquele momento, esse formato tinha funcionado à perfeição, mas agora as notícias eram tão perturbadoras que eu duvidava de que continuaria assim.

Dois dias depois de voltarmos para casa, eu não aguentava mais esconder isso de Elena. Naquela noite, depois de embalar Veronica até que dormisse, fui para a cama e me sentei ao lado de Elena.

— Tem um assunto sobre o qual gostaria de lhe falar.

Ela segurou minha mão e olhou nos meus olhos.

— O que é?

Contei-lhe então o conteúdo da última mensagem de Aslan sobre o Departamento K.

Veronica, dormindo no berço portátil, me interrompia uma vez ou outra com seus arrulhozinhos e resmungos em *staccato*, típicos de recém-nascidos, *ah-ah-ah-aaaah*. Quando terminei, perguntei a Elena:

— O que você acha que devemos fazer?

Ela manteve a calma notável que sempre tivera no passado, sem alterar o semblante.

— Vamos ver qual será o próximo movimento deles e aí, sim, vamos decidir como cuidar disso. Esses caras podem ser asquerosos, mas são apenas humanos, como todo mundo. Eles cometerão erros.

Elena apertou minha mão e abriu para mim um dos seus sorrisos, sempre tão doces.

— E as nossas férias? — perguntei.

Tínhamos uma viagem de família programada para agosto, assim que o bebê pudesse viajar.

— Simples, Bill. Nós vamos. Seguimos tocando normalmente nossa vida.

Felizmente, as semanas seguintes foram tranquilas no trabalho, sem novidades alarmantes chegando da Rússia. Em meados de agosto, pegamos o avião para o curto voo com destino a Marselha, no sul da França. Veronica dormiu a maior parte do tempo e Jessica e eu ficamos brincando com uma garrafa plástica e um saco contendo meia dúzia de bolinhas de papel. David ficava nos passando garrafas, pedaços de pano, brinquedos e lanchinhos e, entre uma coisa e outra, ainda fez o dever de casa. Assim que aterrissamos em Marselha, liguei meu BlackBerry para checar ligações ou e-mails. Não havia nada — pelo menos, nada de importante — e interpretei isso como um bom presságio para a nossa viagem.

Desembarcamos e fizemos nosso roteiro pelo aeroporto: esperamos nossas bagagens, depois as coletamos e então fomos ao encontro da van que nos aguardava. Assim que pusemos o pé do lado de fora, o calor — espesso, pleno, agradável — nos envolveu. Nosso motorista nos ajudou a colocar a bagagem no porta-malas. Quando o carro deu a partida, meu celular tocou. Era Ivan.

— Bill, está acontecendo de novo — disse ele, em pânico.

Sem nem saber o que ele estava prestes a anunciar, senti espasmos nas pernas. O pânico é contagioso.

— O que está acontecendo?

— A polícia está fazendo uma batida no Credit Suisse em Moscou.
— E o que isso tem a ver com a gente?
— Estão em busca de qualquer coisa relacionada ao Hermitage.
— Mas não temos nada lá — ressaltei.
— Verdade, mas aparentemente a polícia não sabe disso.
— E o que eles estão procurando?
— Espere um segundo. Tenho aqui uma cópia do mandado de busca e apreensão.
Ele sumiu da linha e voltou meio minuto depois.
— Estão procurando por qualquer coisa que pertença a Hermitage Capital Management, Hermitage Capital Services, Hermitage Capital Asset Management, Hermitage Asset Management... a lista tem ainda mais duas páginas. Quer que eu continue?
— Não.
Pelo visto, a polícia estava jogando uma versão estranha de batalha naval, usando toda variação possível para nosso nome na esperança de acertar algum alvo. Quase ri do amadorismo da coisa.
— Quem está à frente da operação?
— É aí que está o problema, Bill. É o Artem Kuznetsov.
Puta merda! Artem Kuznetsov?, pensei. Parecia que o dedo dele estava em tudo de ruim que nos acontecia na Rússia.
Desligamos, mas naquele momento eu soube que tínhamos chegado a uma nova etapa da nossa jornada. Aslan, nossa fonte, estava certo: esses caras realmente queriam tomar nossos ativos. A única coisa que eu não conseguia entender era por que eles não sabiam que nossos ativos já não estavam na Rússia. Será que a polícia secreta russa não era suficientemente competente para perceber isso? Talvez não. Como apontara Elena, talvez eles realmente fossem passíveis de falha como qualquer outra pessoa.
Kuznetsov saiu do Credit Suisse de mãos abanando, mas continuou tentando localizar ativos do Hermitage. Nas duas semanas seguintes, enquanto eu tentava curtir o calor do sul da França, ele comandou operações de busca em outros bancos em Moscou: HSBC, Citibank e ING. Não conseguiu nada em nenhum dos três.
A cada vez que recebia essas notícias, eu me distanciava mais e mais da minha família. Em vez de desestressar, cantar cantigas para Jessica e Veronica e brincar

com David na piscina, passei a maior parte das férias em teleconferências tentando descobrir o que nossos inimigos fariam em seguida.

Terminadas as minhas "férias", voltei para Londres e me fechei com a equipe para planejar nossos próximos passos. Do ponto de vista jurídico, o mais importante era o processo criminal contra Ivan. Na realidade, as batidas nos bancos nem me preocupavam, mas a possibilidade de Ivan ser preso ou extraditado me incomodava profundamente.

Como Eduard sentira que o major Karpov se mostrara inacessível no caso de Ivan, Sergei teve uma ideia interessante para talvez conseguirmos mais informações.

— Já que a polícia não está nos dizendo nada sobre o que está fazendo, por que não vamos diretamente às autoridades tributárias e perguntamos o que têm a dizer?

Era mesmo um bom caminho. Instruímos então a firma de contabilidade que nos atendia a protocolar uma carta na agência do órgão fiscal onde a Kameya havia entregado suas declarações perguntando se devíamos algum imposto.

Em 13 de setembro, Sergei ligou para Ivan. Estava alegre como uma criança.

— Os contadores receberam a resposta. Você não vai acreditar: eles afirmam que a Kameya não deve absolutamente nada de impostos. Na verdade, indicam que a empresa pagou 140 mil dólares a mais do que deveria!

Quando Ivan me contou, fiquei impressionado. Era a prova cabal de que as acusações contra ele eram totalmente espúrias. Era como se a Scotland Yard desse uma batida em uma empresa suspeita de sonegação mas a Receita Federal não tivesse detectado qualquer problema nos impostos da empresa. Não importava quão perverso podia ser o sistema judiciário russo, essa carta inocentava Ivan completamente.

Depois disso, comecei a relaxar pela primeira vez em meses. Veio setembro, veio outubro, mas sem novas notícias ruins da Rússia. Eu vinha trabalhando no ritmo de crise profunda, porém, ao longo do outono, pouco a pouco, minhas reuniões de gestão da crise russa foram sendo substituídas por reuniões normais de investimentos. Foi um grande alívio conversar com analistas sobre ações em vez de falar com advogados sobre batidas policiais.

Um dos países que sempre vinham à tona nessas reuniões era a Coreia do Sul. Não é um país em desenvolvimento no padrão de Tailândia ou Indonésia, porém ações de suas empresas tinham valor de mercado 40% inferior ao de empresas americanas se compararmos o índice preço/lucro. Essa característica era interessante para um investidor como eu. Se não houvesse uma razão concreta para seu valor tão baixo, as ações de algumas companhias poderiam subir bastante. Pensando nisso, decidi ir à Coreia para visitar algumas companhias e aferir por que tinham valor de mercado tão baixo.

Cheguei a Seul na noite de 14 de outubro, um domingo. Depois de doze horas de voo e duas de carro do aeroporto Incheon para a cidade, fiz o check-in no hotel Intercontinental e desfiz as malas. Embora fosse onze da noite, meu corpo achava que ainda estava no início da tarde. Passei a maior parte da noite tentando, sem sucesso, dormir, até que desisti. Levantei-me e fiquei à janela observando as luzes da cidade, brilhante e pulsante, distintamente estrangeira para mim, como se fosse cenário de um filme. Não importa o endereço — pode ser Tóquio, Pequim, Hong Kong ou Bangcoc, ao chegar à Ásia, todo viajante ocidental parece ser acometido por momentos assim, no meio da noite, afetado pelo fuso horário.

Consegui dormir poucas horas naquela noite e sofri muito para acordar na manhã seguinte e encontrar Kevin Park, corretor coreano de 35 anos que me levaria para visitar várias empresas locais. Ele havia agendado reuniões em bancos, uma empresa do setor imobiliário e uma do setor de autopeças. O jet lag tornava todas as reuniões um suplício e eu praticamente tinha que me beliscar sob a mesa para me manter acordado. Foi um dia difícil.

Quando a noite chegou, estava à beira da exaustão, mas Kevin insistiu em me levar a uma espécie de churrasco coreano. Ele fora tão prestativo e dedicado no planejamento da viagem que não consegui declinar do convite. Tomei duas latas de Coca-Cola Diet no quarto, joguei uma água no rosto e desci para encontrá-lo no saguão do hotel. No restaurante, pedimos *bulgogi*, *bibimbap* e *kimchi*. No fim do jantar, quando achava que finalmente poderia voltar para o hotel e desabar na cama, ele avisou que iríamos encontrar alguns de seus colegas de trabalho em um bar de karaokê ali perto. Foi um martírio aguentar Kevin e os amigos tentando me afogar com doses de Johnnie Walker Black Label e se revezando ao microfone do karaokê. Finalmente, à meia-noite, quando eu já não conseguia manter os olhos abertos, ele se compadeceu e me colocou em um táxi que me levou de volta para o hotel.

No dia seguinte, a maratona de reuniões e comida continuou. No entanto, não obstante os efeitos do jet lag e a sufocante hospitalidade, eu estava curtindo ser de novo um analista de investimentos e aproveitando o fato de estar momentaneamente afastado dos graves acontecimentos em curso na Rússia.

No fim do dia, voltei para o Intercontinental a fim de checar meus recados. Telefones celulares da Inglaterra não funcionam na Coreia, de forma que o pessoal de meu escritório tinha de repassar as mensagens para o hotel. Estava passando os olhos por várias folhas brancas no elevador e uma em particular, de Vadim, chamou minha atenção: "Ligue para mim assim que receber esta mensagem. Urgente."

Vadim nunca se excedia, o que significa que, quando dizia "urgente", de fato era urgente. Correndo para o quarto a fim de fazer a ligação, senti o coração martelando no peito.

Ele atendeu ao primeiro toque.

— Bill. Recebemos uma ligação de um oficial de justiça da corte de São Petersburgo no início da manhã. Ele disse que há uma sentença contra uma das nossas empresas de investimento na Rússia e quer saber onde temos dinheiro para cobrir a dívida.

Embora tivéssemos vendido todas as ações de companhias russas que tínhamos, precisávamos manter nossas *holdings* abertas por três anos para encerrá-las de acordo com a lei.

— Sentença? Que sentença? Do que ele está falando?

— Não sei.

— Você sabe se essa pessoa é realmente o que diz ser?

Era perfeitamente possível que se tratasse de um golpe mal engendrado.

— Não, mas acho que não devemos simplesmente ignorar o assunto.

— Claro que não. De quanto dinheiro o sujeito estava falando?

Imaginei que tivéssemos por algum motivo tolo deixado de pagar alguma conta de 200 dólares e o credor colocara em cobrança judicial.

— Setenta e um milhões de dólares.

Setenta e um milhões de dólares?

— Isso é insano, Vadim! Do que se trata?

— Não tenho ideia, Bill.

— Vadim, peça a Eduard e a Sergei que trabalhem nisso imediatamente. Precisamos descobrir o que está acontecendo.

— Está bem.

Minha semana de distração chegara ao fim. Os russos não tinham desistido. Estavam longe disso.

A história inteira do oficial de justiça era ridícula. De onde vinha esse processo judicial? Quem estava por trás disso? Como podiam abrir um processo para receber ativos que nem estavam mais na Rússia? Certamente não podiam. Ou podiam?

A essa altura eu nem conseguia mais pensar na Coreia. Tinha que voltar para Londres o mais rápido possível. Liguei para Kevin, pedi mil desculpas por não poder jantar com ele e solicitei que cancelasse o restante das reuniões agendadas. Telefonei para a Korean Air e marquei minha passagem no próximo voo para Londres, na manhã seguinte.

Assim que desembarquei do longo voo, fui direto ao escritório para conversar com Vadim e Ivan. Nós nos fechamos na sala de reuniões e eles me inteiraram do que tinham descoberto enquanto eu estava viajando.

A primeira coisa é que o julgamento era real. Eduard pegara um trem para São Petersburgo, fora ao tribunal, tivera acesso aos autos e tirara fotos dos documentos com sua câmera digital. Vadim pinçou uma dessas fotos de uma pilha de papéis e a estendeu para mim, apontando para uma palavra específica.

— Aqui está escrito Mahaon — que era o nome de uma das companhias inativas da *holding* — e este é o valor.

Estava em rublos, mas num cálculo rápido cheguei à cifra aproximada de 71 milhões de dólares.

— Como é possível que não soubéssemos de nada disso? — questionei, imaginando que se tratava de uma tremenda negligência de nossa parte.

— Sergei se perguntou a mesma coisa — disse Vadim. — Enquanto Eduard estava em São Petersburgo, Sergei checou o banco de dados com o registro de empresas e seus proprietários.

— E? — perguntei, sentindo-me desmoronar.

Ivan suspirou.

— A Mahaon foi roubada, Bill.

— Como assim? O que isso quer dizer? Como se rouba uma empresa?

Ivan, que tinha algum conhecimento sobre o processo de registro de empresas, disse:

— Não é simples. Mas, grosso modo, é possível trocar ilegalmente os donos de uma empresa por outros sem que você saiba se a pessoa que está assumindo a empresa realmente tem os respectivos selos, certificados de propriedade e registros oficiais originais.

Aquilo foi um golpe duríssimo para mim.

— Foram esses os documentos que a polícia apreendeu — disse baixinho. — Quando fizeram a batida no escritório de Jamie.

— Exatamente — confirmou Ivan.

Ele explicou que, uma vez efetuada a mudança, os novos donos podiam agir como qualquer outro dono de empresa. Podiam administrá-la normalmente, liquidá-la, pegar seus ativos, realocá-la. Em resumo, fazer o que bem entendessem.

Agora tudo estava claro. Tínhamos sido vítimas de um crime conhecido como "golpe da busca e apreensão russa". Na sua versão mais comum, o esquema envolvia policiais corruptos que forjavam crimes, juízes corruptos que aprovavam o sequestro de bens e bandidos ligados ao crime organizado agrediam quem ousasse atrapalhar. A prática era tão comum que o *Vedomosti*, o jornal independente russo, chegara a publicar uma tabela de preços de serviços de "batidas de busca e apreensão": congelamento de bens — 50 mil dólares; abertura de processo criminal forjado — 50 mil dólares; ordem judicial — 300 mil dólares; e assim por diante. A única forma de enfrentar com êxito esses criminosos russos era retaliar com extrema violência, o que obviamente estava fora de cogitação para nós.

Sergei passou a noite investigando e ligou para nós no dia seguinte para explicar de que maneira tudo tinha acontecido.

— A Mahaon e duas outras companhias que pertenciam a vocês foram *re-registradas* em nome de uma empresa chamada Pluton, localizada em Kazan.

Kazan é a capital do Tartaristão, uma república semiautônoma localizada na Rússia central.

— E quem é o dono da Pluton? — perguntei.

— Um homem chamado Viktor Markelov, que, de acordo com o banco de dados de ocorrências criminais, foi condenado por homicídio em 2001.

— Inacreditável! — exclamei. — Então é isso: a polícia faz uma batida no nosso escritório, leva um monte de documentos e depois usa um assassino condenado para *re-registrar* fraudulentamente nossas companhias?

— Foi exatamente isso que aconteceu — confirmou Sergei. — E a coisa não para aí. Esses documentos foram depois usados para forjar vários contratos antigos pelos quais sua companhia roubada deve 71 milhões de dólares para uma empresa de fachada com a qual você nunca fez negócio.

— Meu Deus — suspirei.

— Espera. Tem *mais*. Esses contratos falsos foram a base de um processo judicial, e um advogado que você não contratou apareceu perante o juiz para defender suas empresas e, já no início, assumiu a culpa da sua empresa, reconhecendo a dívida de 71 milhões de dólares.

Apesar de nojento e incompreensível, tudo passou a fazer sentido. À medida que conseguia visualizar mais claramente a história toda, comecei a rir. No começo, só levemente, mas depois o riso foi ficando mais alto. Não havia nada engraçado no que estava acontecendo; meu riso era de alívio. A primeira reação de todos foi o silêncio, mas, em seguida, Ivan também caiu no riso, assim como Vadim.

Agora sabíamos o plano deles com precisão, e eles tinham falhado miseravelmente. Eles queriam o dinheiro do Hermitage, mas não havia mais nada lá. Tomando por base a tabela de serviços de batidas de busca e apreensão, os caras tinham pagado milhões para corromper juízes, policiais e funcionários públicos a troco de nada.

A única pessoa que não riu foi Sergei.

— Bill, é cedo demais para relaxar — anunciou, sinistro, pelo viva-voz. — A história ainda não acabou.

— O que isso quer dizer? — perguntou Vadim.

— Não sei — respondeu Sergei em meio aos pequenos estalidos e ruídos do celular. — Mas as histórias russas nunca têm final feliz.

25

Embaralhando sons

Poderíamos ter abandonado tudo e saído daquela encrenca ali mesmo. Havia, no entanto, um grande nó: um processo criminal ainda aberto contra Ivan.

Os responsáveis pelo processo eram Kuznetsov e Karpov, ambos claramente envolvidos no roubo das nossas empresas. Para tornar isso público, decidimos apresentar às autoridades russas queixas-crime contra eles. Como a nossa equipe jurídica já estava sobrecarregada, trouxemos para nos ajudar Vladimir Pastukhov, o advogado que exortara Vadim a sair da Rússia, em 2006.

Ele veio para Londres e se instalou na sala de reuniões do nosso novo escritório. Graças ao lançamento bem-sucedido do Hermitage Global, tínhamos mudado para um prédio recém-restaurado na Golden Square, bem atrás de Piccadilly Circus, e não estávamos mais amontoados em um apertado escritório compartilhado em Covent Garden.

Rodeado de pastas, Vladimir passou dias entrevistando cada um de nós. Em seguida, dedicou-se a preparar uma longa queixa-crime sobre o roubo das nossas companhias e a construção dessas imensas dívidas falsas. Havia uma seção específica sobre o uso, para a montagem da fraude, de documentos e arquivos eletrônicos apreendidos nas batidas policiais comandadas por Kuznetsov e mantidos sob a custódia de Karpov.

Enquanto Vladimir trabalhava na ofensiva, Eduard, na Rússia, cuidava da nossa defesa. Havia cinco meses que ele vinha tentando ter acesso às partes relevantes dos autos do processo contra Ivan a fim de preparar sua defesa, mas Karpov firmemente se recusava a mostrá-los. Eduard vinha protocolando recursos e queixas a procuradores e aos superiores de Karpov, mas eram iniciativas que não chegavam a lugar nenhum. A cada recusa, sua frustração só fazia aumentar. Para ele, a questão agora começava a ser pessoal, não apenas profissional.

Contudo, no dia 29 de novembro, Eduard recebeu uma ligação inesperada de Karpov, que dizia finalmente estar disposto a passar alguns dos documentos que Eduard vinha requisitando. Eduard cancelou todos os outros compromissos e correu para a sede do Ministério do Interior em Moscou, na Novoslobodskaya Ulitsa. Karpov o recebeu na entrada e, quando chegaram à sua pequena sala, fez um gesto para que Eduard se sentasse.

Eduard aquiesceu.

— Estou ciente de que você vem requisitando os documentos do caso Cherkasov e estou pronto para compartilhar alguns com você hoje — anunciou Karpov, com um sorriso pretensioso e magnânimo.

Eduard observou Karpov com um misto de exasperação e desprezo.

— Você deveria ter me dado esses documentos há muito tempo.

— Não importa. Vou dar agora. Seja grato por isso.

Karpov então se ergueu, pegou uma pilha de papéis de quase trinta centímetros de espessura, deu a volta na mesa e largou tudo em frente a Eduard.

— Mas tem um probleminha. A copiadora está quebrada. Se você quiser cópias, terá que fazer na mão.

Normalmente controlado e profissional, Eduard se via agora diante de um policial de trinta anos desfilando para cima e para baixo em um terno italiano de 3 mil dólares, mãos cuidadas por manicure e um relógio caro, provocando-o como se fosse o valentão da escola. Depois de cinco meses tentando obter essas informações, foi impossível se segurar e aguentar esse comportamento. O próprio Eduard fora investigador do Ministério do Interior e nunca tinha tratado ninguém assim. Ficou tão frustrado que gritou:

— Não sei o que você acha que está fazendo! Nós pegamos vocês. Sabemos de tudo que aconteceu em São Petersburgo.

Karpov ficou branco.

— O q-quê? O que aconteceu em São Petersburgo? — perguntou, bancando o tonto.

— Temos todas as provas. Os documentos que você está guardando foram usados para roubar três empresas e forjar dívidas gigantescas. Como advogado criminalista, posso lhe garantir que esse é um caso fácil de se provar.

Karpov cruzou os braços e se inclinou para a frente, os olhos perscrutando a sala. Depois de alguns instantes, fez um gesto para que Eduard fosse para o seu lado da mesa. Eduard acatou e, sem dizer nada, Karpov começou a digitar com fúria em seu laptop, aparentemente indicando que o ambiente estava grampeado.

Assim que terminou, Eduard se aproximou da tela para ler a mensagem. *Não fui eu. Isso é projeto de Kuznetsov.*

Logo depois, Karpov apagou a mensagem da tela.

Karpov passou da arrogância para a submissão em questão de segundos e até selecionou alguns dos documentos mais importantes do processo para que Eduard os copiasse.

Eduard não sabia exatamente o que fazer a partir desse novo desdobramento, mas certamente não deixaria passar a chance de pegar os documentos para Ivan. Freneticamente copiou a mão a papelada, mas teve que parar porque Karpov anunciou que precisaria sair por conta de outro compromisso. Karpov fez o gesto incomum de acompanhar Eduard até a porta da saída e continuou caminhando ao seu lado até o carro. Pelo visto, o major esperava que Eduard fosse revelar mais do que sabíamos.

Assim que entrou no carro, Eduard se deu conta de que tinha acabado de cometer um grande erro. Nós não o tínhamos autorizado a falar sobre nossas descobertas com ninguém. Ao perder a compostura, ele alertara os bandidos que estávamos fechando o cerco contra eles.

Depois de se acalmar, Eduard ligou para nós, em Londres, e contou o que se passara. Sem dúvida, ele havia cometido um erro, mas em vista da obstinação de Karpov até então, não dava para recriminá-lo demais. Depois de pedir desculpas, ele nos aconselhou a protocolar nossa queixa-crime o mais rápido possível, já que nosso plano já não era mais segredo. Perguntei a Vladimir de quanto tempo mais ele precisava.

— Quatro dias — respondeu.

Ou seja, segunda-feira, 3 de dezembro de 2007.

Enquanto isso, em 30 de novembro tive que ir a Genebra para um almoço com um cliente. Diante de tudo que estava acontecendo, eu teria preferido ficar em Londres, mas a reunião era importante demais para ser cancelada. Saí de manhã e voei de volta naquela mesma noite, desembarcando no aeroporto London City. No táxi, cruzando pelas ruas secundárias de Canary Wharf a caminho de casa, recebi de minha secretária os recados do dia. Terminada a lista, ela disse:

— Alguém chamado Igor Sagiryan gostaria de falar com você. Quer que eu faça a ligação agora?

— Sagiryan?

Busquei na memória. Conhecia o nome. Enquanto checava meus contatos no BlackBerry, lembrei que ele era um dos mandachuvas da Renaissance Capital, a empresa comandada por Boris Jordan quando eu estava brigando com a Sidanco. Eu estivera com Sagiryan apenas uma vez, em uma conferência sobre investimentos alguns anos antes, e me perguntei por que estaria atrás de mim.

— Claro, pode ligar sim. Vou falar com ele.

Ela ligou para ele e o pôs na linha.

— Igor. Aqui é Bill Browder. Como está?

— Estou bem, na medida do possível nestes dias. Escute, você vai estar em Londres? Gostaria de encontrá-lo e fazer uma reunião rápida, de preferência ao vivo, e não por telefone.

Pedido estranho. Eu mal conhecia o sujeito e ele agora se oferecia para vir de Moscou para me encontrar.

— Claro. Do que se trata?

— Nada de mais, porém, como você sabe, todo mundo hoje está sofrendo algumas pressões, e eu só queria discutir com você que outros passos podemos dar, porque estamos trabalhando muito com você. E, bem, estamos tendo algumas pequenas dificuldades, mas é melhor não ter nenhuma.

A resposta dele não fazia sentido algum. Eu não fazia ideia de que "pressões" e "pequenas dificuldades" ele estava falando e comecei a suspeitar que havia alguma relação com o encontro de Eduard com Karpov.

— Há algo específico que você gostaria de abordar agora mesmo?

— Bem, para dizer a verdade, o problema é que estou falando do celular. Você é um cara de sorte, vive no Reino Unido, mas eu estou na Rússia e preferiria um encontro ao vivo.

Algo muito anormal estava acontecendo. Talvez Sagiryan estivesse tentando passar uma mensagem dos bandidos ou negociar comigo em nome deles. Independentemente de qual fosse a pauta, sua solicitação naquele instante não parecia ser mera coincidência, motivo pelo qual concordei em me encontrar com ele no Dorchester Hotel no dia 11 de dezembro, logo depois que eu voltasse de uma viagem de negócios no Oriente Médio.

Voei para a Arábia Saudita na manhã seguinte e na outra segunda-feira nossa equipe de advogados protocolou as queixas-crime, totalizando 244 páginas, no sistema judiciário russo. Duas cópias foram para o procurador-geral, duas para a Agência Estatal de Investigações e duas para o chefe do Departamento de Assuntos Internos do Ministério do Interior.

Eu previa que só teríamos alguma resposta a essas ações depois do ano-novo, mas, para minha surpresa, dois dias depois, estava atravessando o saguão do Four Seasons, em Riad, quando recebi uma ligação de um agitado Jamison Firestone, que ainda estava em Moscou.

— Bill, você está falando de uma linha não grampeada?

— O quê?

— O seu telefone é seguro?

— Não tenho ideia. Estou na Arábia Saudita. Por quê?

— Acabei de ter uma reunião absurdamente estranha com um sujeito chamado Igor Sagiryan.

— *Sagiryan?*

— Sim. Ele é o presidente da Renaissance Capital...

— Eu sei quem é. Por que ele te ligou?

— Ele queria falar sobre *você*, Bill.

— O quê?

— Foi tudo muito esquisito. Ele sabia cada detalhe sobre a sua situação. Quando cheguei ao escritório dele, vi um monte de papéis sobre você espalhados em cima da mesa. Ele pegou uma das folhas e, com um gesto estranho, indicou que o quadro era grave. Disse que as pessoas metidas nesse caso são muito ruins. Daquele tipo que gosta de machucar os outros. Caras com ficha criminal extensa.

— E o que ele queria?

— Essa é a parte interessante. Ele queria que eu convencesse você a permitir que a Renaissance liquide as suas empresas que foram roubadas.

— Liquidar nossas companhias que foram roubadas? É um total absurdo. Por que ele iria querer fazer isso? *Como* ele faria isso?

— Não tenho ideia. Não entendo como a liquidação desses negócios ajudaria Ivan. Além disso, como Sagiryan liquidaria uma coisa que ele não controla?

Desligamos. Era de fato bem estranho o desenrolar dos acontecimentos. Onde Sagiryan obteve essas informações? Certamente não havia sido de nós. Isso significava que meu iminente encontro com ele talvez constituísse uma chance crucial para sabermos mais sobre as intenções dos nossos inimigos.

Corri para concluir meus compromissos no Oriente Médio. Quando voltei para Londres, me preparei para a reunião com ajuda de Vadim e Ivan. Se possível, queria pegar Sagiryan desprevenido.

Concluímos ser essencial gravar a conversa, para que pudéssemos analisar cada palavra que ele dissesse. Dois dias antes, liguei para Steven Beck, um ex-agente das Forças Especiais do Reino Unido e especialista em segurança a quem eu recorria nesses tipos de situação. Ele foi ao meu escritório acompanhado por dois peritos em vigilância e monitoramento eletrônico. Um deles pediu que lhe entregasse meu paletó. Relutante, obedeci e estremeci quando o vi cortar grosseiramente a costura da lapela, inserir um microfone e costurar tudo de novo. Ele então passou um fio por dentro do forro do paletó até o bolso esquerdo, onde colocou um gravador digital ultrafino. Eu usaria esse equipamento para gravar a conversa com Sagiryan.

Chegou o dia da nossa reunião. Saí do nosso escritório na Golden Square, peguei um táxi e liguei o gravador assim que o carro arrancou. Eu estava uma pilha de nervos. Em instantes me veria cara a cara com alguém que eu suspeitava estar ligado a um grande conluio criminoso. Na minha atividade profissional, já havia confrontado inúmeros picaretas do mundo das finanças e trapaceiros em geral, mas nunca antes tinha entrado em sã consciência numa situação potencialmente tão perigosa e hostil. Precisei empregar todas as minhas forças para manter o controle.

Quando chegamos ao Dorchester Hotel, na Park Lane, o taxista estacionou na área de desembarque triangular entre uma Ferrari vermelha e um Bentley. Carros como esses não eram incomuns ali, dado o espírito ostentador dos oligarcas russos e xeques do Oriente Médio que gostavam de se hospedar no hotel. Eu estava adiantado. Entrei e me acomodei em uma poltrona verde-oliva no saguão, perscrutando o ambiente adornado com colunas de mármore vermelho e cortinas no mesmo tom, tentando visualizar Sagiryan no meio da multidão. Mais ou menos às 19h10 ele entrou correndo, como se estivesse atrasado para uma reunião de negócios normal. Um pouco mais alto que eu, com 55 anos, Sagiryan era um empresário grisalho, de bochechas flácidas e papada dupla que caía sobre o pescoço. Parecia mais um vovô boa-praça, não alguém que eu suspeitava estar envolvido em todos os nossos problemas na Rússia.

Por um tempo ficamos conversando amenidades, falando sobre Londres, o tempo, Moscou e política, dançando em torno do verdadeiro motivo pelo qual estávamos ali. Finalmente, eu lhe perguntei o que tinha de tão importante a ponto de fazê-lo pegar um avião e ir até Londres para falar comigo.

Ele respirou fundo e disse que a Renaissance Capital fora recentemente alvo de uma batida de busca e apreensão. Segundo ele, o motivo da incursão foi o fato de a Renaissance ter feito negócios conosco. Ele repetiu o que havia dito a Jamison, sugerindo que, se eu o deixasse liquidar as companhias roubadas do Hermitage, de alguma forma todos os problemas que a Renaissance enfrentava estariam resolvidos.

Nada daquilo fazia sentido. Para começar, havia muitos anos que o Hermitage não fazia negócios com a Renaissance. Em segundo lugar, como eu poderia lhe dar permissão para liquidar nossas empresas se nós mesmos não éramos mais os proprietários? Terceiro, mesmo se eu pudesse lhe dar permissão, como isso nos beneficiaria — e em especial a Ivan, que ainda era acusado em um processo criminal? Intimamente concluí que Sagiryan era idiota ou tinha uma outra pauta em mente. Eu desconfiava que era a segunda opção.

Tentei extrair o máximo dele para a gravação. Infelizmente, para cada pergunta direta que eu fazia, ele tinha uma resposta evasiva ou incompreensível, similar ao jeito que falara comigo quando me telefonou pela primeira vez.

Nossa conversa terminou quando ele olhou para o relógio e se levantou abruptamente.

— Estou atrasado para um jantar, Bill. Boas festas para você.

Depois de um aperto de mãos, ele saiu, tão rápido quanto tinha entrado. Eu o segui pelo saguão, saí do hotel e entrei em um táxi rumo ao escritório para ouvir a gravação com o restante do pessoal.

Ao chegar, todos da minha equipe, além de Steven e um dos seus especialistas em vigilância eletrônica, estavam me esperando na sala de reuniões. Tirei o gravador do bolso, desconectei-o do fio e entreguei a Steven, que o colocou em cima da mesa e pressionou o play.

Todos nos inclinamos. Ouvimos os sons da minha conversa com o primeiro taxista e da corrida até o Dorchester. Ouvimos meus passos na calçada, o cumprimento do porteiro do hotel e os sons do saguão. Mas às 19h10 ouvimos um ruído que sufocou todos os demais sons.

Steven pegou o gravador, achando que estava com algum defeito. Retrocedeu a gravação em alguns segundos e apertou play novamente. O resultado foi o mesmo. Adiantou um pouco a gravação, na esperança de ouvir um trecho mais à frente da conversa, mas o ruído persistiu. Só desapareceu depois que eu saí do hotel e pedi ao porteiro um táxi. Steven tornou a pressionar o stop. Olhei para ele.

— O que foi isso?

Ele franziu o cenho, girando o gravador de um lado para outro na mão.

— Não sei. Tenho duas hipóteses: ou esse treco está falhando ou o Sagiryan usou algum tipo de equipamento de alta frequência para embaralhar os sons.

— Meu Deus. Embaralhar os sons? Como se arranja um troço desses?

— Não é fácil. Mas normalmente é usado por unidades especiais, como a FSB.

Achei aquilo perturbador demais. Eu pensava que estava sendo esperto por contratar Steven e bancar o espião, mas tinha acabado de descobrir que provavelmente estive frente a frente com um espião *de verdade*. Nesse momento decidi encerrar minha meteórica carreira na arte da espionagem.

Não tiramos nada de Sagiryan e seguíamos longe de entender o que exatamente nossos inimigos estavam tramando. Todas as nossas esperanças estavam agora depositadas nas queixas-crime que havíamos protocolado junto às autoridades russas.

No dia seguinte à reunião com Sagiryan, recebemos a primeira resposta da unidade de São Petersburgo da Agência Estatal de Investigações. Vadim imprimiu o documento, limpou o jargão jurisdiquês e foi direto à conclusão:

— Preste atenção, Bill. Nada de errado aconteceu no tribunal de São Petersburgo, portanto a queixa-crime foi rejeitada e o pedido de abertura de processo criminal foi negado devido à falta de crime.

— Falta de crime? Nossas companhias foram roubadas!

— Espere. Ainda tem mais. Em sinal de gentileza, eles indicam que não vão processar nosso advogado, Eduard, por entrar com nossa queixa — disse Vadim, sarcasticamente.

No dia seguinte, recebemos mais uma resposta. Dessa vez era do Departamento de Assuntos Internos do Ministério do Interior, que deveria ter *grande* interesse em investigar os negócios sujos de Kuznetsov e Karpov.

— Ouça isso — disse Vadim antes de começar a ler. — O Departamento de Assuntos Internos está passando nossa queixa para o próprio Pavel Karpov investigar!

— Você só pode estar de brincadeira.

— Não estou, não. Está escrito bem aqui.

Durante as três semanas seguintes, recebemos mais três respostas, todas igualmente inúteis.

No começo do ano, só faltava a resposta referente a uma das nossas queixas-crime. Eu não tinha por que acreditar que viria algo diferente. Mas, na manhã de 9 de janeiro de 2008, Eduard recebeu um telefonema de um investigador do Departamento de Grandes Crimes da Agência Estatal de Investigações chamado Rostilav Rassokhov, que havia sido incumbido de cuidar do nosso caso e pediu a Eduard que fosse à sede da agência.

O homem que recebeu Eduard tinha mais ou menos sua idade, vestia um terno de poliéster amarfanhado, trazia no pulso um relógio barato e tinha um corte de cabelo mal-ajambrado — não deixavam de ser sinais animadores em um país corrupto como a Rússia. Foram andando até a sala de Rassokhov, sentaram-se e analisaram linha a linha a queixa-crime. O investigador fez perguntas específicas com semblante severo. No fim da reunião, ele anunciou que abriria uma investigação preliminar para averiguar nossas acusações contra Karpov e Kuznetsov e os intimaria a prestar depoimento.

Eram excelentes notícias para nós. Eu ficava imaginando a cara de Karpov e Kuznetsov recebendo a intimação para comparecer à Agência Estatal de Investigações para serem interrogados. Depois de todas as coisas terríveis que fizeram contra nós, finalmente dava para sentir que o jogo estava virando.

Saboreei essa sensação por quase dois meses, até a noite, no início de março, em que Vadim entrou na minha sala, muito agitado.

— Acabei de receber uma mensagem de Aslan, minha fonte.

— Sobre o quê? — perguntei, nervoso.

Eu já estava me acostumando à nada prazerosa rotina de Vadim ser portador de más notícias, especialmente as que vinham de Aslan.

Ele colocou a mensagem de Aslan diante de mim e apontou para algumas palavras em russo.

— Diz aqui: "Processo criminal aberto contra Bill Browder número 401052, República da Calmúquia. Evasão fiscal de grande monta."

Senti como se o ar tivesse parado de entrar nos meus pulmões. Parecia que Karpov e Kuznetsov estavam se vingando por terem sido intimados a depor. Eu tinha centenas de perguntas que gostaria de fazer, mas já eram 19h30 e, para nosso desgosto, Elena e eu em meia hora tínhamos que estar em um jantar que havia sido marcado meses antes. Um velho amigo da Salomon Brothers e sua noiva tinham feito um tremendo esforço para conseguir reserva em um concorridíssimo restaurante novo de Londres chamado L'Atelier, de Joël Robuchon. Não dava para cancelar com tão pouca antecedência.

A caminho do restaurante, liguei para Elena e lhe contei a notícia dada por Aslan. Pela primeira vez desde que começara essa crise, nosso ritmo emocional estava sincronizado: nós dois entramos em pânico simultaneamente. Quando chegamos, nossos amigos já estavam no restaurante, sorridentes, sentados num sofá. Anunciaram que tomaram a liberdade de pedir o menu degustação de sete pratos para nós quatro, que levaria não menos de três horas para ser consumido. Atravessei bravamente o jantar, tentando esconder meu pavor enquanto eles discorriam alegremente sobre locais para o casamento, planos para a lua de mel e outros fantásticos restaurantes londrinos. Eu queria ir embora dali de qualquer jeito. Quando serviram a segunda sobremesa, Elena apertou meu joelho sob a mesa e pediu licença, alegando que teríamos que voltar para casa por causa das crianças. Finalmente escapamos dali. No caminho para casa, permanecemos em silêncio no taxi.

Esse novo processo criminal contra mim exigia medidas imediatas. Na manhã seguinte, pedi a Eduard que largasse o que estava fazendo e fosse direto para Elista, a capital da Calmúquia, para levantar o máximo possível de informações.

Um dia depois, Eduard voou para Volvogrado, contratou um taxista e dali seguiu para Elista, uma viagem de quatro horas. A paisagem da Calmúquia — uma república no sul da Rússia, na costa do mar Cáspio, cuja população é formada por budistas asiáticos — era a mais desolada que ele tinha visto na vida. Plana, tediosa, sem vegetação, sem árvores, apenas terra marrom e céu cinza se estendendo até o horizonte. A monotonia só era quebrada a cada quinze ou trinta quilômetros por alguns poucos prédios deteriorados.

Ao chegar a Elista, Eduard foi direto para o prédio do Ministério do Interior, em Pushkina Ulitsa. O prédio de quatro andares, moderno, despojado, ficava em frente a uma praça pública no centro da qual havia um pagode dourado.

Ele entrou, se apresentou à recepcionista e pediu para falar com o investigador encarregado do processo criminal número 401052. Alguns minutos depois, surgiu um homem oriental de meia-idade, com pernas arqueadas, vestindo um colete de couro.

— Como posso lhe ser útil?

Eduard apertou a mão dele.

— Você tem aqui um processo aberto contra William Browder?

O investigador, Nuskhinov, estudou Eduard com os olhos.

— Quem é você?

— Desculpe-me. Acabei de chegar de Moscou. Sou o advogado do sr. Browder.

Eduard mostrou-lhe a procuração e perguntou:

— Por favor, você pode me dizer alguma coisa sobre o processo contra meu cliente?

O investigador relaxou.

— Sim, sim. Claro. Por favor, me acompanhe até minha sala.

Os dois foram andando por um longo corredor até chegar a uma salinha apinhada de coisas, onde o investigador permitiu que Eduard examinasse os documentos do processo.

As autoridades russas me acusavam de dois crimes de evasão fiscal referentes ao ano de 2001. A Calmúquia tinha isenções fiscais similares a Jersey ou ilha de Man, e o fundo tinha registrado duas de nossas empresas de investimento lá. Não havia dúvidas de que o processo contra mim fora forjado. Entre os documentos, Eduard encontrou relatórios das autoridades fiscais atestando que tudo tinha sido pago corretamente. Eduard os mostrou ao investigador, que suspirou pesadamente.

— Olha, eu não queria me envolver com isso. Eles me forçaram a interromper minhas férias para me encontrar com uma delegação do alto escalão que estava vindo de Moscou.

— Que delegação do alto escalão?

— Eram quatro. Foram eles que exigiram a abertura do processo. Disseram que eram ordens superiores e que tinha a ver com a piora nas relações entre a Rússia e a Grã-Bretanha. Eu não tive escolha — disse Nuskhinov, claramente preocupado com o fato de ter infringido várias leis ao seguir aquelas ordens.

Soubemos depois que a delegação era composta por Karpov, dois subordinados de Kuznetsov e um agente do Departamento K da FSB.

— E qual é a situação no momento? — perguntou Eduard.

— O processo foi aberto e nós emitimos um mandado de busca e apreensão federal contra Browder.

Assim que voltou para Moscou, na noite seguinte, Eduard ligou para nós e relatou o que havia se passado. Tudo que Aslan tinha dito era verdade. O processo criminal contra Ivan era só o começo e deveríamos nos preparar porque muitos outros viriam.

26

A CHARADA

No dia 1º de outubro de 1939, Winston Churchill fez um discurso que ficou famoso sobre a perspectiva de a Rússia entrar na Segunda Guerra: "Não posso prever para vocês qual será a atitude da Rússia. É uma charada envolta em um mistério dentro de um enigma. Mas talvez haja uma chave para desvendá-la. A chave é o interesse nacional da Rússia."

Saltemos agora para 2008. As observações de Churchill permaneciam válidas, porém com uma importante ressalva: não eram os interesses nacionais que determinavam os passos da Rússia, mas sim o dinheiro e especificamente sua obtenção ilegal por agentes públicos.

Nossa situação como um todo era uma grande charada. Por que Karpov e três colegas pegariam um avião e voariam centenas de quilômetros até a Calmúquia para abrir um processo contra mim apenas por vingança? Por que dariam tanta atenção ao processo contra Ivan se isso não lhes trazia benefício algum? Por que fazer as batidas de busca e apreensão naqueles bancos se não havia mais ativos do Hermitage na Rússia?

Eu simplesmente não conseguia entender.

Quanto mais eu pensava nisso, mais me convencia de que a resposta para a charada estava no que restava das nossas empresas de investimento que haviam sido fraudulentamente *re-registradas*. As empresas não possuíam grande valor econômico, mas se pudéssemos de alguma forma recuperar seu controle, teríamos o direito de requisitar do governo todas as informações relevantes. A partir desse estágio, conseguiríamos juntar os pontos e rastrear exatamente quem — pois estava claro que a história não se restringia apenas a Karpov e Kuznetsov — estava por trás da fraude.

Para conseguir isso, entramos com pleito junto ao tribunal de arbitragem de Moscou a fim de que nossas empresas nos fossem devolvidas. Esse lance deve ter surpreendido as pessoas por trás da fraude, porque imediatamente eles entraram com um processo contra nós no tribunal de arbitragem de Kazan, forçando para que o caso fosse transferido para o Tartaristão. Presume-se que acreditavam que o tribunal de Kazan, a capital, seria mais favorável a eles.

Eu tinha dúvidas quanto às nossas chances em um tribunal de uma província russa, mas estava feliz por ver nossos inimigos reagindo de modo tão rápido e defensivo. Parecia claro que tínhamos colocado o dedo em uma ferida. Eduard e um advogado júnior imediatamente pegaram um avião para Kazan. Ao chegarem, em um dia frio de março, foram logo para o fórum, um prédio elegante dentro do "Kremlin" da República do Tartaristão. Eduard estava habituado a passar horas a fio em encardidos fóruns criminais, onde as pessoas eram agressivas e o ar carregado de tensão, mas aquele era um fórum de causas cíveis. O ambiente era mais agradável e as pessoas, bem, muito mais civilizadas.

Na véspera da audiência, Eduard procurou a funcionária responsável para ler o dossiê do processo. Ela digitou os nomes de nossas empresas em seu banco de dados e, prestativa, disse:

— Há dois processos envolvendo essas empresas. Você gostaria de examinar os dois?

Era a primeira vez que Eduard ouvia falar em um segundo processo, mas, propositadamente, não demonstrou qualquer reação à pergunta e apenas sorriu:

— Sim, os dois, por favor.

Ela entrou no depósito onde estavam armazenados os processos e voltou com uma caixa cheia de documentos, sugerindo que talvez fosse melhor para Eduard estudá-los em uma mesa localizada no fim do corredor. Ele agradeceu e começou a estudar os autos. O primeiro referia-se ao processo movido por eles contra nós em resposta ao nosso pleito, que motivara a ida de Eduard à cidade. Mas o segundo processo era total novidade para ele: uma ação penal de *581 milhões* de dólares contra a Parfenion, outra de nossas empresas que tinham sido roubadas.

Ele folheou a papelada embasbacado. A sentença era uma cópia daquela de São Petersburgo. Foram usados o mesmo advogado e os mesmos contratos forjados contendo as mesmas informações apreendidas pela polícia para comprová-los.

No momento em que soube de mais essa sentença de 581 milhões de dólares, comecei a me perguntar quantos outros tribunais russos tinham julgado processos fraudulentos como esse contra nossas empresas que haviam sido roubadas. Compartilhei essa preocupação com minha equipe e imediatamente Sergei começou a pesquisar nos bancos de dados da Rússia inteira. Em uma semana, descobrimos mais um: uma sentença de 321 milhões de dólares no tribunal de arbitragem de Moscou.

Tudo somado, sentenças no valor de quase 1 bilhão de dólares tinham sido proferidas contra nossas empresas roubadas usando o mesmo esquema.

Essas descobertas só tornaram a charada ainda mais complicada. Ainda não estava claro como os criminosos conseguiriam ganhar algum dinheiro com essas causas. O simples fato de eles serem "credores" desse dinheiro não significava que o montante seria magicamente transferido para suas contas bancárias. *Não havia dinheiro para pagá-los!* Eu estava convencido de que havia um objetivo oculto. Mas qual seria?

Não era evidente e eu percebi que precisava dar um passo atrás, examinar tudo de novo e tentar identificar algum padrão ou conexão que talvez não tivéssemos notado.

Em uma manhã de sábado no fim de maio de 2008, pedi a Ivan que fosse ao escritório e levasse para a sala de reuniões do conselho toda a papelada jurídica, extratos bancários e mandados de busca. Tiramos de uma caixa os documentos e os pusemos na longa mesa de madeira, organizando-os em diversas pilhas: uma para cada sentença, uma para cada operação de busca e apreensão em banco e uma para cada processo criminal. Quando estava tudo arranjado, começamos a reconstruir a cronologia dos fatos.

— Quando foi a última operação de busca e apreensão de Kuznetsov nos bancos com os quais trabalhamos? — perguntei.

Ivan revirou a pilha de papéis.

— Dia 17 de agosto.

— Certo. E quais são as datas dos falsos julgamentos no tribunal?

— O de São Petersburgo foi em 3 de setembro, o de Kazan em 13 de novembro e o de Moscou em 11 de dezembro.

— Só para esclarecer: esses bandidos entraram com ações nesses tribunais e gastaram uma grana preta para obter essas sentenças mesmo sabendo que não restavam mais ativos nem dinheiro em nossas companhias?

— É o que parece — disse Ivan, pela primeira vez percebendo a incoerência.

— E por que eles fariam isso?

— Talvez quisessem usar as sentenças como garantia para tomar empréstimos — sugeriu Ivan.

— Isso é ridículo. Nenhum banco emprestaria dinheiro contra uma garantia frágil como essas sentenças judiciais amadoras.

— Talvez então estivessem pensando em confiscar seus bens pessoais no exterior.

A simples menção da hipótese me deixou arrepiado, mas eu sabia que era impossível. Já havia confirmado isso com meus advogados ingleses assim que soubemos dos processos em São Petersburgo.

Permanecemos por um momento em silêncio, até que uma luz se acendeu sobre a minha cabeça.

— Qual foi o lucro do Hermitage em 2006?

— Só um segundo — disse Ivan, abrindo um arquivo em seu laptop. — Foi de 973 milhões de dólares.

— E quanto pagamos de imposto naquele ano?

Ele tornou a consultar o laptop.

— Pagamos 230 milhões de dólares.

— Isso pode parecer loucura, mas você acha... você acha que eles vão tentar fazer com que esses 230 milhões sejam restituídos a eles?

— Isso é loucura, Bill. As autoridades jamais fariam isso.

— Não sei, não. Acho que deveríamos perguntar a Sergei.

Naquela segunda-feira, Ivan ligou para Sergei a fim de verificar se a teoria fazia sentido. Assim como Ivan, ele a rechaçou de imediato.

— Impossível — disse sem nem ao menos pensar. — A ideia de que alguém poderia roubar impostos já pagos é absurda.

No entanto, uma hora depois, Sergei ligou de volta.

— Talvez eu tenha me precipitado. Dei uma olhada na legislação de impostos e o que você descreveu é teoricamente possível, embora eu não consiga imaginar acontecendo na prática.

Naquelas semanas, enquanto eu inventava teorias no escritório, Sergei seguia conduzindo sua própria investigação. Mais que qualquer coisa, ele queria saber tudo sobre quem estava envolvido nos crimes. Escreveu para o órgão do governo onde nossas empresas roubadas tinham sido registradas, pedindo acesso a todas as informações que tinham. Embora não tenha recebido resposta oficial do órgão, os criminosos fizeram algo revelador: transferiram imediatamente as empresas roubadas para uma obscura cidade no sul da Rússia chamada Novocherkassk. A carta de Sergei certamente os tinha assustado. Ele então escreveu para o órgão de registro de empresas de Novocherkassk requisitando as mesmas informações. Ainda que os servidores dessa cidade não tenham respondido, assim como os de Moscou, os bandidos transferiram as empresas de novo, dessa vez para Khimki, um subúrbio da capital. A brincadeira de gato e rato estava dando nos nervos dos nossos inimigos. Sergei continuou o jogo e escreveu também para o órgão de registro de empresas de Khimki.

Sergei percebeu que, embora não tivessem respeito pela lei, nossos oponentes tinham respeito servil pela burocracia e pelas normas de procedimento. Assim como assustara os bandidos com suas requisições e os levara a transferir as empresas de um lado para outro, ele acreditava que poderia desconcertar também a polícia, inserindo nos autos do processo novas evidências do seu próprio envolvimento no crime. Sergei sabia que, quando um dado novo entrava nos autos, a regra era que lá ficaria para sempre. Ele tinha esperança de que, embora a investigação sobre o roubo das nossas companhias não estivesse indo a lugar nenhum, um dia, no futuro, um investigador honesto talvez pegasse o caso e agisse corretamente. Essa simples possibilidade bastaria para deixar os criminosos em permanente sobressalto.

Sergei marcou uma audiência na Agência Estatal de Investigações para o dia 5 de junho de 2008. Ao chegar ao prédio, foi recebido pelo investigador no comando e levado ao seu gabinete. Pouco antes de o investigador abrir a porta, Sergei percebeu que as mãos do homem estavam tremendo. Assim que a porta foi aberta, ele entendeu por quê. Lá dentro, sentado à frente da mesa, estava o tenente-coronel Artem Kuznetsov.

Sergei levou um susto. Encarou fixamente o investigador e disse:

— O que ele está fazendo aqui?

Evitando contato visual com Sergei, o investigador respondeu:

— O tenente-coronel Kuznetsov foi escalado para auxiliar a equipe de investigação neste caso.

Primeiro tinha sido Karpov a ser escalado para investigar a si mesmo, e agora era Kuznetsov fazendo a mesma coisa!

— Não vou falar com você na frente dele — anunciou Sergei, com firmeza.

— Está bem — respondeu o investigador, hesitante. — Então você terá que esperar no corredor até terminarmos nossa reunião.

Sergei ficou sentado em uma desconfortável cadeira de metal por uma hora, segurando suas pastas no colo. Kuznetsov e o investigador provavelmente esperavam que Sergei desistisse do seu plano, o que não aconteceu. Quando Kuznetsov finalmente saiu, Sergei levantou-se, entrou na sala, sentou-se e deu seu depoimento como testemunha, mencionando explicitamente os nomes de Kuznetsov e Karpov. Seguindo normas processuais, o investigador não teve escapatória: acatou o depoimento e o incluiu nos autos.

Sergei saiu da sede da Agência Estatal de Investigações e pegou o metrô. Era impossível compreender o que acabara de ocorrer. Ele estava preparado para tudo: para seu depoimento não dar em nada, ser ignorado, e até para ser tratado com grosseria. O que ele não esperava de forma alguma era descobrir que o homem a quem estava acusando fazia parte da equipe de investigação.

Foram necessários o trajeto inteiro de volta para o escritório e algumas voltas no quarteirão caminhando até que se acalmasse, mas, quando chegou à sua mesa de trabalho no escritório Firestone Duncan, ele descobriu mais uma novidade inesperada: uma carta da sucursal do órgão arrecadador de impostos de Khimki, uma das agências oficiais de registro para as quais havia requisitado informações sobre nossas empresas roubadas.

Ao abrir o envelope, constatou que pelo menos uma pessoa havia cumprido corretamente sua obrigação. Mais importante que informações e nomes, a carta mostrava que as pessoas que haviam roubado nossas empresas abriram contas em dois bancos obscuros, Universal Savings Bank e Intercommerz Bank.

Foi um tremendo avanço. Por que três empresas com 1 bilhão de dólares de dívidas fraudulentas e nenhum ativo precisariam de contas bancárias? Sergei imediatamente se logou no site do Banco Central, digitou "Universal Savings Bank" e descobriu que era tão pequeno que seu capital se limitava a apenas 1,5 milhão de dólares. O Intercommerz era só um pouco maior, com capital de 12 milhões de dólares. Essas instituições mal poderiam ser chamadas de bancos.

Mas ele reparou em algo ainda mais interessante: por serem bancos muito pequenos, no momento em que recebiam qualquer valor, era possível perceber um pico no gráfico de depósitos. Com efeito, houve algumas entradas anormalmente vultosas. No fim de dezembro de 2007, pouco depois de abertas as contas para nossas companhias roubadas, o Universal Savings Bank recebeu depósitos que somavam 97 milhões de dólares e o Intercommerz recebeu 147 milhões.

Nesse momento Sergei se lembrou da nossa pergunta sobre restituições de impostos. Os valores recebidos por esses dois bancos eram aproximadamente os mesmos que as companhias do Hermitage haviam pagado em impostos em 2006. Era impossível que fosse mera coincidência. Rapidamente ele pegou as sentenças e as colocou ao lado das nossas declarações de impostos. Foi assim que tudo ficou claro para Sergei.

A sentença do tribunal de São Petersburgo contra a Mahaon era de 71 milhões de dólares e, não surpreendentemente, o lucro da empresa em 2006 foi exatamente de 71 milhões de dólares. A sentença contra a Parfenion, em Kazan, era de 581 milhões de dólares, valor idêntico ao lucro da empresa em 2006. O mesmo roteiro se viu em Moscou, no caso da Rilend, a terceira das nossas empresas roubadas. No total, os participantes do conluio haviam forjado sentenças criando dívidas falsas de 973 milhões de dólares para compensar lucros reais de 973 milhões de dólares.

Sergei ligou no ato para Ivan, que, após ouvir explicações por alguns minutos, se levantou num salto e acenou para mim e Vadim.

— Caras, vejam só isso — disse ele vibrando, apontando para a tela.

Ivan entrou no site do Banco Central da Rússia e pudemos então visualizar os picos nos depósitos descobertos por Sergei.

— Filho da puta — falei.

— Bill, Sergei matou a charada — disse Ivan.

— Genial. Mas como podemos provar que esse dinheiro realmente veio dos órgãos de arrecadação fiscal? — perguntei.

— Vou perguntar para as minhas fontes em Moscou se elas podem verificar as transferências. Agora que sabemos o nome dos bancos, provavelmente podemos descobrir de onde veio o dinheiro — respondeu Vadim.

Dois dias depois, Vadim irrompeu em minha sala e colocou lado a lado em cima da mesa várias folhas de papel.

— Aqui estão as transferências eletrônicas — anunciou, com um sorriso de satisfação.

Peguei os papéis, todos em russo.

— O que está escrito neles?

Ele folheou rapidamente até chegar à última página.

— Esta aqui confirma o pagamento de restituição de impostos no valor de 139 milhões de dólares pela Receita Federal à Parfenion. Esta se refere a 75 milhões restituídos à Rilend. Esta última confirma o pagamento de 16 milhões de dólares para a Mahaon. No total, isso dá 230 milhões de dólares.

Era exatamente esse o valor — 230 milhões de dólares — que havíamos pagado em impostos. *Exatamente.*

Reunidos em minha sala, ligamos para Sergei a fim de parabenizá-lo por seu incrível trabalho investigativo. No entanto, apesar de ele ter decifrado a charada, ainda estávamos perturbados. Essas pessoas tinham roubado o dinheiro do contribuinte russo — dinheiro dele, de sua família, de seus amigos, de todo mundo que ele conhecia.

— Acho que nunca vi algo tão desonesto na minha vida — disse ele.

Foi a maior restituição de impostos da história da Rússia. Era tão grande e escandalosa que acreditamos que nós os pegaríamos. Não havia dúvida de que era uma operação ilegal e fraudulenta, e agora tínhamos as provas necessárias para torná-la pública e colocar esses caras no banco dos réus.

E era precisamente isso que tínhamos intenção de fazer.

27
DHL

Na minha opinião, Vladimir Putin tinha autorizado minha expulsão da Rússia e provavelmente aprovara as tentativas de roubo dos nossos ativos, mas eu não conseguia acreditar que ele permitiria que servidores públicos desviassem 230 milhões de dólares do seu próprio governo. Eu estava convencido de que, tão logo mostrássemos as provas às autoridades russas, os mocinhos pegariam os vilões e a história chegaria ao fim. Apesar de tudo que acontecera até então, eu ainda acreditava que restavam boas pessoas na Rússia. Portanto, em 23 de julho de 2008, começamos a protocolar denúncias detalhadas da fraude das restituições em todas as agências regulatórias e autoridades policiais competentes do país.

Também passamos a história para o *The New York Times* e para o veículo independente mais proeminente da Rússia, o *Vedomosti*. Os artigos publicados foram explosivos, e a história repercutiu rapidamente tanto na Rússia quanto no exterior.

Vários dias depois de o caso vir a público, fui convidado pela Echo Moscow, a principal emissora independente de rádio do país, para dar uma entrevista de 45 minutos por telefone. Aceitei e, em 29 de julho, ao vivo, apresentei metodicamente toda a saga: as operações policiais de busca e apreensão, o roubo das nossas empresas, as sentenças fabricadas, o envolvimento de ex-condenados, a conivência da polícia e, o mais importante de tudo, o roubo de 230 milhões de dólares de dinheiro do contribuinte. O entrevistador, Matvei Ganapolsky, ficou perceptivelmente chocado, apesar de seus muitos anos de experiência como repórter cobrindo a venalidade e a corrupção na Rússia. Quando terminei, ele disse:

— Se nossa transmissão não foi tirada do ar, é provável que amanhã sejam feitas algumas prisões.

Eu achava o mesmo, mas nada aconteceu. As horas passaram, se transformaram em dias, mas sem novidades. Os dias passaram, se transformaram em semanas, e ainda nada. Era difícil acreditar que uma denúncia de desvio tão grande de dinheiro público não ensejaria reação alguma.

Até que um dia houve, sim, uma reação, mas não aquela que eu estava esperando. Em 21 de agosto de 2008, durante um dia anormalmente parado e quente de verão em Londres, o telefone no meu escritório começou a tocar. O primeiro foi Sergei, ligando do escritório Firestone Duncan; em seguida, foi Vladimir Pastukhov, ligando de casa; por último, foi Eduard, de sua dacha nos arredores de Moscou. Os três deram a mesma notícia: havia uma equipe do Ministério do Interior da Rússia no escritório de cada um deles dando uma batida.

O relato de Eduard era o mais perturbador: a DHL havia entregado um misterioso pacote para ele às 16h56, quando ele não estava no escritório. Menos de meia hora depois, um grupo numeroso de policiais apareceu no escritório para fazer uma busca. Assim que começaram a operação, "acharam" o pacote da DHL e o apreenderam. Com o pacote em mãos, concluíram a batida e foram embora.

É óbvio que o episódio inteiro foi forjado a partir da entrega do misterioso pacote. Felizmente, a secretária de Eduard tivera a espertaza de fazer uma cópia do conhecimento aéreo e o transmitiu por fax para nós. Ficamos chocados quando entramos no site da DHL, digitamos o número do conhecimento e constatamos que o endereço do remetente era Grafton House, 2-3 Golden Square, Londres WIF 9HR.

Era o *nosso* endereço de Londres.

É claro que o pacote não tinha sido realmente enviado por nosso escritório. O conhecimento aéreo, no entanto, indicava que fora despachado de um depósito da DHL da região sul de Londres; imediatamente avisamos a polícia metropolitana e explicamos a história. Ainda naquele dia, algumas horas depois, entrou empertigado em nosso escritório o sargento investigador Richard Norten, um jovem policial vestindo jaqueta de couro e usando óculos de aviador.

Apresentei-me a ele e perguntei se conseguira descobrir quem havia despachado o pacote. Ele deu de ombros e tirou um DVD do bolso da jaqueta.

— Não, mas tenho as imagens das câmeras de circuito interno da agência Lambeth, da DHL. Talvez vocês consigam identificar quem são as pessoas.

Levei-o até minha mesa de trabalho e fiquei esperando, acompanhado por Ivan e Vadim, que ele introduzisse o disco no meu computador. Com o mouse, ele abriu o arquivo e adiantou as imagens em baixa resolução do vídeo com pessoas entrando e saindo da agência de despacho da DHL. A certa altura, ele ajustou a exibição para a velocidade normal e disse:

— Aqui está.

Vimos dois homens com feições características do Leste Europeu chegarem à DHL. Um deles carregava uma sacola plástica com a logo de uma loja de departamentos de Kazan, no Tartaristão. A sacola estava cheia de papéis. O homem transferiu esses documentos para uma caixa da DHL e a fechou, enquanto o outro preencheu o formulário de conhecimento de despacho e pagou em dinheiro vivo para que fosse enviado ao escritório de Eduard. Quando terminaram, viraram, ficando de costas para a câmera, e saíram do quadro.

Quando acabou, Norten perguntou se reconhecíamos algum dos dois.

Olhei para Vadim e Ivan. Ambos balançaram a cabeça.

— Não. Não reconhecemos — respondi.

— Bem, se me derem o nome das pessoas que estão criando problemas para vocês na Rússia, posso checar as relações de passageiros que embarcaram em voos nos aeroportos de Heathrow e Gatwick na última semana para ver se encontramos alguma coisa.

Eu não estava muito esperançoso, mas lhe demos uma lista de nomes e ele foi embora.

De qualquer forma, eu não estava com tempo para ficar pensando na DHL, uma vez que as autoridades russas estavam agindo depressa. Além de dar batidas nos escritórios dos nossos advogados, eles também intimaram Vladimir e Eduard a comparecer à sede de Kazan do Ministério do Interior três dias depois, um sábado, para um interrogatório.

A intimação não apenas era ilegal — advogados não podem ser intimados a testemunhar sobre seus clientes —, como também era aterradora. A polícia de Kazan tinha fama de ser uma das mais medievais e corruptas da Rússia. Perto deles, os policiais do filme *O Expresso da Meia-Noite* eram como animadores de um parque infantil. Os sujeitos que lá trabalhavam eram conhecidos por torturar presos, inclusive sodomizá-los com garrafas de champanhe para extrair confissões. Ademais, ao convocarem Eduard e Vladimir para depor em um sábado, eles de certa forma estariam invulneráveis a qualquer controle externo até a manhã de segunda-feira; durante esse período, o Ministério do Interior em Kazan poderia fazer o que quisesse, mais ou menos clandestinamente.

Fiquei aterrorizado. Era um nível de intensidade inteiramente novo. Eu havia tirado da Rússia Ivan, Vadim e outras pessoas do Hermitage justamente para evitar esse tipo de coisa, mas nunca, nem nos meus piores pesadelos, imaginaria que meus advogados pudessem se transformar em alvos.

Devido à saúde frágil de Vladimir, a possibilidade de ele ser preso me preocupava ainda mais. Telefonei imediatamente.

— Vladimir, estou preocupado com você — disse, ansioso.

No entanto, ele se mantinha estranhamente tranquilo. Lidava com a situação como se fosse um problema acadêmico que poderia examinar e analisar, não algo que estivesse de fato acontecendo com ele.

— Não se preocupe, Bill. Como advogado, tenho algumas prerrogativas. Eles não podem me intimar a depor. Falei com a ordem dos advogados de Moscou e eles vão responder em meu nome. Não há a menor chance de eu ir para Kazan.

— Vamos supor, por pelo menos um segundo, que você esteja errado e que eles vão levá-lo mesmo assim. Devido ao seu estado de saúde, você não sobreviveria nem uma semana na cadeia.

— Mas... Bill, é simplesmente ultrajante demais. Eles não podem começar a perseguir advogados.

Continuei impassível.

— Ouça, Vladimir. Foi você quem convenceu Vadim a escapar no meio da noite dois anos atrás. Agora é sua vez. Pelo menos venha até Londres para podermos conversar pessoalmente.

Ele fez uma breve pausa.

— Vou pensar no assunto.

Vadim teve uma conversa similar com Eduard, que também não tinha intenção de ir embora. Ambos os advogados sabiam que as intimações eram ilegais e tinham fundamentos sólidos para refutá-las, de forma que nenhum dos dois compareceu ao interrogatório.

Chegou o sábado e nada aconteceu. Tampouco no domingo. Na segunda de manhã, liguei para Vladimir.

— Ótimo. Você sobreviveu ao fim de semana e teve tempo suficiente para pensar. Quando você vem para Londres?

— Não sei se vou. Todo mundo me disse a mesma coisa: sair da Rússia seria a pior coisa que eu poderia fazer. Pareceria que sou culpado de alguma coisa. Além disso, minha vida está aqui. Todos os meus clientes. Não posso simplesmente me levantar e ir embora, Bill.

Eu entendia sua relutância, mas sentia que o perigo que ele corria ficando na Rússia estava atingindo níveis preocupantes. As pessoas por trás de tudo aquilo eram criminosos e agiam como se tivessem controle total sobre a polícia.

— Mas, Vladimir, se eles armarem contra você, não vai fazer diferença ser inocente ou culpado. Você precisa ir embora daí. Se não para sempre, pelo menos até a temperatura baixar. Você continuar aí é uma loucura!

Apesar dos meus argumentos lógicos, ele se manteve irredutível na decisão de ficar — até me ligar, naquela quarta-feira, aparentando muito menos confiança.

— Bill, acabei de receber nova intimação de Kazan.

— E?

— Liguei para o investigador que a assinou e lhe disse que era ilegal. Ele respondeu que, se eu não aparecesse, me levariam coercitivamente. Tentei lhe explicar a respeito do meu estado de saúde, mas ele não quis ouvir. O cara falava como um mafioso, não como um policial.

— Bem, será que agora...

— E isso não é o pior, Bill. Devido a todo esse estresse, tive um problema no olho ontem à noite. É como se eu tivesse uma bola de fogo dentro da cabeça. Preciso ver meu médico urgentemente, mas ele está na Itália.

— Então vá para a Itália.

— Eu vou assim que estiver bem o suficiente para voar.

Soubemos depois, naquele mesmo dia, que Eduard também tinha recebido uma segunda intimação. Ele achou que a ordem dos advogados de Moscou conseguiria anular seus efeitos, mas, novamente, não foi possível.

Como tinha sido investigador e juiz no passado, Eduard acreditava que, recorrendo a sua rede de contatos, talvez descobrisse quem estava por trás dos ataques, mas ninguém tinha a resposta. Um a um, eles lhe diziam:

— Eduard, até entender muito bem o que está acontecendo, é melhor você desaparecer.

Pela primeira vez na vida, Eduard estava fora de sua zona de conforto. Era o tipo de pessoa a quem todo mundo procurava para pedir ajuda, não o contrário. Atuando desde 1992 como advogado criminalista e tendo representado uma vasta gama de clientes, era um dos advogados russos com melhor histórico de vitórias nos tribunais. Contudo, mesmo conhecendo como poucos os meandros do sistema legal, ele não sabia como "desaparecer". Por sorte, muitos de seus ex-clientes sabiam e, quando tomaram conhecimento dos problemas dele, se ofereceram para ajudar.

Em 28 de agosto de 2008, uma quinta-feira — dois dias antes da data marcada pelas autoridades para seu depoimento em Kazan —, Eduard ligou para Vadim.

— Talvez vocês fiquem sem ter notícias minhas por um tempo. Se isso acontecer, não se preocupem. Vai ficar tudo bem comigo.

Vadim perguntou o que isso significava, mas Eduard o interrompeu.

— Tenho que ir agora — disse, antes de desligar.

Depois desse telefonema, Eduard tirou a bateria do celular e foi para casa, perto da estação Vorobyovy Gory, no sul de Moscou. Ele sabia que estava sendo vigiado havia várias semanas. As pessoas que o seguiam nem se preocupavam em disfarçar: dois homens em um carro estacionado em frente ao seu prédio constantemente observando seu apartamento. Era assustador, porque ele não sabia se eram da máfia russa ou da polícia. Mas não importava, já que ele não fazia nenhuma questão de descobrir.

Depois de um rápido jantar, Eduard e a esposa saíram para sua habitual caminhada noturna. O pessoal que os monitorava não se preocupou em segui-los, porque todas as noites o casal saía para caminhar e sempre voltava.

De mãos dadas, foram andando lentamente ao longo da rua larga por quase um quilômetro, mas, em vez de dar meia-volta no ponto costumeiro, Eduard segurou firme a mão da esposa e os dois atravessaram a rua. Do outro lado, um grande Audi 8 sedã preto com vidros escuros o esperava. A esposa de Eduard sabia que a situação do marido tinha se complicado, mas nem suspeitava do seu plano. Ele se virou para ela, segurou-a pela mão e disse:

— Agora é a hora.

Naquela noite, Eduard desapareceria.

Ela o agarrou pelos ombros e se aproximou para lhe dar um beijo. Não sabiam quando voltariam a se ver. Eduard entrou, deitou-se no banco traseiro e o carro arrancou.

Sua esposa atravessou a rua de volta para o lado em que estavam antes, afundou as mãos nos bolsos e sentiu as lágrimas brotarem. Ela não notou que o pessoal que os vigiava se alarmou. As sentinelas levaram algumas horas para juntar os pontos e entender o que tinha acontecido. Por volta da meia-noite, três pessoas apareceram no apartamento querendo saber de Eduard.

Sua esposa não tinha ideia de onde ele estava e lhes disse exatamente isso.

Se Eduard, com todas as suas conexões e conhecimento de leis criminais, tinha decidido se esconder em busca de proteção, não havia dúvida de que Vladimir, um acadêmico com graves deficiências físicas, tinha que sair da Rússia imediatamente.

Liguei para ele, irritado porque ainda estava em Moscou.

— Vladimir, Eduard já fugiu. O que você está esperando?

— Bill, lamento, mas ainda não estou suficientemente bem para viajar. No entanto, admito que seus argumentos são muito válidos.

Não entendi direito o que ele quis dizer com isso e ele se recusou a me explicar melhor, mas fiquei com a impressão de que ele decidira ir embora.

Era o que eu esperava, claro. Estava convicto de que, quando ele e Eduard faltassem ao depoimento em Kazan no sábado em atendimento à segunda intimação, os policiais corruptos emitiriam uma ordem de prisão contra ambos.

O que Vladimir não podia me contar era que estava avaliando as melhores opções para sair da Rússia. As mais atraentes incluíam travessias de fronteira por terra ou mar. O serviço de fronteiras russo era tão antiquado que muitos pontos de travessia mais distantes não tinham tecnologia capaz de identificar fugitivos. Geralmente, esses postos de controle eram ocupados por relegados do serviço de fronteiras. Preguiça e embriaguez eram requisitos básicos para assumir esses cargos e não era incomum deixarem passar pessoas procuradas pelas autoridades. Por esses critérios, os pontos mais adequados eram o posto de Nekhoteevka, na fronteira com a Ucrânia, e a balsa de Sochi para Istambul. Infelizmente para Vladimir, a viagem de carro até esses lugares tão distantes poderia acarretar o agravamento do estado do seu olho. As estradas na Rússia são notoriamente ruins, cheias de buracos e com muitos trechos sem pavimento; para Vladimir, que sofria de problemas na retina, sacolejar demais durante a viagem poderia levar à cegueira permanente.

Depois de rejeitar essas alternativas, ele identificou a única oportunidade que poderia funcionar. As férias de verão russas terminariam em 31 de agosto, um domingo. Hordas de viajantes estariam entrando e saindo do país. Vladimir tinha esperança de que, em meio a esse caos, os agentes do serviço de fronteiras não teriam condições de checar direito todos os passaportes. Era um tiro no escuro e qualquer pessoa sem limitações de saúde a descartaria de antemão, mas Vladimir não poderia se dar a esse luxo.

Chegou o dia 30 de agosto, sábado, a data em que Eduard e Vladimir deveriam comparecer para depor em Kazan. Sobressaltado, passei o dia com os nervos à flor da pele, temendo que a qualquer momento a esposa de Vladimir ligasse para dizer que eles vieram prendê-lo. Entretanto, não recebi nenhuma ligação da Rússia. Tive vontade de ligar logo cedo no domingo, mas não o fiz para não levantar suspeitas e alertar quem estivesse grampeando o telefone de Vladimir de que ele ainda estava lá.

Naquele mesmo dia, Vladimir, a esposa e o filho compraram passagens para o voo da Alitalia que partia às onze da noite de Moscou, aeroporto Sheremetyevo, para Milão. Às 16h40, saíram de casa levando apenas uma bagagem de mão. Diferentemente de Eduard, não havia figuras sinistras a vigiá-lo. Pegaram um táxi para o aeroporto e, devido ao tráfego intenso de fim de verão, levaram duas horas e meia para chegar. Às sete da noite, estavam na fila do check-in. No aeroporto, reinava o caos: gente em todos os cantos, ninguém respeitando as filas, malas imensas atravancando a passagem nos corredores. Diante da possibilidade de grupos inteiros de passageiros perderem seus voos, os ânimos estavam cada vez mais exaltados.

Era exatamente esse o cenário que Vladimir desejava encontrar. Levaram mais de uma hora para fazer o check-in. Depois disso, foi o controle de segurança, que lhes tomou mais uma hora. Já eram dez horas quando Vladimir e sua família entraram na fila para verificação de passaportes, que estava tão congestionada quanto as anteriores: gente se acotovelando, tentando avançar, brigando para ser a próxima a ser atendida.

Quando Vladimir e a família chegaram enfim à ponta da fila e se preparavam para ser atendidos, a ficha caiu para ele: se aquilo não desse certo, ele provavelmente seria preso. E, se fosse preso, provavelmente morreria na cadeia. Não seria exagero afirmar que, para Vladimir, essa travessia de fronteira, normalmente algo trivial, era uma questão de vida ou morte naquele momento.

Faltando menos de quarenta minutos para o avião decolar, Vladimir e a família cruzaram a linha vermelha marcada no piso e se dirigiram à cabine do agente de fronteiras, um jovem com bochechas coradas, olhos brilhantes e uma lâmina de suor na testa.

— Documentos — disse ele, sem desviar os olhos da tela do computador.

Vladimir pegou os passaportes e os cartões de embarque na bolsa.

— O aeroporto está uma loucura hoje, né? — disse ele, tentando demonstrar tranquilidade.

O agente resmungou algo incompreensível, olhou para Vladimir com o cenho franzido, esperando pelos documentos.

Vladimir os entregou.

— Aqui estão.

O agente provavelmente já tinha checado mais de quinhentos documentos só naquele dia. Normalmente, oficiais do serviço de fronteiras são meticulosos ao processar passaportes: inserem todos os detalhes no computador, esperam o resultado e só então liberam o viajante. No entanto, se tivessem mantido o rigor num dia como aquele, haveria atrasos de doze horas e metade dos passageiros teria perdido seus voos.

Sem seguir a rotina normal de procedimentos, o agente pegou o carimbo, folheou cada um dos passaportes, após os carimbos vermelhos de saída do país e devolveu tudo para Vladimir.

— Próximo! — gritou ele em seguida.

Vladimir deu o braço para o filho e os três se afastaram. Chegaram ao portão de embarque apenas quinze minutos antes de fecharem as portas, embarcaram, tomaram seus assentos, apertaram os cintos e fizeram preces de agradecimento. O avião se afastou do terminal e decolou. Poucas horas depois, estavam na Itália.

Ele me ligou assim que aterrissaram, já tarde da noite.

— Bill, estamos em Milão! — exclamou.

Vladimir estava a salvo e há tempos eu não me sentia tão aliviado.

28
Khabarovsk

Vladimir estava a salvo, mas Eduard não. Ele ainda estava na Rússia e não tínhamos ideia de onde.

Nem sua mulher sabia. Depois de se separar dela na Universitetsky Prospekt, Eduard fora levado para o apartamento de um amigo, na zona leste da cidade, perto da via Garden Ring, onde permaneceu alguns dias. Ele nunca saía nem fazia ligações, só ficava andando de um lado para outro no apartamento e, quando o amigo estava em casa, discutia com ele sobre sua situação e as alternativas que tinha. Ainda não estava preparado para sair do país. Pelo menos não naquele momento.

No terceiro dia, pouco antes do amanhecer, Eduard entrou no carro de outro amigo, deitou-se no banco de trás e foi levado para outro apartamento. Fizeram um trajeto tortuoso, cheio de voltas, e só depois de terem certeza de que não estavam sendo seguidos, foram para o novo local.

Eduard passou duas noites ali. A movimentação toda de um lado para outro começou a incomodá-lo. Ele estava acostumado a fazer tudo por conta própria, mas agora, de maneira repentina, se via completamente dependente de terceiros. Não podia usar seu telefone nem mandar e-mails. Restava-lhe apenas acompanhar o noticiário e zanzar pelo apartamento como um animal enjaulado, cada vez mais estressado.

Perto do fim da primeira semana, recebeu um recado sombrio de um de seus amigos. O número de homens no seu encalço era cada vez maior.

O cerco contra ele se fechava, e Moscou se tornara perigosa demais.

Como não estava pronto para ir embora do país e admitir a derrota, precisava encontrar outra cidade onde se esconder. Considerou ir para Voronezh ou Nizhny Novgorod, ambas localizadas a uma noite de trem de Moscou. O problema é que em ambas estaria totalmente sozinho. Eduard era um advogado talentoso, não um fugitivo talentoso, e provavelmente não teria durado uma semana. Concluiu que precisava de duas coisas: um esconderijo longe de Moscou e alguém confiável e com recursos para lhe dar abrigo.

Repassando sua lista de contatos, fixou-se em um homem chamado Mikhail que vivia na cidade de Khabarovsk, no extremo leste da Rússia. Uma década antes, Eduard o havia tirado de uma grande enrascada jurídica e o livrara de uma longa pena na prisão.

Ligou então para Mikhail de um telefone pré-pago e explicou a situação. Quando terminou, Mikhail disse:

— Se você arranjar um jeito de chegar até aqui, consigo mantê-lo escondido pelo tempo que precisar.

Khabarovsk atendia com sobras a precondição de ficar bem longe: está a mais de seis mil quilômetros de Moscou, quase quinhentos a mais que a distância entre Londres e a linha do equador. O problema seria chegar lá. De carro, demoraria muito e provavelmente Eduard seria parado no caminho e achacado por policiais locais, o que poderia acabar mal. Ir de trem também não seria aconselhável, porque ele teria que comprar uma passagem — o que implicava inserir seu nome no sistema — e ficaria sentado em uma caixa de metal móvel durante uma semana, tempo suficiente para seus perseguidores perceberem o que estava acontecendo.

A melhor saída seria ir de avião. Embora esse meio também exigisse inserir o nome no sistema, a viagem duraria não mais que oito horas, dando pouco tempo de reação aos seus perseguidores.

Para aumentar as chances de fazer isso tudo em segurança, Eduard decidiu viajar na madrugada de uma sexta-feira para sábado. Contava que as pessoas que o vigiavam já teriam começado as atividades etílicas do fim de semana, reduzindo a probabilidade de receberem informações, processarem tudo e agirem antes de ele aterrissar.

Chegou ao aeroporto Domodedovo, em Moscou, de onde partiam a maioria dos voos regionais, uma hora e meia antes da decolagem e seguiu até o balcão para comprar a passagem. A atendente da companhia aérea informou o preço — 56.890 rublos, equivalente a pouco menos que 1.500 libras — e Eduard tirou o dinheiro da carteira. Pagou da forma mais displicente possível, como se estivesse comprando um sorvete, mas seu coração estava a mil. Era um valor alto para se receber em dinheiro vivo, mas a mulher não esboçou reação alguma. Continuou digitando, entregou-lhe a passagem sorrindo e lhe desejou boa viagem.

A primeira barreira tinha sido superada.

A próxima era a do controle de segurança, depois a entrega do cartão no portão de embarque e, por último, decolar. Todas foram vencidas, mas ainda havia um senão: a compra da passagem podia ter gerado um aviso e era perfeitamente plausível que, ao chegar em Khabarovsk, ele fosse recebido por alguns dos bandidos que o perseguiam. Tentou dormir durante o voo noturno, que passou por sete fusos horários distintos, mas foi impossível.

Exausto e desgastado, Eduard finalmente pousou em Khabarovsk. O avião taxiou até o terminal, um caminhão levou a escada para passageiros até a lateral da fuselagem, a porta se abriu e os poucos passageiros desceram e seguiram para a área de desembarque. Assim que alcançou o vão da porta, Eduard viu um carro estacionado no pátio, próximo da escada. Nesse instante, sentiu o coração falhar, mas se recompôs assim que viu Mikhail em pé ao lado, com um sorriso aberto a lhe dar as boas-vindas.

Eduard desceu os degraus carregando a bagagem de mão e, sem passar pelo terminal, foi levado para um hotel discreto no subúrbio, onde Mikhail fez o check-in para ele com nome falso.

Nós não tínhamos ideia de onde estava Eduard, o que estava fazendo e se estava em segurança. No entanto, o fato de estarmos impossibilitados de ajudar Eduard não nos impedia de tentar descobrir os planos de quem queria incriminá-lo.

No início de setembro, recebemos cópias de documentos do tribunal de Kazan. O mais aterrorizante era o testemunho de Viktor Markelov, o assassino condenado que tinha roubado nossas empresas. Sob juramento, ele declarara que tinha feito tudo comandado por um homem chamado Oktai Gasanov, que morrera de infarto dois meses antes. Além disso, Markelov alegou que Gasanov recebera todas as instruções de Eduard Khayretdinov, que, por sua vez, recebia ordens de mim.

Agora podíamos entender o que aconteceria com Eduard se ficasse na Rússia. Em algum momento os servidores corruptos do Ministério do Interior acabariam por localizá-lo e prendê-lo. Uma vez atrás das grades, ele seria torturado até dar seu testemunho envolvendo nós dois no roubo dos 230 milhões de dólares. Se colaborasse, talvez pegassem leve e apenas o condenariam a passar alguns poucos anos em uma colônia penal. Se ele se recusasse, os agentes o matariam, e todas as alegações de Markelov seriam aceitas como a "verdade" oficial na Rússia.

Tínhamos que achar um meio de fazer essa informação chegar até ele. Vadim passou uma mensagem simples a algumas conexões de Eduard em Moscou, caso ele entrasse em contato: "Novas informações vieram à tona. Sua vida corre perigo. Por favor, fuja assim que possível."

Sem que soubéssemos, Eduard acabou recebendo a mensagem. Mas nem assim estava disposto a ceder. Acreditava que tudo se resolveria se nossas denúncias do desvio de 230 milhões de dólares fossem analisadas por alguém com posto suficientemente alto no governo.

O problema é que até Mikhail, seu guardião, estava ficando nervoso e começou a achar que ficar em Khabarovsk se tornara perigoso demais para Eduard. Ele então escalou dois guarda-costas armados para proteger o amigo e mandou os três para sua dacha, localizada a 150 quilômetros da cidade. Ali, onde a eletricidade vinha de um gerador, Eduard tinha à disposição um telefone via satélite e um carro. Era uma bela paisagem campestre, coberta por vidoeiros e coníferas entremeados por lagos cheios de peixe.

Depois de duas semanas no campo, Eduard recebeu uma mensagem de Mikhail. Um dos confidentes mais próximos de Eduard estava indo para Khabarovsk para lhe entregar pessoalmente uma mensagem. Eduard interpretou a notícia como um bom sinal — por que alguém atravessaria o país até o extremo leste apenas para trazer uma notícia ruim? Dois dias depois, Eduard e os guarda-costas pegaram o carro e saíram da dacha para encontrar o homem vindo de Moscou em um café nos arrabaldes de Khabarovsk. As esperanças de Eduard foram pulverizadas segundos depois de ele ver o amigo, que tinha o semblante carregado de preocupação. Sentaram-se, pediram chá e começaram a conversar.

— Já tentamos tudo — disse o homem. — Tem gente muito poderosa envolvida. Nada vai mudar. Eles não vão recuar.

— Mas então por que vir até aqui só para me contar isso?

O homem se inclinou para perto de Eduard e disse:

— Eduard, porque eu queria lhe dizer pessoalmente: você *precisa* sair da Rússia! Você está correndo o risco de ser assassinado. As pessoas que estão te perseguindo são implacáveis.

Aquela conversa afetou Eduard profundamente. Depois do encontro, ele ligou para Mikhail:

— Preciso sair da Rússia. Você pode me ajudar?

— Farei o que for possível — respondeu Mikhail.

Por ser a Rússia um país muito descentralizado, o poder de um empresário influente pode em algumas regiões se equiparar com o do Ministério do Interior, sediado em Moscou. Mikhail era um dos mais importantes empresários locais e Eduard não tinha escolha a não ser apostar todas as suas fichas na influência do amigo; tinha que torcer para que o ajudasse a passar por todos os pontos de controle de segurança e fronteira aos quais está sujeito qualquer viajante saindo do país.

Mikhail providenciou para que uma espécie de despachante local acompanhasse Eduard no aeroporto até o portão de embarque. Eduard perguntou várias vezes se essa pessoa conseguiria fazer com que os agentes do serviço de fronteira o deixassem passar. Mikhail apenas lhe disse para não se preocupar, o que, claro, era a última coisa que Eduard conseguiria fazer.

Em 18 de outubro de 2008, às dez da manhã, Eduard foi para o aeroporto, onde se encontrou com o despachante, um homem baixo, com olhar amistoso, vestindo terno cinza bem cortado. Como já tinha visto de entrada no Reino Unido, Eduard foi até o balcão de vendas da companhia aérea Asiana e comprou uma passagem de ida e volta para Londres via Seul. Depois de fazer o check-in, esperou até uma hora antes do horário da partida para passar pelos controles de segurança e passaportes. Quando não dava mais para esperar, ele e o despachante caminharam em direção ao controle de segurança.

Sem parar, passaram na frente de todo mundo que estava na fila e avançaram. O despachante permanecia ao lado de Eduard o tempo todo, cumprimentando com a cabeça e piscando o olho para o pessoal da segurança, chegando a apertar a mão de alguns deles. Eduard colocou as malas na esteira dos raios x, apresentou seu cartão de embarque e passou pelo detector de metal.

Em seguida, caminharam para a área de controle de passaportes. Ao chegarem à cabine, o despachante apertou a mão do agente do serviço de fronteiras e eles ficaram fazendo gracejos e brincando um com o outro.

O agente pegou o passaporte, colocou-o na mesa, olhou para Eduard, tornou a olhar para o despachante, achou um espaço em branco, afundou o carimbo na almofada de tinta vermelha e então o cravou no papel. Nem se deu ao trabalho de olhar para o computador. Apenas fechou o passaporte e o devolveu. Os olhos de Eduard cruzaram com os do despachante, que deu uma piscadela. Eduard agradeceu, virou-se e correu para o portão de embarque. Faltavam apenas cinco minutos para as portas se fecharem.

Conseguiu pegar o voo, mas só relaxou duas horas depois, quando viu que sobrevoavam o mar do Japão e tinham saído do espaço aéreo da Rússia. Ele estava a salvo.

Horas depois, naquele mesmo dia, o telefone de Vadim tocou, mas ele não reconheceu o código do país que aparecia na tela do identificador de chamada.

— Alô?

— Vadim! Aqui é o Eduard.

Vadim pulou da cadeira. Não recebíamos notícia dele havia dois meses. Todos os dias oscilávamos entre desalento e esperança quando falávamos dele: estaria morto ou vivo? Ou no meio do caminho entre as duas coisas?

— Eduard! — vibrou Vadim. — Onde você está? Tudo bem com você?

— Sim, estou bem. Estou em Seul.

— *Seul?*

— Sim. Seul. Estou indo para Londres no próximo voo da Asiana. Aeroporto de Heathrow. Chego aí amanhã.

— Então você está são e salvo?

— Sim, sim. Temos muita coisa para conversar. Até amanhã.

Na manhã seguinte, um carro foi buscar Eduard no aeroporto e o trouxe direto para nosso escritório, na Golden Square. Assim que ele entrou, todos fizemos fila para lhe dar abraços apertados. Embora só o tivesse visto pessoalmente uma única vez, era como se estivesse reencontrando um irmão há muito perdido.

Quando finalmente nos acalmamos e sentamos para conversar, ele nos relatou sua história, com Vadim e Ivan se alternando como intérpretes. Estávamos arrebatados. Quando terminou, eu disse:

— Isso é incrível, Eduard. Realmente incrível. Graças a Deus que você conseguiu.

Ele concordou balançando a cabeça.

— Sim, você tem razão. Graças a Deus.

Naquela noite, me permiti saborear por um instante o fato de Eduard estar bem, mas sabia que nossos problemas estavam longe de ter acabado.

Embora Eduard tenha submergido na clandestinidade, Sergei ainda estava totalmente exposto em Moscou. No fim de setembro, nos deparamos com um artigo publicado em um obscuro jornal semanal de negócios chamado *Delovoi Vtornik*. Seu título era "Fraude puramente inglesa" e repetia as já conhecidas alegações de que Eduard e eu éramos os cabeças por trás da fraude. Mas havia no texto um nome que até então estivera totalmente fora do noticiário: Sergei Magnitsky.

Diante da novidade, Vadim tentou convencer Sergei a sair do país, mas ele se recusou terminantemente, insistindo que nada poderia lhe acontecer porque não havia feito nada de errado. Além disso, estava indignado por essas pessoas terem roubado tanto dinheiro do seu país. Firme em suas convicções e acreditando piamente na lei, em 7 de outubro ele *voltou* à Agência Estatal de Investigações Criminais para dar um segundo depoimento sob juramento. Mais uma vez, recorreu a esse expediente com o intuito de inserir mais provas nos autos do inquérito; na ocasião mencionou uma série de detalhes adicionais sobre a fraude e quem estava por trás dela.

Foi um lance ousado. E também preocupante. Sem deixar de admirar profundamente a determinação e a integridade de Sergei, eu estava, em vista do que haviam tentado fazer com Eduard e Vladimir, morrendo de medo de que eles o prendessem ali mesmo, no ato. Surpreendentemente, nada aconteceu.

Na manhã de 20 de outubro de 2008, Ivan fez uma nova tentativa de convencer Sergei:

— Preste atenção: todos os nossos advogados estão sendo perseguidos. Eduard está aqui. Vladimir está aqui. Tivemos acesso a matérias jornalísticas em que seu nome é citado. Acredito que alguma coisa muito ruim vai acontecer se você ficar aí, Sergei.

— Mas por que aconteceria alguma coisa? — perguntou Sergei, irredutível. — Não infringi nenhuma lei. Eles só querem pegar Eduard e Vladimir porque eles contestaram as ações judiciais fraudulentas nos tribunais. Eu nunca fiz isso. Não há razão para eu sair do país.

— Mas você *precisa* sair. Eles vão te prender, Sergei. Por favor, eu imploro.

— Sinto muito, Ivan. A lei vai me proteger. Não estamos em 1937 — argumentou Sergei, referindo-se aos expurgos de Stálin, que levaram ao desaparecimento, pelas mãos da polícia secreta, de milhares de pessoas em todos os cantos.

Não havia como convencer Sergei. Ele ficaria na Rússia e não poderíamos fazer nada a respeito. Era de uma geração diferente da que Eduard e Vladimir viveram. Ambos passaram boa parte da vida adulta sob a vigência do regime soviético e tinham visto de perto como o governo podia ser arbitrário. Se pessoas poderosas quisessem você preso, você seria preso. A lei não tinha importância. Sergei, por outro lado, tinha 36 anos e se tornara adulto numa época em que as coisas começavam a melhorar. Ele não via a Rússia como era de verdade, mas como gostaria que fosse.

Por isso, ele não conseguia ver que, na Rússia, não existia o império da lei. Existia, sim, o império dos homens. E esses homens eram corruptos.

29

O NONO MANDAMENTO

No início da manhã de 24 de novembro de 2008, três equipes de agentes do Ministério do Interior comandadas pelo tenente-coronel Artem Kuznetsov saíram para missões em diferentes pontos em Moscou. Uma delas foi para a casa de Sergei e as outras se dirigiram para os apartamentos de advogados júnior que trabalhavam com Sergei na Firestone Duncan.

Quando ouviu alguém batendo na sua porta, a advogada júnior Irina Perikhina estava sentada à penteadeira diante do espelho. Como qualquer mulher russa na casa dos trinta, ela jamais se permitiria falar com alguém sem antes ter retocado a maquiagem. Em vez de atender, ela continuou passando rímel e batom. Quando finalmente concluiu e foi abrir a porta, não havia ninguém. A polícia havia desistido e ido embora, achando que o apartamento estava vazio.

Boris Samolov, o outro advogado, por sorte também não estava morando no endereço cadastrado quando a polícia apareceu. No fim, nem chegaram perto dele.

Sergei, no entanto, estava em casa, com o filho Nikita, de oito anos. Ele se preparava para ir ao trabalho e o filho para ir à escola. Seu primogênito, Stanislav, já tinha saído. A esposa, Natasha, não se sentira bem naquela manhã e saíra para ir ao médico.

Assim que bateram na sua porta, Sergei abriu e deu de cara com três agentes. Ele então deu um passo para o lado e deixou que entrassem.

A família Magnitsky vivia em um modesto apartamento de dois quartos na rua Pokrovka, no centro de Moscou. Durante as oito horas seguintes, os policiais viraram o local de cabeça para baixo. Quando Natasha voltou do médico, ficou chocada e assustada, mas Sergei se mantinha calmo. Sentados no quarto de Nikita, ele sussurrou para ela:

— Fique tranquila. Não fiz nada errado. Eles não podem fazer nada contra mim.

Os agentes ainda estavam lá quando Stanislav voltou da escola. Ele ficou muito bravo, mas Sergei, com sua voz serena, lhe assegurou que daria tudo certo.

A polícia terminou sua busca às quatro da tarde. Confiscou todas as pastas com documentos pessoais de Sergei, computadores, fotos de família, vários DVDs infantis e até mesmo uma coleção de aviõezinhos de papel e um bloco de desenhar que pertenciam a Nikita. Em seguida, prenderam Sergei. Quando estava sendo levado embora, ele se virou para a esposa e os filhos, conseguiu abrir um sorriso e disse que logo estaria de volta.

Assim começou o trágico martírio de Sergei. Ao longo dos meses, fui tomando conhecimento do que se passou, recebendo informações espaçadas, de forma intermitente. Em nenhum momento, no entanto, deixei de pensar nessa provação.

Soube da batida na casa de Sergei em tempo real. No meio da tarde de 24 de novembro, Vadim invadiu minha sala em pânico.

— Bill, precisamos de você agora na sala de reuniões!

Eu o segui. Sabia o que ele ia me dizer. Ivan, Eduard e Vladimir já estavam lá. Assim que fechei a porta, Vadim anunciou:

— Sergei foi preso!

— Merda.

Desabei na cadeira mais próxima, sentindo a boca repentinamente seca. Dezenas de perguntas e imagens pululavam na minha mente. Onde ele estava sendo mantido? Sob que acusações tinham feito a prisão? O que os policiais armaram contra ele?

— Qual é o próximo passo, Eduard? — perguntei.

— Ele vai passar por uma audiência em que vão definir se poderá ser liberado sob fiança ou se irá para um centro de detenção. A última opção é praticamente certa.

— E como são esses centros?

Eduard suspirou e evitou me encarar.

— Não são coisa boa, Bill. Definitivamente, não são nada bons.

— Por quanto tempo eles podem mantê-lo sob custódia?

— Até um ano.

— Até um ano? Sem nenhuma acusação?

— Sim.

Minha imaginação ficou sobrecarregada. Não dava para não pensar na série de TV americana *Oz*, em que um advogado formado em Harvard é preso em uma penitenciária fictícia do estado de Nova York cheia de criminosos violentos e abomináveis. Era apenas um seriado, mas as coisas indizíveis perpetradas a esse personagem me faziam tremer de medo quando pensava no que Sergei estava prestes a enfrentar. As autoridades iriam torturá-lo? Ele seria *estuprado*? Como um advogado de classe média, erudito, sensível, lidaria com uma situação como aquela?

Eu precisava fazer tudo que estivesse ao meu alcance para tirá-lo de lá.

Minha primeira providência foi arranjar um advogado para Sergei. Ele solicitou que fosse um profissional famoso de sua cidade chamado Dmitri Kharitonov, e nós o contratamos imediatamente. Eu acreditava que esse advogado compartilharia conosco qualquer informação que tivesse sobre Sergei, mas ele se revelou extremamente reservado. Ele tinha certeza de que seu telefone e e-mails estavam grampeados. Queria se comunicar conosco apenas pessoalmente, o que só seria possível em meados de janeiro, quando estaria em Londres. Achei esse esquema totalmente inadequado, mas, como ele havia sido escolha de Sergei, eu não tinha como discutir.

Meu passo seguinte foi procurar o novo encarregado da Rússia no Ministério das Relações Exteriores, Michael Davenport, advogado formado em Cambridge mais ou menos da minha idade. Diferentemente do que acontecera com seu antecessor, Simon Smith, não fui muito com a cara de Davenport. Eu tinha estado com ele várias vezes antes para informá-lo dos nossos problemas com os russos, mas ele sempre deu a impressão de me ver como um empresário que era culpado pelo que me acontecera na Rússia e, portanto, não merecia a atenção do governo inglês.

Eu esperava que essa atitude fosse mudar, agora que havia um ser humano vulnerável envolvido.

Cheguei ao seu escritório, na King Charles Street, e ele me conduziu até a mesa de reuniões. Sentamos um em cada lado. Ele pediu a um assistente que trouxesse chá e disse:

— Como posso lhe ser útil, sr. Browder?

— Trago más notícias da Rússia — disse em voz baixa.

— O que aconteceu?

— Um dos meus advogados, chamado Sergei Magnitsky, foi preso.

Davenport retesou-se.

— Um dos seus advogados?

— Sim. Foi Sergei quem descobriu a gigantesca restituição fraudulenta de impostos sobre a qual lhe falei no início do ano. E agora os agentes do Ministério do Interior que cometeram o crime o prenderam.

— Sob que alegação?

— Ainda estamos tentando descobrir. Se tivesse que chutar, diria evasão fiscal. É assim que esses caras operam.

— Isso é muito lamentável. Por favor, conte-me tudo o que sabe a respeito.

Dei-lhe os detalhes e ele foi anotando. Quando terminei, ele prometeu com firmeza:

— No momento oportuno vamos colocar o assunto na pauta com nossos interlocutores na Rússia.

Àquela altura eu já conhecia diplomatas o suficiente para saber que a promessa dele era apenas a frase-padrão do Ministério das Relações Exteriores para "não vamos fazer merda nenhuma por você".

A reunião não se prolongou por muito tempo. Fui embora correndo, peguei um táxi e voltei para o escritório. Quando estava passando pela Trafalgar Square, meu telefone tocou. Era Vadim.

— Bill, recebi agora más notícias de Aslan, minha fonte.

— O que é?

— Ele me contou que o Ministério do Interior designou nove investigadores para o caso de Sergei, Bill. *Nove!*

— E o que isso significa?

— Para crimes comuns, eles costumam designar um ou dois. Casos maiores, talvez três ou quatro. Só um caso político gigantesco como o da Yukos teria nove investigadores.

— Merda!

— E tem mais. Ele disse que Victor Voronin, chefe do Departamento K da FSB, foi o responsável direto pela prisão de Sergei.

— Puta merda! — murmurei antes de desligar.

Sergei estava profundamente encrencado.

A audiência que definiria se Sergei poderia ou não ser solto sob fiança foi realizada no Tribunal Distrital de Tverskoi, em Moscou, dois dias após sua prisão. A polícia não tinha provas de crime e nenhuma base legal para mantê-lo preso. Sergei e seus advogados pensavam que, na ausência de argumentos jurídicos, ele com certeza poderia ser liberado sob fiança.

No tribunal, foram confrontados por um investigador novo do Ministério do Interior, um major de 31 anos chamado Oleg Silchenko, cuja cara de menino fazia pensar que nem tivesse idade mínima para depor perante um juiz. Sua figura infantil sugeria que poderia ser um simples estagiário do departamento de direito tributário dirigido por Sergei na Firestone Duncan ou um estudante de pós-graduação da Universidade Estatal de Moscou. Mas Silchenko trajava um imponente uniforme azul e, à medida que apresentava suas "provas", mostrou que na verdade era um agente do Ministério do Interior até o último fio de cabelo.

Silchenko argumentou que havia o risco de Sergei fugir; para tanto, exibiu como prova um "relatório" do Departamento K e alegou que Sergei solicitara um visto para o Reino Unido e comprara uma passagem para Kiev. Ambas as afirmações eram falsas. Sergei destacou que não tinha solicitado visto para entrar no Reino Unido, o que poderia ser facilmente verificado por meio de uma consulta à embaixada, e em seguida começou a falar sobre a falsa reserva para Kiev, mas o juiz não permitiu que ele concluísse.

— Não tenho motivos para duvidar das informações fornecidas pelos órgãos de investigação — disse, decretando a prisão preventiva de Sergei, que foi arrastado à força para fora do tribunal, algemado e colocado em um veículo de transporte de prisioneiros.

Depois de passar dez dias em local não revelado, foi levado para a prisão onde ficaria pelo menos os dois meses seguintes, chamada simplesmente de Centro de Detenção de Moscou nº 5.

Quando chegou, foi colocado em uma cela com catorze outros detentos, mas com apenas oito camas. As luzes eram deixadas acesas 24 horas por dia e os presos se revezavam para dormir. Essa medida tinha o claro objetivo de prejudicar o sono de Sergei e dos companheiros de cela. Silchenko provavelmente calculou que, depois de uma semana brigando com criminosos durões por um colchão, Sergei, um advogado tributarista com excelente formação, faria qualquer coisa que ele pedisse.

Silchenko estava errado.

Durante os dois meses seguintes, Sergei foi transferido uma, duas, várias vezes. Cada cela era pior que a anterior. Uma delas não tinha aquecimento nem proteção nas janelas para impedir que o ar gelado entrasse. Fazia tanto frio que Sergei literalmente quase congelou. As privadas — na verdade, buracos no chão — não eram separadas da área onde os presos dormiam. Frequentemente havia refluxo de esgoto que chegava a correr pelo chão. Em uma delas, as únicas tomadas de eletricidade ficavam perto da privada, de modo que ele tinha que ferver a água com a chaleira posicionada bem acima da fétida latrina. Em outra, Sergei usou um copo de plástico para conter o fluxo de uma privada entupida, mas à noite o reparo foi comido por um rato e, pela manhã, o esgoto tinha subido e coberto o chão, obrigando-o, junto com seu companheiro de cela, a subir e se pendurar como um macaco nas camas e cadeiras.

Para Sergei, pior que o desconforto físico era a tortura psicológica. Pai de família dedicado, estava impedido de ter qualquer contato com seus familiares. Quando Sergei requisitou autorização para receber visita da esposa e da mãe, Silchenko negou:

— Indefiro o pedido. Não é adequado para a investigação.

Sergei então requisitou permissão para falar por telefone com o filho de oito anos:

— Sua solicitação foi negada — decretou Silchenko. — Seu filho é jovem demais para que você tenha uma conversa por telefone com ele.

Também negou um pedido para que uma tia pudesse visitá-lo alegando que Sergei "não conseguia provar" que ela era sua parente.

O propósito de todas as atitudes de Silchenko era coagir Sergei a se retratar dos testemunhos incriminando Kuznetsov e Karpov. No entanto, como Sergei não cedia, a cada vez que se recusava, Silchenko tornava ainda piores suas condições de vida, afastando-o e isolando-o mais e mais da vida que tinha e da liberdade de que desfrutava antes.

Só em janeiro de 2009, por ocasião da audiência que sacramentaria sua detenção, é que soubemos das horríveis condições que Sergei enfrentava, seu completo isolamento da família e os maus-tratos impostos por Silchenko. Foi nesse momento que soubemos da sua obstinada recusa a desmentir o que afirmara e começamos a compreender a verdadeira dimensão da absoluta força de Sergei.

Embora a maioria das informações que recebemos naquele mês de janeiro fosse tenebrosa, surgiram também algumas notícias positivas. Em meio às transferências de um lado para outro, Sergei acabou dividindo a cela com um armênio acusado de arrombamento. O homem estava se preparando para o julgamento e precisava desesperadamente de aconselhamento legal. Mesmo sem nenhum livro jurídico ou qualquer outro material de apoio, Sergei conseguiu escrever uma defesa abrangente para o companheiro de cela, que, para surpresa de todos, foi absolvido e colocado em liberdade. Quando a notícia desse feito correu, a cotação de Sergei na prisão disparou e, do dia para a noite, ele se tornou um dos presos mais populares e protegidos do centro de detenção.

As terríveis imagens da série *Oz* sumiram da minha mente, pelo menos em parte, e pude dormir um pouco mais sossegado por saber que os outros detentos não o estavam submetendo a maus-tratos.

Infelizmente as autoridades estavam.

No fim de fevereiro, Silchenko secretamente transferiu Sergei para uma unidade especial chamada IVS1, usada para manter presos em custódia provisória, que funcionava à margem do sistema de detenção principal e onde, portanto, a polícia podia fazer o que quisesse com os detentos. Suspeitamos que fosse ali que Silchenko e a FSB estavam tentando coagir Sergei a assinar uma confissão falsa. Não tínhamos ideia do que fizeram com Sergei lá, mas suspeitávamos o pior.

Passamos os dois ou três meses seguintes sem muitas novidades. Só tínhamos certeza de que, não importava o que Silchenko e outros agentes do Ministério do Interior fizessem com Sergei, ele se recusava a assinar qualquer papel que colocassem à sua frente. Quando Silchenko lhe dizia para denunciar alguém, ele respondia:

— Vou denunciar os agentes públicos que cometeram os crimes.

É provável que em algum momento Silchenko tenha percebido que subestimara demais esse doce advogado tributarista.

Quanto mais maltratavam Sergei, mais se fortalecia seu espírito. Em carta à mãe, ele escreveu: "Mamãe, não se preocupe demais comigo. Minha resiliência psicológica às vezes me surpreende. Parece que sou capaz de aguentar qualquer coisa."

Sergei não cedia. No entanto, embora sua força de vontade fosse inquebrantável, seu corpo não era. No início de abril ele foi novamente transferido, agora para um centro de detenção chamado Matrosskaya Tishina, onde começou a sentir dores agudas no estômago. As crises duravam algumas horas e resultavam em violentos acessos de vômito. Em meados de junho ele já tinha perdido quase vinte quilos.

Sergei estava doente. Mas não sabíamos qual era a doença.

À medida que a detenção de Sergei se arrastava primavera adentro, uma parte de mim começou a desejar que ele simplesmente entregasse ao Ministério do Interior o que eles queriam. Se fizesse isso, provavelmente os meus problemas com as autoridades russas aumentariam, mas isso não seria nada se ele pudesse escapar daquele inferno e voltar para a família.

Meu desespero para tirá-lo da prisão crescia dia a dia. Como não tinha nenhum poder para fazer qualquer coisa na Rússia, meu único caminho era mexer todos os pauzinhos ao meu alcance no Ocidente.

O governo inglês já tinha deixado claro que não faria quase nada para ajudar Sergei, de modo que comecei a buscar ajuda de organizações internacionais. O primeiro sinal positivo foi emitido pelo Conselho da Europa, uma organização multilateral dedicada a questões de direitos humanos. Com sede em Estrasburgo, França, era composta por 47 países europeus, entre os quais a Rússia. Uma parlamentar e ex-ministra da Justiça da Alemanha, Sabine Leutheusser-Schnarrenberger, tinha sido recentemente nomeada pelo conselho para conduzir uma investigação no sistema criminal da Rússia e precisava de casos que tiveram grande repercussão para incluir em seu relatório.

Nós sabíamos que estávamos disputando sua atenção com muitas outras vítimas. À época, havia cerca de trezentas mil pessoas injustamente encarceradas na Rússia, o que reduzia bastante nossas esperanças; no entanto, nossos advogados entraram em contato com seu gabinete e ela concordou em nos receber. Antes da reunião, passei uma semana montando uma apresentação descrevendo o passo a passo do crime e como resultou no sequestro de Sergei e nos maus-tratos a ele impostos na prisão. Assim que tomou conhecimento dos fatos, colocados de forma tão clara e com tantas evidências, Sabine aceitou de imediato incluir o caso na sua pauta.

Em abril de 2009, ela abordou os órgãos policiais e de segurança russos com uma longa lista de perguntas. Foi um movimento positivo, porque o simples ato do Conselho da Europa de questionar o governo russo a respeito de Sergei poderia levar à sua libertação, ou, pelo menos, a melhores condições.

Infelizmente nada disso aconteceu.

As autoridades russas se recusaram a ter uma reunião frente a frente com Leutheusser-Schnarrenberger, forçando-a a apresentar suas questões por escrito. Depois de longo silêncio, ela recebeu as respostas.

Sua primeira pergunta era simplesmente: "Por que Sergei Magnitsky foi preso?"

A resposta: "Sergei Magnitsky não foi preso."

É claro que ele foi preso. Ele estava na prisão *deles*. Eu não conseguia imaginar o que os russos pretendiam com essa resposta.

A segunda pergunta era: "Por que ele foi preso pelo agente do Ministério do Interior Kuznetsov, contra quem prestara depoimento antes de ser preso?"

A resposta que recebeu foi igualmente ridícula: "O agente com este nome não trabalha no Ministério do Interior em Moscou."

Tínhamos provas de que Kuznetsov trabalhou no Ministério do Interior por vários anos! Eles devem ter pensado que Sabine Leutheusser-Schnarrenberger era alguma idiota.

Quase todas as demais respostas foram igualmente absurdas e inverídicas.

Sabine incluiria todas essas mentiras e disparates em seu relatório final, que só ficaria pronto em agosto. O problema é que Sergei não podia ser dar ao luxo de esperar tanto tempo. Continuei pesquisando outras organizações e cheguei a duas poderosas entidades legais que talvez se engajassem: a International Bar Association, organização mundial de advogados, e a UK Law Society, a ordem dos advogados do Reino Unido. Depois de ouvirem a história de Sergei e examinarem nossa documentação, ambas enviaram cartas para o presidente Medvedev e o procurador-geral Yuri Chaika, pedindo a libertação de Sergei.

Novamente fiquei bastante esperançoso de que essas intervenções ajudariam, mas acabaram não dando em nada. Eis a resposta do gabinete do procurador--geral para a Law Society: "Analisamos sua solicitação e não encontramos base legal para intervenção da procuradoria." As autoridades russas nem se deram ao trabalho de responder às outras cartas.

Para continuar minha busca, recorri aos Estados Unidos. Em junho de 2009, fui convidado para ir a Washington dar meu depoimento à Comissão Helsinque dos Estados Unidos, uma agência governamental independente cuja missão é monitorar a situação dos direitos humanos em países do antigo bloco soviético. À época, a agência era presidida pelo senador democrata Ben Cardin, de Maryland, que estava em seu primeiro mandato. O objetivo da audiência era decidir quais casos seriam levados ao presidente Obama visando à montagem da pauta de uma iminente reunião de cúpula com o presidente Medvedev.

Foi a primeira oportunidade que tive de expor o caso a um grupo tão proeminente no cenário político americano. Fiz minha apresentação e os senadores e congressistas se mostraram devidamente chocados com a provação de Sergei. Infelizmente, um membro da equipe de assessores da Comissão Helsinque, um jovem chamado Kyle Parker, decidiu não incluir a história de Sergei na carta enviada ao presidente Obama por achar que havia muitas outras questões mais urgentes.

Depois disso, cheguei à conclusão de que o que mais precisávamos para conseguir algum progresso efetivo era atrair a atenção da mídia. Apenas cerca de meia dúzia de artigos sobre Sergei tinham sido publicados, e todos eles pouco depois de sua prisão. Por mais que eu tentasse, os jornalistas simplesmente não se interessavam. Com a profusão de coisas ruins acontecendo na Rússia, os profissionais da imprensa não viam valor jornalístico numa matéria sobre um advogado preso. Repórteres pareciam enfadar-se toda vez que eu tentava explicar os detalhes complicados do caso.

Eu já havia esgotado minha lista inteira de correspondentes na Rússia quando ouvi falar em um jovem repórter do *The Washington Post* chamado Philip Pan. Ao contrário dos outros, ele era novo em Moscou e não estava acomodado. Ele imediatamente percebeu o potencial de repercussão da história de Sergei.

Do início de julho até agosto de 2009, Pan entrevistou membros da nossa equipe, verificou nossos documentos e tentou ao máximo obter respostas das autoridades russas. No início de agosto, Pan escreveu uma matéria denunciando a ocorrência de crimes. Em 13 de agosto, o *The Washington Post* publicou-a com o título "Três advogados perseguidos por descobrir roubo de empresas". A reportagem acusava o governo russo de cometer uma grande fraude financeira e explicava como as autoridades, com o objetivo de acobertar o crime, perseguiram Sergei, Eduard e Vladimir.

Normalmente, uma denúncia de corrupção como essa causaria um intenso alvoroço, mas nesse caso só houve silêncio. Os russos pareciam totalmente indiferentes e impassíveis. Pior: a imprensa russa não repercutiu a matéria. Parecia que os jornalistas russos tinham muito medo de escrever qualquer coisa que tivesse a ver comigo. Eu simplesmente era radioativo demais.

Mais ou menos na mesma época da publicação da reportagem pelo *The Washington Post*, Sabine Leutheusser-Schnarrenberger divulgou seu relatório. Como Pan, ela detalhou uma a uma todas as mentiras das autoridades russas, a fraude da restituição de impostos, a detenção forjada de Sergei e os maus-tratos que sofrera quando estava preso. Sua conclusão: "É impossível não suspeitar que esses ataques orquestrados provavelmente foram apoiados por autoridades do alto escalão, que parecem tirar proveito das fragilidades estruturais do sistema de justiça da Federação Russa."

Apesar de definitivo e incriminador, o relatório também não teve impacto algum. Os russos o receberam com silêncio ensurdecedor. As pessoas que martirizavam Sergei simplesmente não se importavam.

Realizamos então um debate interno sobre os nossos próximos passos. Não estávamos chegando a lugar nenhum com as ferramentas de advocacia tradicionais e já andávamos sem novas ideias. Foi quando nossa secretária de 24 anos apareceu à porta da minha sala e disse:

— Desculpem-me a interrupção, mas foi impossível não ouvir a conversa. Vocês já pensaram em fazer um vídeo e colocá-lo no YouTube?

Eu mal sabia o que era o YouTube em 2009, então ela trouxe o laptop e nos mostrou como funcionava. Dada a ineficácia de outras medidas, parecia uma tentativa válida. Organizamos as informações de que dispúnhamos sobre a fraude, escrevemos um roteiro e produzimos um vídeo de catorze minutos que explicava em termos simples como a polícia e os criminosos conseguiram roubar 230 milhões de dólares do Tesouro russo e como haviam prendido Sergei quando ele descobriu os detalhes do crime. Fizemos duas versões, uma em russo e outra em inglês. Era mais claro e fácil de entender do que qualquer outra apresentação que já havíamos criado, e eu achei que causaria grande impacto.

Eu gostaria de colocar o vídeo no ar o mais rápido possível, mas antes precisava da aprovação de Sergei, já que ele era a pessoa mais vulnerável a eventuais repercussões. Passei uma cópia do roteiro para seus advogados e aguardei ansiosamente o sinal verde.

No entanto, Sergei andava ocupado com assuntos muito mais urgentes.

No verão de 2009, a saúde de Sergei já se encontrava gravemente deteriorada. Os médicos da enfermaria do presídio Matrosskaya Tishina diagnosticaram pancreatite, cálculo biliar e colecistite, e solicitaram um exame de ultrassonografia e possível cirurgia para o dia 1º de agosto de 2009.

No entanto, uma semana antes da data marcada para o exame, o major Silchenko tomou a decisão de transferir Sergei para Butyrka, uma prisão de segurança máxima que, durante o regime soviético, havia sido usada como parada intermediária no caminho dos prisioneiros para os *gulags*. Todos na Rússia sabiam que se tratava de um lugar abominável. Mal comparando, era como a prisão de Alcatraz, só que pior. Para Sergei em especial, o mais grave era o fato de não haver serviço médico capacitado para tratar sua doença.

O sofrimento imposto a Sergei em Butyrka caberia perfeitamente nas páginas de *Arquipélago Gulag*, de Alexander Soljenítsin. Em 25 de julho, assim que atravessou a porta do centro de detenção, Sergei solicitou às autoridades que providenciassem o tratamento médico que deveria receber, mas eles simplesmente o ignoraram. Por várias semanas, ele definhou na cela, a dor aumentando implacavelmente a cada dia.

Em 24 de agosto, às quatro da tarde, a dor no estômago se tornou tão aguda que ele não conseguia se deitar. Não importava a posição, sentia queimações lancinantes no plexo solar e no peito. Só tinha algum alívio quando abraçava os joelhos com os braços, enrolado como se fosse uma bola, e ficava balançando de um lado para outro.

Às 17h30, ao voltar de um interrogatório, Erik, seu companheiro de cela, encontrou Sergei na cama, dobrado como um novelo, choramingando baixinho. Erik perguntou-lhe o que havia de errado, mas Sergei, consumido pela dor, não conseguiu responder. Erik gritou pedindo que trouxessem um médico. O guarda o ouviu e prometeu chamar um, mas nada aconteceu. Meia hora depois, ele tornou a bater nas grades para chamar a atenção do carcereiro, mas novamente não houve resposta.

Uma hora depois, Erik ouviu vozes de homens por perto.

— Qual cela?

— Dois meia sete! Por favor, venham já! — gritou ele.

Ninguém foi.

A dor de Sergei ficou ainda mais excruciante nas horas seguintes. Ele estava com os braços tensamente apertados em torno do corpo, lágrimas escorrendo pelo rosto, quando, finalmente, às 21h30, dois guardas apareceram, abriram a porta da cela e o levaram para a enfermaria.

Ao chegar, o fizeram esperar por meia hora enquanto a enfermeira cuidava lentamente de uma papelada. Ele se manteve totalmente encurvado, com os joelhos colados no peito para aliviar a dor. Quando a enfermeira finalmente concluiu o que estava fazendo, rosnou em tom acusatório:

— Certo. Por que você está aqui?

Tremendo, Sergei respondeu lentamente entre os dentes cerrados:

— Estou sentindo dores insuportáveis. Pedi várias vezes, mas não fui examinado por nenhum médico desde que cheguei, no mês passado.

A enfermeira estava visivelmente irritada.

— O que você quer dizer com "não foi examinado"? Você foi examinado no centro de detenção onde estava antes!

— Sim, e eles receitaram tratamento e cirurgia. Mas aqui nada aconteceu.

— Quando você chegou aqui? Faz só um mês! E o que você quer? Ser tratado todos os meses? Você deveria ter se tratado quando estava livre.

— Eu não estava doente quando estava livre. Fiquei doente na cadeia.

— Não me venha com essas histórias da carochinha.

Ela então o mandou embora sem ministrar nenhum cuidado. Suas palavras finais foram:

— Se você precisa de cuidados médicos, escreva outra carta para o médico.

Os guardas o levaram de volta para a cela. Depois de um tempo, ele acabou caindo em um sono intermitente.

Era evidente que as autoridades estavam propositadamente negando atendimento médico a Sergei e usando aquelas enfermidades como instrumento de tortura. Sabiam que a dor provocada por cálculo biliar é uma das mais insuportáveis que existem. No Ocidente, se você aparecer diante de um médico com esses sintomas — e normalmente depois de duas horas você já estaria rastejando —, vai receber imediatamente uma dose de morfina antes de qualquer outro tratamento. Sergei, contudo, teve que conviver com cálculos biliares por *quatro meses* sem nenhum analgésico. É simplesmente inimaginável o que ele precisou aguentar.

Sergei e seus advogados escreveram e protocolaram mais de vinte petições em todos os órgãos dos sistemas penal, policial e judicial da Rússia, clamando desesperadamente por cuidados médicos. A maioria dessas petições foi ignorada, mas algumas das respostas que lhes chegaram eram chocantes.

O major Oleg Silchenko escreveu: "Nego em sua totalidade a solicitação de exames médicos."

Um juiz do Tribunal Distrital de Tverskoi, Aleksey Krivoruchko, respondeu: "Indefiro sua petição para análise de suas queixas sobre falta de cuidado médico e tratamento cruel."

O procurador Andrei Pechegim respondeu: "Não há motivos para intervenção da procuradoria."

A juíza Yelena Stashina, uma das que decretaram antes que Sergei deveria continuar preso, disse: "Promulgo que é irrelevante sua petição para que sejam analisados os registros médicos e as condições prisionais."

Enquanto ia sendo sistematicamente torturado, Sergei começou a receber visitas regulares de um homem que se recusava a se identificar ou a revelar a organização à qual pertencia. Toda vez que ele aparecia, os guardas arrastavam Sergei para uma salinha abafada, sem janelas. Os encontros eram breves porque o misterioso sujeito tinha apenas um recado:

— Faça o que queremos ou as coisas continuarão a piorar cada vez mais para você.

Em todos os encontros, Sergei ficava encarando o homem do outro lado da mesa, se recusando a fazer o que lhe era pedido.

Ninguém sabe quanto sofrimento é capaz de aguentar até que seja forçado a aguentá-lo. Não sei como eu teria enfrentado essa situação e provavelmente Sergei tampouco sabia até se ver naquela conjuntura. No entanto, a cada novo episódio, por pior que fosse, ele se recusava a perjurar. Homem religioso, não violaria jamais o nono mandamento: "Não prestarás falso testemunho." Em hipótese alguma ele confessaria ser culpado de um crime que não cometeu e tampouco me implicaria, faltando com a verdade. Aparentemente isso teria sido mais tóxico e doloroso para Sergei do que qualquer tortura física.

Eis um homem inocente, privado de qualquer contato com seus entes queridos, enganado pela justiça, repelido pela burocracia, torturado na masmorra, doente e adoecendo cada vez mais. Mesmo nessas condições absolutamente lúgubres, quando tinha todas as justificativas possíveis para entregar a seus algozes o que queriam, ele não cedeu. Apesar de perder a liberdade, a saúde, a sanidade e possivelmente a própria vida, ele não abriria mão de seus ideais ou de sua fé.

Ele não cederia.

30
16 DE NOVEMBRO DE 2009

Enquanto Sergei enfrentava esse pesadelo, eu vivia num estado de atordoamento permanente. As manhãs de sábado eram as piores. Acordava e me virava para olhar Elena em nossa confortável cama de casal. Além da cama, havia uma janela e mais além havia Londres. Eu era livre, amado e cercado de conforto. Ainda podia tocar e sentir o significado do amor, coisa que Sergei agora só tinha na memória. Isso me deixava transtornado. Minha vontade de reconciliar o passado comunista da minha família com minhas ambições capitalistas havia me levado à Rússia, mas, ingenuamente, não imaginava que a realização desse desejo levaria alguém de quem eu gostava a ser preso e mantido como refém.

Naqueles dias, eu me levantava e me arrastava até o banheiro, abria a torneira e entrava debaixo do chuveiro. A água quente deveria ser purificadora, mas não era. A sujeira sobre a pele se esvaía livremente, mas a culpa me cobria da cabeça aos pés. Sergei só podia tomar banho uma vez por semana, no máximo, e às vezes tinha que esperar até três semanas. A água que caía sobre seu corpo era fria e o sabão, quando havia, era áspero. As celas eram nojentas e sua saúde fraquejava. Mais de uma vez tive acessos de náusea. Mesmo hoje não consigo entrar no banheiro sem pensar em Sergei.

De qualquer modo, eu tomava banho, e eu me levantava aos sábados, e eu amava minha família. E, quando recebia notícias ainda mais sombrias sobre o estado de Sergei, lutava com ainda mais força por ele. Sua situação se agravara muito.

Em outubro de 2009, voltei para Washington e Nova York para continuar a defendê-lo. Ninguém estava especialmente interessado no assunto, mas eu continuava tentando. De certa maneira, sentia a necessidade de tornar o drama de Sergei algo importante para o mundo todo. No entanto, por mais que quebrasse a cabeça, não conseguia ver como fazê-lo.

Até que uma noite, quando estava embarcando de volta para Londres em um voo noturno da British Airways, meu telefone tocou. Era Elena.

Atendi e, antes que ela dissesse qualquer coisa, perguntei:

— Meu amor, estou embarcando. Podemos falar depois?

— Não, não podemos. O Ministério do Interior russo acabou de anunciar uma indiciação oficial!

Saí da fila de embarque para dar passagem aos outros atrás de mim.

— Contra Sergei?

— Sim — respondeu ela. — E contra você. Agora vocês dois serão os alvos deles.

Esse panorama sempre esteve no horizonte, mas foi um choque ouvir aquelas palavras.

— Eles realmente vão levar isso adiante?

— Sim. E vão fazer um julgamento teatral no tribunal.

Eu me segurei um pouco e perguntei:

— E você tem alguma ideia do que acontecerá depois?

— Eduard acha que Sergei será condenado a seis anos e você também, *in absentia*. Ele disse que a Rússia vai emitir um alerta vermelho da Interpol para prender você e tentará sua extradição pelo Reino Unido.

Um alerta vermelho da Interpol é um mandado de prisão internacional. Se eu fosse objeto de um, poderia ser detido em qualquer entrada ou saída de país ao apresentar meu passaporte. Os russos poderiam então pedir minha extradição, que muito provavelmente seria concedida. Eu seria então levado para a Rússia e acabaria submetido ao mesmo tipo de provação que Sergei.

— Bill, precisamos soltar imediatamente um release para contradizer as mentiras deles.

— Ok.

A ideia de eu ser levado a julgamento me afetou fisicamente. Quando voltei a me juntar aos passageiros caminhando para o avião, estava tremendo.

— Vou escrever algo durante o voo e a gente dá uma olhada juntos assim que eu chegar.

— Faça um bom voo, meu amor. Te amo.
— Também te amo.

Achei meu assento, sentei-me e fiquei olhando para a frente, perdido em meus pensamentos. Sabia o que me aguardava: uma série de manchetes desagradáveis como "Browder e Magnitsky julgados por evasão fiscal" e "Rússia emitirá alerta vermelho da Interpol para prender Browder". Qualquer que fosse a nossa versão, só apareceria perdida no último parágrafo das matérias, que quase nunca é lido. Esse era, em resumo, o segredo da polícia russa: abusar de sua condição de órgão oficial para roubar e aterrorizar suas vítimas. Eles se escondiam atrás da muralha de legitimidade inerente ao seu status de órgão encarregado de manter a lei. A imprensa sempre apresentaria as declarações dos órgãos de segurança como se fossem verdade absoluta, porque na maioria dos países os órgãos de segurança não recorrem a mentiras descaradas. Esse seria um problema gigante para nós. Eu precisava pensar em um jeito de tornar público o que realmente acontecera.

O avião atingiu altitude de cruzeiro, as luzes foram apagadas e eu tentei me acomodar no assento. Estava olhando para o aviso luminoso de PROIBIDO FUMAR quando, de repente, me lembrei do vídeo que fizéramos para o YouTube. Sergei nos tinha dado o sinal verde apenas uma semana antes e o material estava pronto para ir ao ar. Pensei: *Por que soltar um release quando temos uma forma muito melhor de contar a história?*

No aeroporto de Londres, tomei um táxi direto para o escritório. Peguei na prateleira o disco rígido com o filme e o postei no YouTube. Dei-lhe o nome de "Hermitage expõe fraude da polícia russa". O vídeo logo se espalhou pela rede. No fim do primeiro dia, já tinha onze mil visualizações; depois de três dias, mais de vinte mil; depois de uma semana, mais de 47 mil. Para um vídeo a respeito de um crime complicado e um caso de abuso de direitos humanos, eram números consideráveis. Antes, eu tinha sido obrigado a ir de pessoa em pessoa para resumir o nosso caso, em uma série inesgotável de reuniões. Agora milhares de pessoas estavam descobrindo a história ao mesmo tempo.

Assim que o vídeo foi postado, comecei a receber ligações de amigos, colegas e conhecidos. Todos se manifestavam impressionados com o nível de sordidez da história. Já tinham ouvido falar na situação de Sergei, mas só vieram a entender direito o quadro quando viram o vídeo. Junto com essas ligações, houve outras de repórteres. O filme rapidamente se *tornou* a história. Pela primeira vez as pessoas compreenderam que o Ministério do Interior da Rússia não era uma organização policial respeitável, mas um bando de agentes públicos que abusavam de suas posições para cometer enormes fraudes financeiras. Graças ao vídeo, pudemos marcar posição e explicar a verdade sobre o que tinha acontecido, obrigando nossos inimigos a recuar.

Da sua cela, Sergei também estava bravamente tentando explicar a verdade mesmo depois de toda a tortura a que tinha sido submetido. Em 14 de outubro de 2009, ele protocolou um testemunho formal de doze páginas no Ministério do Interior em que detalhou ainda mais o papel dos agentes na fraude financeira e no subsequente acobertamento. Ele deu nomes, datas, locais e não deixou margem para dúvida alguma. Na conclusão, escreveu: "Acredito que todos os membros da equipe de investigação estão trabalhando para atender aos objetivos criminosos de alguém."

O documento era excepcional. Sergei mostrou coragem incrível por tê-lo apresentado às autoridades. É difícil descrever para alguém que não conhece a Rússia quão perigosa era aquela atitude. Naquele país, pessoas volta e meia eram assassinadas por muito menos. O fato de ele o fazer da cadeia, onde estava à mercê das pessoas que o haviam jogado lá e contra quem testemunhara, apenas reafirma como estava determinado a tornar pública a podridão dos órgãos de segurança russos e a enquadrar seus algozes.

No meio disso tudo, eu havia aceitado dar uma palestra em Stanford sobre os riscos de investir na Rússia. Decidi levar comigo meu filho David, à época com doze anos. Ele nunca estivera antes na universidade onde me formei; em meio a tantas coisas ruins acontecendo, achei que seria válido lhe mostrar um dos lugares onde eu tinha passado alguns dos momentos mais felizes da minha vida.

Pegamos o avião para São Francisco e tentei varrer da mente tudo que estava se passando na Rússia, mas não importava em qual fuso horário eu estivesse, a situação de Sergei me perseguia em todos os lugares, me enchendo de culpa e tristeza. Só havia um remédio para me curar desse sentimento: ele ser libertado.

Dei minha palestra um dia depois de chegarmos. Contei à plateia minha trajetória de negócios na Rússia, culminando com os acontecimentos que tinham consumido minhas energias no último ano. Também exibi o vídeo do Hermitage postado no YouTube, que fez brotarem algumas lágrimas isoladas.

Quando David e eu saímos do auditório da palestra para o calor ameno da Califórnia, me senti um pouco melhor. Embora o vídeo tivesse sido visto dezenas de milhares de vezes na internet, eu até então não tivera a oportunidade de interagir pessoalmente com quem assistia. Compartilhar a história de Sergei com um auditório cheio e poder perceber o estarrecimento gravado no rosto e na voz das pessoas fez com que me sentisse menos sozinho nessa luta.

Mais tarde, enquanto David e eu caminhávamos pelo campus, meu telefone tocou. Era Vladimir, e seu tom de voz não era nada bom.

— Bill, acabou de acontecer uma coisa horrível.

— O que é?

— Recebi agora mesmo uma mensagem no BlackBerry. Está escrita em russo. Diz o seguinte: "O que é pior? Prisão ou morte?"

Comecei a andar de um lado para outro.

— Era dirigida a você?

— Não sei.

— Pode ser dirigida a mim, a Vadim... Sergei?

— Não sei. Talvez.

— De quem é?

— Não dá para saber.

— Como eles conseguiram esse número? Ninguém tem o número do seu BlackBerry.

— Não sei, Bill.

David olhou para mim, preocupado. Parei de andar e tentei tranquilizá-lo com um sorriso fraco.

— Podemos rastrear a mensagem? Descobrir quem mandou?

— Talvez. Vou tentar. Ligo para você assim que souber de alguma coisa.

— Obrigado.

Qualquer sentimento positivo que eu tivesse se evaporou naquela ligação de um minuto. A viagem de volta para Londres foi longa e triste. Eu não sabia o que pensar daquela ameaça, a quem era dirigida e o que fazer a respeito. Parecia séria e era extremamente preocupante.

Dias depois, Vladimir recebeu uma segunda mensagem de texto, também em russo: "Trens, trens atravessando a noite, trens, trens que nunca param." Vladimir explicou que era um verso de um famoso poema de prisioneiros russos, aludindo a trens lotados cruzando os Urais, levando gente, como se fosse gado, para morrer nos *gulags*.

Poucos dias depois, recebi uma ligação inesperada de um velho cliente chamado Philip Fulton, que era meu amigo e confidente desde os tempos da Gazprom. Ele e a esposa estavam em Londres e queriam ver Elena e as crianças. Nós nos reunimos para um agradável brunch no restaurante do quinto andar da Harvey Nichols e, por algumas horas, consegui deixar de lado minhas preocupações. Philip e a esposa brincaram carinhosamente com nossos filhos pequenos e aproveitamos muito a visita deles. Detesto admitir, mas por um tempo me senti bem. Eu sabia que nossos problemas não desapareceriam, mas também sabia que era aceitável — talvez até preferível — esquecê-los por alguns instantes e fingir que tinha uma vida normal.

No entanto, quando estávamos deixando o restaurante, Vladimir tornou a ligar.

— Chegou mais uma mensagem, Bill.

— O que é?

— É uma citação de *O Poderoso Chefão*. "A história nos ensinou que qualquer um pode ser morto."

Fiquei parado um segundo.

— Puta que pariu! — exclamei, minhas mãos começando a tremer.

Desligamos.

Eu estava totalmente aterrorizado. Na manhã seguinte, bem cedo, peguei as três mensagens do BlackBerry de Vladimir e a hora em que foram recebidas e registrei a ocorrência no SO15, a unidade de antiterrorismo da Scotland Yard, que designou uma equipe de investigadores para entrevistar a mim e Vladimir e rastrear as mensagens. Todas tiveram origem em um número não registrado na Rússia, o que era bem estranho. Steven Beck, nosso assessor de segurança, nos disse mais tarde que, na Rússia, só membros da FSB têm acesso a números não registrados.

Estava marcada para o dia 12 de novembro, quinta-feira, mais uma audiência com Sergei a respeito de sua detenção. A jornada para o tribunal nunca era direta. Normalmente começava às cinco da manhã, quando os guardas arrancavam os prisioneiros das celas e os conduziam até o veículo que faria o transporte. Cerca de vinte prisioneiros eram jogados dentro de uma van com capacidade para metade desse número. O carro ainda ficava parado por algumas horas no estacionamento enquanto um funcionário administrativo preenchia a papelada no escritório do centro de detenção. Não foi diferente dessa vez: Sergei e os demais prisioneiros permaneceram no veículo, em pé, amontoados, sem acesso a água, comida, ar fresco e sem poder ir ao banheiro. O mesmo roteiro se repetiria no fim do dia no tribunal, e os presos só voltavam para suas camas depois da meia-noite. Durante o dia, não recebiam nenhuma alimentação e não era incomum passarem 36 horas sem comer nada. No fundo, a ida ao tribunal em si já era uma forma de tortura destinada a quebrar e desmoralizar os prisioneiros enquanto lutavam — sem qualquer chance de vencer — para serem absolvidos.

Naquele dia, Sergei chegou ao tribunal no meio da manhã e foi deixado em um corredor acorrentado a um radiador. Quando estava ali sentado, examinando as petições que preparara ao longo das duas semanas anteriores, Silchenko apareceu e disse com um sorriso cínico:

— Entreguei à corte os documentos que você tem pedido.

Sergei havia requisitado vários documentos relativos ao seu caso em cinco ocasiões ao longo das seis semanas anteriores. Ele precisava deles para montar uma boa defesa, mas agora, faltando apenas dez minutos para o início da audiência, Silchenko os colocara nos autos, de modo que Sergei não conseguiria examiná-los antes do início da sessão. Quando ele ainda estava processando a notícia, os guardas o desacorrentaram, o levaram para a sala do tribunal e o colocaram dentro da cela reservada aos réus.

Ao se sentar, Sergei viu a mãe e a tia na primeira fileira da área reservada ao público, acenou para elas de maneira contida e tentou fazer cara de que estava aguentando firme.

A juíza, Yelena Stashina, deu início à sessão. Sergei começou lendo sua petição por não estar recebendo cuidados médicos adequados. A juíza Stashina indeferiu. Ele então leu a petição sobre as provas forjadas que foram incluídas no seu processo. A juíza indeferiu também. Quando Sergei começou a ler a petição relativa à sua falsa prisão, Stashina o interrompeu no meio da frase e a indeferiu também. No total, ela indeferiu mais de dez petições de Sergei. Depois, ele pediu mais tempo para analisar os "novos documentos" que Silchenko trouxera para o tribunal, mas a juíza mandou que se calasse.

No entanto, Sergei não se calou. Ele se levantou dentro da cela e, com voz tonitruante que contrastava com sua saúde debilitada, acusou-a de violar a lei e seus direitos. Terminou seu discurso com as seguintes palavras:

— Me recuso a fazer parte desta audiência e a ouvir suas decisões porque todas as minhas petições destinadas a preservar meus direitos foram simplesmente ignoradas por este tribunal.

Ele se sentou e ficou de costas para a juíza, mas a audiência continuou mesmo assim. A juíza Stashina não se abalou. Ela tratou de algumas questões técnicas e no fim prorrogou friamente a detenção de Sergei. A audiência terminou e os guardas foram buscá-lo na cela. Ele não conseguiu reunir forças para dirigir um sorriso a sua família enquanto o levavam embora.

Foi levado de volta para o corredor e acorrentado ao mesmo radiador. Nem advogado nem familiares foram autorizados a vê-lo naquela noite. Sua mãe e sua tia ficaram horas do lado de fora, no frio, esperando a van que o levaria de volta a Butyrka passar para que pudessem tentar acenar para ele e lhe dizer que o amavam. Às nove da noite a van ainda não tinha chegado, e elas, consumidas pelo frio, pelo desespero e pela tristeza, desistiram e foram para casa.

Eu soube disso tudo na manhã seguinte. Quando contei a Elena, ela ficou aflita.

— Não estou gostando disso, Bill. Não estou gostando nem um pouco disso.

Concordei.

— Precisamos arranjar alguém que entre no centro de detenção de Butyrka — insistiu ela. — Alguém precisa visitar Sergei. E tem que ser hoje.

Ninguém podia. Seu advogado, a única pessoa autorizada a vê-lo, tinha viajado e só voltaria na segunda-feira.

À 0h15 senti meu BlackBerry vibrar; era o aviso de mensagem de voz. Ninguém ligava para mim no BlackBerry, ninguém tinha aquele número. Olhei para Elena e liguei para o correio de voz. Havia apenas uma mensagem: os sons de um homem levando uma surra horrenda, gritando e implorando. A gravação tinha dois minutos e terminava bruscamente no meio de um choro forte. Passei o celular para Elena ouvir a mensagem. Depois disso, ficamos sentados na cama, sem conseguir dormir, considerando todo tipo de hipótese horripilante.

Assim que o sol nasceu, liguei para todo mundo que conhecia. Estavam todos bem. A única pessoa para quem eu não podia ligar era Sergei.

Na segunda-feira, 16 de novembro de 2009, Dmitri, o advogado de Sergei, foi a Butyrka para vê-lo, mas os agentes informaram que eles não poderiam trazer Sergei porque ele estava "indisposto demais para deixar a cela". Quando requisitou o prontuário médico de Sergei, mandaram-lhe falar com Silchenko. Ele ligou e pediu uma cópia, mas Silchenko respondeu que o prontuário era "questão interna da investigação" e se recusou a dar mais detalhes a Dmitri.

Eles estavam propositadamente obstruindo o caminho de Dmitri. O estado de Sergei era muito mais grave do que simplesmente "indisposto". Depois de meses sofrendo de pancreatite, cálculo biliar e colecistite não tratados, o corpo de Sergei sucumbira e ele agora estava em estado crítico. Embora os agentes prisionais de Butyrka já tivessem rejeitado seus inúmeros pedidos de atendimento médico, naquele dia eles finalmente o mandaram para o centro médico do presídio Matrosskaya Tishina para receber cuidados emergenciais.

Quando chegou, no entanto, em vez de ser levado para a ala médica, foi jogado em uma solitária e algemado à barra de uma cama. Ali, recebeu a visita de oito guardas fortemente paramentados. Sergei exigiu que o comandante ligasse para seu advogado e para o procurador.

— Estou aqui porque descobri e expus o roubo de 5,4 bilhões de rublos de cofres públicos perpetrado por agentes dos órgãos de segurança — disse Sergei.

Os guardas não estavam lá para ajudá-lo e sim para bater nele. Foi o que fizeram. Deram-lhe uma surra desumana com seus cassetetes de borracha.

Uma hora e dezoito minutos depois, um médico chegou e encontrou Sergei Magnitsky morto no chão.

Sua esposa nunca mais ouviria sua voz, sua mãe nunca mais veria seu sorriso fácil, seus filhos nunca mais sentiriam o aperto de suas mãos macias.

"Manter-me encarcerado não atende em nada aos propósitos legais de uma prisão. É apenas uma punição, imposta meramente devido ao fato de eu ter defendido os interesses do meu cliente e os interesses do Estado russo", escrevera Sergei em seu diário na prisão.

Sergei Magnitsky foi morto por seus ideais. Foi morto porque acreditava na lei. Foi morto porque amava seu povo e porque amava a Rússia. Tinha 37 anos de idade.

31
O MÉTODO KATYN

Em abril de 1940, no começo da Segunda Guerra Mundial, um oficial soviético da NKVD[8] estacionado na Bielorrússia chamado Vasili Mikhailovich Blokhin foi escalado para a tarefa de executar a maior quantidade possível de prisioneiros de guerra poloneses que conseguisse. Para executar a missão de modo eficaz e sem chamar a atenção dos prisioneiros para o destino que teriam, ele mandou construir um pequeno barracão no campo de prisioneiros de guerra. A construção tinha uma porta de entrada e uma porta de saída e era cercada por sacos de areia. Prisioneiros eram levados para dentro do barracão e obrigados a ajoelhar. Blokhin então apontava a pistola para a parte de trás da cabeça da vítima e puxava o gatilho. O corpo era arrastado para fora pela porta de saída e colocado em um caminhão. Quando ficava cheio, o veículo era levado para uma floresta, onde os cadáveres eram lançados em uma cova coletiva.

Blokhin era bom no que fazia. Notívago, trabalhava incansavelmente desde o pôr do sol até o amanhecer. No início da missão, ele usava o revólver-padrão do Exército soviético, mas depois mudou para uma Walther PPK de fabricação alemã. Essa arma tinha menos recuo e não machucava tanto a mão. Em 28 dias, dentre os quais só tirou folga nos feriados de maio, ele assassinou cerca de sete mil prisioneiros poloneses. Carrasco prolífico, ele era, contudo, apenas um na ampla campanha soviética dirigida por Stálin que levou ao massacre de 22 mil soldados e oficiais poloneses. A grande maioria desses homens foi morta na floresta de Katyn.

---

[8] A precursora da KGB e da FSB.

Quando a guerra acabou e as covas coletivas foram descobertas, os soviéticos acusaram os alemães de serem os responsáveis pela atrocidade. O mundo sabia dos crimes terríveis e inimagináveis cometidos pelos alemães durante a guerra, de maneira que essa mentira era totalmente plausível. Para sustentá-la, os soviéticos forjaram provas, apresentaram relatórios oficiais e repetiram suas acusações tantas vezes e em tantos lugares, inclusive no famoso Tribunal de Nuremberg, que sua versão dos fatos se tornou inquestionável. Somente décadas mais tarde, no início dos anos 1990, quando a União Soviética estava prestes a desmoronar e não tinha mais condições para manter o acobertamento, os soviéticos admitiram a verdade do que acontecera na floresta de Katyn.

Seria de esperar que, no acender das luzes do século XXI, o governo russo não mais repetisse esse tipo de comportamento. Entretanto, ao assumir o poder em 2000, Vladimir Putin, em vez de desmontar essa máquina de mentiras, armações e falsidades, modificou-a e a tornou ainda mais poderosa.

O assassinato de Sergei Magnitsky se tornaria o exemplo central dessa política, e nós tínhamos a oportunidade única de ver em detalhes como funcionava cada polia e pistão dessa engrenagem.

Na madrugada de 17 de novembro de 2009, horas antes de o sol nascer, a mãe de Sergei, Natalia, fez sua viagem semanal ao centro de detenção Butyrka a fim de lhe entregar uma remessa contendo alimentos e remédios para o filho. Às 5h30, juntou-se a um grupo de parentes de outros prisioneiros em uma pequena entrada lateral. Chegaram cedo porque a prisão só aceitava receber encomendas para prisioneiros entre as nove e as onze da manhã das terças-feiras. Se Natalia perdesse aquela janela de horário, teria que esperar até a semana seguinte. Como a maioria dos detentos não podia viver sem essas remessas, Natalia nunca se atrasava.

A fila andava devagar naquela manhã. Natalia se acotovelava junto com os mais ou menos cinquenta outros parentes de detentos no estreito e úmido corredor que levava ao balcão onde duas agentes penitenciárias recebiam os pacotes. Às 9h40 finalmente chegou sua vez. Ela entregou à agente um formulário contendo a lista dos itens que estava levando.

A mulher examinou o formulário e balançou a cabeça com arrogância.

— Esse prisioneiro não está mais nesta unidade. Ele foi transferido para Matrosskaya Tishina ontem à noite.

— Para o hospital de lá? — perguntou Natalia, nervosa.

Dada a aparência debilitada de Sergei na audiência no tribunal alguns dias antes, ela estava preocupada com seu estado de saúde e torcia para que ele não tivesse sofrido algum tipo de emergência médica.

— Não sei — respondeu a agente, com severidade.

Natalia enfiou o pacote embaixo do braço e foi embora correndo. Pegou o metrô e chegou ao balcão de recebimento de pacotes do presídio Matrosskaya Tishina às 10h30. Por sorte, havia apenas três pessoas na fila. Quando chegou ao balcão, ela disse à atendente:

— Fui informada de que meu filho, Sergei Magnitsky, está aqui.

Sem olhar para o livro de registros ou digitar o nome dele em um computador, a agente respondeu:

— Sim, ele foi transferido para cá ontem à noite em péssimo estado.

Natalia entrou em pânico.

— Ele está bem? O que aconteceu com ele?

A atendente levou alguns segundos para responder.

— Creio que não. Ele morreu às nove horas da noite de ontem.

Natalia emitiu um grito agudo.

— Q-quê? O que aconteceu?

— Morreu de necrose pancreática, ruptura da membrana abdominal e síndrome do choque tóxico — disse a agente, sem alterar o tom de voz. — Sinto muito por sua perda.

Natalia começou a tremer, mas não conseguia mexer os pés. Ao ouvir a notícia, procurou se apoiar no balcão. Tinha os olhos cheios de lágrimas.

— Senhora, por favor, afaste-se para o lado. Preciso atender a próxima pessoa da fila — disse a agente, com frieza.

Natalia não conseguia nem mesmo olhar para ela.

— Você precisa se afastar — repetiu a mulher, apontando para uma cadeira de plástico duro encostada na parede.

Natalia seguiu na direção indicada e se arrastou até a cadeira, as outras pessoas observando, sem saber direito o que fazer.

Natalia então desabou na cadeira e caiu no choro. Após alguns minutos, se recompôs apenas o suficiente para ligar para o advogado, Dmitri, cujo escritório ficava ali perto. Quando ele chegou, quinze minutos depois, Natalia já não estava mais em condições de falar. Ele tomou o controle da situação e pediu para falar com o médico plantonista. Passaram-se alguns minutos até que apareceu um homem de jaleco, que repetiu a causa da morte e informou que o corpo de Sergei havia sido transferido para o necrotério nº 11. Se quisessem saber mais alguma coisa, deveriam ir até lá.

Naquela manhã, meu telefone tocou às 7h45, 10h45 no horário de Moscou. Atendi e era Eduard, falando muito rápido em russo. Passei o fone para Elena. Ela ouviu, sua respiração ficou ofegante, seus olhos se encheram de lágrimas, e então começou a gritar. Não em russo, não em inglês, mas um urro primal. Nunca tinha ouvido ninguém emitir um som como aquele.

Quando ela me contou que Sergei tinha morrido, pulei da cama e fiquei andando em círculos como um animal enjaulado.

Essa morte estava tão além do que eu poderia esperar nos meus piores pesadelos que simplesmente não tinha ideia de como lidar com isso. A dor que senti era física, como se alguém estivesse enfiando uma faca na minha barriga.

Depois de alguns minutos respirando com dificuldade, andando de um lado para outro e tentando reprimir as lágrimas, me recompus o suficiente para fazer algumas ligações. A primeira foi para Vladimir. Ele sempre sabia o que fazer, o que dizer, quem procurar, mas não daquela vez. Depois que lhe dei a notícia, só ouvi silêncio do outro lado da linha. Ele não tinha nada a dizer. Passados alguns segundos, falou num sussurro quase inaudível:

— Bill, isso é terrível.

Sem tomar banho, vesti calça e camisa, corri para a porta, saí e peguei um táxi para o escritório. Fui o primeiro a chegar, mas, em vinte minutos, toda a equipe já estava lá, descabelada, desgrenhada e consternada.

Nas grandes crises, o que é feito nas primeiras horas define tudo o que acontecerá depois. Rapidamente rascunhamos um release em inglês e em russo. Incluímos um documento de quarenta páginas escrito a mão que Sergei preparara detalhando sua tortura, a privação de cuidados médicos e a intensa provação à qual as autoridades prisionais o haviam submetido. Apertamos o botão "enviar" torcendo e rezando para que dessa vez as pessoas se importassem.

E dessa vez todo mundo se importou.

A maioria dos principais jornais repercutiu a notícia e tentou obter por telefone comentários das autoridades russas. A assessora de imprensa do Ministério do Interior era uma loira roliça de pouco mais de quarenta anos chamada Irina Dudukina. Depois de receber as primeiras ligações, divulgou uma nota com a versão dos fatos pela ótica do Ministério do Interior. De acordo com ela, Sergei não tinha morrido de necrose pancreática e síndrome do choque tóxico, como a atendente na prisão informara, mas de "insuficiência cardíaca, sem sinais de violência".

Mais tarde naquele mesmo dia, Dudukina foi ainda mais longe, postando no site do Ministério do Interior uma declaração oficial: "Não há nenhuma petição de Magnitsky concernente à sua saúde nos autos do seu processo criminal (...) Sua morte foi um choque para os investigadores."

Era uma mentira deslavada. Não apenas havia muitas petições em seu processo, como também havia recusas específicas do major Silchenko e outros oficiais graduados negando-lhe qualquer cuidado médico.

Dudukina também mentiu quanto à hora e ao local da morte de Sergei. Ela afirmou que Sergei tinha morrido às 21h50 em uma cama da enfermaria do presídio Matrosskaya Tishina enquanto os médicos tentavam ressuscitá-lo. Isso contradizia totalmente o médico civil, o primeiro a chegar à cena, que afirmara que Sergei morrera por volta das nove da noite no chão de uma solitária.

Eu não conhecia a mãe nem a esposa de Sergei. Meu contato sempre fora diretamente com ele ou, depois de sua prisão, com seu advogado, mas agora sua família e eu estávamos em vias de nos tornarmos intimamente ligados para sempre.

Fiz minha primeira ligação para a mãe dele, Natalia, em 17 de novembro. Vadim traduziu. Eu queria não apenas expressar minhas mais profundas condolências, como também lhe dizer que me sentia responsável pelo que acontecera ao filho dela e que ela não estava sozinha. Até hoje, considero essa conversa uma das mais difíceis que tive na vida. Natalia estava inconsolável. Sergei era seu único filho e significava tudo para ela. Sempre que começava a falar, ela caía no choro. Eu não tinha intenção de lhe causar ainda mais dor, mas queria que ela soubesse que assumiria o posto de Sergei e cuidaria dela e de sua família. Mais importante: precisava lhe dizer que eu faria o possível e o impossível para que as pessoas que torturaram e mataram Sergei fossem julgadas, e eu não descansaria até que isso acontecesse.

Infelizmente eu não poderia estar em Moscou para ajudá-las; a família de Sergei teria que enfrentar por conta própria as decorrências terríveis da sua morte. No dia seguinte, a família requisitou que um patologista independente acompanhasse a autópsia oficial, mas o procurador imediatamente negou o pedido:

— Todos os nossos patologistas são igualmente independentes.

Dois dias depois, Natalia pediu que o corpo de Sergei fosse liberado para que a família pudesse providenciar sua própria autópsia. Mas o pedido também foi negado, sob a justificativa de "não haver razão para colocar em dúvida a autópsia oficial".

Mais tarde naquele mesmo dia, Natalia foi ao necrotério nº 11. Ao chegar, foi informada de que o corpo de Sergei não estava guardado em uma unidade refrigerada porque o necrotério tinha cadáveres demais e o corpo entraria em decomposição se não fosse sepultado imediatamente. Quando Natalia perguntou se o corpo poderia ser liberado para a família a fim de realizarem uma cerimônia religiosa com caixão aberto, o servidor negou imediatamente: "O corpo será liberado apenas para o cemitério."

A família tinha que providenciar para que o enterro acontecesse no dia seguinte, e Natalia, a viúva e a tia de Sergei foram ao necrotério para entregar um terno escuro, uma camisa branca imaculada e uma gravata azul listrada. Esperavam poder ver Sergei uma última vez. O médico-legista concordou com relutância e as conduziu por uma escada para o andar abaixo e depois por um corredor até chegar a uma sala no subsolo. A sala era escura e tinha um acachapante e nauseante odor de formol e morte. Quinze minutos depois, o legista apareceu empurrando uma maca sobre a qual estava o corpo de Sergei e disse:

— Agora vocês podem dizer adeus.

Sergei estava coberto até o pescoço por um lençol branco. Natalia tinha uma vela que queria colocar entre os dedos dele para o enterro, seguindo a tradição ortodoxa. Quando puxou o lençol, ficou chocada ao ver ferimentos escuros nos nós dos dedos e lacerações profundas em seus pulsos. Diante daquela imagem, as três mulheres perderam o controle e desmoronaram. Beijaram a testa de Sergei, choraram e apertaram suas mãos feridas. Depois, entregaram as roupas ao legista e foram embora.

Em 20 de novembro de 2009, um caixão marrom de madeira emergiu do necrotério e foi colocado em uma van. A família a seguiu até o cemitério Preobrazhensky, na região nordeste de Moscou. Ao chegarem, os amigos de Sergei tiraram o caixão do carro funerário e o colocaram em um carrinho. Com muitos de seus amigos e familiares carregando grandes arranjos de flores, a procissão seguiu até a sepultura. O caixão foi deixado cuidadosamente ao lado da cova e sua tampa retirada e encostada na sua parede externa. Sergei estava perfeitamente vestido e coberto por uma mortalha de algodão que ia até o peito. Ele estava com uma cor boa. Embora todos ali pudessem ver marcas de violência em seus pulsos e nos nós dos dedos, Sergei parecia em paz, e foi assim que seria sepultado.

Familiares e amigos se despediram um a um, deixando rosas vermelhas a seus pés. Natalia e a viúva, Natasha, colocaram uma coroa de rosas brancas em torno de sua cabeça. Elas choraram e choraram e choraram. Depois, tornaram a colocar a tampa no caixão, que foi baixado à sepultura.

Praticamente no instante em que Sergei morreu, começaram a brotar sinais de acobertamento em todos os órgãos de segurança russos. Em 18 de novembro, a Agência Estatal de Investigações anunciou: "Não foram identificados fundamentos que justifiquem a abertura de uma investigação criminal sobre a morte de Magnitsky." Em 23 de novembro, três dias após o sepultamento, o gabinete do procurador-geral da Rússia divulgou uma nota afirmando que não encontrara "nenhum malfeito por parte de oficiais e nenhuma violação da lei. A morte foi decorrente de insuficiência cardíaca aguda". Finalmente, em 24 de novembro, o diretor do presídio Matrosskaya Tishina declarou: "Não foi detectado nenhum abuso. Todas as investigações sobre a morte de Magnitsky devem ser encerradas e seu caso, arquivado."

Mas o caso de Sergei não desapareceria assim, sem mais nem menos. Cada prisioneiro tem um jeito de lidar com o infortúnio de estar encarcerado; o de Sergei era escrever tudo. Em seus 358 dias preso, ele e seus advogados protocolaram 450 queixas documentando até os mínimos detalhes sobre quem fez o que com ele, quando, onde e como fizeram. Essas queixas somadas às provas que vieram à tona desde então fazem do assassinato de Sergei o mais bem documentado caso de abuso de direitos humanos conhecido na Rússia nos últimos 35 anos.

Na semana seguinte à morte de Sergei, sufoquei por completo minhas emoções. Tinha me esforçado ao máximo para conquistar algum tipo de justiça na Rússia, mas o coro ensaiado de negações era profundamente desanimador. Ao chegar em casa na noite de 25 de novembro, sentei-me à mesa de jantar com Elena, fechei os olhos e coloquei as mãos na cabeça. Tinha a esperança de que ela massagearia meu pescoço ou diria alguma coisa que faria tudo melhor, como tantas vezes já tinha feito. Mas naquele momento ela parecia estar distraída com outra coisa.

Levantei a cabeça e a vi lendo, absorta, um e-mail em seu BlackBerry.

— O que houve?

Ela ergueu a mão, indicando que eu deveria esperar, leu um pouco mais e finalmente disse:

— Medvedev acabou de convocar uma investigação da morte de Sergei!

— O *quê*?

— O presidente Medvedev vai abrir uma investigação!

— Sério?

— Sim. Aqui diz que ele foi informado sobre o caso por seu secretário de direitos humanos e que determinou ao procurador-geral e ao ministro da Justiça a abertura de um inquérito.

Meu celular tocou quase no mesmo instante em que Elena me contava a novidade. Era Vladimir.

— Bill, você viu a notícia de Medvedev?

— Sim, Elena e eu estamos lendo. O que você acha?

— Bill, você sabe que nunca acredito em nada do que essas pessoas dizem, mas... mal não vai fazer, não é?

— Suponho que não.

Embora nada fosse capaz de mudar o fato de Sergei estar morto, essa medida pelo menos indicava que poderia haver uma rachadura nas fundações que sustentavam o mal na Rússia. Talvez — apenas talvez — a Rússia não seguisse no caso de Sergei o método Katyn de mentir sobre tudo.

Duas semanas depois, no dia 11 de dezembro, a porta-voz de Medvedev anunciou que vinte agentes penitenciários seriam demitidos "em decorrência" da morte de Sergei. Quando ouvi isso, comecei a imaginar os torturadores de Sergei sendo presos em suas casas e jogados nas mesmas celas onde ele agonizou.

Infelizmente, horas depois naquele mesmo dia, Vadim se aproximou da minha mesa com olhar sombrio, trazendo consigo um punhado de papéis.

— O que é isso? — perguntei, sinalizando com o queixo para as folhas na mão dele.

— O nome dos agentes penitenciários demitidos. Dezenove deles não tiveram absolutamente nada a ver com Sergei. Alguns trabalhavam em prisões localizadas no outro lado do país, como em Vladivostok e Novosibirsk, a milhares de quilômetros de Moscou.

— *Algum* deles teve algum tipo de relação com ele?

— Um. Mas isso é balela. Claramente é uma cortina de fumaça.

Em oposição frontal às negativas e falsas demissões, a Comissão de Fiscalização Pública de Moscou (CFPM) reagiu divulgando um relatório no dia 28 de dezembro. A CFPM é uma organização não governamental com poderes para investigar violência e mortes suspeitas nas prisões de Moscou. Pouco depois da morte de Sergei, a comissão abriu sua própria investigação independente, dirigida por um homem incorruptível chamado Valery Borschev, que entrevistou guardas, médicos e detentos que tiveram alguma relação com Sergei. Além disso, ele e seu time leram as denúncias apresentadas por Sergei, bem como os prontuários oficiais escritos sobre ele. As conclusões do relatório eram definitivas: "cuidados médicos lhe foram sistematicamente negados"; "foi submetido a tortura física e psicológica"; "seu direito à vida foi violado pelo Estado"; "investigadores, procuradores e juízes contribuíram para as condições de tortura a ele impostas"; e, finalizando, "após sua morte, autoridades mentiram e esconderam a verdade sobre sua tortura e as circunstâncias do óbito".

Borschev entregou esse relatório a cinco diferentes órgãos governamentais, entre os quais a Presidência da República, o Ministério da Justiça e a Procuradoria Geral.

Nenhum deles respondeu.

Para as autoridades, não importava que a *Novaya Gazeta* tivesse publicado, sem cortes, os diários de prisão de Sergei na primeira página e que todo o país tivesse lido.

Não importava que o nome de Sergei tivesse sido mencionado em 1.148 matérias na Rússia e em 1.257 no Ocidente após sua morte.

Não importava que o assassinato de Sergei tivesse violado o pacto social aceito por toda a sociedade: se você não mexer com nada que é controverso — política, direitos humanos ou qualquer coisa que tivesse a ver com a Chechênia —, pode tocar sua vida tranquilo e saborear os frutos do regime autoritário.

As autoridades russas estavam tão preocupadas com o acobertamento que ignoraram os aspectos mais emotivos da história de Sergei. Ele era apenas um advogado tributarista de classe média que de manhã comprava seu café no Starbucks, amava sua família e fazia seu trabalho em paz na sua baia. Seu único azar foi tropeçar em um pesado esquema de corrupção governamental e, como verdadeiro patriota russo, denunciá-lo. Por causa disso, foi arrancado da sua vida normal, encarcerado nas mais abjetas masmorras do país e torturado até a morte de maneira lenta e sistemática.

Não importava que qualquer russo pudesse ter estado facilmente no lugar de Sergei.

Eu havia reprimido minha incredulidade e tinha esperança de que o governo da Rússia tivesse superado o método Katyn de divulgar mentiras de modo massivo. Mas a prática continuava viva. O mal não arrefecia, nem mesmo sob os holofotes da opinião pública.

Se quisesse obter alguma justiça pelo que fizeram com Sergei, eu teria que achar um meio de encontrá-la fora da Rússia.

32

A GUERRA DE KYLE PARKER

Como fazer justiça no Ocidente a partir de um caso de tortura e assassinato cometido na Rússia?

Já que o governo britânico se mostrara tão pouco eficaz, eu precisava ampliar meu escopo. Dada a minha história pessoal, o mais lógico seria recorrer aos Estados Unidos.

Em 2 de março de 2010 cheguei a Washington, onde faria várias reuniões que estavam agendadas. Fazia frio e garoava. Meu primeiro encontro foi com Jonathan Winer, um prestigiado criminalista internacional. Antes de abraçar a advocacia, Jonathan fora vice-secretário-assistente estadual de Narcóticos e Repressão ao Crime e fora também responsável pela política externa americana relativa a narcotraficantes e máfia russa. Ele era um sujeito eficaz, mas tinha fama de ser bem difícil.

Estive em seu escritório na manhã de 3 de março. Devido à sua reputação, eu esperava encontrar um sujeito alto, cheio de rugas, tipo um personagem interpretado por Clint Eastwood, mas, ao chegar ao escritório, achei que estava no lugar errado. Diante de mim estava um homem de meia-idade, de menos de 1,70 metro, calvície incipiente e um rosto estreito que lembrava um dos meus professores de economia favoritos da faculdade. Estava longe de se parecer com o super-herói acostumado a combater o crime que eu tinha imaginado.

Jonathan me levou até sua sala. Nós nos sentamos e ele educadamente pediu que lhe contasse a história inteira. Ouvindo com atenção, ele volta e meia rabiscava algumas frases em uma ficha, sem dizer nada. Só começou a falar depois que terminei; foi aí também que comecei a ver como ele conquistara o prestígio que tinha.

— Você já tratou disso na Comissão de Relações Exteriores do Senado? — questionou ele, em voz baixa e pronunciando bem as sílabas.

— Não. Deveria?

—Sim. Adicione-os à lista.

Ele assinalou ao lado de uma linha de sua ficha.

— E com a Comissão de Investigações da Câmara dos Representantes?

— Não. Quem são eles?

Eu estava começando a me sentir um incompetente.

— É uma comissão da Câmara dos Representantes com poderes praticamente ilimitados para fazer intimações e conseguir provas. Coloque-os na sua lista também. E a Comissão Helsinque dos Estados Unidos?

— Sim. Estarei com eles no meu último dia aqui em Washington.

Eu me senti um pouco melhor por não ter zerado a prova. Por alguma razão eu ansiava pela aprovação daquele sujeito, embora tivesse acabado de conhecê-lo.

— Bom. Eles são importantes. Quero ser informado sobre como foi a reunião.

Ele marcou mais uma linha de sua ficha.

— E o Departamento de Estado? Você pretende conversar com alguém de lá?

— Sim, amanhã. Com um tal de Kyle Scott. Ele é responsável pelo departamento da Rússia.

— Já é um começo. Eles só vão lhe dar alguém mais graduado depois, mas está bom por ora. É importante que você saiba bem o que dizer a Kyle Scott. — Jonathan fez uma pausa e arrematou: — Você tem algum plano?

A cada pergunta que ele fazia ficava mais claro que eu não tinha ideia do que estava fazendo.

— Bem, estava pensando em contar a ele o que aconteceu com Sergei — respondi, intimidado.

Jonathan sorriu condescendente, como se estivesse falando com uma criança.

— Bill, Scott vai ter na mesa dele um relatório da inteligência com todo tipo de informações sobre você e Sergei. Com os recursos do governo americano, ele provavelmente sabe mais sobre a sua história do que você mesmo. Do ponto de vista do Departamento de Estado, o objetivo principal dessa reunião é a redução de danos. Em outras palavras, eles tentarão definir se essa situação é suficientemente séria para forçar o governo a tomar uma atitude. O seu objetivo é mostrar a eles que é.

— Certo. Como faço isso?

— Depende do que você quer que eles façam.

— O que realmente desejo é que as pessoas que mataram Sergei sejam punidas de alguma forma.

Jonathan massageou o queixo por alguns segundos.

— Bem, se você quer mesmo atazanar a vida dos caras, eu pediria ao Departamento de Estado para aplicar a Resolução 7.750, que impõe restrições de visto de entrada no país a agentes públicos estrangeiros envolvidos em corrupção. Bush a promulgou em 2004. Os russos ficariam muitíssimo incomodados se fossem alvo de uma restrição como essa.

Foi uma ideia brilhante. Restrições à entrada no país seriam um golpe no que havia de mais caro aos escroques russos. Quando o regime comunista caiu, agentes públicos russos se espalharam pelo globo, lotando hotéis cinco estrelas de Monte Carlo a Beverly Hills, torrando dinheiro como se o mundo fosse acabar no dia seguinte. Se eu conseguisse convencer o governo americano a restringir suas viagens, a repercussão alcançaria a elite russa como um todo.

— O Departamento de Estado realmente faria isso? — perguntei.

Jonathan deu de ombros.

— Provavelmente não, mas vale a pena tentar. A 7.750 raramente é usada, mas existe, faz parte das regras. Será interessante ver como eles justificariam sua não aplicação, mesmo com as provas tão contundentes que você tem.

Levantei-me.

— Então vou fazer isso. Muito obrigado.

Saí do escritório de Jonathan me sentindo totalmente energizado. Eu ainda era um forasteiro em Washington, mas pelo menos tinha um plano — e um aliado.

Na manhã seguinte, fui ao Departamento de Estado, na C Street. O edifício despojado, de superfícies lisas e linhas retas, parecia mais um grande tijolo do que a sede da diplomacia americana. Após passar por meticulosa revista de segurança, fui cumprimentado pela secretária de Kyle Scott, que me conduziu por uma série de corredores pardacentos, seus saltos altos pretos dando marteladas ritmadas no piso de linóleo. Finalmente chegamos a uma porta com uma placa: "Departamento de Assuntos Russos".

Ela a abriu e ergueu levemente o braço:

— Por favor.

Entrei em um pequeno salão e ela me guiou até uma sala de canto:

— O sr. Scott logo virá atendê-lo.

Normalmente uma sala de canto é reservada para funcionários com posição hierárquica elevada, mas assim que me acomodei percebi que este era o único sinal de que Kyle Scott tinha algum status. O local era apertado e comportava apenas uma escrivaninha, um sofá de dois lugares, uma mesinha de centro e duas cadeiras. Sentei-me no sofá e esperei.

Após alguns minutos, Kyle entrou acompanhado por uma assistente.

— Olá, sr. Browder.

Ele tinha mais ou menos a minha idade e a minha altura, além de olhos castanhos próximos um do outro. Sua camisa branca, gravata vermelha e terno cinza seguiam o padrão dos burocratas do governo norte-americano.

— Muito obrigado por se reunir comigo hoje — disse ele, gentilmente deixando de lado o fato de ter sido eu quem solicitara o encontro.

— Eu é que agradeço por abrir um espaço para mim em sua agenda.

— Tenho aqui algo que vai deixá-lo muito contente, eu acho — disse ele, com um sorriso conspiratório no rosto.

A assistente — uma jovem vestindo terno cinza com calça e uma echarpe vermelha em volta do pescoço — fazia anotações em um caderno espiralado. Scott virou-se e pegou na escrivaninha uma pasta de papel-cartão amarelo estufada de documentos — sem dúvida, contendo informações previamente coletadas sobre mim e sobre Sergei, exatamente como previsto por Jonathan. Scott fechou as pernas e equilibrou a pasta no colo, de onde puxou uma folha de papel.

Fiquei intrigado.

— O que é?

— Sr. Browder, todos os anos o Departamento de Estado publica um relatório sobre direitos humanos, e o deste ano incluirá dois parágrafos *muito contundentes* sobre o caso Magnitsky.

Eu tinha ouvido falar que organizações como a Human Rights Watch e a Anistia Internacional mantinham equipes que passavam o ano inteiro pensando em estratégias para conseguir que seus casos fossem incluídos nesse documento, e eis que agora, do nada, Kyle estava me entregando isso de mão beijada.

Embora em outros casos isso pudesse ser uma grande conquista, no nosso não era. O governo russo não daria importância nenhuma a dois parágrafos em um relatório sobre direitos humanos do governo norte-americano. Os russos estavam empenhados em acobertar um crime de proporções gigantescas, e a única coisa que os abalaria — a única coisa que atrairia sua atenção — seriam consequências práticas.

Kyle Scott ficou me observando, aguardando ansioso minha reação.

— Posso ler o que está escrito?

Ele me deu o papel. Os parágrafos eram razoavelmente fortes, mas eram apenas palavras.

Olhei para ele e disse:

— Isso é realmente incrível. Muito obrigado. Mas tem mais uma coisa que eu gostaria de lhe pedir.

Scott ajeitou-se meio desconfortável na cadeira e a assistente tirou os olhos das notas para prestar atenção em mim.

— Claro, do que se trata?

— Na realidade, sr. Scott, eu soube que existe um estatuto do governo dos Estados Unidos que poderia se aplicar muito bem ao caso Magnitsky: a Resolução 7.750, que permite que um funcionário governamental estrangeiro corrupto seja proibido de entrar nos Estados Unidos.

Scott ficou mais tenso.

— Conheço a resolução, mas como se aplicaria aqui? — perguntou, na defensiva.

— Se aplica aqui porque as pessoas que mataram Sergei são claramente corruptas e, portanto, o caso é coberto pela resolução. A secretária de Estado deveria proibir que entrassem nos Estados Unidos.

A assistente tomou notas freneticamente, como se eu tivesse pronunciado muito mais palavras. Eles não esperavam que a conversa tomasse esse rumo. Jonathan Winer tinha razão.

Não era isso que eles queriam ouvir porque desde que Barack Obama se tornara presidente, em 2009, a política americana em relação à Rússia tinha se caracterizado pela conciliação. O governo tinha até cunhado uma expressão para isso: *reset*. Essa abordagem tencionava redefinir as abaladas relações entre a Rússia e os Estados Unidos; em termos práticos, significava que os Estados Unidos não trariam à tona alguns temas desagradáveis aos russos, desde que estes jogassem limpo nos campos das relações comerciais, do desarmamento nuclear e em vários outros. É claro que os Estados Unidos tinham espaço para inserir alguns parágrafos em um relatório a fim de demonstrar sua "preocupação" com abusos de direitos humanos, mas o cerne da política era não fazer nada incisivo a respeito.

Eu estava pedindo algo que entrava em total conflito com essa política e Scott repentinamente se viu em território desconfortável.

— Perdão, sr. Browder, mas ainda não vejo como a Resolução 7.750 se aplica ao caso Magnitsky — disse ele tentando escapar.

Eu sabia que Scott estava em uma posição delicada, mas, em vez de recuar, forcei ainda mais.

— Como você pode dizer uma coisa dessas? Esses funcionários roubaram 230 milhões de dólares do povo russo e depois mataram a pessoa que colocou a boca no trombone. Eles lavaram todo o dinheiro e agora segmentos do governo estão envolvidos em uma grande operação de acobertamento. A 7.750 foi feita sob medida para casos como esse.

— Mas, sr. Browder, eu não... seria impossível provar que alguma dessas pessoas fez o que o senhor alega — argumentou ele, convicto.

Tentei manter a calma, mas era cada vez mais difícil.

— Os dois parágrafos que você acabou de me mostrar citam nominalmente vários desses funcionários — retruquei com firmeza.

— Eu... eu...

Meu tom de voz começou a subir.

— Sr. Scott, este é o caso de violação de direitos humanos mais bem documentado desde o fim da União Soviética. Entidades independentes reconheceram que vários agentes russos estavam envolvidos na morte de Sergei. Teria um grande prazer em lhe detalhar tudo.

Para Scott, a reunião tinha saído por completo dos trilhos e ele agora só queria encerrá-la. Fez um gesto para a assistente, que parou de escrever e se levantou. Eu fiz o mesmo.

— Sinto muito, sr. Browder — disse ele, me conduzindo até a porta —, mas tenho outra reunião. Gostaria muito de discutir esse assunto, mas simplesmente não posso neste momento. Agradeço de novo por ter vindo.

Apertei sua mão, sabendo muito bem que não voltaria a pôr os pés no seu escritório tão cedo. Constrangida, sem dizer uma única palavra, a assistente me acompanhou até a saída.

Deixei o Departamento de Estado frustrado e aborrecido. Fui perambulando rumo ao leste para minha reunião seguinte, perto do Capitólio, e quando me dei conta estava caminhando pelo National Mall sob nuvens carregadas. Dois homens na casa dos vinte, usando blazers azuis com botões de latão e calças bege, vinham andando em minha direção enquanto discutiam acaloradamente. Ainda tinham espinhas na cara, embora já estivessem em Washington brincando de governo. Eu não pertencia a esse mundo. Quem era eu para acreditar que tinha alguma chance de fazer as coisas acontecerem na capital do país? Na reunião com Jonathan já tinha ficado óbvio que eu não sabia nada, o que tinha se confirmado na desagradável conversa com Kyle Scott.

Tive várias outras reuniões naquele dia, mas estava aturdido, fora do ar, e nenhuma surtiu efeitos reais. Eu só pensava em pegar um avião e voltar para casa.

Antes de deixar Washington, tive um último encontro, com Kyle Parker, na Comissão Helsinque dos Estados Unidos. Era o mesmo homem que deixara de incluir o nosso caso na sugestão de pauta da cúpula de Barack Obama com Medvedev quando Sergei ainda estava vivo, de forma que eu não esperava uma recepção muito calorosa. Só mantive o encontro porque Jonathan Winer enfatizou muito sua importância quando analisamos, juntos, meu cronograma de reuniões.

Lembrava-me de Kyle Parker como um homem de pouco mais de trinta anos, com olhos cansados, que já tinham visto muito mais do que sugeria sua idade. Falava russo fluentemente e tinha noção clara e abrangente de tudo o que acontecia na Rússia. Apesar de trabalhar nessa pouco conhecida comissão de direitos humanos do Congresso, ele parecia perfeitamente capacitado para trabalhar em um órgão como a CIA.

Fui para o Ford House Office Building, na D Street, a uma quadra dos trilhos do trem e da via expressa. Esse horrendo edifício, um caixote acinzentado, sem nenhum charme arquitetônico, ficava longe da colina do Capitólio e era provavelmente o mais mal localizado de todos os imóveis da administração federal. Entrando no prédio, era impossível não pensar que era lá que eles enfiavam todos os órgãos abandonados do Congresso que não faziam parte dos círculos mais centrais do poder.

Kyle Parker veio me encontrar na recepção, na área de controle de segurança, e me levou para uma sala de reuniões com sistema de aquecimento insuficiente e repleta de objetos soviéticos da época do regime comunista espalhados em prateleiras. Ele se sentou à cabeceira da mesa em meio a um silêncio embaraçoso. Respirei fundo, me preparando para falar, mas ele me cortou.

— Bill, só quero lhe dizer o quanto eu lamento por não termos feito mais para ajudar Sergei no ano passado. Você não imagina o quanto pensei nele desde que morreu.

Eu não esperava por aquela manifestação de culpa e levei alguns instantes para responder:

— Nós tentamos, Kyle.

Ele então disse algo tão pouco *washingtoniano* que até hoje não acredito direito.

— Quando Sergei morreu e você divulgou aquela homenagem a ele, eu estava no metrô e simplesmente não conseguia parar de lê-la. Fiquei triste demais. Você tinha estado aqui não mais que quatro meses antes implorando ajuda. Chorei muito, ali mesmo, no trem. Ao chegar em casa, li para minha esposa e ela também chorou. Esse assassinato... é uma das piores coisas que aconteceram desde que iniciei minha carreira.

Fiquei chocado. Nunca tinha visto ninguém do governo falar em tom tão emotivo e humano.

— Kyle, não sei o que dizer. Tem sido o pior episódio da minha vida também. A única forma de sair da cama de manhã é lembrar que preciso caçar os caras que fizeram isso com Sergei.

— Eu sei. E vou ajudá-lo.

Respirei fundo. Esse Kyle diante de mim era completamente diferente de todo mundo que eu conhecera em Washington.

Eu tinha intenção de lhe contar o que se passara no Departamento de Estado, mas, antes que tivesse a oportunidade, ele iniciou uma sessão solo de *brainstorming*.

— Bill, gostaria de fazer uma lista de todas as pessoas envolvidas na falsa prisão, na tortura e morte de Sergei. Não apenas Kuznetsov e Karpov e outros gângsteres do Ministério do Interior, mas também os médicos que ignoraram os pedidos dele, os juízes que validaram sua detenção e os fiscais de impostos que roubaram o dinheiro do Estado russo. Todo mundo que teve alguma responsabilidade direta pela morte de Sergei.

— Isso é fácil, Kyle. Temos essas informações e os documentos que as comprovam. Mas o que você faria com isso?

— Vou lhe dizer o que eu faria: organizaria uma missão especial de congressistas a Moscou para averiguação de fatos e instruiria nossa embaixada a ligar para todas as pessoas dessa lista solicitando uma reunião para discutir o caso Magnitsky. Não tenho certeza de que muitos aceitariam, mas as autoridades russas certamente ficariam chocadas com os Estados Unidos dando tanta atenção à morte de Sergei.

— Gosto da ideia, mas vejo um monte de motivos pelos quais não sairia do papel. Entretanto, nós podemos usar a lista de maneira diferente.

— Pode falar. Estou ouvindo.

Contei-lhe sobre o encontro com Jonathan Winer, a Resolução 7.750 e a reunião com Scott no Departamento de Estado. Enquanto eu falava, Kyle anotava.

— Ótima ideia.

Ele batia com a ponta da caneta no bloco de anotações.

— E como essa pessoa do Departamento de Estado reagiu?

— Não muito bem. Assim que mencionei os números 7.750, ele pareceu confuso, depois se esquivou e, por fim, me enxotou do seu escritório.

— É o seguinte: vou falar com o senador Cardin e pedir que envie uma carta para a secretária Clinton exortando-a a invocar a Resolução 7.750.

Kyle fez uma pausa e me olhou nos olhos.

— Vamos ver se eles vão tratar um senador dos Estados Unidos da mesma forma que trataram você.

33
RUSSELL 241

Quando voltei para Londres, reuni a equipe e relatei o que aconteceu em Washington. Eu sabia que eles precisavam de notícias boas. Nada do que havíamos feito na Rússia dera resultado. Não queria tentar animá-los artificialmente. Em vez disso, contei em detalhes minha passagem por Washington, culminando com a ideia das sanções às concessões de vistos e da carta do senador Cardin para Hillary Clinton.

— Bill, você está ciente do que isso significa, não está? — perguntou Ivan quando terminei. — Se isso der certo, significa que teremos o governo dos Estados Unidos do nosso lado!

— Eu sei, Ivan. Eu sei.

Foi uma tremenda injeção de ânimo, especialmente para os russos da equipe. Qualquer um que já leu Tchekhov, Gogol ou Dostoiévski, sabe bem — como já nos havia lembrado Sergei no passado — que histórias russas não têm final feliz. Os russos conhecem bem a dificuldade, o sofrimento e o desespero, mas não o sucesso e certamente não a justiça. Não surpreende, portanto, que isso tenha instilado em muitos russos um profundo fatalismo, apregoando que o mundo é mau, será sempre mau, e qualquer tentativa de mudar as coisas está fadada ao fracasso.

No entanto, um jovem americano chamado Kyle Parker estava desafiando esse fatalismo.

Infelizmente, uma semana se passou, depois outra e mais outra sem nenhum sinal de vida de Kyle. Todos os dias, eu podia ver que Ivan, Vladimir e Vadim estavam regredindo para o estado fatalista, e, na terceira semana, até eu comecei a ser contaminado por esse baixo-astral russo. Resisti à vontade de pegar o telefone e ligar para Kyle porque não queria pressioná-lo. À medida que minha reunião com ele se distanciava no passado, eu ficava cada vez menos certo de que havia captado corretamente suas intenções.

Até que, no fim de março de 2010, não aguentei mais e liguei para ele. Como se estivesse ao lado do aparelho esperando, ele atendeu ao primeiro toque.

— Alô? — disse ele, alegremente.

— Oi, Kyle. Aqui é Bill Browder. Peço desculpas por incomodá-lo, mas gostaria de saber se você tem ideia de quando a carta do senador Cardin será enviada. Faria uma tremenda diferença para a nossa campanha... Na verdade, acho que a carta mudaria tudo.

— Lamento, mas as coisas aqui nem sempre funcionam de acordo com o cronograma. Mas não se preocupe, Bill. Tenha paciência. Estou levando isso muito a sério.

— Tudo bem. Vou tentar — respondi, longe de ter sido realmente tranquilizado. — Mas se houver alguma coisa, *qualquer coisa*, que eu possa fazer para ajudar, por favor, me avise.

— Pode deixar.

Embora eu acreditasse que Kyle tivesse ficado sinceramente abalado pela morte de Sergei, pensei que esse papo de pedir paciência era uma forma de me deixar na mão aos pouquinhos. Eu tinha certeza de que muita gente em Washington não queria sanções e que, no final, não haveria carta nenhuma de Cardin.

Algumas semanas depois, numa sexta-feira, em um dos poucos momentos em que não estava fazendo alguma coisa relacionada à campanha, levei Elena e Davi ao cinema na Leicester Square. Talvez apropriado para minha situação, era um *thriller* político, *O Escritor Fantasma*, de Roman Polanski. Quando estávamos ali, na escuridão da sala, assistindo aos trailers e comendo pipoca, senti meu celular vibrar. Olhei o número na tela. Era Kyle Parker.

Sussurrei para Elena que voltaria em um segundo e saí para o saguão.

— Alô?

— Bill, tenho ótimas notícias. Está pronta. Vai para a secretária Clinton na segunda de manhã.

— A carta? Vocês vão fazer?

— Sim. Estamos apenas dando os últimos retoques. Mando para você em uma hora.

Desligamos. "Assisti" ao filme, mas mal conseguia acompanhar a trama. Terminada a sessão, corremos para casa e fui direto para o computador e imprimi a carta endereçada à secretária de Estado Hillary Clinton. Apertando-a entre os dedos, li várias e várias vezes. Sua linguagem era maravilhosa, sucinta, envolvente. O parágrafo final dizia:

> Exorto-a a cancelar imediatamente e retirar de modo permanente os vistos de entrada nos Estados Unidos de todos os envolvidos nesse crime, juntamente com os de seus dependentes e familiares. A medida, de alguma forma, representa uma tentativa de fazer justiça ao falecido senhor Magnitsky e sua família e será também uma importante mensagem para agentes públicos corruptos na Rússia e em outros países, indicando a seriedade do compromisso dos Estados Unidos com o combate à corrupção no exterior e aos males que tal prática desencadeia.

Liguei no ato para Kyle.

— Isso é incrível. Não tenho palavras para lhe dizer como isso é importante para mim e para todo mundo que conheceu Sergei...

— Eu lhe disse que nós faríamos isso, Bill, e estava sendo sincero. A morte de Sergei me deixou muito triste. Farei de tudo para evitar que seu sacrifício não tenha sido em vão — disse Kyle, com a voz falhando aqui e ali.

— E o que vai acontecer agora?

— A carta vai para a secretária Clinton na segunda-feira e nós vamos postá-la no nosso site logo depois de a mandarmos.

— Isso é ótimo! Vamos falar na segunda, então. Tenha um ótimo fim de semana.

Levei quase duas horas para pegar no sono naquela noite. Cardin ia mesmo fazer isso? Essas coisas podiam ser suspensas no último minuto? Se isso acontecesse, o que Hillary Clinton faria? O que os russos fariam?

Na segunda-feira de manhã, cheguei ao escritório cedo, sentei-me à minha escrivaninha e abri o site da Comissão Helsinque dos Estados Unidos. Não havia nada, mas, como Londres está cinco horas à frente de Washington, era razoável esperar que a carta só fosse publicada mais tarde.

Voltei a dar uma olhada no site ao meio-dia, horário de Londres, mas ainda não havia nada. Zanzando pelo escritório, percebi que eu não era o único que estava abrindo compulsivamente o site da comissão; as telas dos computadores de Vadim, Ivan e Vladimir estavam abertas na mesma página, porém, por mais que pressionássemos a tecla "atualizar" toda hora, a página não mudava.

Finalmente, às 14h12 — 9h12 no horário de Washington —, uma nova página apareceu; na tela diante dos meus olhos havia dois retratos, do tipo tirado nas delegacias, um de Karpov, o outro de Kuznetsov, ao lado da carta do senador Cardin para a secretária de Estado Hillary Clinton. Anexada à carta estava a lista dos sessenta agentes públicos envolvidos na morte de Sergei e na fraude fiscal, e, ao lado de cada nome, o departamento ao qual estava vinculado, o cargo, a data de nascimento e o respectivo papel no caso Magnitsky. Cardin pleiteava que os direitos de todos os sessenta de viajar para os Estados Unidos fossem permanentemente revogados.

Deixei-me cair na cadeira.

Era uma realidade. Estava tudo ali, para o mundo inteiro ver. Algo enfim tinha sido feito para efetivamente responsabilizar e punir as pessoas que mataram Sergei. Diante do monitor, senti um nó na garganta. Se, lá de cima, Sergei estivesse de olho em nós, veria que seus pedidos de ajuda, feitos nas cartas profundamente comoventes que escrevera na prisão, tinham enfim sido ouvidos.

Passaram-se dez minutos e as agências russas começaram a publicar a notícia. Em meia hora, a imprensa ocidental repercutiu. No fim do dia, uma nova expressão tinha sido criada e era repetida em toda parte: Lista Cardin.

Ninguém na Rússia jamais tinha ouvido falar em Ben Cardin, mas, a partir de 26 de abril de 2010, a sabedoria popular russa passou a considerar esse senador por Maryland o mais importante político dos Estados Unidos. Ativistas pelos direitos humanos e políticos de oposição russos pegaram carona no bonde e escreveram cartas para o presidente Obama e para o líder da União Europeia em apoio à Lista Cardin. Desde Ronald Reagan os russos não viam um político estrangeiro agir de forma tão decisiva em um caso de direitos humanos no país. A triste verdade é que a maioria das atrocidades russas nunca era percebida no exterior e, nas raras ocasiões em que foram, governos estrangeiros quase nunca reagiam. Mas agora, repentinamente, um senador americano estava pleiteando que fossem revogados os vistos de entrada nos Estados Unidos de sessenta agentes públicos russos por causa do envolvimento em uma abominável violação de direitos humanos. Era uma atitude sem precedentes.

Enquanto a população russa em geral celebrava, os principais membros da equipe de Putin estavam apopléticos. Todos os seus assessores mais próximos tinham usado o cargo para construir riquezas enormes, e alguns fizeram coisas muito ruins para enriquecer. Em teoria, a Lista Cardin abriu as portas para que essas pessoas fossem de alguma forma punidas no futuro. No que lhes dizia respeito, a lista seria um divisor de águas.

Entretanto, pelo menos de imediato, elas não precisavam se preocupar. Em Washington, o Departamento de Estado não tinha intenção de fazer nada em resposta à carta de Cardin e tinha esperança de que, ao engavetá-la e ao ignorar Cardin, o problema simplesmente desapareceria.

Mas não desapareceu. Se o Departamento de Estado ignorasse o senador Cardin, Kyle aumentaria a aposta. Ele articulou para que, no início de maio, eu apresentasse meu testemunho do caso Magnitsky perante a Comissão de Direitos Humanos Tom Lantos, na Câmara dos Representantes.

A sessão foi agendada para o dia 6 de maio, no Rayburn House Office Building, localizado a sudoeste do Capitólio. Concluído em 1965, o edifício, de linhas simples, segue o mesmo estilo arquitetônico neoclássico que caracteriza a maioria das construções de Washington. Seu interior, no entanto, é diferente dos demais prédios do Congresso, pois não tem imensas colunas de mármore, domos ou painéis de cerejeira nas paredes; seus pisos são de linóleo, o pé-direito é baixo e há detalhes cromados nos relógios e elevadores.

Como nunca estivera lá, cheguei bem antes das dez da manhã, o horário marcado da sessão, a fim de reconhecer o terreno. Usei a entrada da Independence Avenue e passei pelo reduzido controle de segurança, composto por dois guardas da polícia do Capitólio. Fui andando até encontrar a sala 2255 e dei uma olhada rápida lá dentro. A espaçosa sala dispunha de um tablado em forma de ferradura reservado aos membros da comissão, duas mesas longas para os palestrantes convidados e, logo atrás, uma plateia com capacidade para 75 pessoas sentadas. O presidente, um congressista de Massachusetts chamado Jim McGovern, ainda não tinha chegado, mas auxiliares, funcionários e várias outras pessoas já circulavam por ali, aguardando e jogando conversa fora. Voltei para o saguão e repassei mentalmente a história de Sergei.

Quando tornei a entrar na sala, vi que tinham sido colocadas nas mesas dos palestrantes plaquinhas de papel dobrado com seus nomes escritos. Participariam da audiência representantes de prestigiosas organizações de direitos humanos, como o Committee to Protect Journalists, a Human Rights Watch e o International Protection Centre. Como homem de negócios, me senti um pouco deslocado cercado por esses ativistas profissionais de defesa dos direitos humanos.

Avistei Kyle Parker, sentado em um canto da plateia, justo no momento em que o congressista McGovern entrou. Era um homem simpático, com uma calvície pronunciada e um agradável rosto de menino. Ele cumprimentou todos os depoentes com um aperto de mão vigoroso e falou com sotaque de Boston. Fui com a cara dele de imediato. Ele pediu que sentássemos e a sessão foi oficialmente aberta.

A primeira palestrante era uma defensora de jornalistas perseguidos na Rússia. Lendo um texto previamente escrito, aparentando dominar solidamente o assunto, ela citou vários fatos e números sobre assassinatos e raptos de jornalistas que ousaram revelar crimes cometidos pelo regime russo. Senti-me intimidado tanto pela extensão do seu depoimento quanto pelo seu domínio das questões relativas às políticas públicas. Diferentemente dela, eu falaria apenas de um caso de um único homem e nem tinha preparado um texto que leria quando fosse minha vez.

A palestrante seguinte era da Human Rights Watch. Ela repetiu muitos dos mesmos pontos da litania de abusos de direitos humanos na Rússia documentados por sua organização e mencionou especificamente alguns casos rumorosos, como os assassinatos de Anna Politkovskaya e Natalia Estemirova. Eu me lembrava bem dos dois episódios e fiquei impressionado com a apresentação. Quando a fala terminou, me senti ainda mais deslocado.

Os funcionários engomadinhos espalhados pela sala não se impressionaram tanto quanto eu. Eles já tinham presenciado várias audiências como aquela e ouvido tudo antes. Com o nariz apontado para baixo, em direção às telinhas encaixadas na palma da mão, e com os dedos pulando nos teclados dos seus celulares, mal tinham notado quando a primeira palestrante concluiu sua fala e a seguinte iniciou a sua.

Finalmente chegou a minha vez. Eu não tinha estatísticas nem planilhas ou recomendações de políticas a serem adotadas. Levantei-me constrangido, ajeitando os punhos do paletó, e comecei a falar. Fiz um breve histórico sobre mim e contei à comissão a história profunda e sombria de Sergei Magnitsky. Olhei diretamente nos olhos do congressista McGovern, que manteve o contato visual. Narrei passo a passo para ele e os demais como Sergei descobrira o crime, como fora preso depois de dar seu testemunho, como fora cruelmente torturado na prisão e como, no fim das contas, fora assassinado.

Enquanto falava, notei que os funcionários até então alheios ao que acontecia tinham parado de digitar em seus celulares. Concluí pedindo à comissão que apoiasse o senador Cardin em sua demanda para que o Departamento de Estado impusesse sanções à concessão de vistos aos assassinos de Sergei. Minhas palavras finais foram:

— Sergei Magnitsky é um caso individual, mas há milhares e milhares de outros casos idênticos aos dele. As pessoas que cometem atos como esse continuarão cometendo, a menos que haja uma forma de confrontá-los e lhes mostrar que não há impunidade.

Sentei-me e olhei meu relógio. O discurso tinha durado oito minutos. Pousei a mão na mesa e olhei em volta. Várias pessoas tinham lágrimas nos olhos, inclusive alguns dos ativistas de direitos humanos. Esperei que alguém dissesse alguma coisa, mas a sala continuou em silêncio.

Até que, mais ou menos vinte segundos depois, McGovern entrelaçou os dedos e inclinou-se para a frente.

— Tive o privilégio de ter sido copresidente desta comissão por quase dois anos e aprendi muita coisa. Fomos soterrados por tantas estatísticas e fatos que às vezes perdemos a capacidade humana de realmente senti-los, sr. Browder. Por isso, estou muito agradecido por você estar aqui hoje para falar sobre o caso do sr. Magnitsky. É uma história profundamente trágica. Na minha opinião, pessoas que cometem assassinato não deveriam ter autorização para viajar aos Estados Unidos nem para investir em negócios aqui. É necessário que haja consequências para seus atos. Portanto, o que gostaria de fazer é não só mandarmos uma carta para Hillary Clinton, como também esta comissão propor uma lei — cujo texto inclua o nome dessas sessenta pessoas —, fazer uma recomendação formal ao Congresso, aprová-la em votação e, em resumo, dizer para o governo que isso, sim, é consequência. É preciso fazer isso, porque, se não for assim, não vai acontecer nada. Você tem a minha promessa de que vamos fazê-lo.

Quando a audiência acabou, Kyle e eu saímos da sala em absoluto silêncio. Era verdade mesmo que Jim McGovern acabara de prometer propor uma lei Magnitsky? Sim, era verdade. Isso superava tanto as minhas expectativas mais otimistas que eu não conseguia acreditar.

No térreo, perguntei a Kyle:

— Você acha que o senador Cardin faria a mesma coisa no Senado?

Ele parou de andar e respondeu:

— Diante do que acabou de acontecer aqui, Bill, não vejo como Cardin não o fizesse.

Mais tarde, Kyle ligou para confirmar que, sim, Cardin teria prazer em ser o patrocinador da lei no Senado. De repente surgira uma chance pequena, mas real, de os Estados Unidos aprovarem uma lei em nome de Sergei: a Lei Sergei Magnitsky.

No entanto, havia um longo caminho entre a ideia de uma lei e a sua promulgação. O primeiro passo indispensável seria ter um documento original, um projeto de lei, que Cardin e McGovern apresentariam. Quando estivesse pronto, teria que ser aprovado por comissões no Senado e na Câmara dos Representantes. Depois disso, seria levado a voto nos plenários das duas casas. Se ambas aprovassem o projeto de lei, ainda seria necessária a sanção presidencial.

Milhares de propostas são levadas ao Congresso anualmente, mas apenas algumas poucas dezenas efetivamente se transformam em lei. Portanto, era essencial que o documento inicial a ser apresentado por Cardin e McGovern fosse totalmente blindado contra qualquer crítica potencial. Kyle passou o verão inteiro trabalhando no projeto de lei, e, à medida que o fazia, construímos uma estreita amizade. Falávamos todos os dias, em algumas ocasiões até duas vezes, enquanto tentávamos aprender o máximo possível sobre leis americanas que tratavam de restrições e sanções.

No início de setembro, ficou pronto o primeiro esboço — muito bom. Quando Kyle mandou para mim, perguntei:

— Quanto tempo Cardin precisa para levar a voto no Senado?

Kyle riu:

— Não é assim tão simples, Bill. Para conseguir que uma lei seja aprovada em Washington, é preciso ter apoio dos dois partidos. Para fazer decolar o projeto, vamos precisar de um senador republicano poderoso e com muito tempo de casa para ser seu coautor. Depois disso é que começamos o processo.

— Cardin vai encontrar essa pessoa?

— É possível, mas, se você quer que isso ande rápido, pode tentar ajudar. Sua história pessoal com Sergei é muito persuasiva.

Eu não queria deixar ao acaso, de modo que, depois de falar com Kyle, comecei a analisar uma lista de senadores republicanos capazes de assinar como coautor o projeto de lei. Foi quando me surgiu um nome em especial: John McCain.

Se havia um senador que realmente sabia o que é ser torturado na prisão, esse senador era John McCain. Piloto da Marinha americana na Guerra do Vietnã, teve a aeronave abatida e na sequência foi capturado. Preso e torturado, ficou em um campo de prisioneiros de guerra por cinco anos. Ele certamente entenderia o horror que Sergei experimentara e toparia fazer alguma coisa a respeito.

O problema era: como conseguir uma reunião com John McCain? O acesso às pessoas em Washington é bastante restrito, e, quanto mais importante a pessoa é, mais inacessível ela se torna. Toda uma indústria do lobby fora construída assentada a partir dessa realidade. Quando comecei a rondar pedindo que me apresentassem ao senador McCain, as pessoas olhavam para mim como se eu estivesse lhes pedindo 1 milhão de dólares sem oferecer nada em troca.

Então me lembrei que conhecia alguém que poderia me ajudar: Juleanna Glover, uma mulher alta e atraente, de cabelo ondulado castanho-avermelhado, estilo impecável e jeito tranquilo. Eu a conhecera por intermédio de uma amiga em comum havia alguns anos, em Washington, pouco depois de meu visto para a Rússia ter sido revogado. Ela me convidara para um jantar reunindo um grande grupo no Café Milano, um restaurante italiano da moda localizado em Georgetown. Trocamos cartões de visita ao final do jantar, mas só quando cheguei ao hotel e digitei seu nome no Google percebi que estivera sentado ao lado de uma das lobistas mais influentes de Washington.

Juleanna tinha um currículo notável. Trabalhara como secretária de imprensa do vice-presidente Dick Cheney e depois fora a mais graduada assessora política do secretário de Justiça John Ashcroft. Quando o secretário saiu do governo para comandar seu escritório de advocacia, o Ashcroft Group, em Washington, ela o acompanhou. Seu prestígio era tão grande que, em 2012, a revista *Elle* a elegeu uma das dez mulheres mais influentes de Washington.

Pelo visto, depois do jantar naquela noite, ela também foi para casa, procurou meu nome no Google e soube dos meus problemas crescentes com o governo russo. No dia seguinte, me ligou oferecendo-se para ajudar da maneira que fosse possível. A partir daí, ficamos amigos. Quando Sergei morreu, uma das primeiras ligações que recebi foi de Juleanna e John Ashcroft expressando seus pêsames.

— Sabemos que você deve estar se sentindo péssimo, Bill — disse Ashcroft. — Mas é importante que você saiba que não está sozinho nisso. Se pudermos fazer alguma coisa para ajudar você ou a família de Sergei, conte conosco. É só ligar.

Agora eu precisava muito de ajuda. Precisava conseguir uma reunião com John McCain.

Liguei para Juleanna e a inteirei da situação. Ela respondeu que não teria dificuldade alguma para me apresentar a McCain. Seria mesmo tão fácil para ela? Desligamos e ela me ligou de volta dez minutos depois.

— Bill, o senador McCain vai recebê-lo às 15h15 do dia 22 de setembro.

Sim, era mesmo fácil para ela.

Voei para Washington em 21 de setembro, e na tarde do dia seguinte Juleanna foi ao hotel onde eu estava hospedado para irmos de táxi ao Capitólio. Ao chegarmos, passamos pelos controles de segurança e seguimos para o gabinete de McCain: Russell 241. Devido à sua importância no Senado, ele estava localizado num ponto privilegiado, ocupando um conjunto de salas de pé-direito alto. Nós nos apresentamos e fomos conduzidos a uma sala de espera por um assistente. O assessor-chefe de política externa de McCain — um homem ruivo, alto, magro, de sorriso simpático, chamado Chris Brose — nos cumprimentou e ficou batendo papo enquanto esperávamos pelo senador, que nos recebeu meia hora depois.

McCain nos cumprimentou à porta com um aperto de mão bem forte e um sorriso caloroso. Ele nos conduziu para sua sala, um cômodo decorado com todo o conforto, um sofá de couro, iluminação suave e uma longa estante repleta de livros. O ambiente era dominado pelo estilo do Oeste americano. Não fossem o pé-direito altíssimo e a grande janela atrás da mesa de trabalho, a sala poderia facilmente ser confundida com o escritório pessoal de um executivo bibliófilo de Phoenix.

Sentei-me no sofá e ele se acomodou em uma cadeira na ponta da mesinha de centro. Depois de limpar a garganta, ele disse:

— Obrigado por vir, sr. Browder. Fui informado de que você gostaria de me falar sobre algumas coisas que estão acontecendo na Rússia.

Ele provavelmente esperava que eu estivesse ali para fazer lobby em favor de algum negócio na Rússia.

— Sim, senador. Gostaria, sim.

Comecei a contar minha história sobre Sergei, e McCain logo percebeu que aquela não seria uma reunião como as outras. Em menos de dois minutos ele ergueu a mão para perguntar a data da prisão de Sergei. Respondi e continuei. Pouco tempo depois, ele voltou a me interromper para pedir mais detalhes sobre as condições do cárcere de Sergei. Respondi e continuei até ele tornar a me interromper. Seguimos nessa toada até que meus quinze minutos se esgotaram e sua secretária enfiou a cabeça pelo vão da porta entreaberta para avisar que estava na hora do próximo compromisso. Eu gelei. Não poderia perder aquela oportunidade de lhe pedir que fosse copatrocinador do projeto de lei.

— Preciso de mais um tempo com o sr. Browder — disse McCain, com suavidade.

Sua secretária saiu e McCain se virou para mim novamente.

— Por favor, continue.

Foi o que fiz. Mais perguntas, mais respostas. Quinze minutos depois, a secretária reapareceu e, de novo, McCain gentilmente a dispensou. Repetimos essa sequência mais uma vez, de maneira que, ao final do relato, eu já tinha passado quase uma hora no gabinete de McCain.

— Bill, a história de Sergei é chocante, realmente terrível. Lamento muito pelo que aconteceu com ele, por você e por todo mundo envolvido.

— Obrigado, senador.

— Diga, o que posso fazer para ajudar?

Falei-lhe sobre McGovern e Cardin e as primeiras minutas da Lei Magnitsky, e lancei a isca:

— Como o senador Cardin é do Partido Democrata, seria de extrema importância ter um coautor republicano para apresentar o projeto de lei. Gostaria muito que o senhor fosse esse coautor.

McCain recostou-se na cadeira, o semblante pensativo e sereno.

— Claro que sim. É o mínimo que posso fazer.

Ele voltou-se para seu assessor, que estivera ali o tempo todo.

— Chris, por favor, coordene com o senador Cardin imediatamente para garantir que serei um dos propositores desse projeto de lei.

McCain então olhou para mim.

— Você foi um verdadeiro amigo para Sergei. Não são muitos os que fariam o que você está fazendo, e eu tenho um profundo respeito por isso. Farei tudo que estiver ao meu alcance para que você faça justiça em nome de Sergei. Que Deus o abençoe.

34
Os Intocáveis da Rússia

Enquanto eu cuidava do front político em incontáveis voos transatlânticos para Washington, a equipe seguia em Londres trabalhando no front russo.

Desde que tínhamos postado o primeiro vídeo no YouTube, em outubro de 2009, vínhamos recebendo inúmeras ligações e e-mails de russos comuns que espontaneamente nos ofereciam informações relacionadas ao nosso caso. Uma delas veio de uma jovem chamada Ekaterina Mikheeva, que nos contou uma história horripilante.

Ficamos sabendo que não éramos as únicas vítimas desse grupo de agentes públicos. De acordo com Ekaterina, dois agentes participaram de uma batida de busca e apreensão no escritório de seu marido em 2006. Depois da operação, seu marido, Fyodor, foi preso e levado à mesma delegacia onde Sergei fora mantido. Mas, em vez de ser deixado lá, Fyodor foi levado para um carro estacionado do lado de fora, jogado no banco de trás e, sem qualquer explicação, levado para uma casa a cinquenta quilômetros de Moscou. Ele logo entendeu que se tornara refém. Ekaterina nos contou que um dos seus sequestradores era Viktor Markelov, o homem condenado por assassinato que tomara o controle das nossas empresas roubadas em 2007.

Pouco depois de chegar à casa, os sequestradores ligaram para o patrão de Fyodor e anunciaram as condições para sua libertação: 20 milhões de dólares. Ekaterina também recebeu uma ligação dos criminosos, na qual foi alertada de que, se avisasse a polícia, seu marido seria ferido e ela receberia uma visita dos amigos dos sequestradores, que a estuprariam em casa.

Mesmo aterrorizada, Ekaterina foi corajosa e ignorou as ameaças. Procurou uma outra unidade da polícia, que localizou seu marido, invadiu a casa e o libertou. Além disso, prendeu Markelov e seu cúmplice.

Infelizmente, sua história não terminava aí. Um mês depois, Fyodor voltou a ser preso pelo mesmo grupo de agentes e jogado em uma cela com um de seus sequestradores. Não sabemos o que aconteceu com ele nem quem estava envolvido, mas sabemos que acabou condenado por fraude a onze anos de reclusão em um campo de prisioneiros na região de Kirov, a oitocentos quilômetros de Moscou. Ekaterina e Fyodor tinham dois filhos pequenos. Sua família fora destruída. De repente, essa mulher de 34 anos fora obrigada a se sustentar sozinha enquanto o marido apodrecia na prisão.

Eu sabia que estávamos lidando com gente sórdida, mas, ao ouvir sua história, para mim se tornou ainda mais imperativo conseguir que agentes públicos como Karpov e Kuznetsov fossem detidos.

A partir desse momento, nossa equipe passou a concentrar suas energias em descobrir tudo sobre Karpov e Kuznetsov. Vasculhamos extratos bancários, petições judiciais, sentenças, documentos de registro de empresas, cartas e memorandos que de alguma forma comprovassem a existência de bens pertencentes a eles. Tínhamos certeza de que encontraríamos alguma coisa. Kuznetsov e Karpov usavam ternos caros, relógios finos e circulavam em carros de luxo, apesar de seus salários serem inferiores a 1.500 dólares por mês. Levantar provas documentais que os ligassem a essas extravagâncias nos daria grande vantagem em nossa luta.

Começamos a investigação buscando informações sobre eles nos mesmos bancos de dados que empregáramos nas nossas campanhas sobre governança corporativa na Rússia. Infelizmente, não havia nada no nome deles. No entanto, tivemos ótimos resultados quando pesquisamos o nome de seus pais. A falta de discrição dos dois era incrível, especialmente se levarmos em consideração que eram policiais.

Uma das descobertas mais interessantes foi uma propriedade registrada em nome da mãe de Kuznetsov, um apartamento de 154 metros quadrados no prestigioso arranha-céu Edelweiss, localizado ao lado da Kutuzovsky Prospekt, a Champs-Élysées de Moscou. Tinha vista para o parque Victory e valia 1,6 milhão de dólares.

Descobrimos também que o pai de Kuznetsov era o proprietário legal de um apartamento de 84 metros quadrados, com valor de mercado de aproximadamente 750 mil dólares em um edifício chamado Capital Constellation Tower.

Além dessas propriedades de alto padrão, a mãe de Kuznetsov era dona de três terrenos em seu nome no distrito de Noginsky, nos arredores de Moscou, com valor de quase 180 mil dólares.

Em teoria, a propriedade de todos esses imóveis poderia ter origem legal, porém a renda mensal dos pais de Kuznetsov era de apenas 4.500 dólares, claramente insuficiente para bancar essas propriedades. Na nossa visão, havia só uma explicação possível: as propriedades foram pagas pelo filho, Artem.

A família Kuznetsov não era dona apenas de imóveis e terrenos caros. De acordo com o Departamento de Trânsito de Moscou, a mãe de Kuznetsov tinha um Land Rover Freelander novo em folha de 65 mil dólares, e a esposa de Kuznetsov, um Range Rover de 118 mil e um Mercedes-Benz SLK 200 de 81 mil.

No banco de dados do Serviço de Controle de Fronteiras russo, descobrimos um vislumbre ainda mais interessante do estilo de vida de Kuznetsov. Em 2006, Artem e esposa começaram a viajar pelo mundo como se fossem do *jet set*; ao longo dos cinco anos seguintes, fizeram mais de trinta viagens a oito países diferentes, entre os quais Emirados Árabes, França, Itália e Inglaterra. Chegaram a viajar para o Chipre em um jato particular.

Pelos nossos levantamentos, o patrimônio total da família Kuznetsov era de aproximadamente 2,6 milhões de dólares. Para que se entenda melhor o significado disso, basta dizer que Kuznetsov teria que trabalhar *145 anos* como funcionário do Ministério do Interior para juntar essa cifra.

As informações que reunimos sobre Karpov eram igualmente chocantes e seguiam o mesmo padrão: um apartamento de luxo de 930 mil dólares escriturado em nome de sua mãe pensionista, um Audi A3 novo, um Porsche 911 em nome de sua mãe e um Mercedes-Benz E280 em seu nome. Desde 2006, ele tinha viajado para Inglaterra, Estados Unidos, Itália, Caribe, Espanha, Áustria, Grécia, Omã, Emirados Árabes e Turquia. Frequentava as melhores e mais caras casas noturnas de Moscou, onde se deixava fotografar ao lado de mulheres lindas e amigos bem-vestidos. Era óbvio que não tinha vergonha nenhuma de compartilhar tudo isso, já que postava na internet várias e várias fotos de seu rosto sorridente.

Eram pessoas abjetas. Qualquer russo comum que visse imagens da vida de Kuznetsov e Karpov — suas casas, suas férias, seus carros — ficaria furioso. As imagens teriam mais impacto e iriam mais longe que qualquer artigo de jornal ou entrevista de rádio. Tínhamos que *mostrar* como esses policiais de médio escalão se aproveitavam de seus cargos. Não dava para aceitar que tivessem tudo, não dava para aceitar que arruinassem a vida das pessoas durante o dia e comessem em restaurantes da lista Michelin à noite.

Foi assim que decidi fazer mais alguns vídeos para postar no YouTube; dessa vez, as estrelas seriam Artem Kuznetsov e Pavel Karpov. Ficaram prontos em junho de 2010, ao mesmo tempo que, em Washington, estava sendo redigido o projeto da Lei Magnitsky. Agora era só esperar o momento certo de lançá-los.

Esse momento chegou quando Oleg Logunov, o general do Ministério do Interior que autorizara a prisão de Sergei, começou uma campanha na mídia para justificar sua prisão e morte. Quando uma estação popular de rádio lhe perguntou se Sergei havia sido pressionado quando estava preso, Logunov declarou friamente: "É normal investigadores procurarem obter depoimentos dos interrogados. Fazem isso no mundo inteiro." Era como se o que acontecera com Sergei fosse a coisa mais normal do mundo.

O acobertamento estava ganhando força e nós tínhamos que enfrentá-lo de alguma forma. Em 22 de junho, postei o vídeo de Kuznetsov no YouTube. Ao mesmo tempo, lançamos um novo site chamado www.russian-untouchables.com, em que publicamos para o mundo inteiro ver os documentos e provas que sustentavam nossas afirmações acerca dos estilos de vida inacreditáveis desses policiais.

No primeiro dia, o vídeo de Kuznetsov teve mais de cinquenta mil visualizações, mais que o *total* do primeiro vídeo sobre a fraude que tínhamos colocado no YouTube. Em uma semana, já tinha sido assistido por 170.000 pessoas, levando-o ao primeiro lugar entre os vídeos políticos na Rússia. A *The New Times*, uma revista russa semanal de oposição, publicou uma grande reportagem intitulada "Jatinhos privados para o tenente-coronel". A história da riqueza de Kuznetsov era tão saborosa que foi repercutida até no Reino Unido, em matéria do *Sunday Express*, que quase nunca publica notícias sobre fatos de fora da Grã-Bretanha.

Enquanto todo mundo falava, escrevia e comentava em blogs sobre o vídeo, um grupo de ativistas decidiu agir por conta própria. Eles foram ao prédio de

Kuznetsov, escreveram o nome dele em uma foto de Sergei e colaram uma cópia na porta de cada apartamento. Para completar, penduraram uma gigantesca faixa vertical no edifício em frente.

Para manter as autoridades russas sob pressão, pouco antes de divulgarmos o vídeo, Jamie Firestone também entrou com queixas-crime na Procuradoria Geral e no Departamento de Assuntos Internos do Ministério do Interior questionando a riqueza não explicada de Kuznetsov.

Apesar das provas indiscutíveis, as autoridades cerraram fileiras em torno do seu policial de médio escalão, como indicou o vice-ministro do Interior, Alexei Anichim, ao declarar que investigar a riqueza de Kuznetsov "não era parte das atribuições [deles]".

Apesar de não haver uma resposta oficial ao vídeo, era certo que tínhamos tocado em uma ferida. Em 11 de julho de 2010, Pavel Karpov entrou com ação por difamação contra mim e meus colegas. Sua petição inicial afirmava: "William Browder, Eduard Khayretdinov, Jamison Firestone e Sergei Magnitsky conduziram uma campanha de informações para difamar a mim e Artem Kuznetsov, bem como para acobertar vestígios de suas próprias atividades criminosas (...) A única pessoa que se beneficiou do roubo das próprias empresas, da restituição de impostos pagos e da morte de Magnitsky foi Bill Browder."

Isso mesmo: Karpov estava dizendo que eu era responsável pela morte de Sergei.

Talvez ele acreditasse que, se me atacasse, eu recuaria. Contudo, o efeito foi contrário. No dia em que soubemos que Karpov entrara com uma ação criminal contra nós, divulgamos o vídeo estrelado por ele. Em termos cinematográficos, o novo vídeo era até melhor que o de Kuznetsov. Continha imagens de suas propriedades e carros, mas também muitas fotos dele mesmo tiradas em casas noturnas, restaurantes e discotecas em vários pontos de Moscou. Se você fosse um cidadão honesto e de classe média da Rússia e visse como esse policial comum vivia, ficaria chocado. Todo mundo ficou.

Jamie também entrou com várias ações criminais contra Karpov. Dessa vez, o Departamento de Assuntos Internos do Ministério do Interior efetivamente questionou Karpov e Kuznetsov, mas no fim alegou que não tinha autoridade para verificar as rendas de seus pais e não encontrou nada de errado.

Karpov e Kuznetsov talvez até fossem intocáveis pelos órgãos policiais russos, mas no tribunal da opinião pública eles não tinham nada de intocáveis. Passados três meses, mais de quatrocentas mil pessoas haviam assistido aos vídeos. Independentemente de quantas mentiras foram ditas pelas autoridades russas, sempre seria possível alguém se levantar e objetar: "Certo, mas se eles não são corruptos, como ficaram tão ricos? Você pode explicar? *Como* ficaram tão ricos?"

35
Contas na Suíça

Naquele mês de agosto, viajei com David para um fim de semana "pai e filho" no campo. Um dia, quando estávamos escalando uma trilha na escarpa de uma montanha na Cornualha, caiu no meu colo um presente inesperado, na forma de uma ligação de Jamie Firestone.

Ele estava tão animado que mal conseguia falar.

— Ei, Bill, posso te dar uma notícia que vai fazer o seu dia?

— Claro. Estou sempre pronto para notícias assim.

Tentei recuperar o fôlego gasto na subida íngreme enquanto David se sentava à sombra para beber água.

— O que houve?

— Recebi agora um e-mail de alguém que diz ter provas de que uma funcionária da agência nº 28 da Receita Federal ganhou *milhões* desviados na fraude.

— Quem mandou o e-mail?

— Alguém chamado Alejandro Sanches.

— Não parece um nome tipicamente russo. Como você sabe que não é cascata?

— Eu não sei. Mas ele me mandou anexados alguns extratos de um banco suíço e alguns documentos de uma *offshore*.

— E o que eles dizem?

— Mostram um monte de transferências bancárias para contas que parecem pertencer ao marido de Olga Stepanova, a mulher da Receita Federal que assinou o cheque da restituição de imposto.

— Isso é incrível! Você acha que são verdadeiras?

— Não sei. Mas Sanches disse que, se estivermos interessados, topa se encontrar pessoalmente.

— E você? Como se sente em relação a isso?

— Tudo bem por mim — disse Jamie, relaxado. Mesmo depois de tudo que havia acontecido, ele ainda não tinha perdido o otimismo. — Não se preocupe, Bill.

Desligamos. Bebi um pouco de água e retomei com David nossa escalada, mas eu mal notava a linda vista da praia. Minha cabeça estava a mil. A campanha precisava de um empurrão como esse, mas me preocupava colocar Jamie em perigo.

Nenhum lugar era seguro, especialmente Londres, coalhada de russos. Em 2006, Alexander Litvinenko, um ex-agente da FSB e conhecido crítico de Putin, fora envenenado por agentes da FSB no Millennium Hotel, localizado em frente à embaixada dos Estados Unidos.

Jamie e Sanches trocaram mais alguns e-mails e combinaram de se encontrar no dia 27 de agosto de 2010. O plano era eles conversarem e, se Sanches desse a impressão de estar sendo sincero, Jamie ligaria para Vadim, que se juntaria aos dois para examinar os documentos.

Sanches sugeriu o Polo Bar, no Westbury Hotel, em Mayfair, que ficava sinistramente perto do local onde Litvinenko fora envenenado. Aterrorizado pela perspectiva de alguma coisa ruim acontecer, liguei para o nosso consultor de segurança, Steven Beck, e pedi que montasse um esquema.

Depois de inspecionar o local, ele decidiu escalar quatro homens para proteger Jamie e Vadim. Dois deles eram ex-membros das Forças Especiais e dois eram ex-agentes do serviço de inteligência britânico. Às 14h30 do dia 27 de agosto, os quatro chegaram, um de cada vez, ao Polo Bar e tomaram posição em pontos estratégicos: dois perto das saídas, um perto da mesa onde aconteceria a reunião e um na extremidade do balcão do bar. Eles se misturaram com os outros clientes, sem serem notados. Um deles portava um dispositivo que detectaria e anularia qualquer equipamento de monitoramento, similar ao tipo que acreditávamos ter sido usado por Sagiryan no encontro no Dorchester Hotel. Como Litvinenko tinha sido envenenado por um isótopo de polônio radioativo altamente tóxico, um dos homens de Steven fez uma discreta varredura no local com um contador Geiger.

Era impossível estar inteiramente seguro, mas eu sabia que, se as coisas ficassem feias, os caras de Steven tirariam Jamie e Vadim de lá às pressas.

Jamie chegou cedo ao Polo Bar e entrou por uma das portas duplas de aço e vidro. Atravessou o salão de teto baixo em estilo *art déco* até a mesa reservada e se sentou em uma das cadeiras de veludo azul, de costas para a parede; atrás dele, havia uma foto do Empire State Building pendurada, como que se equilibrando acima do seu ombro. A posição era estratégica; segundo Steven, era o lugar mais seguro do salão. Jamie tentou identificar os seguranças no meio da massa de turistas, mas não conseguiu. Dedicou-se a observar o balcão de mármore verde e preto do bar enquanto o *barman* chacoalhava um martíni e o despejava em uma taça resfriada. Uma garçonete lhe trouxe alguns salgadinhos de cortesia; chegou a pensar em experimentar as nozes torradas, mas mudou de ideia. Pediu uma Coca-Cola com uma fatia de limão; depois de servido, o refrigerante ficou intocado em cima da mesa.

Qualquer coisa podia estar envenenada.

Sanches chegou quinze minutos atrasado. Pouco mais de quarenta anos, 1,80 metro, barrigudo, vestia paletó e calça escuros e camisa branca, sem gravata. Seu cabelo castanho estava desgrenhado. Sua pele era leitosa, seus olhos eram nervosos e intensos. Assim que abriu a boca, ficou claro que não era Alejandro Sanches.

— Por favor, desculpe-me pelo codinome, sr. Firestone — disse ele em russo —, mas preciso tomar minhas precauções.

— Compreendo — respondeu Jamie, também em russo, se perguntando se todos no bar eram seguranças de Sanches.

— Meu nome verdadeiro é Alexander Perepilichnyy.

Jamie acenou para a garçonete quando Perepilichnyy se sentou. O russo pediu chá verde. Jamie tentou perscrutá-lo. Perepilichnyy fez o mesmo. O chá foi servido.

— Obrigado por aceitar se encontrar comigo — disse Perepilichnyy.

— Claro. Estamos muito interessados no que você tem a dizer.

Perepilichnyy pegou a xícara, sorveu com cuidado um pouco de chá e tornou a colocá-la na mesa. Ambos ficaram se olhando num silêncio embaraçoso, quebrado pelo russo.

— Procurei você porque vi os vídeos sobre Kuznetsov e Karpov. A morte de Magnitsky foi chocante. Todo russo aceita a corrupção, mas torturar um homem inocente vai muito além do aceitável.

Papo furado, pensou Jamie. Ele sabia que nos dias atuais a maioria dos russos não se pautava por princípios nobres como esse. Tudo na Rússia girava em torno do dinheiro. Ganhar dinheiro, guardá-lo e tomar cuidado para ninguém o tirar de você. Jamie não fazia ideia de quais eram os interesses de Perepilichnyy, mas tinha certeza de que o homem não estava sentado ali à sua frente porque se importava com Sergei.

— A informação que você passou no seu e-mail é boa, mas está incompleta — disse Jamie. — Você tem mais documentos?

— Sim, mas não comigo.

Jamie se recostou na poltrona, o gelo dançando no copo de Coca enquanto derretia.

— Você se importaria se um dos meus colegas se juntasse a nós? Gostaria que ele desse uma olhada nos documentos que você forneceu. Quando estivermos seguros de que os entendemos direito, vamos lhe avisar do que mais precisamos.

Perepilichnyy concordou. Jamie tirou o telefone do bolso e enviou uma mensagem de texto a Vadim, que estava esperando na New Bond Street, a um quarteirão dali. Dois minutos depois, Vadim entrou, caminhou até a mesa e se apresentou.

Assim que Vadim se sentou, Jamie pegou os documentos de Perepilichnyy. Vadim os folheou e pediu:

— Você poderia me explicar o conteúdo dos documentos?

— Claro que sim. Este aqui é um extrato do banco Credit Suisse de uma conta de Vladlen Stepanov, marido de Olga Stepanova.

Ele então apontou para uma linha no meio da página.

— Esta é uma transferência de 1,5 milhão de euros feita em 26 de maio. Esta é de 1,7 milhão, feita em 6 de junho. E aqui uma de 1,3 milhão, em 17 de junho.

Ele seguiu deslizando o dedo por várias outras transações. Tudo somado, em maio e junho de 2008, 7,1 milhões de euros tinham sido transferidos para essa conta.

Jamie olhou desconfiado para os documentos.

— Onde você arranjou isso?

Desconfortável, Perepilichnyy se ajeitou na poltrona.

— Digamos que conheço algumas pessoas.

Jamie e Vadim não gostaram daquilo, mas, como não queriam espantar Perepilichnyy, evitaram pressioná-lo.

Vadim examinou a papelada.

— Isso poderia ser muito útil, mas não estou vendo o nome de Vladlen Stepanov em nenhum desses extratos. Qual é a conexão?

— Simples. A conta é de uma empresa de Vladen baseada no Chipre.

Perepilichnyy mostrou um certificado de propriedade com o nome de Vladlen, mas sem a assinatura dele.

Vadim abaixou os óculos. Com experiência de treze anos investigando fraudes corporativas, sua atitude-padrão era supor que tudo era mentira até que se provasse o contrário.

— Obrigado, mas sem uma prova conclusiva de que Vladlen é realmente o dono dessa empresa, não temos muito o que fazer com isso. Precisamos de cópias desses documentos de propriedade com a assinatura dele.

— Entendo. A ideia é que este seria apenas um primeiro encontro. Se vocês quiserem se reunir comigo de novo, posso trazer o que estão pedindo — disse Perepilichnyy.

— Sim, seria ótimo — disse Jamie.

Com isso, encerraram a conversa e apertaram as mãos. Então Perepilichnyy se levantou e foi embora.

Quando Vadim voltou ao escritório e relatou tudo, suspeitei.

— Isso está parecendo armação.

— Talvez. Mas se o que ele está dizendo for verdade, seria a primeira vez que conseguiríamos mostrar com precisão como algumas dessas pessoas receberam dinheiro oriundo da restituição fraudulenta de impostos.

— Tem razão. Vamos ver se Perepilichnyy vai entregar o que prometeu.

Uma semana depois, marcaram novo encontro. Dessa vez, teriam também a companhia de Vladimir Pastukhov, que, devido à quase cegueira, tinha um incrível sexto sentido para "ler" as pessoas.

Na terça-feira seguinte, Vadim e Vladimir se encontraram com Perepilichnyy, novamente no Polo Bar. Cumprindo o que dissera, ele apresentou uma cópia assinada de um documento indicando que Vladlen Stepanov era dono da companhia cipriota que, de acordo com extratos bancários, tinha conta no Credit Suisse.

Quando Vadim e Vladimir voltaram para o escritório e me mostraram o documento, não fiquei muito impressionado. Parecia um simples pedaço de papel com algumas assinaturas ilegíveis. Qualquer um poderia tê-las feito ou falsificado.

— O que é isso? Mal consigo ler.

— É do auditor de Stepanov — disse Vadim.

Eu tinha impressão de que eles queriam muito acreditar em Perepilichnyy.

— Esta assinatura pode ser de qualquer um. Vocês realmente acham que deveríamos confiar nesse sujeito?

— Eu acho que sim — rebateu Vadim. — Acho que o cara está falando a verdade.

— E você, Vladimir, o que acha?

— Também acredito nele. Parece honesto.

Eles continuaram a se encontrar ao longo das semanas seguintes e descobrimos algumas coisas interessantes. Além das contas na Suíça, Perepilichnyy nos contou que os Stepanov haviam adquirido um palacete de seis quartos e dois apartamentos de luxo em Dubai, no Palm Jumeirah, um imponente arquipélago artificial em formato de palmeira. O valor de mercado dessas propriedades girava em torno de 7 milhões de dólares. Na Rússia, os Stepanov construíram uma mansão no subúrbio mais elegante de Moscou avaliada em 20 milhões de dólares. No total, acumularam, entre dinheiro em bancos e imóveis, uma fortuna de quase 40 milhões de dólares.

Para ilustrar como esses gastos eram extravagantes e ridículos, Vadim mostrou as declarações de imposto de renda dos Stepanov, que revelavam uma renda conjunta média de apenas 38.281 dólares por ano desde 2006.

Essas informações eram tão contundentes que eu tinha certeza de que iriam viralizar rapidamente se mostradas no YouTube. Incluir Olga Stepanova no elenco dos nossos Intocáveis da Rússia abalaria a estrutura da elite russa.

No entanto, havia um problema.

A história que Perepilichnyy contara não era simplesmente boa. Era boa *demais*.

Era bem plausível que ele estivesse trabalhando para a FSB e que tudo isso fizesse parte de um plano bem urdido para destruir minha credibilidade. Não seria a primeira vez que empregavam esse tipo de tática: criar um personagem com uma história crível, mandar o personagem passar informações valiosas para o alvo da operação, esperar o alvo divulgar as informações para o público e, xeque-mate, mostrar como eram falsas as informações.

Se esse roteiro se materializasse, comprometeria profundamente todo o trabalho que vínhamos realizando ao longo daqueles três anos junto a jornalistas e governantes do mundo inteiro. Formuladores de políticas não demorariam muito a perguntar: "Por que estamos apoiando esse mentiroso às expensas da nossa relação com a Rússia?"

Eu só faria o vídeo sobre os Stepanov se estivesse totalmente seguro de que Perepilichnyy tinha falado a verdade — e também precisaria saber como ele obtivera suas informações.

Por um bom tempo ele se manteve fechado em relação a esse ponto, mas finalmente acabou abaixando a guarda e nos contou a razão pela qual tinha todos esses documentos financeiros: ele fora no passado administrador das contas bancárias de vários russos muito ricos, entre eles os Stepanov.

A atividade deu certo para ele até 2008, quando os mercados quebraram e os Stepanov perderam muito dinheiro. De acordo com Perepilichnyy, em vez de aceitarem o prejuízo como parte do jogo, os Stepanov o acusaram de roubar seu dinheiro e exigiram que o devolvesse. Como Perepilichnyy não tinha intenção de cobrir as perdas deles no mercado, Olga Stepanova usou sua posição de chefe de uma unidade do departamento de coleta de impostos para conseguir que um processo por sonegação fosse aberto contra ele.

Para evitar ser preso, Perepilichnyy fugiu rapidamente da Rússia, estabeleceu-se com a família em uma casa alugada em Surrey e saiu de cena. Ao ver pela primeira vez os vídeos sobre Karpov e Kuznetsov, ele teve um estalo: se nos convencesse a fazer um dos nossos vídeos sobre os Intocáveis da Rússia focado em Olga Stepanova e o marido, eles ficariam tão abalados que provavelmente se esqueceriam dele.

Quando Vladimir me contou isso, vi que fazia sentido e finalmente me convenci de que poderíamos seguir adiante e usar suas informações para fazer um vídeo.

No entanto, assim que começamos a nos sentir mais à vontade com Perepilichnyy, recebemos uma nova mensagem de Aslan, nossa fonte: "O Departamento K está furioso com os vídeos sobre Kuznetsov e Karpov. Uma nova e grandiosa operação contra o Hermitage e Browder está sendo planejada."

Pedimos que Aslan fosse mais preciso, mas ele não tinha outros detalhes. Meu temor de que Perepilichnyy fosse da FSB ressurgiu com força total. Talvez tudo aquilo fizesse parte do plano. Independentemente de quão robustas fossem as informações dele, eu queria me certificar de todas as maneiras possíveis de que não estávamos caindo de cabeça numa armadilha da FSB.

36

A Princesa dos Impostos

No outono de 2010, uma das nossas prioridades era estarmos seguros de que Perepilichnyy não estava armando contra nós.

Começamos por pesquisar a propriedade nos arredores de Moscou e logo descobrimos que o terreno de seis mil metros quadrados no qual fora construída a mansão dos Stepanov estava registrado no nome da mãe de Vladlen, uma aposentada de 85 anos. Com renda anual de 3.500 dólares, ela era dona de um terreno no valor de 12 milhões de dólares (só o terreno).

No entanto, os Stepanov haviam, sim, construído algo no terreno. Contrataram um dos mais destacados arquitetos de Moscou para projetar duas edificações modernas de 1.100 metros quadrados, construídas com granito alemão e estrutura de vidro e aço escovado. Quando vi as fotos, pensei que era mais provável que pertencessem a um bem-sucedido gestor de fundos do que a uma fiscal de impostos de médio escalão e o marido.

Em seguida, voltamos nossas atenções para Dubai. Pesquisando em um banco de dados on-line de propriedades, confirmamos a existência de um casarão de veraneio comprado por 767.123 dólares registrado em nome de Vladlen Stepanov. Infelizmente, os outros dois apartamentos, que, somados, valiam mais de 6 milhões de dólares, ainda estavam em construção e não tinham sido devidamente escriturados. Só sabíamos desses imóveis graças a algumas transferências bancárias feitas a partir das contas dos Stepanov na Suíça.

Essas contas constituíam o elo que unia as peças do esquema, pois não só foram usadas para pagar essas compras extravagantes, como também acumulavam um total de 10 milhões de dólares, que, segundo Perepilichnyy, foram transferidos à época da fraude da restituição de impostos. Se conseguíssemos provar que tais contas eram verdadeiras, poderíamos fazer um vídeo sobre Olga Stepanova e seu marido capaz de explodir Moscou.

Tudo indicava que as contas na Suíça eram autênticas. Em um mundo ideal, eu poderia simplesmente ter ido ao Credit Suisse e perguntado se os extratos bancários eram reais, mas os bancos na Suíça são tão ciosos do sigilo que isso não teria adiantado.

Poderia também ter procurado conhecidos que trabalhavam lá, mas eles não teriam ajudado. Divulgar informações confidenciais sobre clientes era considerado erro grave, passível de demissão, e eu não conhecia ninguém tão bem para pedir que corresse o risco por mim.

Só nos restava uma alternativa: entrar com uma petição junto às autoridades suíças e ver no que daria. Meu advogado em Londres rascunhou a petição e, quando eu estava pronto para ir adiante, perguntei-lhe quanto tempo ele achava que demoraria para termos uma resposta.

— Não sei — disse ele. — De três meses a um ano.

— *Três meses a um ano?* É tempo demais. Não tem como tocar isso mais rápido?

— Não. Pela minha experiência, as autoridades suíças costumam demorar. Elas vão examinar o assunto quando quiserem.

Janeiro e fevereiro passaram sem novidades. Em meados de março de 2011, o vídeo de Stepanova foi finalizado; ficou melhor que tudo que já tínhamos feito. Eu queria colocá-lo no ar, mas as autoridades suíças estavam me atrasando.

No fim de março, soubemos de um desdobramento inteiramente novo no acobertamento. As autoridades russas condenaram um criminoso que já cumprira pena chamado Vyacheslav Khlebnikov por sua participação na fraude da restituição de impostos. Para mim, era indiferente se colocassem na cadeia cem criminosos já condenados antes por outros delitos, mas importava muito o que estava escrito na sentença oficial, que inocentava totalmente os funcionários da receita, os quais teriam sido "enganados", "induzidos ao erro" e levados a autorizar, na véspera do Natal de 2007, a maior restituição de impostos da história da Rússia.

Entre os funcionários da receita estava Olga Stepanova.

Foi nesse momento que decidi. *Basta! Esses caras não podem continuar a mentir na caradura. As informações de Perepilichnyy são verídicas. Eu sei, os suíços sabem e logo o mundo vai saber também.*

O vídeo foi ao ar em 20 de abril de 2011. A reação foi imediata e enorme, maior que tudo que fizéramos antes. No fim do primeiro dia, contabilizávamos duzentas mil visualizações. Depois de uma semana, quase 360 mil. E, com um mês no ar, o vídeo tinha sido assistido por mais de quinhentas mil pessoas. Olga Stepanova passou a ser conhecida como a Princesa dos Impostos. Repórteres de todos os cantos da Rússia fizeram matérias duras contra ela e o marido. A NTV, uma das emissoras de TV controladas pelo Estado, chegou a escalar uma equipe para vigiar a mãe de Vladlen Stepanov, de 85 anos, que morava numa espelunca em um conjunto habitacional construído à época do regime comunista. Quando questionada sobre a extravagante propriedade em seu nome, ela se justificou dizendo que concordara em registrá-la como sua em troca de lhe darem uma faxineira para ajudá-la a limpar a casa uma vez por semana. Seu filho milionário nem ao menos se dispunha a cuidar direito da mãe.

O melhor de tudo é que, três dias depois de colocarmos o vídeo no ar, o procurador-geral da Suíça anunciou o congelamento do dinheiro dos Stepanov depositado em contas no Credit Suisse. Sem que soubéssemos, as autoridades do país haviam instaurado um processo criminal por lavagem de dinheiro assim que receberam nossa petição.

Eu me senti completamente justificado. As informações de Perepilichnyy mostraram-se legítimas e o dinheiro tinha sido bloqueado. Atingíramos os criminosos no ponto que mais prezavam: suas contas bancárias.

37

SOBRE SALSICHAS E LEIS

Nossos vídeos no YouTube pegaram esses funcionários russos de guarda baixa, mas o verdadeiro golpe de misericórdia que tiraria o sossego das autoridades do país seria a aprovação de sanções legais pelos Estados Unidos.

No outono de 2010, quando fazíamos os primeiros contatos com Perepilichnyy, Kyle Parker concluiu a minuta da Lei Magnitsky. Em 29 de setembro, os senadores Ben Cardin, John McCain, Roger Wicker e Joe Lieberman a apresentaram no Senado. O texto do projeto de lei era simples e direto: qualquer pessoa que participou da prisão, da tortura e da morte de Sergei Magnitsky ou dos crimes que ele denunciou teria seu nome divulgado publicamente, seria proibida de entrar nos Estados Unidos e os bens que tivesse no país seriam congelados.

Assim que souberam que o projeto de lei tinha sido apresentado, as autoridades russas ficaram furiosas e trataram de conceber uma forma de contra-atacar.

A primeira oportunidade surgiu em 10 de novembro, menos de uma semana antes do primeiro aniversário da morte de Sergei; era o Dia Nacional da Polícia na Rússia, data em que o Ministério do Interior condecora seus mais destacados agentes. Dos 35 condecorados em 2010, cinco tinham sido figuras centrais no caso Magnitsky. O prêmio de Melhor Investigador, por exemplo, foi para Pavel Karpov e Oleg Silchenko, que organizara a tortura de Sergei na prisão; houve também uma Comenda Especial de Agradecimento a Irina Dudukina, a porta-voz do Ministério do Interior que, com lealdade, pregara todas aquelas mentiras sobre a morte de Sergei.

Para reafirmar sua posição, cinco dias depois o Ministério do Interior realizou uma coletiva de imprensa para "anunciar novos detalhes sobre o caso Magnitsky".

Dudukina comandou a sessão. Seus cabelos tingidos estavam um pouco mais longos e mais desfiados que no ano anterior, mas sua aparência continuava rechonchuda e cansada, e seu maxilar inferior caído ainda lembrava o de um boneco de ventríloquo. Ela abriu um cartaz improvisado formado por vinte folhas de papel A4 coladas uma ao lado da outra e o grudou numa lousa branca. Apesar de ser um amontoado confuso de números e palavras, a maior parte do conteúdo pequena demais para ser legível, o cartaz improvisado "provava", segundo ela, que Sergei havia cometido a fraude e recebido a restituição de impostos de 230 milhões de dólares. Quando os jornalistas começaram a fazer perguntas básicas sobre os dados do cartaz, ela não conseguiu apresentar respostas críveis e ficou claro para todos os presentes que aquilo não passava de uma farsa.

Embora fossem agressivas e toscas, essas táticas confirmavam que nosso projeto de lei tocara num ponto sensível. Não fui o único a perceber isso. Muitas outras vítimas de violações de direitos humanos na Rússia viram a mesma coisa; depois que o projeto de lei foi apresentado, elas foram para Washington ou escreveram para os congressistas responsáveis com a mesma mensagem básica: "Vocês descobriram o calcanhar de aquiles do regime de Putin." A seguir, um a um, pediam: "Vocês podem incluir na Lei Magnitsky as pessoas que mataram meu irmão?", "Podem incluir as pessoas que torturaram minha mãe?", "E as pessoas que sequestraram meu marido?". E assim por diante.

Os senadores logo perceberam que haviam topado com algo muito maior do que um caso horroroso isolado. Sem querer, tinham descoberto um novo método de lutar contra violações de direitos humanos em regimes autoritários no século XXI: impor restrições de emissão de vistos de entrada e congelamento de bens.

Depois de cerca de dez visitas e cartas como essas, o senador Cardin e seus colegas propositores da Lei Magnitsky confabularam e decidiram acrescentar 65 palavras ao seu texto. O acréscimo determinava que, além das sanções aos torturadores de Sergei, a lei também imporia restrições a todo e qualquer perpetrador de violações flagrantes de direitos humanos na Rússia. Com essas 65 palavras adicionais, minha luta pessoal por justiça se tornou a luta de *todos*.

O projeto de lei emendado foi apresentado em 19 de maio de 2011, menos de um mês após termos postado o vídeo sobre Olga Stepanova. Logo depois, começou a marcar presença no Congresso um pequeno exército de ativistas de origem russa para pressionar pela aprovação do projeto, defendendo-o junto a todos os senadores que os recebiam. Entre esses militantes estavam Garry Kasparov, o famoso campeão mundial de xadrez e defensor dos direitos humanos, Alexei Navalny, líder oposicionista da Rússia, e Evgenia Chirikova, uma conhecida ambientalista. Não tive que recrutar nenhuma dessas pessoas. Elas apareceram por conta própria.

Essa iniciativa espontânea funcionou perfeitamente. O número de copatrocinadores do projeto de lei cresceu depressa, com três ou quatro novas adesões por mês. Era como vender água gelada no deserto. Não existia em Washington um lobby pró-tortura e assassinato para se opor ao projeto. Ninguém deixaria de votar num senador, fosse ele o democrata mais liberal ou o republicano mais conservador, por proibir assassinos e torturadores russos de entrar nos Estados Unidos.

A energia em torno da Lei Magnitsky crescera tanto que havia a impressão de que nada poderia detê-la. Desde o dia em que Kyle Scott fechou as portas para mim no Departamento de Estado, eu sabia que o governo era totalmente contra, mas agora eles estavam em posição bastante desconfortável. Se abertamente se opusessem à aprovação do projeto de lei, dariam a impressão de estar do lado dos russos. No entanto, se o apoiassem publicamente, colocariam em risco a estratégia de Obama de *redefinir* em novos termos as relações com a Rússia.

O governo precisava inventar outra solução.

Em 20 de julho de 2011, o Departamento de Estado mostrou suas cartas ao enviar para o Senado um documento intitulado "Comentários do Governo Acerca do Projeto de Lei S. 1039 Sergei Magnitsky". Embora não devesse ser tornado público, o documento vazou em menos de um dia.

Recebi uma cópia e a folheei com nervosismo. Era um exemplar perfeito da hipocrisia de Washington. O principal argumento do Departamento de Estado era que as sanções propostas na Lei Magnitsky já existiam como prerrogativa do poder executivo, de forma que não era necessário aprovar uma nova lei sobre o tema.

Bancando os espertalhões, ofereceram um prêmio de consolação aos senadores, dizendo que a segunda razão mais importante para o Senado não aprovar o projeto de lei era o fato de as pessoas que mataram Sergei já estarem proibidas de entrar nos Estados Unidos. Portanto, a lei era desnecessária.

Como eu não conseguia definir se esse desdobramento era bom ou não, liguei para Kyle Parker a fim de saber sua opinião.

— Nós também não estamos entendendo, Bill. Cardin me mandou ligar para o Departamento de Estado e procurar saber quem estava na lista de pessoas com restrições de emissão de visto, mas eles não me disseram nada.

— Eles pelo menos informaram quantas pessoas estão na lista?

— Não. Nem isso me disseram.

— E os congelamentos de bens?

— A posição deles sobre esse ponto também ficou bem clara. Eles não apoiam congelamentos de bens.

— E qual foi a reação de Cardin?

— Foi direta: não vamos concordar e ele vai continuar trabalhando pela aprovação do projeto de lei.

Em 8 de agosto de 2011, Cardin rechaçou publicamente a posição do governo e ratificou seu compromisso de aprovar a Lei Magnitsky em um contundente artigo no *The Washington Post* intitulado "Responsabilização dos assassinos de Sergei Magnitsky". Foi uma demonstração clara da determinação do senador, especialmente porque ele e Obama são do mesmo partido. Ele estava publicamente chamando o presidente para a briga.

Quando o governo leu o artigo de Cardin, pareceu ficar ainda mais agitado. A Casa Branca tinha tanto medo de pisar no calo dos russos — e em consequência ver desandar a tática de redefinição das relações — que procurou Cardin e os demais signatários do projeto de lei para sugerir que seu escopo fosse ampliado, que a lei fosse global em vez de restrita à Rússia.

Os senadores adoraram a ideia. O que começara como um projeto em torno de Sergei se transformara em um marco histórico mundial pelos direitos humanos.

A partir desse ponto, Cardin se dedicou a levar o projeto de lei a voto pelo plenário do Senado. Para isso, ainda era preciso vencer um último obstáculo: a Comissão de Relações Exteriores do Senado. Todo projeto precisa ser chancelado por uma comissão especial do Senado antes de ir a voto pelo plenário; como a Lei Magnitsky envolvia sanções a emissões de vistos de entrada, tinha que passar pela Comissão de Relações Exteriores. Acreditava-se que se trataria de mera formalidade, pois o projeto era amplamente apoiado e não tinha oposição no Senado.

Cardin solicitou ao presidente da comissão, o senador John Kerry, que incluísse o projeto na pauta da próxima reunião, agendada para 9 de setembro. Por alguma razão, Kerry negou o pedido. Cardin fez a mesma solicitação para a reunião de 12 de outubro, mas Kerry negou novamente. Não se sabia qual era o problema de Kerry, mas certamente havia algum.

Em paralelo, recebemos novas informações macabras de Moscou. A mãe de Sergei, Natalia, enfim havia sido autorizada a ter acesso aos laudos da autópsia da morte de Sergei. Entre os documentos que lhe permitiram copiar havia seis fotos coloridas do corpo de Sergei logo após sua morte. Embora não fosse surpresa, as fotos exibiam ferimentos nas pernas e mãos, assim como cortes profundos nos pulsos — os mesmos machucados que Natalia vira quando foi ver o corpo do filho no necrotério. Ela também conseguiu fazer cópia de um documento assinado pelo diretor da prisão Matrosskaya Tishina autorizando o uso de cassetetes de borracha contra Sergei pelo batalhão de choque na noite de 16 de novembro.

O que nós já sabíamos — que Sergei tinha sido morto violentamente pelo Estado — agora se tornava inegável e comprovado por documentos.

Depois de ver as fotos e os documentos, Natalia protocolou nova petição a fim de que as autoridades russas abrissem um inquérito criminal. Como tudo que tínhamos tentado na Rússia, a petição também foi rejeitada.

Quando falei com ela por telefone, o único consolo que pude oferecer foi lembrar que estávamos perto de fazer algum tipo de justiça nos Estados Unidos. Prometi que estava tentando tudo ao meu alcance e insisti que, embora proibir a entrada nos Estados Unidos e congelar bens fossem punições pequenas demais para a gravidade dos crimes cometidos por essas pessoas contra Sergei, aquilo era melhor que impunidade total, situação em que então nos encontrávamos.

Em 29 de novembro de 2011, a Comissão de Relações Exteriores realizou nova sessão deliberativa. Quando a pauta foi publicada no site da comissão naquele mesmo dia, cliquei no link na esperança de encontrar o nome de Sergei. O primeiro item na pauta era "Uma resolução em favor da proteção da bacia do rio Mekong".

Mais abaixo, o item seguinte da ordem do dia era "Uma resolução expressando o sentimento do Senado em relação à pacífica Revolução de Jasmim, na Tunísia".

Fui descendo até o fundo da página. Nada de Magnitsky.

Imediatamente liguei para Kyle.

— O que está acontecendo? O projeto de lei não está na pauta.

— Não sei. Nós também estamos tentando descobrir.

Comecei a suspeitar que algum tipo condenável de toma lá dá cá estava em curso nos bastidores. Kerry aparentemente estava obstruindo a discussão.

Visto que o problema parecia ser o próprio Kerry, imaginei que, se conseguisse uma reunião pessoal com ele, o poder da história de Sergei talvez o comovesse da mesma forma que comovera McCain e McGovern.

Liguei para Juleanna. Até aquele ponto, ela tivera sucesso em todos os pedidos de reuniões com senadores, mas não deu certo com Kerry. O melhor que conseguiu foi uma audiência com seu conselheiro para assuntos russos, um funcionário do Senado chamado Jason Bruder.

Voei para Washington e, no dia seguinte à minha chegada, fui com Juleanna para o Dirksen Senate Office Building, onde nos encontramos com Bruder em frente à sala da Comissão de Relações Exteriores. Bruder, pouco mais de trinta anos de idade, estatura mediana, cavanhaque cuidadosamente aparado, nos levou até um cavernoso auditório onde cadeiras e mesas estavam dispostas em formato de ferradura. Como não havia lugares para sentarmos confortavelmente, arrastamos cadeiras da área reservada à plateia e as posicionamos em um pequeno círculo.

Depois de agradecer por me receber, comecei a contar a história de Sergei. Na terceira frase, ele me cortou:

— Sim, sim, sei tudo sobre esse caso. Sinto muito pelo que aconteceu. Ele e sua família merecem que a justiça seja feita.

— É por isso que estamos aqui.

— Escute. Pensei bastante nesse assunto. O senador e eu gostaríamos muito de ajudar no caso Magnitsky.

— Que ótimo. O senador Kerry vai apoiar o projeto de lei e trabalhar para que seja aprovado pela comissão?

Bruder recostou-se na cadeira, que rangia.

— Bem, eu realmente não acho que a Lei Magnitsky seja a abordagem certa para lidar com esses problemas, sr. Browder.

De novo a mesma história, pensei, lembrando-me de Kyle Scott e de todos os carreiristas nervosinhos do governo dos Estados Unidos.

— O que quer dizer com "não é a abordagem certa"?

Ele então repetiu palavra por palavra a mesma ladainha desgastada do Departamento de Estado. Tentei argumentar, mas ele não me deu ouvidos.

No fim, Bruder disse:

— Escute, Bill, esse caso é importante para nós. Eu gostaria que o senador Kerry levasse o assunto diretamente para o embaixador russo na próxima vez que se encontrarem.

Levar o assunto para o embaixador russo? Esse cara só podia estar de brincadeira comigo. O nome de Sergei fora estampado na primeira página de todos os jornais mais importantes do mundo! O presidente russo e seus ministros mais graduados tinham passado horas e horas tentando minimizar os estragos provocados pelo caso Magnitsky, e agora Bruder achava que uma conversinha privada com o embaixador ajudaria?

Saí da reunião xingando e praguejando em silêncio.

Soube-se depois que a oposição de Kerry à Lei Magnitsky nada tinha a ver com sua opinião sobre virtudes ou defeitos daquela abordagem em si. Corria em Washington o rumor de que ele estava obstruindo a votação da lei por uma única razão: queria ser secretário de Estado depois que Hillary Clinton deixasse o cargo. Pelo que entendi, uma das condições para ele conseguir o posto era se certificar de que a Lei Magnitsky jamais chegasse um dia à mesa de discussões da Comissão de Relações Exteriores do Senado.

Nada aconteceu com o projeto de lei nos meses seguintes, até que, na primavera de 2012, ganhamos um presente inesperado: depois de quase vinte anos de negociações, em agosto daquele ano a Rússia seria admitida na Organização Mundial do Comércio (OMC). No momento em que a Rússia se tornasse membro da OMC, todos os outros países-membros poderiam transacionar com a Rússia em condições iguais, sem tarifas ou outros custos. Todos os países exceto um: os Estados Unidos, devido a um dispositivo legal conhecido como emenda Jackson-Vanik.

Essa emenda, promulgada 37 anos antes, em meados da década de 1970, impunha sanções comerciais à União Soviética como punição por não permitir que judeus soviéticos emigrassem. No começo, o regime soviético se manteve inflexível, mas, depois de alguns anos, percebeu que o custo das sanções era alto demais e acabou permitindo que 1,5 milhão de judeus deixassem o país.

Trinta e sete anos mais tarde, a União Soviética não existia mais e judeus russos podiam emigrar livremente, mas a emenda Jackson-Vanik permanecia vigente. Se assim continuasse, empresas americanas como Boeing, Caterpillar, Ford e exportadores de carne estariam efetivamente impedidas de aproveitar as mesmas vantagens comerciais que os demais países-membros da OMC.

Do ponto de vista do empresariado americano, a emenda Jackson-Vanik tinha que ser revogada, e o governo Obama dava total apoio à ideia. Se tivesse autonomia para revogar sozinho a emenda, o presidente o teria feito. No entanto, para tirá-la da legislação, precisava da aprovação do Congresso.

Eu estava em Washington trabalhando com Juleanna em nossa campanha na semana em que o governo deflagrou seu esforço para derrubar a emenda Jackson-Vanik. Depois de uma manhã de reuniões, Juleanna e eu demos uma parada para almoçar na lanchonete localizada no corredor do subsolo do Hart Office Building. Eu estava comendo uma salada em uma precária mesa de alumínio quando Juleanna me cutucou e apontou discretamente em direção ao corredor, por onde caminhava, cercado por alguns poucos assessores, o senador Joe Lieberman, um dos mais proeminentes copatrocinadores da Lei Magnitsky.

— Bill, aquele ali é o Lieberman. Acho que você deveria falar com ele sobre essa situação da emenda Jackson-Vanik — cochichou ela.

— O quê? Agora? Ele só está passando pelo corredor. Não dá para ter uma conversa adequada com ele nessas condições.

Embora tivesse aprendido a ser bastante assertivo quando necessário, até hoje não me sinto confortável abordando estranhos e os obrigando a me ouvir, especialmente pessoas que são alvo constante das atenções do público.

Juleanna, no entanto, ignorou meu evidente desconforto, levantou-se e praticamente me arrancou da cadeira.

— Vamos lá, Bill. Vamos falar com ele.

Andando lado a lado, atravessamos o corredor em direção ao senador Lieberman. Assim que chegamos perto dele o suficiente, Juleanna estendeu a mão e disse:

— Desculpe por incomodá-lo, senador, mas eu gostaria de saber se poderia lhe apresentar Bill Browder, o homem que está por trás da Lei Magnitsky.

Lieberman e seus assessores pararam. Senadores normalmente têm centenas de coisas na cabeça e às vezes levam alguns segundos para processar e associar pessoas a fatos. Quando a ficha caiu e as palavras "Lei Magnitsky" fizeram sentido, seu rosto se iluminou.

— Ah, sr. Browder. — Ele se virou para mim. — É um prazer conhecê-lo. Obrigado pelo importante trabalho que vem realizando.

Fiquei lisonjeado por ele ter alguma ideia de quem eu era.

— Eu não teria conseguido nada sem seu apoio — disse-lhe com sinceridade. — Mas tem um problema. O senhor certamente sabe que o governo está trabalhando para derrubar a emenda Jackson-Vanik.

— Sim, temos ouvido essas notícias.

— Acho uma insensatez que, ao mesmo tempo que deseja revogar uma das mais importantes leis de defesa de direitos humanos da história, o governo continue obstruindo a aprovação da Lei Magnitsky.

Ele parou alguns segundos e disse, aparentando sinceridade:

— Você está coberto de razão. Precisamos fazer alguma coisa.

— O que pode ser feito?

— Faremos o seguinte: vamos avisar ao governo que obstruiremos a revogação da emenda Jackson-Vanik se não pararem de emperrar a votação da Lei Magnitsky. Tenho certeza de que John, Ben e Roger[9] apoiarão essa ideia.

— Isso teria um impacto incrível. Obrigado.

— Não, Bill. Eu que agradeço por tudo que você fez.

Lieberman então se voltou para seus assessores, disse a um deles que o lembrasse a respeito dessa carta e foi embora, deixando-nos lá parados, cercados pelo alvoroço do corredor.

Depois de alguns segundos, olhei para Juleanna e perguntei:

— Isso realmente acabou de acontecer?

— Com certeza. É assim que as coisas funcionam em Washington, Bill. Parabéns.

Cumprindo a promessa, alguns dias depois Lieberman e os demais copropositores originais da Lei Magnitsky enviaram uma carta para o senador por Montana Max Baucus, presidente da Comissão de Finanças do Senado. Assim como para a Lei Magnitsky ser votada em plenário era necessária a aprovação prévia da Comissão de Relações Exteriores, a votação para revogar a emenda Jackson-Vanik precisava do sinal verde da Comissão de Finanças. A carta dizia: "Se a Lei Magnitsky não passar, nós nos oporemos fortemente à revogação da

---

[9] Referindo-se aos senadores McCain, Cardin e Wicker.

emenda Jackson-Vanik." Considerando a forma de funcionamento do Senado, a carta era equivalente a um veto.

O senador Baucus tinha grande interesse em revogar a emenda Jackson-Vanik. Muitos dos seus eleitores em Montana eram criadores de gado e exportadores de carne. Eles queriam vender seus bifes e hambúrgueres para a Rússia — o sexto maior importador de carne dos Estados Unidos — sem medo de estar em desvantagem em relação à concorrência.

Isso significava que a única forma de passar a revogação da emenda Jackson-Vanik era aprovar também a Lei Magnitsky; assim, depois de muitas tratativas, o Senado decidiu juntar os dois projetos de lei em um só. Em primeiro lugar, a Comissão de Relações Exteriores daria sinal verde para o plenário votar a Lei Magnitsky e em seguida a Comissão de Finanças faria o mesmo em relação à revogação da Jackson-Vanik. Só depois é que, finalmente, o projeto seria levado para votação pelo plenário.

"Quanto menos souber como são feitas as salsichas e as leis, melhor você vai dormir", reza o ditado. Nossa campanha em defesa dos direitos humanos teve que costurar parcerias esquisitas com pecuaristas de Montana, ativistas de direitos humanos russos e executivos de vendas da Boeing, mas, trabalhando juntos, aparentemente teríamos força para vencer a resistência à aprovação da lei que ainda restava.

Diante da perspectiva de não conseguir a revogação da Jackson-Vanik, Kerry tirou o pé do freio e convocou uma sessão da Comissão de Relações Exteriores do Senado em 26 de junho de 2012, com o propósito único de aprovar a Lei Magnitsky. Fui para Washington exclusivamente para estar lá. A sessão seria aberta ao público e deveria começar às 14h15. Cheguei ao Capitólio 45 minutos antes para conseguir um bom lugar, mas, ao me aproximar da barreira de segurança, havia, para minha surpresa, uma fila de mais de trezentas pessoas esperando para entrar: jornalistas, ativistas, estudantes voluntários, funcionários do Senado, funcionários da embaixada russa, havia gente de toda parte.

Entrei na fila e alguns minutos depois ouvi alguém chamando meu nome. Reconheci um estudante de último ano da Columbia University que tinha sido voluntário na nossa campanha. Ele pedira a um amigo que guardasse seu lugar e veio até onde eu estava:

— Sr. Browder, por favor, venha para a frente da fila comigo.

Ele então me puxou de lado e começamos a caminhar passando na frente de todo mundo, até que um guarda da segurança do Capitólio nos parou:

— Ei, camarada, o que você está fazendo?

Fiquei com um pouco de vergonha e me mantive calado, mas o estudante disse com entusiasmo:

— Senhor, este é o responsável pela Lei Magnitsky. Ele precisa estar na frente da fila.

— Não estou nem aí para o que ele fez — retrucou o policial, olhando para mim. — Volte para o fim da fila.

— Mas...

— Fim da fila!

Tranquilizei o estudante, disse-lhe que não havia problema e caminhei de volta para o meu lugar original. Notei no meio da fila um conhecido da embaixada russa. Pelo sorrisinho no rosto, ele deve ter adorado me ver levando uma bronca em público.

Quando finalmente cheguei ao corredor que dava para a entrada da sala da comissão, me deparei com um aglomerado de pessoas. O espaço tinha capacidade para apenas sessenta pessoas, aproximadamente, e logo concluí que, se não entrasse no começo, acabaria não entrando nunca. A porta foi aberta pontualmente às 14h15 por uma mulher baixa e atarracada de cabelos castanhos e voz poderosa, que lhe conferia autoridade. Ela chamou primeiro os membros da imprensa. Um terço das pessoas aguardando avançou e eu tentei entrar no bolo, mas essa mulher incrível, que levava seu serviço com extrema seriedade, me bloqueou quando chegou minha vez.

— Onde está sua credencial?

— Não tenho. Mas tenho uma grande participação na Lei Magnitsky e é importante que eu esteja presente.

Ela balançou a cabeça, como que dizendo "Conta outra, meu querido", e apontou para a multidão atrás de mim.

O que fazer? Pela segunda vez naquele dia, me afastei envergonhado, sentindo o peso de ser o que realmente era: um forasteiro. Fiquei atrás de uma corda de isolamento, de onde vi quando os senadores e seus assessores apareceram. A multidão abriu espaço para que passassem e flashes começaram a espocar em toda parte. Um dos últimos senadores a chegar foi Ben Cardin, que não percebeu a minha presença.

Felizmente, seu principal assessor, Fred Turner, percebeu.

Quando chegaram perto da porta, vi Fred dizer alguma coisa para a mulher de cabelos castanhos e apontar em minha direção. Ela veio até mim.

— Sr. Browder, peço desculpas. Temos lugar para o senhor. Por favor, me acompanhe — disse antes de me conduzir pelo salão lotado, o mais pomposo de todas as comissões do Senado, e me indicar a última cadeira ainda vazia.

O senador Kerry entrou por uma porta lateral e abriu oficialmente a sessão. Sua linguagem corporal deixava claro que ele preferiria estar em qualquer outro lugar em vez dali. Começou a reunião com um estranho discurso sobre como os Estados Unidos não são um país perfeito, alertando que as pessoas presentes naquele salão deveriam "ter em mente a necessidade de o país não ficar sempre apontando o dedo para os outros, e também olhar para dentro quando pensamos nessas coisas".

Ele então passou a palavra a alguns dos outros senadores, todos os quais fizeram comentários favoráveis ao projeto de lei. Depois que terminaram, Kerry voltou-se diretamente para Cardin.

— Não considero essa matéria uma peça totalmente pronta, e não quero que seja julgada como se fosse.

Com sua voz condescendente e seu sotaque aristocrata de Boston, ele seguiu emitindo montes de pensamentos praticamente ininteligíveis sobre como a Lei Magnitsky potencialmente comprometeria informações confidenciais, acrescentando que, embora fosse "muito legítimo citar nomes e expor publicamente", ele estava "preocupado com as consequências indesejadas de solicitar esse tipo de relatório detalhado que implica uma gama maior de contrapartidas de inteligência".

A confusa fala em diplomatês de Kerry escancarou que ele só estava ali porque precisava estar e que ele não se sentia confortável fazendo o que era para ser feito. Tudo o que ele dizia parecia ser uma tentativa mal disfarçada de protelar a votação do projeto de lei e deixar a tarefa para a próxima legislatura do Congresso. Se isso acontecesse, todo esse exercício de "fabricação de salsichas" teria que ser reiniciado do zero. Tudo dependia daquele momento. Seria Cardin, um senador em primeiro mandato, capaz de peitar Kerry, há 27 anos na casa e uma das figuras mais influentes do Partido Democrata?

Quando Kerry encerrou sua fala sonolenta, todos os olhos se voltaram para Cardin, que aparentava nervosismo enquanto se preparava para expor seu pensamento.

Cardin não arredou pé e se recusou a adiar a discussão do projeto de lei, exigindo que fosse a voto pela comissão imediatamente. Depois de cinco minutos de vaivém, Kerry se cansou e chegou a cortar Cardin no meio de uma frase, perguntando:

— Algum ponto a mais a ser debatido? Mais algum comentário ou discussão?

O salão mergulhou no silêncio.

Kerry ordenou então que fosse a voto. Nenhuma voz se ergueu para dizer "não".

Kerry enfim anunciou a aprovação por unanimidade e encerrou a sessão. Não levou mais que quinze minutos. Andando em fila, todos deixaram a sala.

Eu estava nas nuvens. Desde 16 de novembro de 2009, tinha dedicado todos os dias da minha vida à memória de Sergei. Nesse dia de junho de 2012, era como se não existisse em Washington, a cidade mais importante do país mais poderoso do mundo, uma única pessoa que não conhecesse o nome de Sergei Magnitsky.

38
A DELEGAÇÃO MALKIN

Todos os astros pareciam estar alinhados para que a Lei Magnitsky fosse aprovada sem problemas. O empresariado apoiava, entidades de defesa de direitos humanos apoiavam, o governo Obama apoiava, republicanos, democratas, todo mundo. Eu não conseguia imaginar que houvesse algo capaz de impedir nossa vitória.

Mas em 9 de julho de 2012, menos de duas semanas antes de o projeto de lei conjunto ser analisado pela Comissão de Finanças do Senado, o governo russo fez um derradeiro e desesperado esforço para tirá-lo dos trilhos: despachou para Washington uma delegação de alto nível para apresentar "uma investigação parlamentar do caso Magnitsky". O objetivo oficial divulgado era criar uma comissão binacional envolvendo os Congressos russo e americano, mas, como fizera Kerry anteriormente, o verdadeiro propósito era atrasar a tramitação do projeto até a legislatura seguinte, quando finalmente agonizaria até a morte.

A delegação era composta por quatro membros do Conselho da Federação, a câmara alta do parlamento russo, e liderada por um político chamado Vitaly Malkin, um bilionário russo, nº 1.062 na lista dos mais ricos da revista *Forbes*.

Descobri que em 2009 Malkin fora citado como "membro de um grupo envolvido em crimes transnacionais" pelo governo canadense e que, apesar das negativas do bilionário, tinha sido proibido de entrar no Canadá. Eu não entendia como alguém com tal reputação pudesse liderar uma delegação para Washington, até ver uma foto dele em frente ao Capitólio cumprimentando alguém por ocasião da doação de 1 milhão de dólares para a Biblioteca do Congresso feita por ele. Suponho que 1 milhão de dólares possa comprar alguma dose de tolerância em Washington.

Não obstante esse histórico, eu tinha convicção de que congressistas sérios teriam interesse em ouvir qualquer "novo detalhe" que esse parlamentar russo tivesse sobre o caso Magnitsky. Eu sabia que a apresentação de Malkin conteria falsificações e invenções da FSB e me perguntava como um congressista americano conseguiria perceber isso em um encontro de trinta minutos.

Passei a maior parte do dia 9 de julho ligando para diferentes gabinetes do Congresso tentando descobrir quem aceitara se encontrar com a delegação. Kyle me contou que Cardin se recusara, mas McCain, Wicker e McGovern concordaram, ainda que de modo relutante. Kyle soube também que a delegação seria recebida em audiência no Conselho de Segurança Nacional do presidente e no Departamento de Estado. Depois dessas reuniões, a delegação Malkin daria uma entrevista coletiva no dia 11 de julho na embaixada da Rússia para anunciar "novos detalhes do caso".

A maioria das reuniões da delegação Malkin foi realizada no dia 10 de julho; liguei freneticamente para todo mundo que conhecia em Washington a fim de obter alguma informação sobre como haviam transcorrido, mas não tive sucesso. Nem Kyle estava disponível naquele dia.

Eu teria repetido esse esforço no dia 11, mas infelizmente estava indo viajar para San Diego com minha família. Não poderia haver hora pior, mas eu não iria cancelar. Quando essa confusão começou, eu tinha prometido a Elena que não deixaríamos os russos arruinarem nossa vida.

Pegamos um avião ao meio-dia e, embora eu estivesse com a cabeça em outro lugar, ajudei Elena a cuidar das crianças da melhor maneira que pude. Nós nos acomodamos e fiquei brincando de faz de conta com Jessica com um par de girafinhas de pano enquanto o avião taxiava e decolava. Enquanto ganhávamos altitude, ela perguntou de maneira repentina:

— Papai, quem é Magnitsky?

Eu nunca tinha falado explicitamente com Jessica sobre Sergei, mas ela já ouvira o nome dele tantas vezes que fazia parte do seu vocabulário. Refleti bem antes de responder:

— Sergei Magnitsky era um amigo.

— Aconteceu alguma coisa com ele?

— Sim. Pessoas muito malvadas o colocaram na prisão, o machucaram e pediram que ele dissesse uma mentira.

— E ele disse?

— Não, ele não disse. E por causa disso eles tornaram a vida dele muito difícil e o proibiram de se encontrar com sua família.

— E por que eles queriam que ele mentisse? — perguntou, enquanto fazia sua girafinha dançar no apoio de braço entre nós.

— Porque eles roubaram um montão de dinheiro e não queriam devolver.

Ela deixou a girafinha cair em seu colo. Depois de alguns instantes, perguntou:

— E o que aconteceu com Magnitsky?

— Bem, meu amor... ele morreu.

— Porque não queria mentir?

— Isso mesmo. Morreu porque não queria mentir.

— Ah.

Ela então pegou a girafa e a virou, falando algo inaudível para o bichinho em seu idioma infantil. Eu estava calado, entretido com meus pensamentos, quando ela disse:

— Espero que isso não aconteça com você.

Eu pisquei, segurando as lágrimas.

— Não vai acontecer, não, meu bem. Eu prometo.

— Tá bom.

O aviso de apertar os cintos foi apagado e ela se levantou para falar com Elena sobre alguma coisa. Aquela conversa me atingiu em cheio. Mais do que triste, me deixou com raiva. Precisava saber o mais rápido possível o que estava acontecendo em Washington com a delegação Malkin.

Assim que aterrissamos, onze horas depois, liguei meu celular e telefonei para Kyle, me preparando para o pior. Ele atendeu no primeiro toque com a mesma voz sossegada de sempre.

— Ei, Bill. O que me conta?

— Passei o dia no avião. O que está acontecendo com os russos? Nosso projeto de lei continua vivo?

— Claro. A intervenção deles, se é que se pode chamar assim, foi uma grande cagada, um fiasco completo — disse ele rindo. — Você precisava ter visto.

Ele me contou que o primeiro ponto levantado por Malkin aos senadores foi que Magnitsky era um bêbado e estava acima do peso, de modo que sua morte fora de alguma forma causada por seu "alcoolismo". Além de ofensivo, os senadores sabiam que isso era falso. Eles conheciam bem os relatórios independentes que concluíram que Sergei morreu por ter sido torturado e surrado, além de não ter recebido cuidados médicos adequados.

O segundo ato de Malkin foi declarar, depois de amontoar uma pilha de documentos escritos em russo diante dos senadores, que aqueles papéis continham "provas irrefutáveis" de que Sergei e eu éramos desonestos e tínhamos roubado 230 milhões de dólares. Essa manobra tampouco os abalou. Muitos dos senadores tinham visto os vídeos da série Intocáveis da Rússia e conheciam bem a história da riqueza não explicada de Karpov, Kuznetsov e Stepanova, assim como o caso da lavagem de dinheiro e os milhões de dólares do marido de Stepanova congelados na Suíça. Os senadores relembraram esses fatos desagradáveis para Malkin, que, por sua vez, respondeu que as autoridades russas investigaram todas essas acusações e não encontraram nada errado.

Kyle me contou em seguida que a entrevista coletiva tinha sido um desastre ainda maior. Quando um repórter do *Chicago Tribune* pediu que comentasse os documentos que provavam que Sergei havia sido espancado por guardas da tropa de choque, Malkin respondeu como se estivesse falando do clima:

— É, talvez ele tenha sido chutado uma vez, talvez duas, mas não foi por isso que ele morreu.

Apesar de todo o alvoroço e drama criado em torno dessa última tentativa desesperada do governo russo, o resultado foi totalmente oposto ao desejado. Em vez de plantar dúvida na cabeça das pessoas em relação à Lei Magnitsky, a delegação acabou reforçando suas convicções. Nossa base de apoio era extremamente sólida e não haveria como o projeto de lei ser vetado pela Comissão de Finanças do Senado.

Sem mais complicações, a Lei Magnitsky recebeu sinal verde em 18 de julho. O próximo passo seriam as votações nos plenários das duas casas do Congresso americano, o que aconteceria depois do recesso de verão.

As coisas se acalmaram durante o recesso e eu pude curtir férias realmente relaxantes com meus filhos pela primeira vez em muitos anos. Nem me lembrava a última vez que conseguira me desligar de tudo. No meio da nossa viagem, as crianças imploraram para que fôssemos acampar. Pegamos uma barraca e alguns sacos de dormir emprestados e fomos de carro para o Palomar Mountain State Park, a uma hora e meia ao norte de San Diego, onde achamos um lugar para acampar. Arranjamos lenha no posto dos guardas do parque, fizemos uma fogueira e exploramos a floresta. David se encarregou da cozinha e comemos espaguete com molho de tomate e cachorro-quente em pratinhos de plástico. Quando caiu a noite, corujas e outras aves começaram a piar nas copas das árvores e o aroma da madeira queimando envolveu o ar. Fazia tempo que não passava uma noite tão maravilhosa.

Quando voltei para Londres, estava com a bateria recarregada e pronto para a arrancada final.

Mas os russos também estavam. No meu primeiro dia de volta, chegou para mim um grande envelope preto com o carimbo de correspondência registrada contendo uma ação judicial de 205 páginas — "Querelante: Pavel Karpov, Querelado: William Browder" — impressa em papel timbrado do escritório de advocacia Olswang, um dos mais prestigiosos e caros do Reino Unido. Karpov estava me processando por difamação num tribunal do Reino Unido. O processo alegava que nossos vídeos postados no YouTube sobre Karpov, Kuznetsov e Stepanova o difamaram e lhe causaram danos morais.

Não consegui conter o riso. "Danos morais"? Era uma piada?

Para começar, Karpov ganhava menos de 1.500 dólares por mês e o escritório que ele contratara cobrava cerca de *600 libras por hora*. Isso significava que, só para ter esse documento redigido e entregue, ele teria de ter torrado seu salário oficial de vários anos.

Fiquei com a impressão de que essa era uma última tentativa de silenciar nossa campanha, um golpe perfeitamente alinhado com a forma de atuar de Putin. Em maio de 2012, logo depois de ter sido reeleito, Putin determinou que uma das prioridades máximas da sua política externa era impedir que a Lei Magnitsky fosse promulgada nos Estados Unidos. Para mim, isso explicava como Karpov conseguiu milagrosamente arcar com os custos dos honorários de um escritório de advocacia londrino tão caro.

Tenho certeza de que o escritório Olswang ficou feliz por pegar o caso. Eu ficava imaginando um advogado bom de lábia convencendo um bando de russos toscos de que investir 1 milhão de libras nesse processo lhes traria grandes benefícios e resolveria seus problemas com Bill Browder e a Lei Magnitsky. O que os advogados talvez não tenham percebido é que um oficial de polícia russo que não falava inglês e tinha estado no Reino Unido somente duas vezes, em férias, dificilmente seria bem acolhido por um tribunal inglês num processo por difamação.

Contratei advogados para me defender no processo, mas não deixei que o caso me distraísse do objetivo principal: ver aprovada a Lei Magnitsky. Quando o recesso de verão terminou, no início de setembro, liguei para Kyle assim que ele voltou a trabalhar para saber quando o projeto seria votado.

Kyle riu.

— Bill, estamos chegando ao auge da temporada de seca de notícias sérias, que é logo antes das eleições. A Magnitsky é um caso muito garantido, de modo que as lideranças não terão interesse nenhum em programar sua votação.

— Mas nós temos apoio total dos dois partidos. Aparentemente essa lei é a única coisa com que todo mundo em Washington está de acordo.

— E esse é o problema, Bill. Agora que a campanha eleitoral está esquentando, ninguém quer falar de coisas que todo mundo concorda. Nenhum desses caras pode se dar ao luxo de ajudar o adversário a se dar bem.

— E isso significa exatamente o quê?

— Significa que o projeto de lei não irá a voto antes de 6 de novembro.

Fiz algumas contas.

— Ou seja, só teremos sete semanas entre a eleição e o fim da legislatura.

— Nem sete semanas. Com os feriados de fim de ano, será muito menos.

Embora a demora me preocupasse, não havia nada que eu pudesse fazer a não ser esperar. Passei setembro e outubro com meu pessoal tentando tomar pé da situação do Hermitage, minha empresa de investimentos, que a essa altura era uma pálida sombra do que tinha sido no passado. Para reconstruir meu fundo e fazê-lo voltar a ser o que fora, teriam sido necessários meses seguidos de viagens de vendas e conferências de investimentos. Quando tive que escolher entre fazer isso e lutar para obter justiça para Sergei, não pestanejei e escolhi a justiça.

As semanas demoraram a passar, até que, finalmente, realizou-se a eleição, em 6 de novembro, com fácil vitória de Obama sobre Mitt Romney. No dia seguinte liguei para Kyle e tornei a perguntar quando o projeto de lei iria a voto.

Para minha surpresa, ele disse:

— Eu já ia te ligar. A Câmara dos Representantes acabou de anunciar que vai a plenário na outra sexta-feira.

— Você está falando sério?

— Sim. Até que enfim a coisa vai sair do papel.

Dei uma olhada no meu calendário.

— Dia 16 de novembro...

Kyle fez uma pausa ao perceber a importância da data: 16 de novembro de 2012 seria o terceiro aniversário da morte de Sergei.

— Sim — disse ele baixinho. — É verdade... mas tem mais um problema. A Câmara insiste que o projeto volte a ser uma lei válida apenas para a Rússia. É isso que será levado a plenário.

Quando ajustara o projeto a fim de torná-lo uma legislação global de direitos humanos, o senador Cardin ficara tão entusiasmado com seu ineditismo e a possibilidade de se tornar um paradigma que agora poderia colocar em risco o acordo inteiro só para manter o caráter global do projeto.

— Isso quer dizer que Cardin talvez não aceite a versão da lei aplicada só à Rússia?

— Talvez não.

Se o Senado tivesse uma versão de projeto de lei diferente da versão da Câmara dos Representantes, seria necessário que as conciliassem numa só, o que levaria ainda mais tempo, algo que não tínhamos. Se Cardin não recuasse, cresceriam as chances de ficarmos sem lei alguma.

É claro que eu queria que a versão global da lei fosse aprovada. Batizar com o nome de Sergei um dispositivo tão abrangente e importante como o defendido por Cardin teria sido a homenagem ideal. Contudo, mais do que isso, eu queria que o projeto fosse aprovado e virasse lei; se, para conseguir isso, fosse necessário voltar para a versão aplicada somente à Rússia, eu estaria totalmente de acordo.

Eu esperava que Cardin também estivesse.

Finalmente chegou o dia 16 de novembro. Estava destinado a ser um grande dia. Não apenas o plenário da Câmara dos Representantes dos Estados Unidos colocaria em votação a Lei Magnitsky, como, à noite, eu seria o anfitrião na estreia londrina de uma peça teatral intitulada *One Hour Eighteen Minutes*, uma produção independente premiada da dramaturga russa Elena Gremina que detalhava os últimos 78 minutos da vida de Sergei.

No fim da tarde, todo mundo no escritório entrou no site da C-SPAN para acompanhar a transmissão ao vivo da sessão da Câmara dos Representantes. Antes do início da votação, membros do Congresso passaram pelo microfone para discursar, contaram e recontaram maravilhosamente o drama de Sergei e clamaram por justiça. Esse verdadeiro divisor de águas estava acontecendo bem diante dos meus olhos nesse amplo salão icônico da história dos Estados Unidos. Foi nesse mesmo plenário que foram aprovadas as emendas da abolição da escravatura e a que deu às mulheres o direito de votar; foi nesse plenário que leis que se tornaram marcos dos direitos civis foram aprovadas. Eu não conseguia acreditar que tudo que tinha acontecido até então culminava agora nesse grande momento.

A votação enfim começou. Um a um, os votos começaram a pingar, quase todos a favor. Sempre que havia um voto contra, vaias ecoavam no meu escritório, mas essas manifestações foram poucas e esparsas. O projeto de lei seria aprovado sem sustos na Câmara.

Quando a chamada nominal dos representantes estava na metade, meu telefone tocou. Sem olhar para o visor do identificador de chamada, atendi achando que era Elena ou alguém querendo me felicitar e falar sobre o que estava acontecendo em Washington.

— Bill, aqui é Marcel.

Reconheci a voz como sendo do contador que apresentáramos a Alexander Perepilichnyy, o russo que denunciara para nós a existência das contas na Suíça.

Fiquei surpreso que Marcel estivesse ligando para mim, pois não tinha nada a ver com a Lei Magnitsky nem com qualquer outro assunto em que eu estivesse envolvido naquele momento.

— Oi, Marcel. Será que a gente pode falar mais tarde? Estou um pouco ocupado agora.

— Peço desculpas por te incomodar, Bill, mas é importante.

— Tudo bem. Do que se trata?

— Bill, nem sei se deveria estar lhe contando isso — disse ele, de maneira enigmática.

Girei na poltrona e tirei os olhos da tela com a transmissão da C-SPAN.

— Me contando o quê?

— Você tem que me prometer que não vai dizer para ninguém, nem para os caras do seu escritório.
— Depende. O que é?
— Alexander Perepilichnyy morreu.

39
Justiça para Sergei

Marcel me contou que Perepilichnyy tinha morrido em frente à casa onde morava, em Surrey, durante uma corrida à tarde, mas não tinha outras informações.

Levei alguns minutos para processar a notícia. Surrey estava a menos de trinta quilômetros de onde eu me encontrava. Se a morte tivesse sido criminosa, o que parecia ser o caso, é porque nossos inimigos haviam trazido suas práticas de terror para onde vivíamos.

O pedido de Marcel de guardar segredo sobre o assunto era despropositado; no mesmo instante chamei Vadim, Vladimir e Ivan à minha sala. Dei-lhes a má notícia e eles ficaram chocados, sobretudo Vadim e Vladimir, que acabaram conhecendo bem Perepilichnyy no ano anterior. Enquanto conversávamos, Vladimir murmurou algo em russo que não consegui entender.

De repente, vi pela parede de vidro os funcionários do Hermitage do lado de fora da minha sala explodindo de alegria e batendo as palmas das mãos. Abri a porta e perguntei o que estava acontecendo. Minha secretária virou para anunciar:

— A Lei Magnitsky acabou de ser aprovada pela Câmara dos Representantes por 365 votos a favor e 43 contra!

A notícia era extraordinária, mas eu não estava com espírito para comemorar. Outra pessoa ligada ao caso tinha acabado de morrer. Tentei sufocar ao máximo dentro de mim os sentimentos a respeito de Perepilichnyy e me juntei à equipe para parabenizá-los pelo trabalho duro. Passei alguns minutos conversando sobre a votação e os próximos passos, mas não queria lhes contar sobre a morte dele antes que eu pudesse digerir as implicações.

Voltei para minha sala, coloquei as mãos na cabeça e tentei refletir sobre a notícia que acabara de receber. Ele tinha sido assassinado? Seus assassinos ainda estariam no Reino Unido? Eles viriam nos pegar? Por mais que quisesse começar a fazer ligações para pessoas capazes de me ajudar a entender tudo isso, eu não podia. Precisava estar no teatro New Diorama em 45 minutos, onde seria o anfitrião da estreia da peça sobre Sergei.

Segui para o teatro me esforçando para concentrar no fundo da mente qualquer pensamento sombrio. Ao entrar no saguão, cruzei com as mais importantes personagens da comunidade de direitos humanos de Londres — parlamentares, autoridades governamentais, celebridades, artistas e também amigos próximos. A peça era forte e comovente. Depois de encerrada, três convidados especiais e eu subimos ao palco e, acomodados em cadeiras dobráveis, iniciamos um debate com a plateia. Ao meu lado no palco estavam Tom Stoppard, o famoso dramaturgo, Vladimir Bukovsky, ex-preso político russo, e Bianca Jagger, ex-esposa de Mick Jagger e respeitada ativista dos direitos humanos.

Stoppard e Bukovsky falaram ao público sobre a peça que o dramaturgo escrevera nos anos 1970, a qual ajudara a libertar Bukovsky de um presídio psiquiátrico soviético. Num paralelo entre essa passagem e a história de Sergei, evidenciaram como quase nada tinha mudado na Rússia nesses anos todos.

Fui o último a falar.

— A situação na Rússia de fato é terrível, mas hoje temos um pequeno raio de luz. Poucas horas atrás, a Câmara dos Representantes dos Estados Unidos aprovou a Lei Sergei Magnitsky de Responsabilização por Violações do Estado de Direito, que impõe sanções às pessoas que o torturaram e mataram. Tenho orgulho de anunciar para vocês que a lei foi aprovada com 89% dos votos.

Eu tinha planos de falar mais, porém fui cortado por uma explosão de aplausos. Uma a uma, as pessoas foram se levantando de suas poltronas. Quando percebi, a plateia inteira estava de pé. Os aplausos eram para a campanha e, mais ainda, pelo pouco de justiça que tinha sido feito no mundo. Impossível eu não ficar emocionado também. Levantei-me e comecei a aplaudir junto.

Quando estava saindo do teatro, apertei muitas mãos e recebi cumprimentos de todos os lados, mas só pensava em chegar logo em casa. Havia contado para

Elena, a caminho da peça, que Perepilichnyy tinha morrido e agora precisava desesperadamente falar com ela.

Ao chegar em casa, encontrei-a sentada no sofá, com o olhar vazio em direção à parede da sala. Não é nada agradável ver o terror estampado no rosto de quem se ama, mas foi exatamente isso que vi em Elena naquela noite. Estávamos os dois em casa, nossos filhos dormiam e, em teoria, estávamos em segurança — mas com certeza Perepilichnyy tinha pensado o mesmo na casa dele, em Surrey.

Na manhã seguinte, conversei com minha advogada de Londres, Mary, e concordamos que deveríamos alertar a polícia de Surrey o mais rápido possível. Era preciso que eles entendessem que o caso envolvia crime organizado e corrupção nos altos escalões da Rússia. Perepilichnyy não era apenas um sujeito que caiu morto na calçada.

Mary escreveu uma carta apontando que Perepilichnyy era testemunha em importante caso de lavagem de dinheiro na Rússia e possivelmente tinha sido envenenado, assim como Alexander Litvinenko em 2006. Ela exortou a polícia a realizar exames toxicológicos urgentemente.

Mary enviou a carta por fax num sábado, não obteve resposta no domingo e na segunda-feira ligou para a delegacia de polícia de Weybridge. O agente de plantão confirmou que tinham recebido a carta, mas, estranhamente, não havia registro da morte de ninguém chamado Perepilichnyy.

Achei aquilo um absurdo e pedi a Mary que falasse com alguém mais graduado que estivesse a par dos acontecimentos. Ela fez mais algumas ligações e dessa vez a polícia confirmou que realmente Perepilichnyy tinha morrido em 11 de novembro em uma rua particular em frente à casa em que morava, mas se recusou a entrar em mais detalhes. Mary salientou que tínhamos informações que poderiam ser úteis na investigação, porém os policiais simplesmente pegaram o número do telefone dela e disseram que nos procurariam caso houvesse necessidade.

Na quarta-feira, a polícia ainda não tinha entrado em contato com Mary. Naquele dia, eu soube por Marcel que os resultados iniciais da autópsia eram inconclusivos. O legista não conseguiu estabelecer a causa da morte. Não tinha sido ataque cardíaco, nem derrame, nem aneurisma. Perepilichnyy tinha apenas morrido.

Isso era preocupante por uma razão específica: pouco antes de morrer, Perepilichnyy nos contara que seu nome constava de uma lista de pessoas marcadas para morrer e que vinha recebendo ameaças, o que tornava razoavelmente verossímil a hipótese de um assassino russo estar à solta no Reino Unido. Se chegara a Perepilichnyy, seria fácil chegar até nós.

Mary não deu descanso à polícia durante toda a semana, mas foi sistematicamente rechaçada. Na segunda-feira seguinte, eu estava tão aborrecido que lhe perguntei o que poderíamos fazer para levá-los a agir. O conselho dela foi simples: "Procure a imprensa." Em geral, a orientação dos advogados é ficar longe da imprensa nessas situações, mas, como se tratava de um caso claro de interesse público e como a polícia estava sendo tão indiferente, ela achou que não tínhamos outra alternativa.

Naquele mesmo dia, entrei em contato com um jornalista investigativo do jornal *The Independent* e contei a história inteira. Entreguei-lhe documentos que Perepilichnyy nos fornecera e uma lista de números de telefones por meio dos quais poderia checar diferentes partes da história.

Dois dias depois, o *The Independent* publicou uma matéria com a manchete "Informante que passou dados sobre fraude gigante na Rússia é encontrado morto em Surrey". O rosto de Perepilichnyy ocupava toda a primeira página do jornal. A reportagem de cinco páginas descrevia todas as partes da história e foi repercutida em todas as emissoras de TV, programas de rádio e jornais do Reino Unido. Espalhou-se pelo país o medo de que matadores a serviço do crime organizado russo estivessem acertando suas contas nas ruas de Londres.

Logo depois que essas matérias saíram, a polícia de Surrey finalmente mandou dois investigadores da divisão de homicídios para nos entrevistar no escritório. Mais tarde, três semanas após a morte de Perepilichnyy, a polícia anunciou que faria uma análise toxicológica completa do seu corpo. Na minha visão, já era tarde demais. Se ele de fato tivesse sido envenenado, a essa altura já seria impossível de detectar.

Diante da abrangente investigação criminal em curso e do grande interesse da imprensa no caso, quem quer que tenha matado Perepilichnyy certamente ficaria assustado e se manteria na surdina. Embora o nível de risco ainda fosse bem alto, eu não estava mais em pânico e me sentia suficientemente à vontade para retomar minhas responsabilidades.

A votação no Senado, em Washington, ocorreria em alguns dias. Embora estivesse impossibilitado de acompanhar pessoalmente a sessão, eu estaria nos Estados Unidos para uma palestra em Harvard e algumas reuniões em Nova York.

Voei para Boston no domingo, 2 de dezembro. Quando saí do avião, havia uma mensagem urgente de Kyle no meu BlackBerry. Liguei para ele enquanto caminhava para a área de controle de passaportes e imigração.

— Oi, Bill. Como está?

— Recebi sua mensagem. Algum problema?

— É possível que sim. Alguns senadores estão insistindo para que a Lei Magnitsky permaneça com alcance global em vez de se limitar à Rússia.

— E o que isso significa para nós?

— Bem, agora não é mais só Cardin. Tem um número cada vez maior de senadores, liderados por Jon Kyl e Carl Levin, insistindo que seja adotada a versão global.

— Mas eu achava que todo o Senado estava apoiando.

— Nós sem dúvida temos os votos necessários, Bill, mas se não houver consenso em relação à versão adotada, Harry Reid não vai colocar a votação em pauta — disse Kyle, referindo-se ao líder da maioria no Senado. — E o tempo está passando.

— Tem alguma coisa que eu possa fazer?

— Sim. Tente falar com o pessoal de Kyl e Levin e mostre a eles os argumentos pelos quais deveriam aceitar a versão abrangendo apenas a Rússia. Tentarei fazer o mesmo com Cardin.

— Certo. Estou preso em Boston e Nova York nos próximos dias, mas farei isso.

Parei no corredor antes de chegar à imigração e liguei para Juleanna. Ela não estava tão preocupada quanto Kyle, mas prometeu entrar em contato com as assessorias de relações exteriores dos senadores no primeiro horário da segunda-feira.

Passei pela imigração e pela alfândega e fui para o hotel. Na manhã seguinte, fui à Harvard Business School para participar da apresentação de um estudo de caso escrito por alunos da escola sobre minha experiência na Rússia. Na primeira metade da aula, os alunos se revezaram explicando ao professor o que teriam feito se estivessem em meu lugar. Sentado no fundo, acompanhei em silêncio os alunos apresentarem algumas boas ideias que eu gostaria de ter tido. O estudo de caso ia até o momento em que nosso escritório foi alvo da operação de busca e apreensão, em 2007, de forma que seus objetos eram apenas gestão de carteira e ativismo de acionistas. Assuntos referentes à justiça criminal estavam fora do escopo do trabalho deles. A menos que tivessem acompanhado pela imprensa, eles nem suspeitavam o que acontecera depois.

Assumi a tribuna na segunda metade da aula e contei a história da fraude, da prisão de Sergei, sua tortura e morte. O astral do auditório foi mudando à medida que eu falava. No fim, percebi que alguns alunos estavam chorando.

O professor, Aldo Musacchio, me acompanhou até a saída do prédio e disse que era a primeira vez em sua carreira na Harvard Business School que via uma apresentação de estudo de caso arrancar lágrimas dos alunos.

Terminei minha visita a Harvard e segui para Nova York. Apesar dos esforços de Juleanna e Kyle, nada tinha mudado em Washington até o fim do dia seguinte. Levin continuava inflexível e Cardin seguia escondendo o jogo.

Fui dormir cedo na noite de 4 de dezembro, mas acordei às duas da manhã devido ao jet lag e também às incertezas de última hora no Senado. Sabendo que não conseguiria voltar a conciliar o sono, tomei um banho, vesti o roupão do hotel, abri o laptop e fiz uma busca pela palavra "Magnitsky".

A primeira coisa que apareceu foi um release do gabinete do senador Cardin. Tinha sido postado naquela mesma noite. Cliquei no link e li: Cardin tinha cedido e abrira mão de sua exigência de que a Lei Magnitsky fosse global. Em outras palavras: o projeto de lei iria a voto.

Desmarquei todos os compromissos agendados para a quinta-feira, 6 de dezembro, e passei o dia em frente ao computador, no site da C-SPAN. Fiquei sozinho no hotel, esperando, andando de um lado para outro, pedindo comida pelo serviço de quarto. Finalmente, perto do meio-dia, o Senado votou a Lei Magnitsky. Tudo aconteceu muito rápido. Depois de somada a metade dos votos, não restou dúvida de que o projeto seria aprovado. A contagem final foi de 92 a quatro. Levin e outros três senadores foram os únicos a votar contra.

Foi quase anticlimático. Não houve fogos de artifício nem banda marcial, apenas uma chamada para verificação dos presentes e pronto, passaram ao próximo assunto da pauta. Mesmo assim, as implicações eram imensas. Desde 2009, 13.195 projetos de lei tinham sido propostos, mas apenas 386 passaram pelas comissões, foram aprovados em plenário e viraram lei. Tínhamos contrariado todas as probabilidades.

Conseguimos esse feito graças à valentia de Sergei, ao coração de Natalia, ao comprometimento de Kyle, à liderança de Cardin, à integridade de McCain, à visão de McGovern, ao brilhantismo de Vadim, à sabedoria de Vladimir, à perspicácia de Juleanna e ao amor de Elena. Conseguimos por causa de Ivan, Jonathan, Jamie, Eduard, Perepilichnyy e muitos outros, grandes e pequenos. De alguma forma, nossa modesta ideia de impor sanções àqueles que haviam matado Sergei criara raízes e frutificara. Havia algo de bíblico na jornada de Sergei e, embora eu não seja um sujeito religioso, quando pensava no desenrolar do caso, era impossível não pensar que Deus tinha dado uma mãozinha. Não faltam tragédias no mundo, mas, de alguma maneira, a de Sergei teve grande ressonância e tocou as pessoas como poucas.

Mais que qualquer outra coisa, eu queria que nada daquilo tivesse acontecido. Mais que qualquer coisa, queria que Sergei ainda estivesse vivo. Mas ele não estava, e nada poderia trazê-lo de volta. Contudo, seu sacrifício não foi em vão. Graças a ele, abriu-se uma fenda na muralha de impunidade que aprisiona a Rússia moderna, deixando um legado do qual ele e sua família poderiam se orgulhar.

40

DE HUMILHADOR A HUMILHADO

Fiquei atordoado quando a lei finalmente foi aprovada.

E outra pessoa também ficou: Vladimir Vladimirovich Putin.

Nos últimos anos, Putin permanecera sossegado no Kremlin acreditando que, não importava o que o Congresso fizesse, o presidente Obama se oporia à Lei Magnitsky. Na mente de Putin, isso era garantia de que o projeto nunca viraria lei. O que Putin não levou em conta é que os Estados Unidos não são a Rússia.

Em termos simples, a resposta russa à Lei Magnitsky deveria ter sido uma retaliação tipo olho por olho, dente por dente, reminiscente das trocas de espiões dos tempos da Guerra Fria. Americanos impõem sanções a alguns agentes públicos russos e, em troca, os russos reagem fazendo o mesmo com americanos. Fim da história.

Entretanto, não foi esse o caminho que Putin escolheu seguir. Em vez disso, assim que a lei passou no Senado, ele se lançou numa busca frenética para achar formas de infligir pesados danos aos Estados Unidos.

Os *apparatchiks* de Putin começaram a testar algumas ideias. A primeira foi uma proposta de resolução parlamentar de confiscar 3,5 bilhões de dólares de ativos do Citigroup na Rússia. Certamente seria uma retaliação dura, mas era uma ideia ridícula. Alguém deve ter lembrado que, se a Rússia confiscasse os ativos do Citigroup na Rússia, os americanos tomariam os ativos russos nos Estados Unidos. Nossos adversários abandonaram o plano e continuaram procurando outros.

A ideia seguinte foi um bloqueio da Northern Distribution Network, a rota usada pelos americanos para transportar equipamentos militares para o Afeganistão passando por dentro do território russo. Os Estados Unidos só tinham dois caminhos para levar suprimentos ao Afeganistão — pela Rússia ou pelo Paquistão —, e Putin sabia perfeitamente quão valiosa era essa rota.

O problema com essa ideia é que se a Rússia a colocasse em prática, as autoridades no Pentágono procurariam no mapa um lugar no planeta onde poderiam jogar todo o peso do seu poderio para prejudicar os interesses russos. O ponto óbvio teria sido a Síria. O governo Putin havia investido muito para fortalecer o ditador sírio Bashar al-Assad e Putin não faria nada que colocasse em risco esse investimento. Portanto, essa ideia também foi enterrada.

Putin precisava inventar alguma coisa que machucasse os Estados Unidos mas não envolvesse dinheiro ou ações militares.

A ideia surgiu em 11 de dezembro de 2012, quando eu estava em Toronto para defender a promulgação de uma versão canadense da Lei Magnitsky. Naquela noite eu estava dando uma palestra para formuladores de políticas e jornalistas canadenses. Quando a sessão foi aberta para perguntas, uma jovem jornalista levantou-se e perguntou:

— Hoje membros da Duma, a câmara baixa do parlamento russo, anunciaram que estão propondo uma lei que proibiria permanentemente a adoção de crianças russas por famílias americanas. Qual é a sua opinião sobre isso, sr. Browder?

Era a primeira vez que eu ouvia falar naquilo. Tive dificuldade para processar a informação, mas, depois de refletir um pouco, respondi:

— Trazer crianças órfãs russas para esse caso é uma das coisas mais abomináveis que Putin poderia fazer.

Essa estratégia afetou meu psicológico. Até aquele momento, minha luta contra os russos não tinha nuances. Só havia dois campos, claramente identificados: ou você estava do lado da verdade e da justiça ou estava do lado dos torturadores e assassinos russos. Mas agora, com esse desdobramento, estar do lado da justiça e da verdade poderia prejudicar órfãos russos.

A proibição de Putin era relevante porque, ao longo da década anterior, mais de sessenta mil crianças órfãs russas tinham sido adotadas por famílias americanas. Nos últimos anos, a Rússia limitara a maioria das adoções por americanos a crianças doentes — soropositivas, com síndrome de Down, com espinha bífida, entre vários outros problemas. Parte dessas crianças não sobreviveria sem os cuidados médicos que receberia de suas novas famílias americanas.

Isso significava que, além de punir as famílias americanas esperando para acolher crianças russas, Putin estaria punindo — e potencialmente levando à morte — órfãos indefesos em seu próprio país. Dizer que era uma proposta cruel é muito, muito pouco. Seria mais apropriado dizer que era pura e simplesmente diabólica.

Putin enfim alcançara seu objetivo. Encontrara algo que os americanos queriam e ele não lhes permitiria obter sem sofrer qualquer tipo de retaliação. Mais que isso, ele tinha achado um meio de criar um custo moral de apoiar a campanha por Magnitsky.

Embora esperasse uma reação forte do governo americano, Putin não sabia que no seu próprio país estava mexendo num vespeiro. Pode-se criticar os russos por muitas coisas, mas ninguém pode negar o grande amor que têm por crianças. A Rússia é um dos únicos países do mundo em que você pode entrar com uma criança berrando em um restaurante fino e ninguém vai olhar torto para você. Russos simplesmente *adoram* crianças.

Nem isso deteve Putin. A lei que proibia adoções foi apresentada pela primeira vez no parlamento russo em 14 de dezembro, o mesmo dia em que o presidente Obama sancionou a Lei Magnitsky.

O primeiro revés dentro da Rússia teve a mais improvável das origens. Assim que a lei foi proposta, alguns dos mais graduados assessores de Putin passaram a mostrar sua discordância. A primeira foi Olga Golodets, vice-primeira-ministra, que disse à revista *Forbes* que, se a lei fosse aprovada, "crianças com doenças graves que requerem operações caras perderão qualquer chance de serem adotadas". Na sequência, Anton Siluyanov, ministro das Finanças, postou no Twitter: "A lógica do 'dente por dente' está errada, porque trará sofrimento para crianças." Até mesmo Sergei Lavrov, ministro das Relações Exteriores da Rússia, responsável por algumas das mais odiosas ações de Putin ao redor do globo, se posicionou: "Isso não está certo e tenho certeza de que a Duma vai tomar uma decisão equilibrada."

Como Putin comandava o país com rédea curta, essa inédita mostra de discordância me fez pensar que talvez ele próprio não estivesse por trás da proibição das adoções. Eu torcia e rezava para que isso fosse verdade e para que a serenidade prevalecesse. Crianças indefesas não poderiam ser arrastadas para essa briga.

Um dos líderes mais enigmáticos do mundo, Putin raramente demonstra suas intenções. Imprevisibilidade é o seu *modus operandi*. Embora adote essa prática para manter sempre abertas suas opções, ele tampouco cede ou mostra fraqueza. Em outras palavras, era impossível prever o que ele faria, mas logo teríamos uma visão mais clara: em 20 de dezembro, Putin subiu ao púlpito para sua habitual entrevista coletiva anual de quatro horas.

Superproduzido, o evento tinha por cenário um painel com imagens em movimento atrás de Putin e um aparato complexo de iluminação. Muitas das perguntas eram inócuas, feitas por jornalistas financiados pelo governo ou autocensurados. Raramente acontecia alguma coisa inesperada nesses eventos, mas eu sabia que pela primeira vez Putin teria que mostrar suas cartas na questão da proibição das adoções.

Acompanhei a transmissão ao vivo no escritório. Vadim e Ivan estavam comigo para ver o que Putin tinha a dizer e para fazer a tradução. A primeira pergunta foi feita por Ksenia Sokolova, jornalista de uma revista de frivolidades chamada *Snob*:

— Em resposta à Lei Magnitsky aprovada pelos Estados Unidos, a Duma implantou medidas contra a adoção de órfãos russos por cidadãos americanos... Não o perturba que órfãos pobres e indefesos sejam transformados em moeda de troca nesse embate político?

Putin se contorceu atrás da sua imensa escrivaninha e se esquivou o melhor que pôde. Tentou parecer tranquilo, mas, desde o início, o evento tinha saído dos trilhos.

— Este é, sem dúvida, um gesto inamistoso para com a Federação Russa. Pesquisas de opinião mostram que a ampla maioria dos russos é contrária à adoção de crianças russas por estrangeiros.

Ele então se dedicou a uma longa ladainha sobre Guantánamo, Abu Ghraib e prisões secretas da CIA, como se os erros dos Estados Unidos de alguma forma tornassem aceitáveis as ações execráveis da própria Rússia.

Nas três primeiras horas de entrevista coletiva, seis das cinquenta perguntas feitas a Putin foram sobre Sergei Magnitsky e a questão dos órfãos russos. O presidente estava visivelmente irritado.

Finalmente, perto do fim do evento, Sergei Loiko, do *Los Angeles Times,* levantou-se e disse:

— Volto ao assunto Sergei Magnitsky porque o senhor falou sobre isso. A Rússia já teve três anos para dar uma explicação. O que aconteceu? E os 230 milhões roubados e repassados para policiais? Esse dinheiro poderia ter sido usado para construir orfanatos.

O auditório irrompeu em aplausos. Putin ficou atônito.

— Por que vocês todos estão aplaudindo? — objetou.

Ele nunca passara por nada parecido: a imprensa abertamente revoltada. Todo mundo pensava essas coisas, mas ninguém jamais as dissera em voz alta. Putin finalmente perdeu o controle.

— Magnitsky não morreu vítima de tortura. Ele não foi torturado. Morreu de ataque cardíaco. Além disso, ele não era nenhum ativista pelos direitos humanos. Era advogado do sr. Browder, que, de acordo com nossos órgãos de segurança, é suspeito de crimes contra a ordem econômica na Rússia.

Meu coração parou de bater alguns segundos. Eu sabia que, no instante em que meu nome foi pronunciado pelos lábios finos de Putin, minha vida tinha mudado para sempre. No passado, ele se recusara terminantemente a mencionar meu nome. Por duas vezes fora questionado por repórteres e sempre se referiu a mim como "aquele homem". Nunca dera aos inimigos a honra de chamá-los pelo nome, mas agora isso tinha mudado. Ouvir Putin falar meu nome foi assustador e me preparei para enfrentar o pior.

No dia seguinte, a legislação proibindo adoções foi a voto na Duma e, apesar do desejo de Lavrov de uma "decisão equilibrada", 420 parlamentares votaram a favor e apenas sete contra. Uma semana mais tarde, no dia 28 de dezembro, Vladimir Putin a sancionou e a proposta virou lei. Nos Estados Unidos, foram necessários dois anos e meio até que a Lei Magnitsky fosse finalmente promulgada; na Rússia, a lei anti-Magnitsky precisou de apenas duas semanas e meia.

O efeito colateral indesejado imediato da nova lei foi de partir o coração. Trezentos órfãos russos que já tinham conhecido suas futuras famílias americanas nunca veriam os quartos preparados para eles do outro lado do mundo. Retratos dessas crianças e suas histórias correram o mundo nos mais diversos veículos da mídia internacional. Os pais adotivos em potencial tomaram o Capitólio, gritando: "Não queremos saber de política internacional. Estamos preocupados apenas com nossos bebês." Eu estava 100% de acordo com eles.

Assim que a proibição das adoções entrou em vigor, comecei a receber ligações de repórteres, todos com a mesma pergunta:

— Você se sente responsável pelo que está acontecendo com esses órfãos e com essas famílias americanas?

— Não. Putin é o responsável. Só um covarde é capaz de usar crianças indefesas como escudo humano — respondia.

Eu não era o único que enxergava dessa maneira. Em 14 de janeiro, quando se comemora o ano-novo russo, pessoas começaram a se aglomerar na região do Boulevard Ring, em Moscou, carregando faixas e cartazes críticos a Putin. À medida que os manifestantes avançaram pelas ruas acompanhados por forte presença da polícia, mais cidadãos se juntaram a eles, até chegar a aproximadamente cinquenta mil pessoas. Aquela multidão não era habitual: não eram ativistas políticos, mas sim avós, professores, crianças nos ombros dos pais, enfim, moscovitas comuns. Em seus cartazes liam-se chamadas como "VERGONHA!", "BASTA DE MENTIRAS!", "A DUMA DEVORA CRIANÇAS!" e "HERODES!". (A lei rapidamente foi apelidada de Lei de Herodes, em alusão ao brutal rei da Judeia, que, para se manter no poder, tentara matar o menino Jesus ordenando o massacre de todos os bebês do sexo masculino de Belém.)

Em geral, Putin ignora protestos, mas não podia ignorar este, porque era grande e tratava de salvar crianças. O governo não podia revogar a lei, mas, depois da "marcha contra os canalhas", anunciou que investiria milhões em um sistema de orfanatos administrados pelo governo. Eu tinha certeza de que esse dinheiro jamais chegaria aos destinatários previstos, mas a medida mostrou que Putin estava realmente abalado.

O episódio custou a Putin algo que ele estimava muito mais do que dinheiro: custou-lhe a aura de invencibilidade. Humilhação é a sua moeda; ele a usa para conseguir o que quer e para colocar as pessoas em seus lugares. Pela sua lógica, ele só se considera vencedor depois que seu adversário fracassa, e não se sente feliz se o adversário não está no fundo do poço. No mundo de Putin, quem humilha não pode, em hipótese alguma, se tornar o humilhado. No entanto, foi exatamente isso que aconteceu na esteira da proibição das adoções.

E o que faz um homem como Putin quando é humilhado? Como já vimos tantas vezes, ele ataca violentamente a pessoa que o humilhou.

Para meu azar, essa pessoa era eu.

41

Alerta vermelho

No fim de janeiro de 2013, voltei a Davos para o Fórum Econômico Mundial. Em meu segundo dia lá, estava caminhando com dificuldade sobre a neve em frente ao centro de convenções quando ouvi uma voz jovial:

— Bill! Bill!

Olhei para trás e vi uma mulher baixinha com um imenso chapéu peludo caminhando cheia de ânimo em minha direção. Ela chegou mais perto, e eu a reconheci: Chrystia Freeland, a repórter que publicara a primeira matéria sobre a Sidanco muitos anos atrás, em Moscou, e agora era editora de reportagens especiais na Reuters.

Ela parou à minha frente, as maçãs do rosto vermelhas por causa do frio.

— Oi, Chrystia!

— Que bom que encontrei você — disse ela, com urgência na voz.

Normalmente teríamos nos cumprimentado com dois beijinhos e só depois começaríamos a conversar, mas pelo visto ela tinha algo importante para me dizer.

— Quais são as novas?

— Bill, acabei de sair de uma conversa em off com Medvedev e o seu nome foi mencionado.

— Não surpreende. Minha popularidade tem andado meio baixa na Rússia.

— É sobre isso que gostaria de falar com você. Preciso lhe contar o que ele disse.

Ela então puxou do bolso seu bloco de anotações, folheou-o e parou numa página.

— Achei. Alguém perguntou sobre o caso Magnitsky, e ele respondeu: "É uma pena que Sergei Magnitsky tenha morrido e que Bill Browder esteja solto e vivo." — Ela olhou para mim e arrematou: — Foi isso que ele disse.

— Isso foi uma ameaça?

— Foi o que me pareceu.

Senti um frio de pânico na barriga. Agradeci a Chrystia por me contar e segui para o centro de convenções com essa informação agourenta martelando na minha cabeça. Fiz normalmente as reuniões que tinha agendadas, mas ao longo do dia quatro outros jornalistas que participaram da conversa me contaram a mesma história que Chrystia.

Eu já tinha sido ameaçado muitas vezes por russos, mas nunca pelo primeiro-ministro.[10] Sabia que minha vida estava em perigo, mas isso elevava o risco a um nível bem diferente. Assim que regressei a Londres, liguei para Steven Beck, nosso especialista em segurança, e reforcei substancialmente minha segurança pessoal.

A ameaça também sinalizava a intenção de Putin e seus homens. Interpretei isso como indício de que eles não queriam apenas me atingir fisicamente, mas me prejudicar de qualquer jeito, não importava como.

A primeira pitada dessa atitude repugnante ficou clara quando as autoridades russas anunciaram a data de início do meu julgamento por evasão fiscal *in absentia*. Há anos eles vinham usando a perspectiva desse processo fraudulento contra mim para tentar me intimidar e me fazer recuar. Entretanto, a aprovação da Lei Magnitsky os deixou malucos.

Colocar-me no banco dos réus sem eu estar na Rússia era uma medida muitíssimo incomum. Seria apenas a segunda vez na história da Rússia pós-comunismo que um ocidental seria julgado *in absentia*. Mas essa não era a pior parte. A decisão realmente inacreditável era julgar também Sergei Magnitsky.

Isso mesmo: colocariam no banco dos réus o homem que eles mesmos mataram. Nem Joseph Stálin, um dos mais sanguinários assassinos em massa de todos os tempos, responsável pela morte de pelo menos vinte milhões de russos, rebaixou-se a ponto de levar a julgamento um homem morto.

Mesmo assim, foi exatamente isso que Putin fez em março de 2013.

Putin estava fazendo história. A última vez que um morto foi levado a julgamento na Europa fora no ano 897, quando a Igreja Católica condenou postumamente o papa Formoso, decepou seus dedos e lançou seu corpo no rio Tibre.

---

[10] Depois de seu mandato como presidente, Medvedev voltou a ocupar o cargo de primeiro-ministro em maio de 2012.

No entanto, a repugnância deles não parava por aí. Dias antes da data marcada para o começo do julgamento, a NTV, uma emissora de TV controlada pelo Estado, começou uma campanha publicitária maciça para divulgar um "documentário" de uma hora sobre mim chamado *A Lista Browder.*

Nem me dei ao trabalho de assistir, mas Vladimir me telefonou para dar uma ideia geral.

— É pura alucinação paranoide, Bill.

Pelo relato dele, o documentário não apenas acusava a mim e a Sergei de evasão fiscal, como também me apontava como responsável pela desvalorização do rublo em 1998, e me culpava de roubar os 4,8 bilhões de dólares do empréstimo que o FMI fizera para a Rússia, de ter assassinado Edmond Safra, de ser agente do MI6, serviço secreto do Reino Unido, e de ser o verdadeiro assassino de Sergei Magnitsky.

Eu poderia ter ficado aborrecido, mas as mentiras eram engendradas de maneira tão amadora que ninguém que estivesse assistindo poderia sinceramente acreditar em uma palavra daquilo. No entanto, as autoridades russas não se preocupavam muito com credibilidade. Tudo o que faziam seguia um manual já desgastado. A mesma equipe da NTV realizara um "documentário" parecido tentando desacreditar o movimento de protesto contra a reeleição de Putin em 2012 e um outro sobre a banda de punk rock Pussy Riot, que era anti-Putin. Após a exibição, as pessoas retratadas nos dois filmes foram presas.

Nosso julgamento começou em 11 de março, no Tribunal Distrital Tverskoi, sob a presidência do juiz Igor Alisov. Nem a família Magnitsky nem eu tomamos qualquer providência em relação ao caso, de forma que o juiz nomeou dois defensores públicos à nossa revelia. Ambos tentaram abandonar o caso quando perceberam que não eram desejados, mas foram ameaçados de perder a licença para advogar se o fizessem.

Todos os governos, parlamentos, órgãos de imprensa e organizações de direitos humanos ocidentais foram unânimes em ver nisso tudo um fracasso espantoso da justiça. Todos assistimos pasmos quando o julgamento começou e o promotor arengou por horas na frente de uma jaula vazia de réus.

Todos se perguntavam por que Putin estava fazendo isso. O custo para a reputação internacional da Rússia era enorme e os ganhos, pelo visto, eram limitados. A chance de eu terminar numa prisão russa era praticamente nula e Sergei já estava morto.

No entanto, havia naquilo tudo uma lógica perversa. Na mente de Putin, com uma condenação judicial contra mim e Sergei nas mãos, funcionários do governo poderiam procurar governantes europeus que estavam considerando promulgar suas próprias versões da Lei Magnitsky e dizer: "Como você ousa sancionar uma lei originalmente batizada em homenagem a um criminoso condenado pela nossa justiça? E como você pode dar ouvidos ao seu principal defensor, condenado pelo mesmo crime?" Nunca entraram na equação de Putin detalhes incômodos como o fato de Sergei estar morto há três anos e ter sido assassinado quando sob custódia da polícia depois de ter exposto um esquema de corrupção gigantesco no governo.

No meio do caminho, o julgamento foi suspenso porque os dois defensores públicos pararam de comparecer ao tribunal. Eu não sabia o que pensar disso. Como o veredito estava predefinido e era controlado por Putin, não conseguia acreditar que os advogados agiram assim por vontade própria. Ocorreu-me que talvez se tratasse de uma solução elegante encontrada por Putin para sair do espetáculo humilhante que criara para si mesmo.

Mas, em vez de abandonar a mesa, Putin aumentou sua aposta. Em 22 de abril, as autoridades russas emitiram uma ordem de prisão contra mim e me acusaram de novos crimes.

Embora soe dramático, isso não me incomodou como os russos desejavam. Em nenhuma hipótese eu seria preso no Reino Unido. O governo inglês já tinha classificado o processo como "abusivo" e rejeitara todos os pedidos dos russos para me entregar a eles. Eu também não conseguia imaginar que outro país civilizado me entregaria. Portanto, apesar de toda a agressividade do governo russo, continuei a cuidar da minha campanha e a tocar minha vida normalmente.

Em meados de maio, fui convidado para dar uma palestra no Fórum da Liberdade de Oslo, o equivalente ao fórum de Davos para o mundo dos defensores dos direitos humanos. No dia do evento, pouco antes de subir ao palco perante trezentas pessoas, dei uma olhada no meu BlackBerry e vi uma mensagem urgente da minha secretária com a palavra "Interpol" no campo "assunto".

Abri e li: "Bill, acabamos de ser contatados por ▬▬▬▬▬▬▬, que recebeu uma cópia de um boletim geral da Interpol determinando a sua prisão! O documento segue anexo. Por favor, ligue para o escritório assim que possível!"

Abri rapidamente o PDF e, dito e feito, vi que os russos haviam finalmente recorrido à Interpol.

Alguns segundos depois, fui chamado ao palco para dar minha palestra. Forcei um sorriso, caminhei sob os holofotes e passei os dez minutos seguintes narrando a história que já contara tantas vezes antes sobre mim, Sergei e a Rússia. Dei um jeito de tirar da mente a mensagem sobre a Interpol pelo tempo necessário para me manter concentrado e concluir a apresentação. Depois dos aplausos, saí para o saguão e imediatamente liguei para minha advogada em Londres. Ela explicou que o aviso da Interpol significava que eu poderia ser preso quando cruzasse uma fronteira. Caberia ao país em questão cumprir ou não a ordem de prisão.

Eu estava na Noruega e a situação ali era potencialmente traiçoeira. Embora tivesse um histórico impecável no campo dos direitos humanos, o país era vizinho da Rússia, com quem tinha fortes relações históricas; era impossível prever como agiriam seus governantes nessa situação. Liguei para Elena, contei o que estava acontecendo e pedi-lhe que se preparasse para o pior.

Fiz uma reserva para um voo mais cedo, peguei minha bagagem e segui para o aeroporto de Oslo. Cheguei com uma hora e meia de antecedência e fiz o check-in no balcão da SAS. Quando já não dava mais para protelar o inevitável, caminhei lentamente pelo longo corredor até a área de verificação de passaportes.

A exemplo de Eduard e Vladimir, eu estava uma pilha de nervos enquanto me preparava para cruzar uma fronteira na condição de homem procurado pela polícia. Comecei a imaginar o momento em que eu apresentava o passaporte e a expressão do guarda ao ver que tinha um mandado de prisão da Interpol contra mim. Imaginei-me sendo colocado em um centro de detenção norueguês e podia me ver passando meses em uma cela espartana e os arrastados rituais judiciais enquanto lutava contra a minha extradição. Podia ver os noruegueses se curvando às pressões russas e podia me ver perdendo a luta. Dava para imaginar o avião da Aeroflot para Moscou em que me jogariam. Não queria nem pensar nos horrores a que seria submetido depois disso.

Não havia outros passageiros na área de verificação de passaportes, de modo que tive que escolher entre dois jovens noruegueses uniformizados aparentemente entediados. Sem nenhuma razão específica, decidi pelo da esquerda. Entreguei-lhe meu passaporte, interrompendo o papo dele com o colega.

Com um ar meio ausente, ele abriu meu passaporte na página da foto e deu uma olhada. Depois, me olhou, fechou o passaporte e o devolveu para mim. Felizmente, ele não passou o documento pelo leitor óptico, então o alarme do alerta da Interpol não foi nem mesmo disparado.

Peguei o passaporte e segui para o avião. Quando cheguei à Inglaterra, foi diferente. A Polícia de Fronteiras passa o documento de todos os passageiros pelo leitor óptico, e comigo não foi exceção. Mas o governo britânico já tinha decidido não atender a nenhum dos pedidos do governo russo em relação a mim. Por conta do alerta da Interpol, o agente da imigração levou alguns minutos extras para processar minha entrada, mas, quando terminou, me devolveu o passaporte e me liberou.

Embora estivesse em segurança na Inglaterra, eu estava onde os russos queriam que eu estivesse. Ao emitir um alerta vermelho contra mim, eles na prática estavam me impedindo de viajar, e com isso apostavam que conseguiriam evitar que sanções como as da Lei Magnitsky fossem adotadas em outros países europeus.

Não restava alternativa: eu teria que encarar a Interpol. No dia em que regressei da Noruega, soltei um release divulgando o mandado de prisão, que foi imediatamente repercutido. Jornalistas e políticos começaram a ligar para a Interpol perguntando por que tinham ficado do lado dos russos. Por norma, a Interpol é um órgão autônomo, mas, com a atenção que vinha recebendo devido ao meu caso, decidiu realizar uma reunião especial na semana seguinte para decidir meu destino.

Eu não estava otimista. A Interpol é conhecida por ajudar regimes autoritários a perseguir seus inimigos políticos. Em muitas ocasiões, tomou atitudes erradas. O exemplo mais gritante foi, às vésperas da Segunda Guerra Mundial, perseguir judeus proeminentes que escaparam do Reich. Desde então, houve vários outros episódios chocantes.

Na véspera da reunião, o *The Daily Telegraph* tomou o meu partido e publicou um artigo intitulado "A Interpol está lutando pela verdade e pela justiça ou ajudando os vilões?". O colunista, Peter Oborne, habilmente usou meu caso para ilustrar como a Interpol de maneira sistemática se deixava usar indevidamente por nações desonestas como a Rússia: "É muito provável que a Interpol fique do lado da FSB e contra Bill Browder. Mas, no tribunal da opinião pública internacional, não é o sr. Browder quem está no banco dos réus, e sim a própria Interpol, por cooperar com alguns dos mais nefandos regimes do mundo."

Dois dias depois, em 24 de maio de 2013, estava à minha mesa de trabalho escrevendo este livro quando recebi uma ligação da minha advogada. Ela acabara de receber um e-mail da Interpol rejeitando o pedido da Rússia para emitir um alerta vermelho contra mim.

Uma hora depois, a própria Interpol divulgou em seu site a rejeição do pedido do governo russo: "Seguindo recomendação da sua Comissão de Controle dos Arquivos, o Secretariado Geral da Interpol apagou todas as informações relativas a William Browder." A medida era categórica e quase completamente inédita. A organização raramente rejeitava pedidos e, se o fazia, nunca o tornava público.

Esse desdobramento deve ter deixado Putin ainda mais furioso. Uma vez mais, no que dizia respeito a mim e a Sergei Magnitsky, ele estava sendo humilhado publicamente. Se havia alguma chance de Putin recuar do julgamento póstumo, essa possibilidade desapareceu depois da vergonhosa situação com a Interpol.

O juiz Alisov retomou o julgamento, que foi concluído em 11 de julho de 2013. Naquela manhã, o juiz tomou seu lugar na salinha quente do tribunal e se preparou para ler o veredito. Estavam lá os dois defensores públicos nomeados pelo juiz e os dois promotores. Havia também seis guardas de boina e uniformes pretos, mas, como não havia réus para vigiar e depois conduzir, eles eram não mais que uma formalidade desnecessária.

Praticamente sussurrando o tempo todo, sem quase nunca tirar os olhos do papel, o juiz Alisov leu sua decisão. Gastou mais de uma hora para descrever todas as fantasias de Putin sobre os crimes que Sergei e eu tínhamos cometido. No fim, fomos os dois considerados culpados de evasão fiscal de grande monta e eu acabei condenado a nove anos de reclusão.

Foi uma encenação, uma farsa. Isso é a Rússia hoje. Uma sala abafada, uma sessão presidida por um juiz corrupto, policiada por guardas sem consciência, com advogados que estão ali apenas para dar a aparência de um julgamento de verdade, mas sem réus na cela. Um lugar em que mentiras estão acima de tudo. Um lugar em que dois mais dois ainda são cinco, em que preto ainda é branco e sim ainda é não. Um lugar em que condenações são uma certeza e os réus são sempre culpados. Um lugar em que um estrangeiro pode ser condenado *in absentia* por crimes que não cometeu.

Um lugar onde um homem inocente foi morto pelo Estado — um homem cujo único crime foi amar demais seu país, a quem se impõem sofrimentos mesmo depois de morto.

Isso é a Rússia hoje.

42
Sentimentos

Depois de ler isso, você deve estar se perguntando como me senti ao longo dessa jornada.

A resposta simples é que a dor causada pela morte de Sergei foi tão grande que eu não podia me permitir sentir nada. Por muito tempo depois de ele ser assassinado, bloqueei com tanto afinco minhas emoções que, toda vez que percebia algum sinal de que emergiriam, eu me armava com todos os recursos de que dispunha para sufocá-las. No entanto, como dirá qualquer psicanalista, esconder a dor não basta para que ela desapareça. Cedo ou tarde, os sentimentos acham uma brecha para vir à tona e, quanto mais forem reprimidos, com mais violência explodirão.

No meu caso, a barragem se rompeu em outubro de 2010, quase um ano após a morte de Sergei. Eu estava ajudando dois documentaristas holandeses a entrar em contato com pessoas que passaram pela vida de Sergei. Eles entrevistaram cada um de nós e pretendiam estrear o filme perante os parlamentos de oito países em 16 de novembro, primeiro aniversário do assassinato de Sergei. Conforme se aproximava a data de lançamento, comecei a temer que o filme não ficaria bom o suficiente para ser exibido diante de formuladores de políticas tão importantes. Imaginei que, por ter sido produzido às pressas, não teria boa qualidade, o que poderia trazer mais danos que benefícios.

Percebendo meu nervosismo e tentando atenuar meus temores, os produtores me convidaram para ir à Holanda assistir ao primeiro corte do filme.

Viajei com Vadim para Oosterbeek, uma cidadezinha a uma hora a sudeste de Amsterdã, onde morava Hans Hermans, um dos diretores. Antes de nos mostrar o filme, ele serviu em sua pequena cozinha um almoço tradicional holandês de queijo Edam e arenque salgado. Depois de comermos, ele nos conduziu à sala, onde nos sentamos em almofadões no chão enquanto o coprodutor, Martin Maat, colocava o filme.

Não foi fácil assistir ao documentário, intitulado *Justice for Sergei*. Embora não revelasse nada que eu já não soubesse, tinha o mérito de contar a história de Sergei sob uma ótica inteiramente nova. Além dos horrores do seu martírio, estavam lá fatos do seu dia a dia antes de ser preso: sua dedicação aos filhos, seu amor pela literatura, por Mozart e Beethoven. Para mim, foi mais difícil encarar esses detalhes do que as partes sobre sua detenção. O filme tem um final doloroso, com uma tia de Sergei, Tatyana, contando a história de uma visita recente ao túmulo do sobrinho. Depois de sair do cemitério, ela passou por uma idosa vendendo centáureas na estação do metrô. "Ela estava muito triste", descrevia Tatyana. "Passei por ela, mas depois voltei para comprar algumas flores, porque sabia que é isso que Sergei teria feito. Toda vez que ele passava com a mãe em frente a uma senhora vendendo sacolas plásticas, ele parava e comprava uma. Quando a mulher lhe perguntava qual gostaria de levar, ele respondia: 'A que ninguém quer comprar.'"

Essas palavras estão entre as últimas ditas no filme, mas não são a mensagem final. Para enfatizar e realmente demarcar a que veio o filme, na sequência seguinte diferentes imagens vão surgindo e se fundindo lentamente ao som cada vez mais alto de uma peça para violão e clarineta. São cenas de velhos filmes caseiros mostrando Sergei em uma reunião de família no verão erguendo uma taça para um brinde, Sergei observando uma cachoeira numa viagem de férias, em pé à porta do prédio em que morava, se divertindo com convidados em um jantar, comendo com seu melhor amigo ao ar livre, fazendo piada, brincando, apontando para a câmera. Sergei estava ali, vivo como nunca mais estaria, exceto no coração e nos pensamentos daqueles que o amavam — que *ainda* o amam.

Até aquele momento eu tinha reprimido tudo, morrendo de medo do que aconteceria se me permitisse deixar que os sentimentos represados viessem à tona. Agora, naquela sala de Oosterbeek, abaixei a guarda e as lágrimas jorraram como nunca antes ou depois. Chorei, chorei, chorei e não conseguia parar de chorar.

Foi horrível, mas também foi bom finalmente sentir a dor. Hans, Martin e Vadim permaneceram calados ao meu lado, também eles tentando segurar as lágrimas, sem saber direito o que fazer.

Até que finalmente me recompus e sequei os olhos.

— Podemos assistir de novo? — perguntei baixinho.

— Claro — assentiu Hans.

Vimos o filme mais uma vez e eu chorei mais um pouco. Foi assim que a dor começou a passar.

Dizem que o luto tem cinco estágios. Reconhecer a dor é o mais importante. Pode ser verdade, mas é muito mais difícil se recuperar do trauma por um assassinato quando se sabe que seus autores seguem soltos e aproveitando descaradamente os frutos de seus crimes.

O que me trazia algum consolo era a busca incansável por justiça. Cada resolução parlamentar, cada matéria na imprensa, cada congelamento de bens, cada nova investigação criminal me dá uma pequena dose de alívio.

Também me traz algum sossego ver que a saga de Sergei mudou a vida de muitas pessoas. Diferente de outras atrocidades cometidas na Rússia, o assassinato de Sergei atravessou e abalou a casca de cinismo dos russos de formas antes inimagináveis. Agora, agentes penitenciários na Rússia têm medo de serem violentos demais e acabarem responsabilizados por uma morte como a de Magnitsky. Hoje em dia, vítimas de abusos de direitos humanos na Rússia sentem que podem recorrer à justiça, apresentar suas próprias "listas Magnitsky" e conseguir que agentes públicos envolvidos sejam responsabilizados. Agora, a Rússia se vê forçada a encarar os horríveis maus-tratos impostos a órfãos, assunto antes apagado da consciência nacional. Hoje o conceito de restrições implementado a partir do caso Magnitsky é a principal ferramenta na luta contra a invasão ilegal da Ucrânia pela Rússia. Talvez o mais importante, no entanto, seja que o drama de Sergei possibilitou aos russos e a milhões de pessoas no mundo inteiro conhecer em detalhes a extrema brutalidade do regime de Vladimir Putin.

Essa história também mudou algumas coisas fora da Rússia. Autoridades russas têm me perseguido de maneira tão desavergonhada que perderam credibilidade junto a várias instituições internacionais. Em medida muito incomum, o governo voltou a pedir à Interpol a emissão de um alerta vermelho contra mim.

Pela segunda vez, o pedido foi negado. Devido aos abusos cometidos no meu caso, pedidos de emissão de alertas vermelhos feitos por autoridades russas não são mais aceitos automaticamente pela Interpol.

Os russos também tiveram um fracasso retumbante no front judiciário. A sentença proferida pelo Tribunal da Grã-Bretanha no processo por difamação movido contra mim pelo major Pavel Karpov foi inédita. O juiz rechaçou terminantemente a ação e criou um marco na história jurídica da Inglaterra ao estabelecer jurisprudência que impediria, no futuro, o uso indevido de ações por difamação como a de Karpov em tribunais britânicos para silenciar críticos de regimes autoritários.

No entanto, por mais importantes que sejam esses desdobramentos, muitas vezes é difícil para meus amigos entenderem por que continuo nessa luta.

Num sábado do verão de 2012, meu velho amigo Jean Karoubi foi à nossa casa fazer uma visita. Tivemos uma noite agradável em que falamos das novidades nos negócios e das nossas famílias durante o jantar, e, enquanto eu preparava o chá na cozinha, ele se aproximou e perguntou se poderíamos ter uma conversa em particular. Levei-o para a sala e fechei a porta. Ele então se sentou e disse:

— Somos amigos há muito tempo, Bill. Estou muito preocupado. Você tem uma família linda e é um empresário bem-sucedido, mas nada vai trazer Sergei de volta. Por que você não dá um basta nessa campanha antes que alguma coisa de ruim lhe aconteça?

Não era a primeira vez que tinha uma conversa assim, e, é óbvio, estou consciente das possíveis consequências do que estou fazendo. Nada me perturba mais do que a possibilidade de meus filhos crescerem sem o pai. Esse pensamento me assombra o tempo todo. Sempre que vou à escola de balé deles ou brincamos juntos no parque, me pergunto quantas vezes mais poderei fazer isso antes que tudo termine tragicamente.

Mas nesses momentos penso também nos filhos de Sergei — especialmente no caçula, Nikita —, que nunca mais voltarão a ver o pai. E penso no próprio Sergei, que estava em situação muito mais precária que a minha e não tinha possibilidade de desistir. Que tipo de homem eu seria se desistisse?

— Jean, eu preciso ir até o fim. Senão o veneno da omissão vai me destruir por dentro.

Com certeza não estou fazendo isso por valentia. Não sou mais corajoso que ninguém e sinto tanto medo quanto qualquer um. Mas o que descobri sobre medo é que, por mais assustado que eu esteja em algum momento, a sensação não dura muito tempo. Depois de um tempo, o medo cede. Qualquer um que vive em zona de guerra ou tem um emprego perigoso confirmará: o corpo não tem capacidade de sentir medo por longos períodos. Quanto mais incidentes você enfrenta, mais acostumado fica.

Não devo negar que há um risco real de um dia eu ser morto a mando de Putin ou de membros do seu regime. Assim como qualquer um, não tenho a mínima vontade de morrer nem pretendo deixá-los me matar. Não posso detalhar a maioria das precauções que tomo, mas vou mencionar uma: este livro. Se eu for morto, você saberá quem me matou. Quando meus inimigos lerem este livro, eles saberão que você sabe. Portanto, se você se solidariza com essa luta por justiça ou se sensibiliza com o destino trágico de Sergei, por favor, conte esta história para a maior quantidade possível de pessoas. Esse simples gesto manterá vivo o espírito de Sergei e terá mais eficácia na preservação da minha segurança que um exército inteiro de guarda-costas.

A última pergunta que todo mundo me faz é sobre como me sinto em relação às perdas que tive nessa luta por justiça. Perdi o negócio que construíra com grande sacrifício, perdi muitos "amigos" que se afastaram por temer que minha campanha afetaria seus interesses econômicos e perdi a liberdade de viajar tranquilo, sem me preocupar com a possibilidade de ser preso e entregue ao governo russo.

Essas perdas me abalaram muito? Estranhamente, a resposta é não. Para cada perda que tive em determinada área, ganhei algo em outra. Se alguns amigos me abandonaram porque me consideravam um ônus para suas finanças, por outro lado conheci muita gente inspiradora que está mudando o mundo.

Se não tivesse entrado nessa luta, não teria conhecido Andrew Rettman, repórter de política de Bruxelas que abraçou ardorosamente a causa de Sergei. Apesar de sua deficiência física, por cinco anos ele compareceu inclusive às reuniões mais irrelevantes e ordinárias sobre o caso Magnitsky na Comissão Europeia e zelosamente as noticiou como forma de evitar que os burocratas da organização varressem o assunto para debaixo do tapete.

Eu tampouco teria conhecido Valery Borschev, o defensor russo de direitos de prisioneiros que, dois dias depois da morte de Sergei, usou sua autoridade independente para entrar nas prisões por onde ele passara e arrancou depoimentos de dezenas de agentes públicos. Apesar dos imensos riscos à sua integridade e de já ter setenta anos, ele denunciou a existência de incoerências gritantes nos depoimentos, bem como as mentiras descaradas das autoridades russas.

Eu nunca teria conhecido Lyudmila Alexeyeva, a ativista de direitos humanos russa de 86 anos que foi a primeira pessoa a acusar publicamente policiais russos pelo assassinato de Sergei. Ela apoiou a mãe de Sergei, entrou com queixas-crime e, mesmo quando as denúncias eram ignoradas, não desistiu.

Nessa missão, conheci centenas de outras pessoas que me levaram a um senso de humanidade inteiramente novo, uma perspectiva que eu jamais conheceria se minha vida tivesse se limitado a Wall Street.

Se você me perguntasse, quando eu estudava na Stanford Business School, se eu toparia me tornar um ativista pelos direitos humanos em vez de seguir carreira como gestor de fundos, eu lhe diria que você estava louco.

Mas eis-me aqui agora, 25 anos depois: foi exatamente isso que fiz. Sim, eu poderia voltar à vida que tinha antes, mas, agora que conheci esse novo mundo, não me imagino fazendo outra coisa. Não há nada de errado em construir uma carreira no mundo dos negócios, mas tenho a sensação de que seria como uma vida em preto e branco. Sem que esperasse por isso, hoje vivo uma vida cheia de cores, mais rica, mais completa e mais gratificante.

Contudo, isso não quer dizer que eu não tenha profundos remorsos. O mais óbvio de todos, claro, envolve o fato de Sergei não estar mais entre nós. Se tivesse a oportunidade de fazer tudo de novo, eu não teria ido para a Rússia, para começo de conversa. Sem pestanejar, teria trocado todo o sucesso que tive nos negócios pela vida de Sergei. Hoje entendo como fui incrivelmente ingênuo ao acreditar que, como estrangeiro, eu estaria de alguma forma imune à barbárie do sistema russo. Eu não morri, mas alguém morreu por minha causa e minhas ações, e não há nada que eu possa fazer para trazê-lo de volta. Contudo, posso continuar criando um legado para Sergei e lutando por justiça para sua família.

No início de abril de 2014, levei a viúva de Sergei, Natasha, e seu filho Nikita ao Parlamento Europeu para assistir à votação de uma resolução para impor sanções a 32 russos envolvidos no caso Magnitsky. Era a primeira vez na história que o parlamento votaria a adoção de sanções públicas contra indivíduos.

Um ano antes, eu havia trazido a família Magnitsky para morar em um tranquilo subúrbio de Londres, onde Nikita poderia estudar em uma prestigiosa escola particular e Natasha poderia sair tranquilamente sem ficar olhando em volta sobressaltada. Pela primeira vez desde a morte de Sergei, eles se sentiam seguros. Imaginei que, na batalha para vencer a dor, seria um alento para eles que setecentos parlamentares europeus de 28 países diferentes tenham condenado as pessoas que mataram Sergei.

Na tarde de 1º de abril de 2014, tomamos o trem Eurostar em Londres com destino a Bruxelas. Quando terminávamos de cruzar o túnel sob o canal da Mancha, em Calais, recebi uma ligação urgente de um funcionário do Parlamento Europeu.

— Bill, o presidente do parlamento acabou de receber uma carta de um importante escritório de advocacia americano representando algumas das pessoas que são alvos das sanções. Elas estão ameaçando mover uma ação judicial se a votação não for cancelada. Alegam que o parlamento está violando os direitos desses russos.

— O quê? *Esses caras* é que são os violadores de direitos! Isso é ridículo.

— Concordo. Mas precisamos ter o parecer de um advogado para apresentar ao presidente do parlamento até as dez horas amanhã, senão a votação corre risco de não acontecer.

Já eram seis da tarde. Eu não conseguia pensar em um advogado de primeira linha que estivesse disposto a mudar seus planos e virar a noite preparando um parecer convincente. Eu teria desistido sem nem mesmo tentar, mas nesse momento vi Nikita com o rosto encostado na janela do trem, observando a paisagem rural francesa passando por seus olhos em alta velocidade.

Ele era uma versão miniatura de Sergei Magnitsky.

— Certo. Deixe-me ver o que consigo fazer — declarei ao funcionário.

Fui até o espaço entre os vagões, o mesmo ponto onde me sentara com Ivan sete anos antes, quando descobrimos que nosso escritório em Moscou fora alvo de uma batida policial. Comecei a fazer ligações e a deixar mensagens, mas depois de uma hora e treze telefonemas ainda não havia conseguido falar com ninguém. Voltei angustiado para meu assento, sem saber como explicaria essa confusão à viúva e ao filho de Sergei.

No entanto, quando estava quase chegando ao meu assento, meu telefone tocou. Era Geoffrey Robertson, um advogado de Londres que recebera meu recado. No mundo dos direitos humanos, Geoffrey é Deus. Desde o começo, tinha sido um dos mais fervorosos e eloquentes apoiadores de uma Lei Magnitsky global.

Expliquei-lhe a situação, rezando para que a chamada não caísse devido ao sinal fraco. Felizmente isso não aconteceu e, no fim, ele perguntou:

— Para quando você precisa do parecer?

Eu sabia que ele esperava que eu dissesse algo como duas semanas, mais ou menos. Em vez disso, respondi, hesitante e envergonhado:

— Amanhã de manhã às dez.

— Ah — respondeu, surpreso. — Qual é a importância disso, Bill?

— Total. A viúva e o filho de Sergei estão comigo no trem para Bruxelas. Vamos acompanhar a votação amanhã. Eles ficariam desolados se os russos achassem um novo jeito de negar justiça a eles.

Seguiu-se um silêncio do outro lado da linha enquanto ele considerava invadir a madrugada escrevendo o parecer.

— Bill, amanhã às dez da manhã estará na sua mão. Não vamos deixar os russos tirarem isso da família Magnitsky.

Na manhã seguinte, exatamente às dez horas, Geoffrey Robertson mandou seu parecer jurídico, que destruía, um a um, todos os pontos da argumentação dos russos.

Liguei para o funcionário e perguntei se a carta era suficiente. Ele a achou perfeita, mas tinha dúvida se bastaria para convencer o presidente do parlamento a prosseguir com a votação à tarde. Eu havia me esforçado demais para poupar Natasha e Nikita das intrigas políticas no Ocidente, e rezei para que não tivessem contato com isso justamente naquele dia.

Às quatro da tarde, encontrei Natasha e Nikita na entrada do parlamento e subi com eles até a galeria do plenário. No piso abaixo de nós, havia 751 poltronas de parlamentares dispostas em um amplo semicírculo. Quando sentamos, pusemos os fones de ouvido e sintonizamos a tradução simultânea adequada, dentre as cerca de vinte em que as sessões plenárias são realizadas.

Às 16h30, Kristiina Ojuland, a parlamentar da Estônia que propôs a resolução, apareceu de repente na galeria. Sem fôlego, nos contou que o parecer de Geoffrey Robertson efetivamente convencera todo mundo e que a votação seguiria conforme o previsto.

Ela então saiu para fazer a apresentação da resolução ao plenário. De onde estávamos, podíamos vê-la em seu vestido lilás em meio ao alvoroço dos parlamentares lá embaixo. Por fim, Kristiina levantou-se e começou seu discurso. Como em tantos outros discursos que eu ouvira antes, ela descreveu a história de Sergei e detalhou o acobertamento do governo russo, mas fez também algo fora do script. Apontando para nós, ela disse:

— Sr. presidente, estão conosco aqui hoje, na galeria dos visitantes, a esposa de Sergei Magnitsky, seu filho e seu ex-patrão, o sr. Bill Browder. Tenho prazer em dar as boas-vindas aos nossos convidados.

Nesse momento, de maneira absolutamente inesperada, os cerca de setecentos parlamentares se levantaram, olharam para nós e irromperam em aplausos. Não era um aplauso protocolar, polido, mas sim um aplauso genuíno, estrondoso, que durou quase um minuto. Quase engasguei de emoção e me arrepiei ao ver lágrimas brotarem nos olhos de Natasha.

A resolução foi aprovada com tranquilidade, sem nenhuma objeção no parlamento. Nenhuma.

No início deste livro, descrevi minha sensação ao investir em ações de uma empresa polonesa que se valorizaram dez vezes como a melhor coisa que tinha acontecido na minha carreira. Hoje sei que meu sentimento naquela galeria em Bruxelas, na companhia da viúva e do filho de Sergei, enquanto observávamos a mais importante instância legisladora da Europa reconhecer e condenar as injustiças sofridas por Sergei e sua família, foi muito melhor — muitas ordens de magnitude acima — que qualquer ganho financeiro que tive na vida. Se descobrir na bolsa de valores uma ação que se valorizou dez vezes era um ponto alto na minha vida anterior, não há emoção mais plena que conseguir que se faça alguma justiça em um mundo absurdamente injusto.

AGRADECIMENTOS

Meus adversários se engajaram em todo tipo de especulação desproposidada na tentativa de entender como eu conseguira fazer alguma justiça a Sergei Magnitsky. O governo russo me acusou de ser agente da CIA, de ser espião do MI6, de ser um bilionário que subornou todos os congressistas americanos e membros do Parlamento Europeu e de fazer parte de um complô sionista para dominar o mundo. A verdade, claro, é muito mais simples. Esta campanha deu certo porque todo mundo que tem um coração no peito e ouviu falar no martírio de Sergei quis ajudar.

Várias pessoas se manifestaram sobre o caso; escrever este livro me dá a oportunidade de registrar minha gratidão a muitos deles. Mas, para cada pessoa citada nestas páginas, há inúmeras outras não mencionadas cujo trabalho incansável nos bastidores foi crucial para o êxito da nossa campanha. Eu tinha esperança de poder usar esta seção para agradecer a todas essas pessoas. No entanto, decidi não correr o risco de expor mais ninguém a intimidações, constrangimentos e ameaças vindas da Rússia, que em geral são as consequências para quem apoia publicamente a causa Magnitsky. Há de chegar a hora em que será possível agradecer nominalmente a todos que contribuíram, mas isso só acontecerá quando diminuir a ameaça de retaliação pelo crime organizado russo e pelo regime Putin.

Portanto, por ora, espero que todos vocês que emprestaram tempo e energia à campanha saibam quão agradecido eu sou por seu apoio. A todos os políticos nos Estados Unidos, no Canadá e na Europa, no Parlamento Europeu, na Associação Parlamentar do Conselho Europeu e na Organização para a Segurança e Cooperação na Europa; a todos os advogados que se uniram a mim nesta luta por justiça, muitas vezes trabalhando de maneira voluntária; aos jornalistas que corajosa e incansavelmente trabalharam para que a verdade viesse à tona; às ONGs e aos indivíduos do mundo inteiro que pressionaram seus governos a agir; aos valentes ativistas russos que continuam a arriscar a vida na luta para melhorar seu país; a meus amigos e colegas, cujo apoio me ajudou muito nesses anos; e a todos que se comoveram com a história de Magnitsky e manifestaram sua solidariedade da forma que lhes foi possível: saibam que não tenho como expressar o quanto me tocaram suas contribuições e o trabalho árduo que realizaram. Tudo isso foi importante e fez a diferença. Nada do que esta campanha conquistou teria sido possível sem vocês.

Por fim, e o mais importante de tudo, preciso agradecer aos verdadeiros heróis desta história: a família Magnitsky. Foi a tragédia que nos aproximou, mas, embora estivesse pronto para abrir mão de qualquer coisa que desfizesse o que aconteceu com Sergei, sou grato pela amizade de vocês. Sua coragem e determinação em face do indizível pesar são absolutamente inspiradoras. Tenho certeza de que Sergei se orgulharia de cada um de vocês.

ÍNDICE REMISSIVO

Abdallah, Ken, 91, 92-93
Agência Estatal de Investigações, 234, 237-38, 246-47, 266, 298
Alexei (motorista), 14-15, 108, 110, 112, 113, 175-77
Alexeyeva, Lyudmila, 387
Alisov, Igor, 376, 380
Anistia Internacional, 305
Anselmini, Jean-Pierre, 51-52
Ashcroft, John, 319-20
"Aslan" (informante), 191, 218, 221, 223, 239-41, 271, 335
Assad, Bashar al-, 369
Autosan, 40, 43-44, 46, 48-49

Bain & Company, 29-30, 34
Banco Central da Rússia, 248
Banco Mundial, 37, 39, 40, 41, 48-49, 146
Bannister, Clive, 183
Barnevik, Percy, 103
Baucus, Max, 347-48
Beck, Steven, 235, 237, 288, 330-31, 375
Belton, Catherine, 202, 217
Berezovsky, Boris, 102
Blair, Tony, 200-3
Blokhin, Vasili Mikhailovich, 292
Bloomberg, 138
Borschev, Valery, 300, 387
Boston Consulting Group (BCG), 34-35, 36-37, 48-49, 50, 168
Bouzada, Ariel, 15, 16, 19, 132

Bowers, Chris, 16-17, 18
Bowring, Bill, 183, 186
Brasil, 205
Brenton, Tony, 185-86, 187, 189, 191
Brose, Chris, 320, 322
Browder, David (filho):
férias, 126, 147-49, 151-52, 222-23, 329, 356
nascimento da irmã Jessica, 188
nascimento, 125, 187
separação dos pais, 152-53
viagem a Stanford, 286-87
vida em Londres, 11, 13, 125, 128, 147, 312
Browder, Earl (avô), 22-23, 30, 33-34, 36, 37
Browder, Elena (Molokova, segunda esposa):
carreira, 158, 159-60
casamento, 187
expulsão de BB da Rússia, 14-16, 17-21, 183, 186
férias francesas, 222
nascimento da filha Jessica, 187-88
nascimento da filha Veronica, 220-22
notícia da detenção de Sergei, 290
notícia da morte de Perepilichnyy, 362-63
notícia da morte de Sergei, 295
notícia do alerta vermelho, 378

notícia sobre indiciamento de Sergei e BB, 283-84
notícia sobre o caso Sergei, 299
primeira gravidez, 13, 183, 187-88
primeiro encontro com BB, 158-59
relacionamento com BB, 159-66, 176-77, 180
segunda gravidez, 206
surgimento, 158
viagem a Davos, 206-9
viagem a Istambul, 175
viagem a Paris, 165-66, 167
viagem para San Diego, 353-54
vida em Londres, 201, 239, 283, 288, 312
Browder, Eva (mãe), 24-27, 147
Browder, Felix (pai),
Browder, Jessica (filha), 22, 23-24, 25, 27
Browder, Raisa (Berkman, avó), 22, 23
Browder, Sabrina (primeira esposa):
casamento, 113
em Moscou, 125
férias, 125-26, 147, 152-54
ficando em Londres, 106
gravidez, 105-6
nascimento do filho, 187
opinião sobre o trabalho de BB, 135, 146, 148

relacionamento com BB,
146-48, 151
relacionamento com BB, 96-97
retorno para Londres, 125, 128
separação e divórcio, 11, 152-53
surgimento e histórico, 96
Browder, Thomas (irmão), 25
Browder, Veronica (filha), 221-23
Bruder, Jason, 344-45
Bryanskih, Victor, 172
Bukovsky, Vladimir, 362
Burkle, Ron, 91-94, 95
Burzinski, Yuri, 110, 115-16
BusinessWeek, 143, 174
Butyrka, centro de detenção, 279, 290-91, 293

Calmúquia, República da, 239-40, 242
Câmara Americana de Comércio de Moscou, 157-58
Câmara de Auditoria da Rússia, 174
Câmara de Auditoria, 174
Câmara de Registro de Empresas de Moscou, 171
Cardin, Ben:
 ampliação do escopo da Lei, 340
 apresentação da Lei, 339
 carta para Hillary Clinton, 310, 311, 312-14
 Comissão Helsinki, 276-77
 comprometimento com a Lei, 342-43, 347, 350-51, 366
 copropositores da Lei Magnitsky, 318-19, 321-22
 Lista Cardin, 314-15
 resposta para a delegação Malkin, 353
 Votação da Lei Magnitsky, 358, 365-66
Centro de Detenção de Moscou N° 5, 272-74
Chaika, Yuri, 276
Cherkasov, Ivan:
 assistindo à entrevista coletiva de Putin, 371
 carreira, 197
 episódio do pacote da DHL, 252
 estratégia de saída do Hermitage, 197-98, 253
 fuga de Eduard, 266

lançamento do Hermitage Global, 210
notícia da morte de Perepilichnyy, 361
papel na Lei Magnitsky, 367
preparativos para reunião com Sagiryan, 235
prisão de Sergei, 269
processo do Ministério do Interior contra, 215-18, 230, 232, 236, 241, 242
reação à estratégia de Washington, 311, 313-14
reação aos julgamentos russos, 227-29, 244-45, 248
reação às batidas da polícia de Moscou, 220-23
resposta à batida no Hermitage, 211, 212-14, 215-16
tentativa de persuadir Sergei a sair da Rússia, 266-67
Chicago Tribune, 355
Chubais, Anatoly, 102
Churchill, Winston, 242
Citibank, 223
Citigroup, 368
Clinton, Bill, 24, 91
Clinton, Hillary, 310, 311, 312-13, 314, 317, 345
Clive (pesquisador do Hermitage), 108, 112, 113, 116, 119
Comissão de Direitos Humanos Tom Lantos, 315-17
Comissão de Finanças do Senado, 347, 352, 355
Comissão de Fiscalização Pública de Moscou (CFPM), 300
Comissão de Investigação da Câmara dos Representantes, 303
Comissão de Relações Exteriores do Senado, 303, 342-45, 347-48
Comissão de Valores Mobiliários (SEC), 63
Comissão de Valores Mobiliários da Rússia, 139-42
Comissão Europeia, 386
Comissão Helsinque dos EUA, 276-77, 303, 308, 313
Committee to Protect Journalists, 316
Conselho da Europa, 275-76
Conselho da Federação, 352

Conselho de Segurança Nacional, 193, 194, 196, 353
Coreia do Sul, 224
Credit Suisse, 223, 332, 337, 338
Cullison, Alan, 161

Daily Telegraph, The, 195, 379
Davenport, Michael, 270-71
Delovoi Vtornik, 266
Departamento de Assuntos Internos, Ministério do Interior, 234, 238, 327
Departamento de Estado dos EUA, 303-4, 305, 308, 309, 310, 315, 341-42
Departamento de Grandes Crimes, 238
Departamento K, FSB, 218-19, 220, 221, 241, 271-72, 335
Dow Jones, 195
Dudukina, Irina, 296, 339
Duncan, Terry, 211
Dvorkovich, Arkady, 190, 193-94, 209

Echo Moscow (estação de rádio), 250
Economist, The, 81
Eduard *ver* Khayretdinov
Emirados Árabes, 205
Emma (secretária do Fundo Hermitage), 210-11, 212-13, 214, 215
Erik (no Butyrka), 279
Erna (avó), 24-25
Estemirova, Natalia, 316

Financial Times, 142, 143, 150, 173, 194, 195, 217
Finn, Peter, 194
Firestone, Jamison, 211, 214, 228, 327, 329-34, 367
Firestone Duncan, 211, 214, 247, 251, 268
Fleming, família, 89-90
Forbes, 195
Fórum da Liberdade de Oslo, 377
Fórum Econômico Mundial de Davos, 99-104, 206-9, 374
Freeland, Chrystia, 136-17, 374-75
Frota de Barcos Pesqueiros de Murmansk, 66, 70

FSB (Agência Federal de
    Segurança):
  "Aslan" (informante), 191, 218
  acesso a números não
    registrados, 288
  caso Interpol, 379-80
  caso Litvinenko, 330
  chefe, 188
  delegação Malkin, 353
  Departamento K, 218-19, 220,
    221, 241, 271-72, 335
  equipamento para embaralhar
    sons, 237
  estratégia contra o Hermitage,
    191
  estratégia para fazer Sergei
    confessar, 274
Fulton, Philip, 288
Fundo Hermitage:
  busca e apreensão no escritório
    de Moscow, 210-13
  estratégia da FSB, 191
  estratégia de investimento, 205
  investimento de Safra, 113
  pedidos de resgate, 199-200, 204
  perdas, 144, 149, 150, 153, 167
  questões ligadas à recuperação,
    156-57
  recuperação, 179
  saída da Rússia, 197-99
  sucesso da Gazprom, 175
  sucesso, 11, 143
Fundo Monetário Internacional,
    145-46
Fyodorov, Boris, 101-2

G8, São Petersburgo (2006),
    200-3
Ganapolsky, Matvei, 250
Gasanov, Oktai, 262
Gazprom, 167-75, 198, 207
Glover, Juleanna, 319-20, 344,
    346-47, 365-67
Golodets, Olga, 370
Greene, Sylvia, 52
Gref, German, 188-89, 191
Gremina, Elena, 358
Gusinsky, Vladimir, 102
Harvard Business School, 365-66
Hermans, Hans, 382, 384
Hermitage Capital, 11, 87, 141, 357
Hermitage Global, 205-6, 210

Hersh, Ken, 32-33
Holtzman, Marc, 99-104, 106, 206
Horwitz, Tony, 59
HSBC, 150-5, 154, 183, 200-1, 223
Human Rights Watch, 305, 316

Independent, The, 195, 364
ING, 223
Intercommerz Bank, 247-48
International Bar Association, 276
International Protection Centre, 316
Interpol, 377-80
  Alertas vermelhos, 216,
    284-85, 380, 384-85
Intocáveis da Rússia, site e vídeos,
    326, 328, 334, 335, 337-38, 355
Ireland, George, 54-56, 59-60, 61
Irina (em Murmansk), 66-67, 68, 69
Ivan *ver* Cherkasov, Ivan

Jackson-Vanik, emenda, 345-48
Jagger, Bianca, 362
Jordan, Boris, 128-30, 135-36,
    138, 140, 233
Jordan, Nick, 128
JP Morgan, 31-33, 36, 197
Justice for Sergei (filme), 383

Kaban, Elif, 195
Kameya, 212, 213, 216, 218, 224
Karoubi, Jean, 88, 199, 205, 385
Karpov, major Pavel:
  decisão de tribunal inglês
    contra, 385
  Delegação para a Calmúquia,
    238-39, 241, 242
  interrogado pelo Departamento
    de Assuntos Internos, 327-28
  Investigação do Departamento
    de Assuntos Internos, 238, 247
  Lista Cardin, 314
  papel na morte de Sergei,
    309-10
  prêmio de melhor
    investigador, 339
  processo contra Ivan, 217, 224,
    230-33
  processo por difamação contra
    BB movido por, 327, 356, 385
  relação com Kuznetsov, 232
  riqueza da família, 324-26,
    327-28, 355, 356

testemunho de Sergei contra,
    247, 273
  vídeo no YouTube, 326, 327-28,
    331, 335, 356
Katyn, massacre de, 292-93
Katz, Eugene, 55, 56-57
Kazan, 228, 243, 245, 248, 252-57,
    262
Kerry, John, 342-45, 348, 350-51
Khabarovsk, 261-63
Kharitonov, Dmitri, 270, 291, 294
Khayretdinov, Eduard:
  artigo do *The Washington Post*, 277
  busca e apreensão no
    escritório, 251
  caso do pacote da DHL, 251-52
  chegada a Londres, 265-66
  dedicação a Sergei, 367
  defesa de Ivan, 217, 224,
    230-33
  escondido, 260-65, 266-67
  intimação de Kazan, 252-53, 254
  Investigação do processo
    contra BB, 240-41
  investigação dos julgamentos,
    227, 238
  notícia da morte de Sergei, 295
  notícia da prisão de Sergei, 269
  notícia do indiciamento de
    Sergei, 284
  processo de difamação movido
    por Karpov, 327
  processo em Kazan, 243
  providências para partir, 255-56
  reunião com Comissão de
    Investigações, 238
  reunião com Karpov, 231-32, 233
  saindo da Rússia, 264-65, 378
  surgimento e histórico, 217,
    254-55, 267
Khimki, 246, 247
Khlebnikov, Vyacheslav, 337
Khodorkovsky, Mikhail, 159,
    180-82, 197
Kiriylenko, Sergei, 145
Koifman, Sandy, 94-95, 99, 104,
    105, 108, 111-13, 140, 154
Kommersant, 195
Krivoruchko, Aleksey, 281
Kuznetsov, tenente-coronel
    Artem:
  alvo de investigação, 238-39

batidas nos escritórios, 211,
 230, 244
caso do visto de BB, 209-10
chefe da equipe de investigação,
 246-47
delegação para a Calmúquia, 241
interrogado pelo Departamento
 de Assuntos Internos, 327
Lista Cardin, 314
 papel na fraude, 243
 papel na morte de Sergei, 309
 prisão de Sergei, 268, 276
 processo contra Ivan, 230
 relação com Karpov, 232
 riqueza da família, 324-25,
 326-28, 355
testemunho de Sergei contra,
 247, 273, 276
vídeo no YouTube, 326-28,
 331, 335, 356
Kuznetsov, Vyacheslav, 172

Lavrov, Sergei, 370, 372
Lebedev, Platon, 181
Lei Magnitsky:
 ampliação do escopo, 340
 aplicação global, 342
 apresentação oficial, 341
 aprovada pela Câmara dos
  Representantes, 359, 361-62
 aprovada pelo Senado, 366-67
 Comissão de Relações
  Exteriores do Senado,
  342-45, 348-51
 copropositores, 318-21, 346, 347
 data da votação, 358-59
 delegação Malkin, 352-53,
  354-55
 minuta, 318, 326, 339
 política do governo dos EUA,
  341-45
 reação do governo russo,
  339-40, 356-57
 reação do governo russo,
  368-72
 versão global ou versão válida
  apenas para a Rússia,
  365-66
 vinculada à revogação da
  emenda Jackson-Vanik,
  347-48, 355
 votação no Senado, 364-65

Lei Sergei Magnitsky ver Lei
 Magnitsky
Leutheusser-Schnarrenberger,
 Sabine, 275-78
Levin, Carl, 365, 366
Lieberman, Joe, 339, 346-47
Lindquist, John, 35, 36-37, 38, 39,
 47, 50
Lista Browder, A (programa de
 TV), 376
Lista Cardin, 314-15
Litvinenko, Alexander, 330
Logunov, Oleg, 326
Loiko, Sergei, 371
Los Angeles Times, 371
Ludwig, Bobby, 72-74, 77-78,
 80-81, 82
Lukoil, 80, 116, 119, 122-23
Lyne, Sir Roderic, 183, 201

Maat, Martin, 383
máfia russa, 164, 255, 302
Magnitskaya, Natalia, 273, 274,
 289, 290, 293-98, 343, 366
Magnitskaya, Natasha, 268, 273,
 296, 297-98, 387-90
Magnitsky, Nikita, 268-69, 385,
 387-89
Magnitsky, Sergei:
 acusação de fraude pela
  imprensa, 266
 ameaçado, 281
 audiência para definição de
  liberdade sob fiança, 272
 audiência sobre detenção, 288-
  90
 Comissão Tom Lantos de
  Direitos Humanos, 315-17
 condições carcerárias, 273-74
 corpo, 297, 343
 defesa de Ivan, 216-17, 224
 depoimento ao Ministério do
  Interior, 285-86
 detenção prorrogada, 290
 documentação comprovando
  os abusos, 298, 343
 doença, 275, 279-81, 291
 esforços de BB para ajudar,
  270-71, 276-79, 285-86
 ferimentos, 297, 298, 343
 filme documentário sobre,
  382-84

indiciado, 284
investigação de sentenças
 judiciais e roubo de
 companhias, 227-29, 244-49
Investigação e relatório da
 Comissão de Fiscalização
 Pública de Moscou
 (CFPM), 300
investigação oficial sobre a
 morte de, 298, 299-300
investigadores nomeados para
 o caso, 271
isolamento da família e
 maus-tratos, 274
julgamento após morte, 375-77
Lei Magnitsky ver Magnitsky Act
mandado para Matrosskaya
 Tishina, 291
mantida prisão provisória, 272-73
morte, 291, 293-95
negado pedido de cuidados
 médicos, 280-81, 291
operação de busca e apreensão
 no escritório, 251
passado, 216
pedido de advogado para ver
 prontuário médico é
 negado, 291
preso, 268-69
publicação dos diários de
 prisão, 295, 300
reação da Comissão
 Helsinque, 308-10, 312-14
reação de BB à sua morte, 295,
 301, 303-4
reação do Departamento de
 Estado, 304-8
recusa-se a deixar a Rússia,
 266-67
relatório da autópsia, 343
representação legal, 270
reuniões com Comissão de
 Investigação, 247, 266-67
sepultamento, 298
surrado, 291, 343, 355
transferido para a centro de
 detenção IVS1, 274
transferido para Butyrka, 279
transferido para Matrosskaya
 Tishina, 275
versão oficial do governo
 russo para a morte, 295-96

Magnitsky, Stanislav, 268
Mahaon, 248-49
Malkin, Vitaly, 352-53, 354-55
Marcel (contador), 359, 361, 363
Markelov, Viktor, 228, 262-63, 323-24
Mary (advogada de Londres), 363-64
Matrosskaya Tishina, centro de detenção, 275, 279, 291, 293-94, 296, 298, 343
Maxim (advogado júnior em Moscou), 213-14, 215
Maxwell, Kevin, 55, 61
Maxwell, Robert, 50, 52-57, 60-62, 63
Maxwell Communications Corporation (MCC), 51, 57-58, 50-61
McCain, John, 319-22, 339, 347, 353, 366
McGovern, Jim, 315-18, 321, 344, 353, 367
Medvedev, Dmitri, 207-9, 276-77, 299, 308, 374-75
Mergers & Acquisitions Europe, 50
Mikhail (amigo de Eduard), 261-64
Mikheev, Fyodor, 323-24
Mikheeva, Ekaterina, 323-24
Miller, Alexey, 175
Ministério das Relações Exteriores da Rússia, 186
Ministério das Relações Exteriores do Reino Unido, 185
Ministério do Interior da Rússia: agência de Moscou, 209, 216, 217, 231, 264, 276
  Departamento de Assuntos Internos, 234, 238, 327
Molokova, Elena *ver* Browder, Elena
Morgan, *Sir* John, 36, 54
Moscou:
  apartamento de BB, 153
  avô de BB em, 22, 36
  batida em escritório da Firestone Duncan, 211-12, 214
  batida em escritório do Hermitage, 210-12, 213, 388-89
  batidas em escritórios de advogados, 251

batidas policiais, 222-23
bolsa de valores, 158
Câmara Americana de Comércio, 157-58
Câmara de Registro de Empresas de Moscou, 171
decisão de Sergei de ficar, 266-67
detenção de Sergei, 268-71
embaixada britânica, 185
escritório de BB em, 78
escritório do Hermitage, 106-8, 153, 199, 210-12
expulsão de BB, 19-21, 182, 183
falsos julgamentos, 245, 248
fins de semana de verão, 115
Hermitage Capital, 87
imprensa estrangeira, 136, 190, 278-79
manifestação contra proibição de adoções, 372-73
morte de Sergei, 294-98, 300, 343
mudança de BB para, 95-97, 98-99, 105-6
ordem dos advogados, 253, 254
partida de Eduard, 255-56, 260, 261-65
partida de Vladimir, 257-59
primeira visita de BB, 70
privatização por certificados, 78-80
Sergei na prisão em, 271-75, 278-82, 288-91, 293
tribunal de arbitragem, 243, 244
vida em família de BB, 125, 146-47, 152
vida social, 156, 176
Moscou do Ministério do Interior, agência de, 209, 216, 217, 231, 264, 276
Moscow Oil Refinery (MNPZ), 109, 110-11
Moscow Times, The, 138, 202
Murmansk, 67-68
Musacchio, Aldo, 366

New Times, The, 326
New York Times, The, 143, 174, 195, 208, 250
Norten, sargento investigador Richard, 251-52

Northern Distribution Network, 368
Novaya Gazeta, 300
NTV, 338, 376
Nuskhinov (investigador na Calmúquia), 240-41

Obama, Barack:
  emenda Jackson-Vanik, revogação da, 346
  Lei Magnitsky, 352, 368, 370
  Lista Cardin, 314
  pauta preparatória para a cúpula com Medvedev, 277, 308
  política para a Rússia, 306, 341, 342
  reeleição presidencial, 357
Oborne, Peter, 379
Observer, The, 201
Ojuland, Kristiina, 390
Olswang, 356
One Hour Eighteen Minutes (peça teatral), 358, 362
Organização Mundial do Comércio (OMC), 345-46
Ostrovsky, Arkady, 194

Pan, Philip, 277
Parfenion, 243, 248-49
Park, Kevin, 225
Parker, Kyle:
  Comissão de Direitos Humanos, 315-15, 317-18
  Comissão Helsinque, 277, 308
  estratégia, 310, 311-13
  Lei Magnitsky, 318-19, 339, 341-42, 343-44, 353-55, 357-58, 365-67
  reação à morte de Sergei, 309-10
Parlamento Europeu, 387-90
Parlamento russo, 174
Partido Comunista dos Estados Unidos, 22
Pastukhov, Vladimir:
  ameaças em mensagens de texto, 287-88
  artigo do *The Washington Post*, 277
  batida policial no escritório de, 251
  decidindo saída do país, 253-54, 256

em Londres, 230
intimação de Kazan, 252-53, 254
Lei Magnitsky, 367
notícia da investigação, 299
notícia da morte de
  Perepilichnyy, 361
notícia da morte de Sergei, 295
notícia da prisão de Sergei, 269
opinião sobre *A Lista Browder*, 376
opinião sobre Perepilichnyy,
  333-34, 335
partida de Vadim, 192, 230,
  253-54
reação à estratégia
  Washington, 311, 314
saída da Rússia, 257-59, 378
surgimento e histórico, 192, 267
trabalho no caso de Ivan, 230,
  232
Patrushev, Nikolai, 188-89
Pechegim, Andrei, 281
Perepilichnyy, Alexander, 331-35,
  336-38, 359-60, 361-64, 367
Perikhina, Irina, 268
Pierer, Heinrich von, 103
Pluton, 228
polícia metropolitana, 251
Politkovskaya, Anna, 316
Polônia, privatizações, 47-48, 51, 65
Potanin, Vladimir:
  consultor financeiro, 128,
    135-36
  emissão de ações da Sidanco,
    127, 133, 134
  emissão de ações denunciada,
    134-35, 137-38
  emissão de ações vetada,
    141-42, 143
  investigação da emissão de
    ações, 139-40
  posição da Sidanco, 115, 124
  reação de, 137-38
  surgimento e histórico, 115
PricewaterhouseCoopers (PwC),
  174
Prikhodko, Sergei, 184-85, 191
Prutkov, Yuri, 68-70
Pussy Riot, 376
Putin, Vladimir:
  acusação de BB, 372
  assessores, 185, 187, 188-89, 190,
    193, 209

entrevista coletiva anual,
  371-72
expulsão de BB, 182, 184,
  189-90, 217, 250
gestão da Gazprom, 175
julgamento de BB e
  Magnitsky, 375-77, 380
Lista Cardin, 315
mandado de prisão de BB,
  377, 380
oposição à Lei Magnitsky, 356
presidência, 178-79, 207, 293
prisão e condenação de
  Khodorkovsky, 180-82, 197
proibição de adoções, 369-73
reação à Lei Magnitsky,
  368-69, 370-72
regime, 384, 386
relação com oligarcas, 178-79
visto de BB, 193, 200-3, 207

Rassokhov, Rostilav, 238
Receita Federal, agência nº 28
  da, 328
Reid, Harry, 365
Renaissance Capital, 128, 129,
  233, 234-35, 236
Republic National Bank, 84, 150,
  154
Resolução 7.750, 304, 306, 307, 310
Rettman, Andrew, 386
Reuters, 138, 195, 199
Rilend, 228-29, 248
Robertson, Geoffrey, 389-90
Robertson, Julian, 81
Romney, Mitt, 357
Roosevelt, Eleanor, 24
Roosevelt, Franklin D., 23, 24
Rostelecom, 80
Rozhetskin, Leonid, 129-31, 136
Rússia:
  certificados, 71, 78-80
  crise econômica, 148-49, 150,
    156-57
  eleição presidencial(1996),
    98-99, 101, 108-9, 111-12
  estratégia econômica, 144-46
  privatização, 66, 70-71
  proibição de adoções, 369-73

Safra, Edmond:
  ações da Lukoil, 123-24

doença, 151
emissão de ações da Sidanco,
  127, 130-32, 137, 140-42
estratégia de investimento,
  143-44
histórico, 84
morte, 154-55, 376
negócio com BB, 96, 98, 99,
  105, 108-9, 112-13
relacionamento com BB, 94-96
reunião com BB, 86, 89
surgimento, 86
venda do Republic National
  Bank, 150-51
Sagiryan, Igor, 233-37
Salomon Brothers:
  caso da Comissão de Valores
    Mobiliários, 63
  compra de certificados de
    privatização da Rússia, 78,
    80-81
  contatos de BB, 90-91, 118, 239
  emissão de certificados de
    privatização da Rússia, 71-74
  posições de BB, 63-67, 75-78,
    81-82, 87, 118
  saída de BB da, 87, 88
Samolov, Boris, 268
Sanches, Alejandro *ver*
  Perepilichnyy, Alexander
Sanok, 40-41, 44-47, 48, 49
São Petersburgo:
  Aeroporto Pulkovo, 67
  cúpula do G8, 200-2
  julgamento, 226-27, 231-32,
    237-38, 244, 245, 248
Sberbank, 178
Schmidt, Wolfgang, 38-41,
  45-46, 48-49, 50
Scott, Kyle, 303-8, 310, 344
Serviço de Fronteiras da Rússia,
  208, 209
Severov, Dmitry, 115
Shao, Jude, 12, 13, 15-16, 19
Shuvalov, Igor, 187, 189, 191
Sibnefetgaz, 172
Sidanco, 115-24, 126-27, 129, 157
Sikorski, Leschek, 42-44, 46-49
Silchenko, Oleg:
  audiência judicial, 289-90
  condecorado como melhor
    investigador, 339

detenção de Sergei, 272-73
maus-tratos infligidos a Sergei,
  272-74
nega tratamento médico a
  Sergei, 281, 296
recusa-se a entregar
  prontuário médico, 291
transfere Sergei para o presídio
  Butyrka, 279
Siluyanov, Anton, 370
Smith, Simon, 184-85, 194, 195,
  200-1, 270
Snob, 371
SO15 (unidade de antiterrorismo
  da Scotland Yard), 288
Sokolova, Ksenia, 371
Solent, David, 61
Soros, George, 81, 103, 134
Stalin, Joseph, 16, 375
Stanford Business School, 30-31,
  168, 286, 387
Stashina, Yelena, 281, 289
Steinmetz, Beny, 82-86, 94-95, 150
Stepanov, Vladlen, 332-33, 336,
  338, 355
Stepanova, Olga, 329, 332, 334,
  335, 337-38, 340, 355, 356
Stern, Carl, 34
Stoppard, Tom, 362
Summers, Larry, 145, 146
Sunday Express, 326
Surgutneftegaz, 80
Svetlana (secretária do
  Hermitage), 108, 109-11, 112,
  113, 115, 118, 120-21, 122

Tarkosaleneftgaz, 169
Tartaristão, 121, 228, 243, 252
Tatneft, 122
Tatum, Paul, 138-19
Templeton, *Sir* John, 81
Time, 22, 143
Truman, Harry S., 23
Turner, Fred, 350
Turquia, 205

UK Law Society, 276
Unidade de detenção IVS1, 274
Unified Energy System (UES),
  80, 178
Universal Savings Bank, 247-48
Universidade de Chicago, 29

Universidade do Colorado, 28-29

Vadim (chefe de pesquisas do
  Fundo Hermitage):
ameaça de prisão, 191-92
assistindo a filme sobre Sergei,
  382, 384
chegada a Londres, 193
compra banco de dados,
  170-72
conversa com "Aslan", 218
conversa com Kuznetsov, 209
cúpula do G8, 201-2
emissão de ações da Sidanco,
  126-28
encontro com "Aslan", 191
encontro com Sagiryan, 235
entrevista coletiva de Putin,
  371
esforços para resolver questão
  do visto, 187, 188-91, 193, 209
investigação da Gazprom,
  168-69, 172-73, 175
investigação dos julgamentos,
  248-49
Lei Magnitsky, 367
notícia da crise financeira
  russa, 148
notícia da detenção de Sergei,
  269, 271
notícia da investigação da
  morte de Sergei, 299
notícia da negativa de visto a
  BB, 186
notícia do processo contra BB,
  239
notícia dos julgamentos pelo
  tribunal, 226-29, 237-38
notícia sobre a morte de
  Perepilichnyy, 361
pacote da DHL, 252
partida de Eduard, 253, 255,
  263-66
reação a estratégia
  Washington, 311, 314
reuniões com Sanches
  (Perepilichnyy), 330, 332-34
saindo da Rússia, 191-93, 230,
  253
surgimento e histórico, 126
tentando persuadir Sergei a
  sair da Rússia, 266

Vasiliev, Dmitry, 139-42
Vedomosti, 195, 228, 250
Vladimir *ver* Pastukhov, Vladimir
Voronin, Victor, 271
Vyakhirev, Gennady, 172
Vyakhirev, Rem, 172, 175
Vyugin, Oleg, 189, 191

Wall Street Journal, The, 138, 173, 195
Washington Post, The, 174, 194,
  277-78, 342
Welch, Jack, 103
Whiteman School, Colorado,
  25-27
Wicker, Roger, 339, 347, 353
Winer, Jonathan, 302-4, 306,
  308, 310
Wolosky, Lee, 160

Yeltsin, Boris, 98-99, 101-2, 105,
  108, 112, 113-14
YouTube, 278, 285, 287, 326-28,
  334-35, 339
Yukos, 158-59, 160, 180-81, 197

Zyuganov, Gennady, 98, 100,
  102-4, 111, 114

1ª edição	AGOSTO DE 2016
reimpressão	AGOSTO DE 2025
impressão	IMPRENSA DA FÉ
papel de miolo	IVORY BULK 65 G/M²
papel de capa	CARTÃO SUPREMO ALTA ALVURA 250 G/M²
tipografia	BEMBO